文化产业管理专业“十二五”规划教材

国际文化市场概论

李怀亮　方英　主编

中国传媒大学出版社

目 录

第一章　国际文化市场发展趋势

本章要点

1. 国际文化市场的特征
2. 国际文化市场的分类
3. 国际文化市场发展趋势
4. 中国文化产品和服务进入国际文化市场的意义

第一节　概述

一、国际文化市场的概念

国际文化市场是指按价值规律进行文化艺术产品交换和提供有偿文化服务活动的场所，是国际文化艺术产品生产和消费的中介和交换平台。

> **关键术语**
>
> 国际文化市场是指按价值规律进行文化艺术产品交换和提供有偿文化服务活动的场所，是国际文化艺术产品生产和消费的中介和交换平台。

国际文化市场的主体是文化产品及文化服务。文化产品一般是指传播思想、符号和生活方式的消费品，它能够提供信息和娱乐，进而形成群体认同并影响文化行为。图书、杂志、多媒体产品、软件、录音带、电影、录像带、视听节目、动漫产品、手工艺品和时装设计等组成了多种多样的文化商品。传统意义上讲，文化服务是指满足人们文化兴趣和需要的行为。这种行为通常不以货物的形式出现，它是指政府、私人机构和半公共机构为社会文化实践提供的各种各样的文化支持。这种文化支持包括举行各种演出，组织文化活动，推广文化信息以及文化产品的收藏（如图书馆、文献资料中心和博物馆）等。文化服务可以是免费的，也可以有商业目的。当然在贸易中出现的文化服务，一定是有商业目的的。

国际文化市场是文化与经济一体化的产物，是各国市场经济在文化领域的延伸，是各国文化建设在市场经济的表现形态。从文化的角度看，它是文化建设的一个重要领域；而从经济的立场看，它又是市场经济密不可分的有机组成部分。从市场的一般含义来看，文化市场是以商品交换的形式提供精神产品和文化娱乐服务的场所，作为精神产品生产和消费的平台，它与整个生产方式的演变、经济和社会发展水平紧密相关，有其悠久的历史发展过程。而国际文化市场自然是以世界作为文化商品与服务平台的市场，即将文化市场的概念放之于国际范围内。

二、国际文化市场的特征

（一）国际文化市场具有意识形态性质

文化市场具有意识形态性质，主要是指文化市场上所交换的文化产品具有意识形态性质，这是由文化产品的特殊属性所决定的。具有意识形态性，是精神产品同物质产品的根本区别之一。文学艺术具有鲜明的意识形态性。真正的文学艺术，不仅有优美的形式，而且有深刻的思想内容。作为文学艺术的思想内容，它可以包括政治、法律、道德、宗教等观点。在文学艺术中，这些观点不再以概念的形式出现，而是通过具体、丰富而形象化的生动形式出现，扣动人们的心弦，从感情上征服人。因此，文学艺术是一种强有力的意识形态手段，能在意识形态上给人潜移默化的、或积极或消极的影响，可以决定人们怎样活着，做怎样的人，以及采用什么样的思维方式。如 19 世纪中叶，美国作家斯托夫人出版的小说《哈姆叔叔的小屋》真实地描写了美国南方蓄奴制的黑暗和反动，从而引起了美国社会的广泛关注，对美国的废奴运动起到了巨大的推动作用。

（二）文化市场上交换的对象是文化商品/服务

文化市场同物质产品市场相比有一个根本性的区别，即文化市场上交换的对象是文化产品。文化消费者购买文化产品，目的是欣赏文化产品借助物质材料所表现的精神内容和欣赏价值。例如，人们购买图书时，买的不是纸张、油墨，而是印刷在纸张上的书的内容；人们购买录音带，不是为了购买磁带本身，而是为了欣赏录在磁带上面的优美的歌曲和音乐。当然，人们为了欣赏到这优美的歌曲和音乐，必须同时为其物质载体——磁带付出代价。同一般的物质产品不同，文化产品是用于满足人们的精神消费需求的。此外，演出、展览等服务形态的文化商品，是一种特殊的商品，无论在时间上、空间上，生产和消费都几乎是同时进行的。

（三）文化艺术产权保护是国际文化市场健康发展的条件

文化艺术产权主要包括著作权与邻接权。著作权又叫版权，是文化艺术产权的主要内容。著作权，是文学、艺术和科学作品的作者及其他著作权人依法对作品享有的人身权利和财产权利的总称。我国《著作权法》规定了著作权包括下列 17 种人身权和财产权：发表权、署名权、修改权、保护作品完整权、复制权、发行权、出租权、展览权、表演权、放映权、广播权、信息网络传播权、摄制权、改编权、翻译权、汇编权以及应当由著作权人享有的其他权利。与著作权同等地位，并与著作权的行使联系在一起的，是邻接权。邻接权具体是指表演者、唱片制作者、广播电视组织在其设计公开使用作者的作品、各种艺术家的表演或向公众就事件、信息以及任何声音或图像进行传播的活动中授予保护其利益的权利。邻接权是为所有由人们独立完成，但未达到著作权保护所要求的独创性而又与作品有关的成果提供必要的保护。文化市场交换的商品是文化商品，而文化产品成为商品的重要条件就是承认并保护文化艺术产权。如果产权得不到保护、人权得不到保障，则对文化市场机制来说是毁灭性的打击。

〔背景延伸〕

“版权”一词，英文为“Copyright”，最早出现于英国 1709 年的安娜法令。当今英美法系的国家均使用“版权”一词，侧重于保护作者的财产权利；以法国为代表的国家采用“作者权”的名称，注重保护作者的精神权利。我国在清朝末期沿用了日本的用法，使用了“著作权”的称谓。

我国《著作权法》规定，著作权人可以许可他人行使第五项至第十七项规定的权利，并依照约定或者本法有关规定获得报酬；著作权人可以全部或者部分转让第五项至第十七项规定的权利，并依照约定或者本法有关规定获得报酬。

(四)国际文化市场中贸易保护方式具有隐蔽性

文化具有独特的渗透力。文化产品和文化服务传达着观念、价值和生活方式，是极具个性化的产品和服务。文化贸易的价值超过了其商业价值，与其他贸易相比，它会在意识形态等方面对输入国消费者产生潜移默化的影响，因此，世界各国基于文化安全的目的，纷纷采取文化保护主义政策。文化贸易是各国服务贸易政策关注的重点领域，也由于文化贸易标的物的特点，各国无法通过统一的国际标准或关税进行限制，而更多是采用国内的政策、法令的修改进行限制，如市场准入制度、非国民待遇等非关税壁垒形式。上个世纪 70 年代，韩国电影行业也和中国现在一样：外国大片充斥，本国电影除了铁杆支持者几乎无人问津。进入 21 世纪以来，出于对加入 WTO 后影视产业崩溃、民族文化独立性丧失的担忧，韩国政府对于本国以影视业为代表的艺术产业予以保护扶持，韩国实行国产影片配额制，规定国内电影院每年至少要播放 146 天国产影片，相当于全年放映影片天数的 40%。在政府的保护下，韩国电影无论艺术成就还是商业表现都取得了令人瞩目的成绩，一度成为后起国家发展电影业的标杆。

（五）国际文化市场中贸易自由化的例外性

由于图书出版、演出服务、广播影视、网络服务及教育等文化产业直接关系到国家主权、国家安全和意识形态等敏感领域，因此，各国在文化贸易的开放程度上，都十分谨慎。各国政府对文化贸易的各种限制和保护远远超过货物贸易，这在很大程度上阻碍了国际文化贸易的自由化进程。20 世纪 90 年代初，在关贸总协定的谈判中，法国人敏锐地意识到国家和民族文化独立的重要性，坚决而果断地提出反对把文化列入一般性服务贸易，认为在文化领域不能使用 WTO 贸易自由原则。随后，其他欧洲国家和加拿大等国纷纷响应、支持这一主张，确定了界定“文化例外”的六条标准，其主旨就在于保护本国文化不遭受别国文化冲击。世界贸易组织一直致力于寻求国际贸易的自由化，但从文化贸易概念出现之日起，“文化例外”就成为一种不成文的主张，为世界贸易组织各成员政府所接受并广泛运用于文化贸易政策中。因此，世界贸易组织对于文化贸易自由化的约束具有一定的灵活性。

（六）国际文化市场中文化产业与其他产业的强烈交融性

当今世界，文化与经济、政治日益交融，经济社会发展越来越需要文化的引领和支撑。随着数字化网络技术的迅猛发展，文化产品的生产方式和传播途径空前丰富，文化产业内部各个行业之间的融合渗透达到前所未有的高度，文化产业与其他产业的壁垒也被打破。在科技进步的推动下，文化产业与其他产业融合发展，既具备了技术基础，也迸发出强大的活力，展现出广阔的发展前景。如三网融合带动了与文化产业和信息产业相关的众多行业发展，催生了文化创意、数字制作、数字发行、动漫游戏等许多新的业态，使内容提供商、服务提供商、运营商以及设备制造商因为产业链条而紧紧连在一起，并且从文化产业和信息产业的融合发展中获益。从消费角度来讲，文化消费是社会消费的重要内容，是文化产业发展的内生动力。只有在文化产品和服务的生产、储存、传播、分配等环节进行市场化、产业化运作，与其他产业融合，才能进一步丰富文化产品和服务的品种和样式，提升文化产品和服务的供给能力，拓展文化产品和服务的消费渠道，扩大文化消费规模，提高文化消费水平，为文化产业发展提供强大的拉动力。

（七）国际文化市场中文化产品的消费具有偏好性

偏好是一种活动倾向，属于心理经济学研究的范畴。偏好是指消费者认为重要的物品，并愿意为之付出溢价。一定的偏好导致重复性消费行为发生。文化产品消费的偏好性是指消费者在共同的文化环境影响下所形成的认识倾向，或者说，由于群体的共同价值观作用的结果，而产生对某一类文化产品的共同追求。文化偏好则来自于文化的长期刺激或影响，所形成的在购买行为中的独特认识倾向。社会群体对文化产品的消费偏好具有趋同性，个人的消费会受到周围朋友的影响，最终形成该群体普遍认同的消费模式。文化偏好具有差异性，某一特定类型的文化偏好严格限于某一特定人群，不同范围或亚文化层次的消费者，其文化偏好有很大差别。文化偏好的背后是消费者认同的文化价值观，每个民族都有自己的文化价值观和文化偏好，并按照自己民族的标准去评判别的民族的文化，排斥那些与自己民族的文化偏好相矛盾的习惯和行为，赞扬或接受与自己民族的文化偏好观相吻合的习惯和行为等。[①]

三、国际文化市场的功能

所谓市场功能，是指市场机体本身所具有的客观职能或市场内在机制正常运转所发挥的作用，它是通过市场活动表现出来的。文化市场的功能，主要包括下列四项。其中，实现商品流通和调节资源配置两项功能，为各类市场所共有的基本功能；促进知识转化和提供社交服务两项功能，为文化市场所独有的特殊功能。

（一）促进文化产品再生产过程的顺利进行

文化市场是从市场经济的角度、以交易为焦点看待文化与市场经济一体化得出的概念，而近年来出现频率颇高的文化产业是从产业经济学的角度、以生产为焦点看待文化作为生产得出的概念。也就是说，文化市场更多的是聚焦在文化流通环节。文化市场是营销文化商品和文化服务的场所，其最基本的功能就是实现文化商品（包括服务、知识产权等无形商品）的流通。在文化市场领域内，通过有形或无形的文化商品的购买和销售，实现文化产品的价值和使用价值，实现文化商品到货币的转移，实现文化商品生产者、经营者和消费者之间的经济联系。文化市场的内在机制如果能够正常地发挥作用，必然会实现文化商品的流通，促进文化产品再生产过程的顺利进行。

（二）实现文化资源的优化配置

随着经济全球化的发展和市场经济体制的日趋完善，文化市场的发展除了要遵循特有的文化艺术生产规律，还必须遵循市场经济的基本价值规律。市场机制以分散的决策结构为基础，比高度集中的计划经济具有较大的灵活性，使生产者和消费者对供求的变化能及时做出有效的反应，可以较快地实现供求平衡，减少资源浪费。市场价格与供求关系的自组织功能，通过利益导向支配着人们的经济行为，引导资源的流动和重组。市场机制的调节作用能够在竞争性环境中实现资源的最优化配置组合，使资源流向高效益产业，推动技术进步和增加社会产品供给总量。只有逐步建立起文化生产要素市场、文化流通市场和文化消费市场协调发展的机制，才能充分发挥市场对于文化资源配置的基础性作用，有效促进文化生产和市场交换，向社会提供丰富的文化商品和服务，才能使资源向社会效益与经济效益突出的文化生产部门和产品倾斜，推动文化产业的结构调整和升级，才能有利于传播先进文化和先进思想，谋求文化与经济、社会的协调发展。

---

① 王海鹰、李坚：《消费者价格心理与文化偏好研究》，《中国物价》2004 年第 8 期。

（三）促进文化和知识的传递和转化

无论有形的文化商品，还是无形的文化服务，都包含丰富的知识文化内容。文化产品的交换与消费过程，实际上是知识传递与转化过程。文化市场是连接文化生产与文化消费的纽带，人们通过在文化市场上购买图书、报刊、音像和软件制品，有偿接受教育和培训，欣赏表演和展览，观看电影和电视，参与智力和体育娱乐活动，浏览网络信息等，直接或间接地获得了各类知识文化，从而增长了知识，提高了自身的文化素质，同时人们也自觉不自觉地在人生观、价值观等方面受到积极或消极的影响。但这并不代表文化市场具有知识的辨别、过滤和选择的功能，其中可能会有一些低级、反动、庸俗的知识垃圾甚至精神毒品在文化市场传播和蔓延。

（四）提供娱乐和社交服务功能

人们在享受文化产品和文化服务时，无形中就在接受着知识与信息传播、思想的交流，并以文化商品为中介，与社会、与他人发生着间接的交往。日趋繁荣的文化市场，为人们的聚会与交往提供了丰富多彩的社交活动场所，如影剧院、体育场、歌舞厅、游艺厅、游乐园、台球室、茶馆、酒吧和网吧等，它们已成为人们聚会交友、洽谈生意、交流信息、沟通感情的重要场所，人们可以在那里结交朋友，增进友谊，协调关系，促成合作。各地举办的具有地方文化特色的节庆活动，充分发挥了"文化搭台、经济唱戏"的职能和作用。还有网络虚拟社区，更是为人们的社交活动开辟了一片崭新的天地。传统的文化传播形式在新的传播媒体代替下，对文化的交流方式促进、改变很大，音像、手机、互联网等新的文化传播方式，为人们精神文化的索取提供了更为快捷、便利的途径。随着科技的进步，文化的传播方式更为日新月异，文化市场将更加繁荣。

四、国际文化市场分类

文化市场主体一般是指各类文化产业单位。文化产业，根据联合国教科文组织的定义，是指"按照工业标准生产、再生产、储存以及分配文化产品和服务的一系列活动"。建立门类齐全、结构合理、供求关系均衡的文化市场体系，是文化市场全面发展的必然要求，也是推动文化产业发展的重要保证。完整的文化市场体系应该包括以下组成部分：一是商品和要素市场体系，包括文化商品市场、文化服务市场和文化生产要素市场；二是文化市场中介组织体系，如版权保护、广告宣传、信息咨询、人才经纪等；三是法规制度体系，包括文化市场准入、交易、竞争以及监督管理等方面的法律法规和政策制度。国际文化市场体系按不同标准，可以划分为不同的文化市场类型。

（一）按营销内容分类

国际文化市场按营销内容划分，可分为文化消费市场和生产要素市场两大类型。其中，文化消费市场包含文化商品市场和文化服务市场两个子体系。

文化商品市场子体系包括图书、报纸、期刊、音像、软件、美术、文物、集邮、花卉、宠物、娱乐用品等商品市场；文化服务市场子体系包括演出、娱乐、展览、旅游、影像、电影、广播、电视、网络、教育、咨询、广告、设计等服务市场。

生产要素市场亦可称为文化资源市场子体系。文化生产要素市场既可以指文化生产要素交换关系，也可以指文化生产要素按照市场规律进行交易的具体场所。文化生产要素市场由土地建筑物市场、资本市场、技术设备市场、人力资源市场、知识产权市场、文化信息市场等多个市场构成，涉及生产要素供给者和需求者构成的交易主体、经纪代理和信息咨询服务等构成的中介主体以及政府行政管理主体。

文化市场体系是一个有机的整体，缺少任何一个市场或者某一市场发育不健全，都将直接影响文化市场和文化产业的健康发展。

（二）按营销区域分类

国际文化市场按营销区域的不同可细分为各国市场、各洲市场、港澳台市场与新马泰市场、亚太地区市场与欧洲共同体市场等。

（三）目前国内学界普遍认同的分类

在我国，文化市场主体一般包括演出业、图书报刊业、广播影视业、娱乐业、音像业、艺术品经营业、网络文化业、文物拍卖业、文化旅游业等门类。因此，文化市场可以划分为出版市场、演出市场、娱乐市场、文化旅游市场、电影市场、电视市场、艺术品市场、游戏和动漫市场、音乐市场和会展市场等多种类型。

第二节　当代国际文化市场发展的特点及趋势

一、国际文化市场发展的特点

（一）国际文化市场结构存在着不平衡性

吉布森等人认为，文化经济内在地具有地理维度，即当代文化生产形式在城乡之间有着巨大的差别。在就业、投资、产业集结等方面，大都市占据主导地位，并且，首都城市远远高于非首都的其他城市。比如，1998 年，悉尼在文化产业方面提供的就业机会占澳大利亚的 30％ 以上，而悉尼文化产业的产值占澳大利亚的 32.2％。文化经济的这种“地理维度”，或者说地域分布上的不平衡性，在世界上的每个国家都是如此。在美国，50％ 以上的文化产业从业人员集中在人口 100 万以上的城市里，更严格地说，主要是集中在两个中心：纽约和洛杉矶。从就业方面来看，伦敦占整个英国文化产业从业人员的 26.9％。瑞典的文化经济从业人员（占全国职位总数的 9 ％ ）大多集中在斯德哥尔摩。

在日本，东京文化产业的就业占日本文化产业就业总数的16%。

从文化创意产品和服务贸易方面来看，发达国家在文化贸易中一直占据主导地位，发达国家的文化贸易量(含文化产品贸易与文化服务贸易)占全球文化贸易总量的3 /4以上，广大发展中国家仅占有不到1/4。图1—1很好地说明了国际文化产品贸易的结构性差异。另外，文化创意产业中附加值高、增值率高的子项目，如视听、出版、视觉艺术品、新媒体的出口主要还是来自发达经济体。由于发展中国家在文化产业方面基础很低，所以，其发展速度更为引人注目，但从贸易竞争力来看，发展中国家在核心文化贸易方面的弱势地位仍然十分明显。

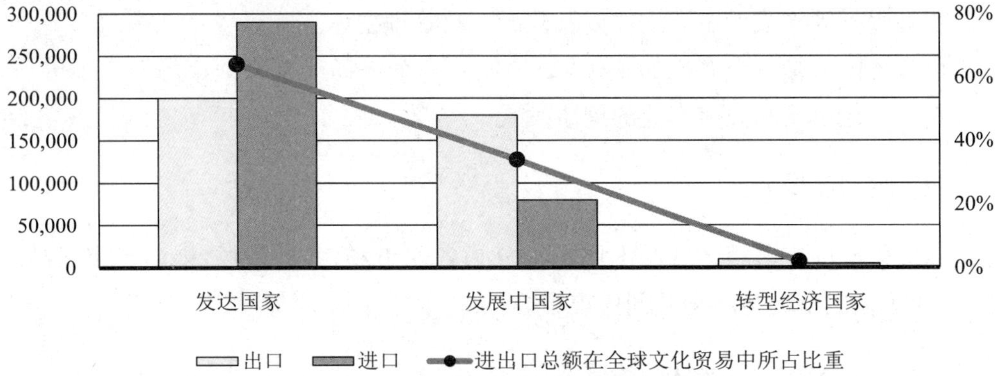

图1—1 2010年世界文化产品贸易结构

(数据来源：根据联合国贸发会创意经济数据库整理，http://unctadstat. unctad. org/ReportFolders/reportFolders. aspx)

(二)文化企业兼并导致文化市场集中度提高，大型跨国文化传媒集团垄断世界市场

随着资本主义市场经济的发展，从19世纪末开始世界经济先后发生五次并购浪潮，20世纪80年代，为了应对七八十年代的经济衰退，发达国家加快了企业并购的浪潮，文化企业已经成为第六次并购浪潮中不可忽视的一股力量。从兼并方式上来看，文化企业的兼并有水平兼并、垂直兼并和混合兼并之分。水平兼并是指在同一文化市场上提供同种商品或服务的企业间的兼并，目的是为了获得规模经济效益，提高市场占有率。垂直兼并是指具有上下游业务关系的文化企业之间的兼并。混合兼并则是指业务运作上没有关联的文化企业之间的兼并，旨在通过多元化经营，降低经营风险，获得稳定的利润。1994—2006年的并购造就了闻名世界的七大文化产业集团：时代华纳、迪士尼、维亚康姆、新闻集团、贝塔斯曼、索尼、国家广播环球公司。跨国传媒巨头通过并购战略，一方面实现了产业升级、业务拓展、延长产业价值链、资源配置从而达到核心竞争力迅速增强的目的；另一方面，收购兼并活动提高了文化传媒市场的集中度。

控制全球媒体系统的是三十四家大型跨国公司，而雄踞全球市场顶峰的是不到10家媒体公司，且其中大多数集团公司都把基地设在美国。2011年好莱坞创造的海外票房总和已超过200亿，其中六大集团公司创造了135亿的全新纪录。2010年，新闻集团、维亚康姆、时代华纳、迪士尼、贝塔斯曼五大跨国传媒集团的收入和运营利润都实现了增长

（见表1—1）。这五大集团一方面加大对创意内容产品的制作和购买，加强传统媒体业务；另一方面积极拥抱新媒体技术，纷纷将自己的内容产品和品牌与iPad、电子阅读器以及其他数字信息产品进行合作，"重塑"消费者获取信息的方式，将创意内容产品的传播效果和经济效益最大化。

表1—1　2009～2010年五大跨国传媒集团业务收入和运营利润

	新闻集团	维亚康姆	时代华纳	迪士尼	贝塔斯曼
2009年业务收入	304.23亿美元	92.38亿美元	253.88亿美元	361.49亿美元	151.1亿欧元
2010年业务收入	327.78亿美元	93.27亿美元（至9月30日）	268.88亿美元	380.63亿美元	157.86亿欧元
2009年运营利润	35.58亿美元	19.04亿美元		66.72亿美元	14.38亿欧元
2010年运营利润	39.59亿美元	22.07亿美元（至9月30日）		75.86亿美元	18.52亿欧元

（数据来源：邢建毅、刘菁：《2010年五大跨国传媒集团发展概述》，载《现代传播》2011年第8期）

（三）各国采取不同的文化市场发展战略

当前国际文化市场领域主要有三种发展战略，分别是美国的自由市场战略、法国和加拿大的市场保护战略、日本和韩国的新赶超战略。它们有不同的理论基础和现实依据，因而也取得了不同的效果。美国将文化产业的各个细分行业统称为"娱乐业"，认为这个产业在经济领域没有特殊性，与钢铁、汽车等产业没有差异。美国没有"文化部"，也没有统一的文化产业政策，它认为娱乐业不需要干预和扶持，政府要做的是提供一个充分竞争的平台。美国的自由市场战略与美国文化产业在全球的强势地位和绝对占优的局面密不可分。其他国家，无论英国、法国还是日本、韩国和中国，基本上都赞同文化产业有特殊性，为保证本国的文化独立和文化安全，政府必须采取一定的保护措施。法国是"文化例外"的提出者，也是文化贸易保护战略的积极倡导者；而加拿大跟美国同处北美，对于自己的文化独立分外敏感，它加入了"创造性欧洲"计划，并对本国的文化产业采取多种保护措施。日本和韩国均在20世纪90年代就确立了"文化立国"战略，通过完善各种政策法规、配额和补贴等措施，保护本国文化企业，引领文化产业实现跨越式发展；通过建设海外文化中心，实施奖励措施来鼓励文化出口，以此提升本国文化产品在国际市场的竞争力以及国家的文化软实力。2009年7月22日，国务院常务会议审议通过了我国第一部文化产业专项规划——《文化产业振兴规划》，标志着我国的文化产业已经上升为国家的战略性产业。

（四）美国的霸主地位尚未被动摇

美国的文化产业是全球化程度最高的产业之一。美国的文化创意产品和服务贸易一直名列前茅，其中，文化创意服务（核心文化）的出口和进口均位居世界第一，文化创意产品在出口和进口方面均位居第二。这些数据说明美国不愧为世界文化产业的超级大国，在文化市场中的地位难以撼动，尤其是其文化产品的出口，随着经济全球化的不断扩大而迅速辐射和影响到世界每一个角落，形成强大的文化市场和话语霸权地位，其文化产品的进口则主要是利用国外，特别是发展中国家廉价的劳动力和低廉的制作成本来降低成本和提高利润。

美国文化产业之所以能够雄霸全球，并非由单一因素导致，而是由许多综合因素共同造成的。首先，美国虽然没有统一的文化政策，也没有为文化产业的发展制订具体的计划，但在书刊、影视、音乐、游戏、广告等各种文化产品中，美国政府及其人民都在利用一切机会鼓吹美国精神，宣扬国家利益。国家利益是美国文化发展的首要前提。其次，美国政府和美国人民对文化的态度是非常鲜明的，文化产业部分(经营性的或以经营为主的)绝对要向市场要效益，但文化事业部分(公益性的文化基础设施和文化遗产)则需要政府的投入以及企业和私人的资助。再者，宽松的外部环境和严格的法律保障为美国文化产业的发展创造了良好的条件，而美国成熟的文化和市场化体制、发达的科学技术也有助于文化产业的成长。最后，作为世界文化产业强国，美国具有超强的国际文化产品创新和制作能力。在占有全球国际文化市场上，美国好莱坞电影可谓是最成功的。2012年美国国内电影票房(含加拿大[①])总计108.3亿美元，在国内电影票房飘红的同时，美国电影的海外票房也取得了不俗的成绩，20世纪福克斯、迪士尼、环球、派拉蒙、索尼和华纳兄弟美国六大电影制作公司海外总票房累计达134.85亿美元。美国电影国内票房(含加拿大)占全球电影票房的1/3左右，而在剩下的其他国家与地区的票房收入中，美国电影创造的票房收入又占到了60%左右，可以说，美国电影占据了70%左右的国际市场份额。

二、当代国际文化市场的规模

随着全球文化创意产业的蓬勃发展，国际文化市场的规模也在持续增长，推动了各国文化商品和服务的创造势头。20世纪70年代以前，国际文化市场主要是指发达国家文化市场；20世纪70年代后，随着新兴工业国家地区经济的迅速增长，文化消费和生产能力逐渐提升，东亚和拉美区域也成为重要的全球性国际文化市场；进入21世纪后，金砖国家经济迅速崛起，文化消费能力也同步增长，导致全球国际文化市场规模成倍增长。[②] 文化创意产业已成为现代经济发展新的引擎，并逐渐成为许多国家的支柱产业。据统计，版权产业以每年10%的速度增长，全球的版权产业产值已经从2000年的8310亿美元上升至2005年的113万亿美元，大大高于全球GDP7%的增长速度。[③] 随着数字技术的发展、知识产权的可交易趋势以及各国研发投入的加大，文化产业在全球迅速发展，对国民经济的贡献日益显著。

虽然联合国对文化产业有明确的界定，但是对文化产业所带来的经济效益和贡

① 加拿大电影市场的规模很小，不到北美电影市场的10%，因此在MPAA发布的电影市场报告中，把北美市场视为美国国内市场，把其他市场视为美国本土以外的国际市场。如无特别说明，美国国内市场的数据通常包括加拿大市场的数据。

② 雷兴长：《文化产品国际竞争的市场构成分析》，《科学经济社会》2012年第1期。

③ 姚林清：《版权与文化产业发展研究》，经济科学出版社2012年版，第155～156页。

献，联合国却缺乏完整的统计数据和资料分析。由于各国统计口径不一，因此无法横向比较各国的文化市场规模。世界知识产权组织于2003年发表了《版权相关产业经济贡献调查指南》（以下简称《指南》），按照版权在相关产业中的作用大小，把版权产业分为核心版权产业、相互依存的版权产业、部分版权产业以及非专用支持产业四类。版权相关产业的四大类与各国采用的文化产业、创意产业包括的产业细分门类大体一致，而且世界知识产权组织在《指南》中也明确说明，版权产业的称谓与文化创意产业可以相互替代。因此，本书借鉴的是世界知识产权组织以版权产业经济贡献指标来衡量文化市场的规模。

根据世界知识产权组织发布的《世界知识产权组织版权产业经济贡献研究报告2013》①，各国版权产业增加值占GDP的比重不同，最高的是美国，超过10%，文莱等许多国家不到2%。世界知识产权组织成员国的平均水平是5.26%，3/4的国家在4%～6.5%之间（见图1—2）。从版权相关产业的四大门类来看，核心版权产业增加值占总版权产业增加值的一半以上（见表1—2），各国核心版权产业增加值占GDP的比重也不同，最高的是美国，约为6.36%，文莱等许多国家不到1%。世界知识产权组织成员国的平均水平是2.86%（见图1—3）。在核心版权产业中，经济贡献较大的是出版行业、软件和数据库行业（见图1—4）。

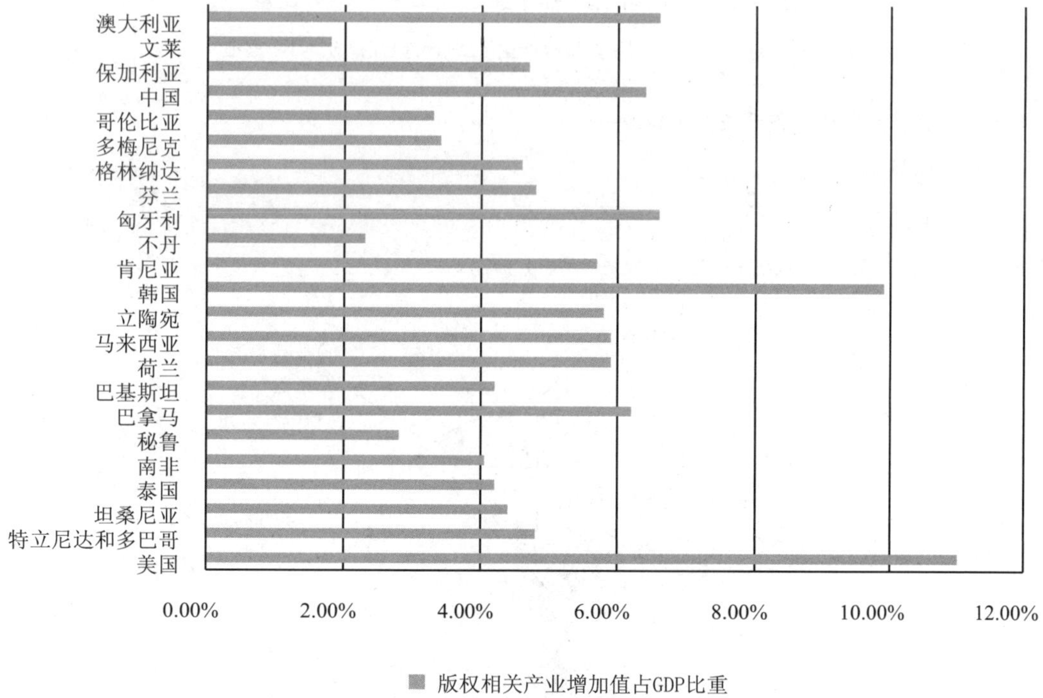

图1—2　按国别的版权相关产业增加值占GDP比重

（数据来源：根据《世界知识产权组织版权产业经济贡献研究报告2013》整理）

---

① WIPO. 2013 WIPO STUDIES ON THE ECONOMIC CONTRIBUTION OF THE COPYRIGHT INDUSTRIES, http://www.wipo.int/copyright/en/performance/country_studies.html.

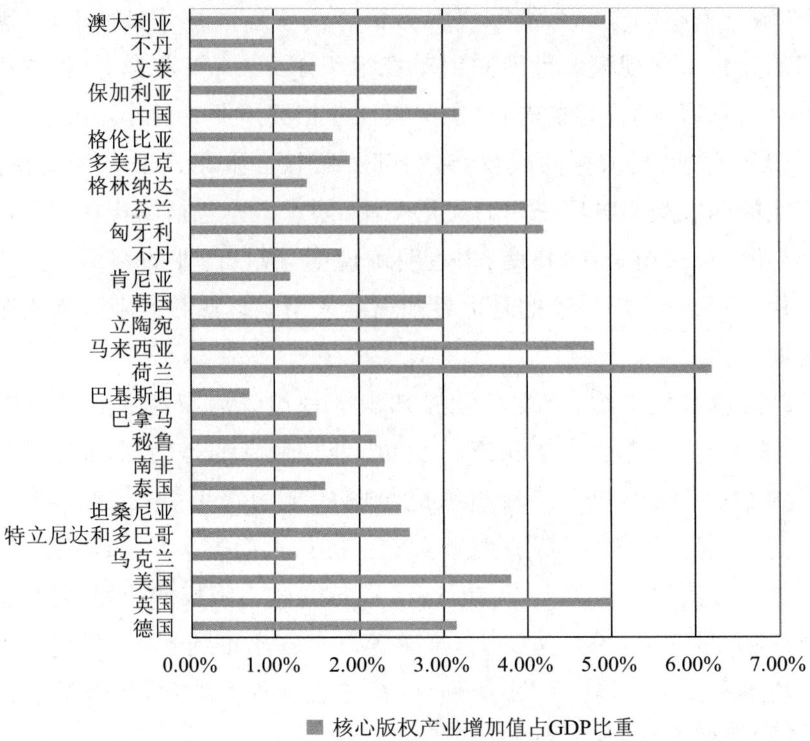

图 1—3 按国别的核心版权产业增加值占 GDP 比重

(数据来源:根据《世界知识产权组织版权产业经济贡献研究报告 2013》整理)

表 1—2 四大门类版权相关产业经济贡献占比

核心版权产业	非专用支持产业	相互依存版权产业	部分版权产业
54.40%	18.20%	10.30%	17.20%

(数据来源:根据《世界知识产权组织版权产业经济贡献研究报告 2013》整理)

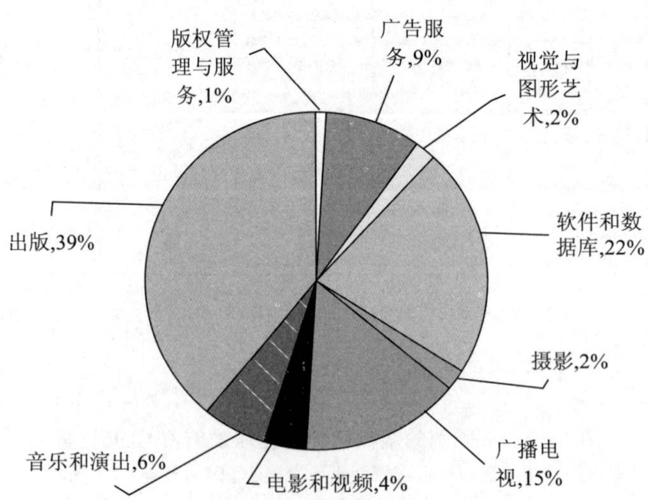

图 1—4 不同门类核心版权产业经济贡献占比

(数据来源:根据《世界知识产权组织版权产业经济贡献研究报告 2013》整理)

版权相关产业就业人数占总就业人数的比重稍高于产业增加值占比，平均值约为5.49％；对于版权相关产业增加值占比较大的国家，其就业占比也较大，多数国家版权相关产业就业占比在4％～7％之间（见图1－5）。墨西哥和菲律宾版权相关产业就业占比最高，约为11％，而核心版权产业就业人数占比较高的是荷兰，约为6.2％（见图1－6）。在版权相关产业中，一半以上的就业来自于核心版权产业（见表1－3）；而在核心版权产业中，吸纳就业人数最多的是出版、软件和数据库行业（见图1－7）。

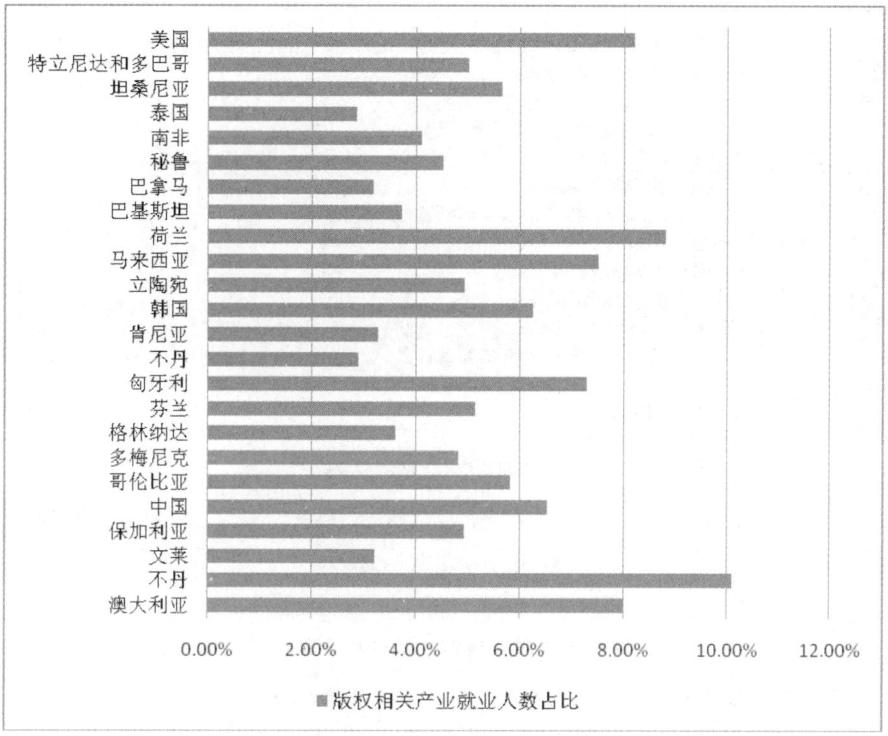

图1—5 版权相关产业就业人数占社会总就业人数比重

（数据来源：根据《世界知识产权组织版权产业经济贡献研究报告2013》整理）

表1—3 四大门类版权相关产业就业人数占比

核心版权产业	相互依存版权产业	部分版权产业	非专用支持产业
52.40％	16.60％	14.60％	16.20％

（数据来源：根据《世界知识产权组织版权产业经济贡献研究报告2013》整理）

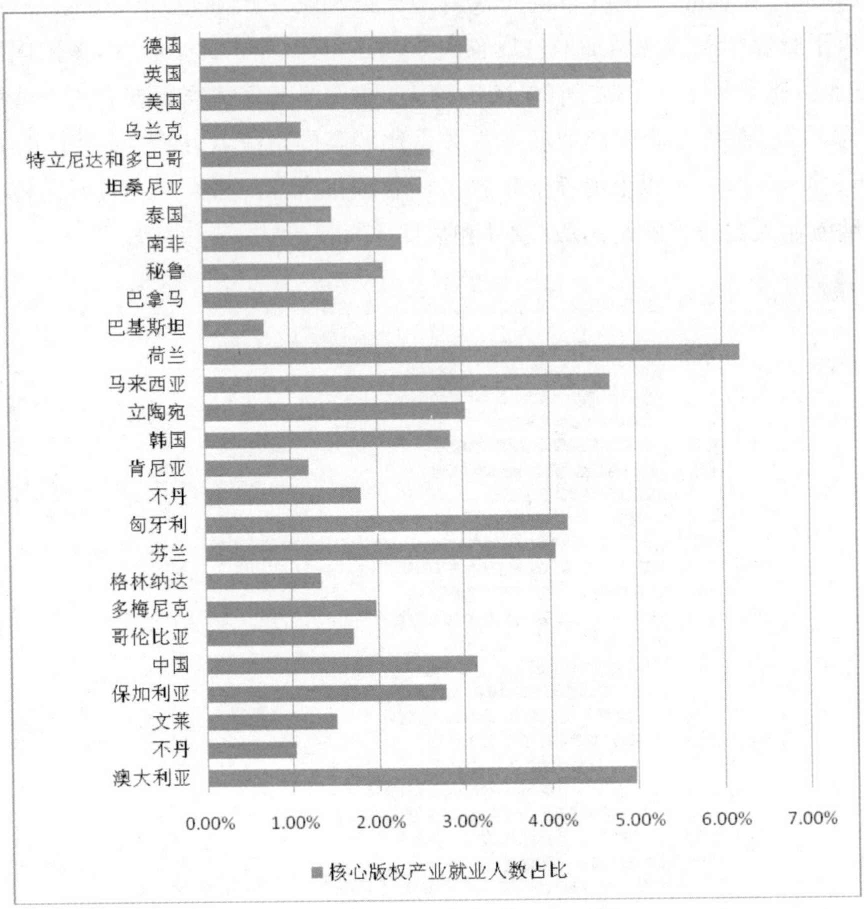

图 1—6　核心版权产业就业人数占社会总就业人数比重

（数据来源：根据《世界知识产权组织版权产业经济贡献研究报告 2013》整理）

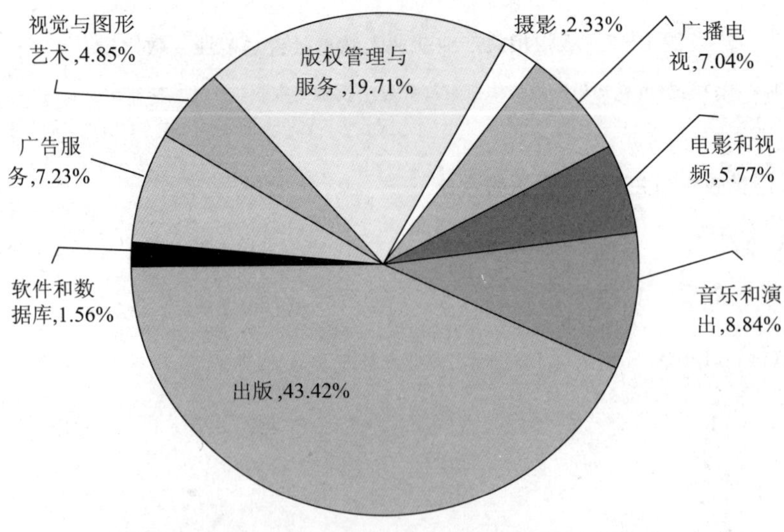

图 1—7　不同门类核心版权产业就业贡献占比

（数据来源：根据《世界知识产权组织版权产业经济贡献研究报告 2013》整理）

根据联合国贸发会发布的《创意经济报告 2010》中的文化创意产品和服务贸易情况，可从另一个角度来了解国际文化市场的规模。近年来，世界文化创意产品出口贸易发展迅速，各类文化创意产品(货物)出口总额已经从 2005 年的 2903 亿美元增长到 2010 年的 3832 亿美元(见表 1—4)，6 年期间增长率达 32%。来自发达国家的文化创意产品出口占据主导地位，从 2005 年的 1649 亿美元增长到 2010 年的 1961 亿美元，增幅 19%，而同期发展中国家的文化创意产品出口从 1234 亿美元增长到 1840 亿美元，增幅达 49%，可见发展中国家在文化创意产品贸易发展方面潜力巨大。世界文化服务出口贸易发展势头强劲，版权和文化休闲娱乐服务出口额从 2005 年的 1741 亿美元增长到 2010 年的 2545 亿美元，6 年期间增长率达 46%。

表 1—4　2005～2010 年全球文化创意产品和文化创意服务出口　（单位：亿美元）

年度		2005	2006	2007	2008	2009	2010
文化创意产品	出口额	2903.54	3163.24	3700.53	4087.82	3506.45	3832.08
	年增长率	10.98%	8.94%	16.99%	10.47%	—14.22%	9.29%
文化创意服务	出口额	1741.77	1957.28	2256.01	2446.34	2360.03	2544.90
	年增长率	11.72%	13.18%	20.22%	12.27%	—10.93%	9.96%

(注：文化创意服务只包括版权及许可费、个人文化休闲娱乐活动)

(数据来源：联合国贸发会创意经济数据库，http://unctadstat.unctad.org/ReportFolders/reportFolders.aspx)

第三节　中国文化产品和服务进入国际文化市场的意义

和西方国家的文化输出相比，传承几千年博大精深的中国文化产品与服务所带来的影响目前仍比较有限，并没有像一些西方文化那样被世界各地不同文化、不同背景的人所熟知和接受。如何将我们的文化产品与服务推向国际市场，把中国传统文化推向世界，用国际文化贸易的专业知识和技能完成中国文化产品与服务的国际营销和传播，让中国所独有的文化产品、节庆活动和商业活动影响整个世界，对于快速发展的中国来说就显得非常必要。让中国文化产品与服务更加顺利地进入并逐步占据国际文化市场，不仅能推动我国国内文化产业相关的经济增长，同时也是对我国文化软实力的巩固与提升。

一、经济增长效应

(一)我国对外文化贸易的严重逆差，为文化贸易带动经济增长提供了广阔的前景空间

20 世纪 30 年代，美国经济学家罗伯逊就提出了“对外贸易是经济增长发动机”的命题。对外贸易对经济增长的贡献主要体现在两个方面：一是对外贸易的直接作用，根据比较优势理论，进行贸易的国家增加生产它具有比较优势的产品，通过交换，每个国家都可以得到比它自己直接生产更多的货物，提高国内的福利水平；另一方面是对外贸易的

间接作用，进行贸易的国家可以获得成本优势，促进技术水平的提高。

目前，我国虽然是文化产品的出口大国，文化产品贸易保持顺差水平，但文化服务贸易逆差巨大，文化产业核心层贸易的巨大逆差与其他贸易领域的巨大顺差形成鲜明对比，与我国作为国际贸易第一大国的地位不相符合。2003 年，我国图书版权的引进、输出比超过 15∶1，经过近 10 年的发展，我国图书版权贸易仍是逆差，但逆差逐步缩小，2011 年图书版权贸易引进与输出比例下降为 2.5∶1。2011 年中国电视节目（包括电视剧、纪录片和动画电视）的出口额为 22662 万元，进口额为 54099 万元，电视节目贸易逆差为 31436 万元。无论是从文化资源的角度还是从综合国力的角度来讲，扭转这种严重的文化贸易逆差将会带来巨大的经济效益发展前景。

（二）大力发展文化产业，鼓励文化产品出口是转变增长方式的迫切需要

改革开放 30 多年来，我国经济发展取得了举世瞩目的巨大成就，中国正在以开放的新英姿在世界经济舞台上发挥着越来越重要的作用。但是，过去我们的经济很大程度上是依靠"高消耗、高排放、低效益"的粗放增长方式。党的十七大明确提出"转变经济发展方式"，并把它作为"关系国民经济全局紧迫而重大的战略任务"。"十二五"时期我国首次提出推动文化产业成为国民经济的支柱产业，这是新中国成立以来文化产业的战略性突破，也是历史性的突破。抓好文化产业，不仅可以满足人们的精神文化需求，丰富人们的精神世界，促进人的全面发展，而且可以优化产业结构，带动现代服务业，推动文化贸易，拉动经济增长，对于落实科学发展观、促进国民经济发展与社会和谐有着重要的作用。

一是文化产业资源消耗低，环境污染小。和第一、第二产业相比，文化产业是资源消耗少、环境污染小、经济效益高的无烟产业、朝阳产业。作为战略性新兴产业，文化产业以创意为源头，以内容为核心，以技术为手段，是高技术化和高文化的统一体，是转变经济发展方式、构建现代产业体系的有力抓手。文化产业主要靠智慧、创意、科技来推进，初始成本较高，但文化产品复制和传播成本较低，并且与物质产品的收益规律不同，文化产品呈边际收益递增规律。

> **关键术语**
>
> 经济发展方式是包括生产、分配、交换、消费等要素状况的一个大系统，其中最重要的是生产这个分支系统。

二是科技发展和进步及其在创意产业中的应用，不仅促进了产业融合，也改变了产业生产和销售模式，优化了传统产业结构。数字技术的应用，使得创意产业能与各行各业有机融合，这种融合跨越了传统产业的界限，将技术、文化、制造和服务融为一体，有利于产业链的延伸和新型产业群的生成，大大地拓展了经济发展空间，产生效益"裂变"效应。同时，由于产业界限被打破，文化创意产业可以利用其处于价值链高端的优势，重新组织生产、销售流程，并重塑产业结构。

三是文化产业市场需求强、发展潜力大。世界经济发展的历史经验表明，人均 GDP 实现 3000 美元后，将进入一个文化消费的高涨期。2012 年我国人均 GDP 达 6100 美元，

居民文化消费需求会不断增加。按照西方心理学家马斯洛的需要层次理论，最低层次的需要是生理需要，最高层次的需要是自我实现的需要。这种自我实现需要的满足，主要是通过对文化的需要来实现。随着中国经济的不断发展，精神文化产品的需求会越来越大，文化产业的发展潜力会逐步显现。

四是文化产业易与新技术对接，具有较强的创新应变能力。从内容上看，文化产业是最强调创新、创意的产业；从形式和载体上看，文化产业本身会随着新技术的运用、新消费习惯的出现而自发地创新求变。近年来，文化产业与信息技术、网络技术、数字技术对接，派生出一系列新生的文化业态，为文化艺术提供了新的表现形式和传播渠道，展现出文化产业旺盛的生命力和较强的创新应变能力。

（三）文化产品和文化服务具有高附加值特点，促进文化出口能够带来巨大的经济效益

文化是一种能带来巨大增值的资本，具有相同使用价值和技术质量的商品，其经济价值不仅可能由于使用功能和技术质量的改进而提高，更会由于其附加的文化含量的不同而上升。越是具有高品质文化或能为多数人认同的文化商品，就越可能拥有较高的附加价值，其实现的经济价值就越大。

对于文化产业来说，直接收入和效益仅仅是其利润来源的一部分，衍生的其他相关产业收入（如旅游、玩具、游戏、主题乐园等）比直接收入要高得多。例如，美国电影产业总收益的 20% 来自银幕营销，80%来自后续电影产品开发，即电影相关主题产品的营销。例如，《变形金刚 3》在全球拿到超过 10 亿美元票房，然而，在洛杉矶的环球片场，《变形金刚》系列仍然在“放映”。只不过这种放映方式颇为特别，游客戴上 3D 眼镜坐到一辆和过山车类似的小车里，直接感受和体验电影情节，但刺激的感觉远胜在影院观影。电影的收入绝不止票房这一块，还包括各种版权收入、植入广告、周边产品、主题乐园，等等。华谊在 2011 年与苏州合作建立一个类似环球的主题乐园，里面有蹦极、过山车等娱乐设施，每一个项目都以华谊的电影为主题。华谊还与上海嘉定文化城与深圳电影主题公园有类似的合作。华谊出让电影品牌，收入不菲。据华谊 2011 年的财务报表显示，2011 年“品牌授权及服务”收入高达 3800 万，而且没有一分钱的成本，毛利率 100%。

（四）文化经济和文化贸易的辐射效应，使其在经济发展中起到“火车头”作用

文化经济是文化和经济紧密结合，互相渗透，形成以经济为依托的新文化形态，或以文化为内涵的新经济形态，即“文化的经济化”或“经济的文化化”。文化产业是文化经济化的直接产物，使得文化的作用除了满足人类的精神生活需要之外，本身也能创造巨大的经济价值。文化离不开经济，经济也离不开文化。文化对政治、经济的渗透力越强，影响力越大，文化的社会价值就越突出。随着文化的扩张和渗透，文化与政治、经济日益一体化，文化力与经济力、科技力、政治力、军事力、保障力等共同构成综合国力，成为综合国力的重要组成部分。

文化产品和文化贸易的“火车头”作用应该包括两个层面：从某一产业领域来说，文化产品本身所带动的是后期相关收入，是整个相关产业价值链的形成；从整个国家的经济和对外贸易战略角度来说，文化产品和文化贸易这一“火车头”至关重要的作用并非仅仅是对某一产业价值链的带动作用，它甚至可以带动整个国家经济和对外贸易的增长。美国全美州长协会（National Governors Association）的一份报告指出，在城乡地区，由于其对地区经济的直接和间接贡献，文化部门正在作为一种经济生活的推动器（driver）而出现。同时还强调，振兴文化生活具有多种好处，除了增加收入、就业和税收之外，文化活力还能提高地区的知名度，同时吸引潜在的游客、居民和投资者。① 美国好莱坞有所谓的“火车头理论”，电影作为火车头，它本身可以不赚钱，但它可以带动电影业的发展。在好莱坞电影中，票房收入一般只占一部电影全部收入的 1/ 3，其余则是版权和电影后续产品的收益。

〔案例精选〕

1997 年，遭受亚洲金融危机重创的韩国，在危机后不到五年的时间里，韩国经济即再次崛起，其中，文化产业发挥了决定性的作用。目前韩国已发展成为公认的文化出口大国，数字游戏被确定为韩国的国家战略产业，最具代表性的“天堂”游戏，不仅风靡亚洲，而且与微软和索尼等巨头游戏产品在国际上形成犄角之势。2000 年初期，以电视剧为主力的第一代“韩流”吹响了韩国文化产品进军国际市场的号角；随着智能手机等新媒体的广泛应用，以 K－POP（韩国流行音乐）为中心的第二代“韩流”踏着网络信号漫游在世界各个角落，近年来，在美国、欧洲、东南亚、南美等众多国家和地区刮起了一股强劲的 K－POP 风。凭借文化、娱乐服务业的收支顺差，韩国 2012 年服务贸易收支首次实现贸易顺差。“韩流”相关企业的业绩也逐年增长。2012 年少女时代、Super Junior 所属的经纪公司 SM 公司的营业利润预期值达到 697 亿韩元，与 2011 年相比增加了 235. 2%；PSY、Bigbang 所属的经纪公司 YG 娱乐的营业利润预期同比增加 52. 4%，达到 264 亿韩元。《江南 Style》红遍全球，并吸引超过 1000 万的外国游客访问韩国，对改善服务业收支起到了重大作用。韩剧和“韩流”的“芯”是商业的，韩剧在自身大卖全球的同时，还把其他韩国的商品推向了世界，韩国的服饰、美容美发、饮食等开始受到年轻人的追捧，韩国旅游开始急速升温，韩国更是借韩剧发力，大量设计各种与知名剧集相关的旅游线路及主题公园。

二、软实力提升效应

美国哈佛大学教授约瑟夫·奈指出，一个国家的综合国力既包括由经济、科技、军事

① National Governors Association. *The Role of the Arts in Economic Development*. Washington，DC：NGA Center for Best Practices，June 2001.

实力等表现出来的“硬实力”，也包括以文化和价值观念、社会制度、发展模式、生活方式、意识形态等的吸引力所体现出来的“软实力”。“软实力”虽然没有“硬实力”那样具有明显和直接的力量，但却有更加持久的渗透力。因此对于中国来说，要想真正成为世界大国以至强国，“软实力”是必不可少的资源。

(一)加大中国文化产业发展步伐，扩大文化产品出口，是提升文化软实力的重要环节

电视节目作为传媒产品具有一定的代表性，迈克尔·杜培恩和大卫·沃特曼对于电视节目进出口的研究结果同样适用于其他文化产品。如果一个国家的国民生产总值(GDP)越高，或者这个国家的传播基础设施规模越大，这个国家对其他国家文化产品的依赖程度就越低，出口文化产品的可能性就越大，因而文化软实力就越强；相反，如果一个国家 GDP 越小，或者其传播基础设施规模越小，这个国家从外国进口文化产品的比例就越大，出口可能性变小，从而在国际软实力竞争中处于不利地位。随着中国 GDP 的迅速增长及广播电视基础设施的不断扩大，中国文化产业在 GDP 中占的比重越来越大，中国文化产品的出口数量和出口国越来越多。

〔背景延伸〕

迈克尔·杜培恩、大卫·沃特曼合撰《西欧进口电视剧的决定因素》一文指出，假设一个国家的国民生产总值(GDP)越高，或者这个国家的广播电视基础设施规模越大，这个国家从美国进口电视节目的比例就越低；相反，如果一个国家 GDP 越小，或者其广播电视基础设施规模越小，这个国家从美国进口电视节目的比例就越大。

1994 年，沃特曼和罗杰斯对九个东亚国家进口节目所进行的统计调查和系统分析再次证明了这一理论：一个国家的 GDP 或者该国的广播电视基础设施(BTEI)越大，国产节目的比例也就越大，对进口美国节目特别是连续剧的依赖度也就越低。

2004～2011 年，中国文化产业的工业增加值每年以 1000 亿元的速度递增。据国家统计局的数据显示，2012 年，我国文化产业实现较快增长，文化产业法人单位实现增加值 18071 亿元，比上年增长 16.5%，比同期 GDP 现价增速高 6.8 个百分点。文化产业在国民经济中的份额稳步提高。2012 年文化产业法人单位增加值与 GDP 的比值为 3.48%，文化产业对当年经济总量增长的贡献为 5.5%。近年来，我国文化产业增加值年均增长速度超过 20%，在国民经济中所占比重逐年提高，正向国民经济支柱性产业迈进。其中，北京、上海等地文化产业占国内生产总值的比重均达到 5%以上，已成为当地新的支柱性产业。从表 1—5 和图 1—8 可以看出，近几年来，随着我国经济的高速增长和文化产业的蓬勃发展，我国文化产品的国际市场占有率逐年提高，到 2010 年，我国文化产品出口市场份额已经达到了 25.5%，在国际文化产品市场上占据着重要的地位；而从增长率上来看，我国文化产品出口增长率一直略高于世界平均水平，这使得我国文化产品出口份额稳步提升，反映出我国文化产品出口竞争力正在逐步增强。

表 1—5　我国文化产品出口市场份额

年份	2002	2003	2004	2005	2006	2007	2008	2009	2010
我国文化产品出口额	32323	38550	45612	55510	62715	72999	84807	75740	97754
世界文化产品出口额	198240	225895	261637	290354	316324	370053	408783	350645	383208
我国文化产品出口市场份额	16%	17%	17%	19%	20%	20%	21%	22%	26%
中国增长率		19.26%	18.32%	21.70%	12.98%	16.40%	16.18%	−10.69%	29.07%
世界增长率		13.95%	15.82%	10.98%	8.94%	16.99%	10.47%	−14.22%	9.29%

（数据来源：联合国贸发会创意经济数据库，http://unctadstat.unctad.org/ReportFolders/reportFolders.aspx）

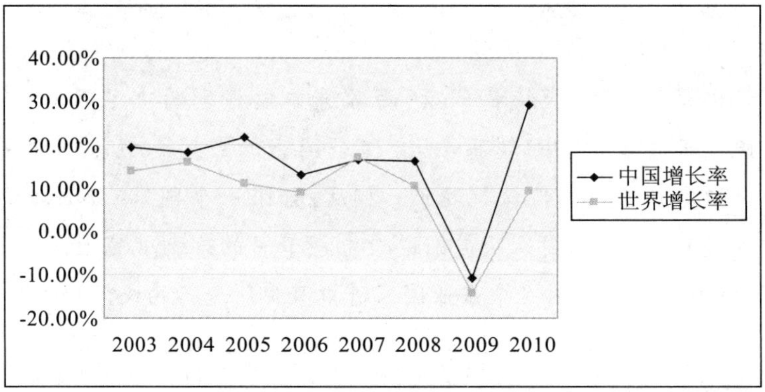

图 1—8　中国及世界文化出口增长率

(二)中国文化产业的快速发展为国家传播力的构建提供了保障

信息传播能力是衡量社会文明程度的标尺之一，影响着一国文化、价值理念与国家形象在世界范围内传播的广度、深度和效果。因此，信息的有效传播能力是国家文化软实力的重要组成部分。在中国崛起的过程中，国际社会舆论报道和交流中的“中国影响”、“中国因素”、“中国作用”、“中国文化”等在不断增多，对有关中国经济社会和文化发展的信息需求也不断增加。但目前这方面的信息和声音基本上都是西方媒体从中国“倒卖”出去的，而不是中国大众传媒机构直接发出的，存在着严重的失真和歪曲，影响了中国的国家形象。而互联网的广泛应用，进一步加强了信息的失真现象。因此，对中国来说，最迫切的就是要加强国际传播力的建设。增强国际传播能力，需要加强信息基础设施建设与信息资源开发。经过半个多世纪的努力，中国的综合实力已大为增强，信息基础建设已取得很大成就，但与韩国和其他经济发达国家相比，仍有很大差距，根据国际电信联盟发布的《衡量信息社会发展》的发展指数指标，中国的信息化发展指数在世界排名第80位(见表1—6)。

近几年，中国大众传媒机构在国际上的传播能力有所增强，中央电视台在海外落地项目达389项，覆盖141个国家和地区，整频道落地用户总数为1.65亿，各省卫视节目也已在海外多个国家和地区落地。中国国际广播电台在欧洲、中美洲、大洋洲、非洲、拉丁美洲、南太平洋地区建成50多家整频率海外调频台，每天播出的落地节目时数达1100多个小时，直接在海外落地的节目语种达40多种，在宣传上初步形成了规模效应。人民日报社、新华社等各大媒体在国际传媒界都很活跃，许多重大活动上都能看到中国记者的身影。当前，中国应抓住有利时机，大力增强国际传播能力，不断提升软实力，争取客观、友善的国际舆论环境，展现我国繁荣发展、民主进步、文明开放的良好国家形象。

表1—6　世界主要国家和地区信息化发展指数(IDI)排名(2010年)

国家和地区	总指数		总指数		
	排名	数值	接入	使用	技术
韩国	1	8.4	8.21	7.85	9.89
瑞典	2	8.23	8.57	7.55	8.89
冰岛	3	8.06	8.91	6.58	9.3
丹麦	4	7.97	8.33	6.85	9.47
芬兰	5	7.87	7.61	7.11	9.89
中国香港	6	7.79	9.06	6.46	7.92
卢森堡	7	7.78	8.8	7.24	6.79
瑞士	8	7.67	8.7	6.37	8.22
荷兰	9	7.61	8.29	6.38	8.71
英国	10	7.6	8.36	6.44	8.4
挪威	11	7.6	7.88	6.6	9.01
新西兰	12	7.43	7.53	6.35	9.4
日本	13	7.42	7.14	7.08	8.66
美国	17	7.09	7.24	5.89	9.21
中国	80	3.55	3.86	1.73	6.55

(数据来源:《中国统计年鉴2011》)

(三)文化企业和文化产品积极“走出去”，提升国家影响力

“软实力”虽然没有“硬实力”那样具有明显和直接的力量，但却有更加持久的渗透力。文化产品内在地蕴涵着生产者的思想和观念，文化产品输出的同时也就是文化观念的传播辐射过程。文化产品出口对于拉动一国经济增长、改善国际收支等经济目标，以及传播各国文化和促进国际文化交流等方面，都发挥着越来越重要的作用。世界各国和地区纷纷把发展文化产业和促进文化产品出口作为增强“软实力”的最重要的途径。美国、英国、法国、

日本、韩国等多个国家都通过政府制订计划，大力推动文化产业的发展，并积极为文化产业企业拓展国际市场提供支持。

以文化产业作为支柱产业的美国，在文化产业的各个领域都具有全球领先地位，文化产业不仅为其带来巨大的经济效益，更展示了渗透力极强的“软实力”。日本在20世纪90年代经济持续低迷时，唯独文化产业取得了巨大的增长，文化产品在海外销售，极大地改善了日本国家的形象。英国从1997年起把发展创意产业作为国家战略。法国和奥地利等国都举全国之力做好重大文化产业品牌项目的扶持和经营。韩国从政府作为服务者的立场出发，成立了专门性质的国家机构“文化产业振兴院”，制定了文化产业的国家战略，在公共文化服务平台建设、企业孵化扶持、信息提供等方面积极引导企业创新。2012年，中国文化部发布《“十二五”时期文化产业倍增计划》，提出了“十二五”期间，文化产业作为国民经济支柱型产业，它的增加值占GDP比重将从2.5%上升到5%以上，文化产业增加值年平均现价增长速度高于20%，2015年比2010年至少翻一番，实现倍增的奋斗目标。[①] 同时提出了推动文化产业“走出去”等10个方面的主要任务。

现在，中国国内一些外向型的文化企业都看到了海外市场的发展潜力，已经不仅仅局限于文化交流、寻找海外代理等传统模式出口，而是适应时代的要求，通过联合创作、合资经营、购买剧场影院等方式，积极地谋求海外发展。但是，从企业整体的国际化水平来看，仍处于初级阶段。文化企业选择直接投资方式进入国际市场，并且不断拓展文化产业价值链，主动开发文化衍生品，走向国际化价值链的高端，形成较强的风险控制能力，能够与当地文化企业或者其他跨国公司同台竞争，但还是有很长的一段路要走。

思考与研讨题

1. 什么国际文化市场？国际文化市场有哪些基本特性？
2. 国际文化市场有哪些类型？
3. 结合实际谈谈国际文化市场发展趋势。
4. 如何看待各国实行不同的文化发展战略？
5. 中国文化产品和服务为什么要走向国际市场？

---

① 文化部发布《“十二五”时期文化产业倍增计划》，http://www.gov.cn/gzdt/2012—02/29/Content 2079205.htm。

第二章　国际演出市场

■ **本章要点**

1. 国际演出市场的形成与发展
2. 国际演出市场的特征
3. 主要国际演出市场分析

第一节　国际演出市场的形成与发展

演出，是一种十分古老的艺术表现形式。在文字出现以前，各种艺术形式就以现场演出的方式进行传播。在古代，各种艺术形式的现场演出也是艺人谋生的一种手段，具有一定的市场性、商业性成分。但是，古代的演出与当代的营业性演出有着很大的不同。在今天这样一个科技、交通、信息、传播等高度发达的社会语境中，古老的演出艺术重新焕发青春，成为当代文化产业门类中最为重要的一种。

在当今文化产业的宏观语境下，所谓演出，并不仅仅是指简单的“表演”活动，而是一个完整的、一系列的活动过程。在这个过程中包含了多种要素，这些要素互相结合，共同构成演出的全部内容。从组成要素来看，演出一般包括：演出的组织者与表演者、演出节目、演出受众、演出时间、演出地点和场所。

演出市场是文化消费发展到一定阶段的产物，是当今文化市场的重要组成部分之一。所谓演出市场，是指演出活动在交换过程中形成的各种关系的总和。它既包括有形的演出场所、演员和观众，也包括参与演出活动的主体（演员、演出经营者、演出消费者）之间的各种关系的总和。

一、国际演出市场的形成

从一般意义上说，国际市场是商品交换在空间范围上扩展的产物，它表明商品交换关系突破了一国界限在不同国家之间进行。从 18 世纪到 19 世纪中叶，一般产品的国际市场伴随着西方国家的殖民扩张逐渐形成。与一般产品的国际市场相比，文化产品国际市场的形成在时间上要晚得多，并且法国、加拿大等众多主张文化例外、文化多样性的国家，直到今天仍然在文化产品的诸多领域设置贸易壁垒，从某种程度上说，文化产品的国际市场至今仍然在各方力量的不断冲突、拉扯与摩擦中艰难前行。

具体到国际演出市场，目前尚无公认的权威界定，大部分研究者都将其视为全球化趋势下各国国内演出市场的扩张。我们认为，国际演出市场一方面是各国国内演出市场在空间范围上扩展的产物，即演出产品的交换关系突破了一国的界限，演艺产业链要素的跨国化活动开始频繁；另外一方面是演出创作不再以单纯的国别概念出现，在演出内容、形式以及演出主体都出现了跨国式的合作和竞争。

从形成的原因来看，国际演出市场的出现与发展，既有着全球经济飞速发展、全球化背景下文化交流的需求日渐增多等与其他国际文化市场相同的共性因素，也有自身的特殊性，如依赖当代交通运输条件的便利、国际演出节庆活动的不断增多及国际性演出行业组织的出现这三个因素的推动。

首先，与电影、电视剧、图书版权等的国际贸易不同，演出产品在走向国际市场的过程中，大多数产品难以仅仅依靠版权贸易的方式实现。对于电影、电视剧而言，只要拍摄、剪辑完成，以版权贸易的方式将产品拷贝卖到其他国家，基本不影响产品的质量呈现。如电影《阿凡达》的拷贝无论是在美国、中国还是其他国家上映，只要具备了一定的技术条件（如 IMAX 银幕），其观影效果都不会有大的改变。而演出产品则不同。即使演出产品的故事情节、舞美效果、配乐等都已成熟，由不同的演员演出、运用不同的灯光布景，其效果也会大不相同。为了保证演出质量，很多演出团体在国外演出时都会自带演员甚至演出设备。比如，太阳马戏团的世界巡回马戏演出，往往都要在太阳马戏团设计的“移动小镇”中进行表演，其占地面积达 1.6 万平方米。这座小镇需要 140 名固定员工，每到一个新的城市，还需要 150 名临时工来搭建、拆卸和操作小镇中的设施。小镇包括“太阳城堡”（大帐篷）和附带的入口帐篷、舞台、美工帐篷、厨房和餐厅、学校以及维持所有设施正常运转的供应处。每次要动用 50 辆卡车运输 1000 吨的装备才能移动这座“小镇”。搭建需要八天，而全部拆卸也要耗费三天的时间。

其次，20 世纪中期以来，国际性演出节庆活动如雨后春笋不断涌现，这些演出节庆活动为世界各国、各类演出活动提供了集中化的展示平台。很多当今国际知名的演出团体、剧目都是在这些大型国际演出节庆活动中崭露头角，被世人所熟知和认可。比如，太阳马戏团的创始人盖·拉里贝特等正是抓住了洛杉矶艺术节这一可以让演员及演出团体蜚声世界的机会，才得以崭露头角、名声大噪。拉里贝特自己也不断提及：“没有 1987 年在洛杉矶的演出，或许我们后来的路不会走得如此顺畅。”[1]

---

① 葛晓倩：《太阳马戏团：把马戏做得像电影一样》，《竞报》2010 年 4 月 16 日。

〔案例精选〕

中国演出产品"走出去"的代表案例——京剧《王子复仇记》的成功也离不开各类国际性演出艺术节的巨大平台。《王子复仇记》是由中国国粹京剧这一经典艺术样式，表演莎士比亚经典悲剧《哈姆雷特》。2005 年，该剧首先组团参加丹麦第 24 届"哈姆雷特之夏"艺术节。"哈姆雷特之夏"是丹麦历史悠久的艺术节之一，举办地爱森诺市的克隆城堡，相传是哈姆雷特生活过的地方，成为著名的世界文化遗产。多年来，已有英国、立陶宛、新加坡等国家的剧团在此上演过不同形式的"哈姆雷特"。[①] 此后，《王子复仇记》又参加了爱丁堡国际艺术节、塞万提斯艺术节、荷兰阿姆斯特丹中国艺术节等多项国际艺术节。各类艺术节既为《王子复仇记》提供了展示平台，也为演出团体解决了部分资金问题。如该剧参加爱丁堡国际艺术节、阿姆斯特丹中国艺术节等节庆活动时，就得到了所在国的资金、宣传等方面的支持。

再次，国际性演出行业协会的出现，也为国际演出市场的形成与发展提供了重要的推动力量。1957 年美国艺术表演主办者协会（Association of Performing Arts Presenters，APAP）的成立，是国际演出市场开始形成的一个重要标志。协会每年主办艺术表演年度联合会议，申请成为艺术表演主办者协会会员即可享受会员待遇，享受会员单位联合搭建的艺术表演资源网络，并可直接与国际同行进行有关全球交流演出项目的深度洽谈；其始终致力于成为演出领域的全球性组织机构，为表演团体、艺术家、业内专家、经纪人和代理商提供进行多种艺术形式的学术交流和商务洽谈的专业平台。目前，美国艺术表演主办者协会的总部设在美国华盛顿特区，在全世界各地共有 1700 个会员。这些会员包括区域性地方政府、高等表演艺术教育机构、非营利性表演艺术中心以及各类文化组织，涉及艺术经纪、艺术管理以及艺术市场咨询营销等领域。美国艺术表演主办者协会每年 1 月在纽约举办大型规模的演出市场研讨会和演出交易会，通常会有来自世界各地的演出商、演出团体的经理或经纪人、艺术节的负责人、艺术家和艺术管理机构的负责人等 3000 多人参加。在为期 4 天的交易会上，供求双方见面会谈，需求方还可通过现场观看演出片段或录像来遴选节目，同演出单位或经纪人当场签约敲定或预约安排演出场次和时间。美国艺术表演主办者协会成为了引导和拓展国际演出市场的标杆组织。

二、国际演出市场的发展阶段

"二战"之后，国际演出市场的基本轮廓成形。伴随着各国的经济复苏，一些著名的国际演艺集团和区域演出市场也逐渐恢复，各国间的对外演出活动开始逐渐频繁。但是由于受到国际经济和政治格局的影响，国际演出市场也出现了两个不同的竞争发展阶

① 端木复：《京剧〈王子复仇记〉享誉"哈姆雷特"故乡》，《解放日报》2005 年 8 月 6 日。

段：一个是从“二战”后到 20 世纪 90 年初苏联解体阶段，表现为两大阵营之间的封闭竞争；另一个是 20 世纪 90 年代至今，各国在趋于开放的国际演出市场平台的激烈竞争。

(一)冷战时期国际演出市场的封闭竞争

作为文化市场中表现最为活跃的演出活动，其和图书、电视、电影及网络等文化产品一样，在跨国化的运动中都面领着整个文化竞争的影响。在 20 世纪 50 年代至 90 年代期间，受到冷战世界格局的影响，国际演出活动完全陷入了两大阵营内部的封闭意识形态竞争，彼此之间完全处于对立抵制。

国际演出市场的意识形态竞争表现为，在美国和苏联两极政治格局中的对内和对外演出，集中地以为意识形态服务作为目标，所有的剧目创作和演出不再是以表演艺术团体为中心，剧目内容渗透了大量的政治因素，集中地体现出了社会主义和资本主义两大阵营的对峙。这一时期的国际演出市场也被意识形态分为了两部分，彼此之间的演出和交流异常艰难，并且常常伴有相互之间的诋毁。

〔案例精选〕

1945 年 10 月，美国国务院邀请红军合唱团到美国巡回演出，并敦促苏联与美国进行芭蕾舞、剧团、乐团和工艺品展览方面的交流，却招来苏联的回绝。1953 年 3 月，斯大林逝世后，彼此之间的固态竞争开始松动。1955 年 12 月，美国的一个歌剧团在欧洲进行巡回演出时，得到苏联政府的批准，在莫斯科和彼得格勒向苏联观众演出。苏联著名的钢琴家叶米尔·吉列尔斯(Emil Gilels)也获准赴美与费城交响乐团同台演出，成为战后在美演出的第一位苏联艺术家。随后，苏联小提琴家达维·奥伊斯特拉赫(David Oistrakh)等一些艺术家，也先后获准赴美演出。美、苏双方开始官方交流的第一年——1958 年，有 516 名苏联人根据协定前往美国。到 60 年代中期，这一数字也只有 1000 多人。

同样的，资本主义和社会主义阵营中的其他国家在对外演出方面的事实，恰恰验证了这一彼此封闭的内部竞争。以中国和英国的对外演出为例，1949 年新中国建立之后，由于世界政治格局的原因，所有的对外演出普遍集中在了苏联和东欧社会主义国家。1951 年至 1966 年期间，中国与苏联、捷克斯洛伐克、罗马尼亚和波兰等国家签订了 30 多个政府文化合作协议，先后派出数百个表演团体共 21657 人参与了对外演出。反观英国这一时期的对外演出，无论是营利性或非营利性的对外演出，完全集中在了美国、加拿大及法国等国家。以披头士乐队为代表的英国流行乐队，在整个 60 年代对外演出踏遍纽约、巴黎及悉尼等多个城市，达到了 1400 多场，却无法在东欧和苏联出现。在人类历史的长河中，演出一直是艺术创作的表现形式，并没有存在所谓的竞争性一说。然而，全球化让整个世界不仅从地理边界上连成一片，更重要的是让所有国家的利益被连环捆绑在一起。国际演出市场作为文化竞争的一部分，未能幸免地落入了两大阵营集团的利益争斗中。

(二)冷战之后国际演出市场的开放竞争

如果说“二战”后,各国对外演出的表现还集中在两大阵营的意识形态方面,那么当苏联解体之后,美国不仅成为了世界政治格局中的领导者,其所倡导的流行文化在各国也到处泛滥。事实上,在20世纪80年代的时候,意识形态对于演出市场的限制已经出现了明显的松动,特别西方的流行乐团和大型舞台剧开始能够在传统社会主义阵营国家上映。美国的演艺产品从而加速了对外演出的步伐,频频出现在国际舞台上。

20世纪90年代之后,国际演出市场的竞争已经摆脱了明显的意识形态,开始集中在市场内容流行和市场话语等方面。首先,大规模制作的音乐剧和舞剧开始成为国际演出市场中的香饽饽,各个国家的演出制作公司、艺术院校及文化政策主管部门积极投身于音乐剧的发展,都寄希望于成为国际演出市场中的流行指标。其次,大型的传媒集团纷纷涉足演出领域,演艺产品和传媒产品之间的渗透趋势加速,演出市场的传统剧场媒介开始出现数字化和网络化的创新探路。这种竞争趋势也促使各国的文化艺术研究者对于演出市场话语权以及文化主权等都提出了诸多的不同看法。最后,对外演出贸易也不再以单纯的剧目输出为主,主要的对外演出贸易国家开始通过版权贸易、对外直接投资剧院和剧场以及本土化合资经营等方式开拓国际市场,从而推动着演出市场相关的剧目、人才及资金等竞争要素的跨国化流动。

美国和英国成为这一阶段国际演出市场的真正赢家。美国在东欧、中国和越南等国家的演出出现了井喷式的增长。根据美国演出联盟的数据,1993—1999年,美国在东欧几个国家的大型音乐剧演出规模出现了将近3倍的增长;直到2002年之后,这种增长的趋势才开始放缓。在国际巡演市场方面,这一时期美国对外演出的巡演国家数量,从过去的年均18个猛增到年均30个,特别是一些较为受欢迎的剧目,巡演场次从过去的3个月增长至24个月。英国对外演出的版权输出国家也从过去的12个增长至23个。而其他国家的演艺产品也出现在了国际演出市场中,但是整体规模影响不大,一般的对外巡演平均低于50场,巡演总时间维持在3个月左右。2000年之后,如中国、巴西及印度等国家的国内演出市场均出现了较为快速的增长,但是在对外演出方面还整体处于探路试水的阶段。

三、国际演出市场的发展现状

在全球文化产业发展的宏观背景下,国际演出市场从20世纪90年代至今出现了稳定持续的增长,特别是在2000年之后,国际间的竞争要素流动加速,国际演出市场的活动明显频繁,诸多国家政府间和民间的演出交流和商业性演出逐渐升温,而以中国、印度和巴西为代表的新兴经济体国家的演出市场也出现了非常明显的联动效应。美国和英国等传统演艺强国的演出机构则纷纷开始了大规模的跨国化经营,国际演出市场整体上趋于繁荣的景象。但是,与电视、电影以及网络等文化市场的快速发展相比,国际演出市场的表现则显得较为平缓。

总体演出市场规模方面，根据美国演出联盟的报告，相比较于 1998 年，2008 年发达国家演出市场的活跃度提升了将近一倍，整体演出市场规模实现了持续的增长，而发展中国家的演出市场活跃度接近于 3 倍。该联盟指出，虽然 2008 年国际演出市场中的重要巡回演出剧目数量和 1998 年相比几乎未出现大幅提升，均保持在 25 台以上，但是整体演出收入却出现了将近 70%的增长。根据 UNESCO 关于文化、艺术和娱乐活动的比重推算，2010 年国际演出市场的总体规模达到了 1239.27 亿美元，演出相关产业总值则达到了 6000 多亿美元。

在演出市场整体表现方面，相比较于电影和电视市场，演艺产品的资金回收周期一般维持在 1～2 年左右，因此，国际演出市场的整体发展趋势表现出“波折大小年”交错的趋势（见图 2—1），而国际电影和电视市场的整体走势则基本为单调增长，并未出现如此明显的波折走势。在这种情况下，众多的剧目在对外巡演中经常是选择小年的时机，规避过分竞争的风险。

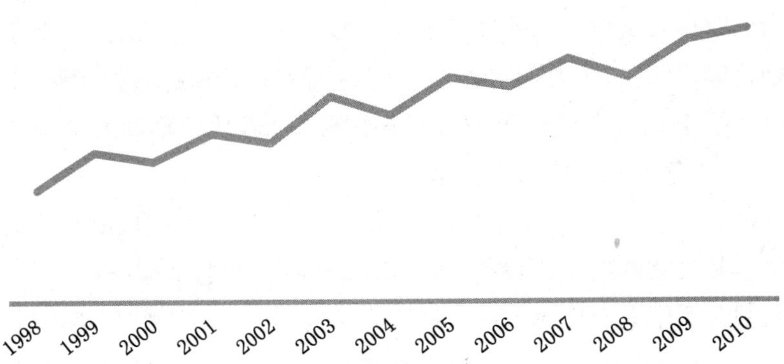

图 2—1　1998～2010 年国际演出市场规模波折走势图

在区域性演出市场方面，综合 UNESCO 关于各国文化娱乐的消费统计，以及主要地区的演出市场联盟长期对于市场比重的分析，可以明确地看出，北美和欧洲占据整个国际演出市场的 45%，接近于一半的比重，其次是亚洲，规模比重达到了 17%，非洲和南美洲的规模比重分别为 11%和 13%，大洋洲（含新西兰）的规模比重为 4%（见图 2—2）。

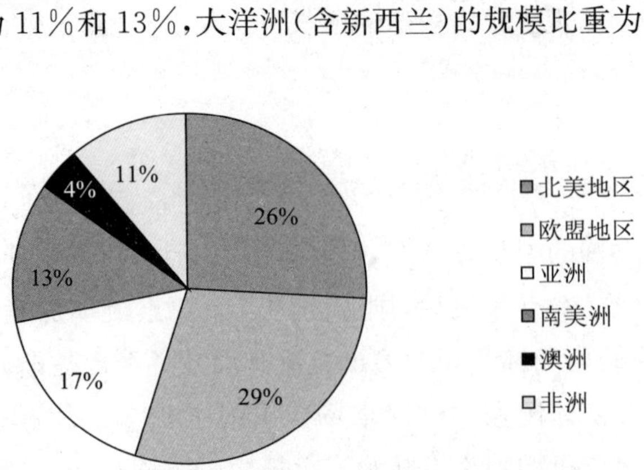

图 2—2　2010 年国际演出市场各大洲区域比重

而对于具体的国家而言，美国占据整个北美演出市场将近七成的比重；在整个欧盟地区，英国和德国的商业性演出活动所占比重较高；在亚洲地区，日本、韩国、中国内地和香港及印度的演出活动较为集中；在南美洲则集中在巴西和阿根廷两个国家。

总体上来看，国际演出市场在近 20 年的发展过程中基本呈现了稳步增长的趋势，其中商业性的演出表现比较突出，特别是以音乐类为代表的巡演活动非常受人瞩目。相比较于电影、电视以及网络文化市场，国际演出市场在整个文化经济中的比重和产值都略低。从国际地域市场来看，美国和英国在整个国际演出市场中的综合比重比较突出，非洲和南美洲的比重相当，以日本、韩国和中国为代表的亚洲在接下来的时间发展潜力较大。从国际细分市场来看，以伦敦西区和纽约百老汇为代表的演艺聚集区的细分市场规模比较强势，依旧以大型舞台剧和音乐剧为主要剧目，另外就是大量结合旅游、庆典以及主题乐园的演出节事，成为了诸多国家细化演出市场的重要选择。在对外演出方面，巡回演出和传统剧目输出依旧是大部分国家参与国际演出市场竞争的主要方式。下文首先从剖析美国、英国、日本以及中国演出市场的现状、特色及对外演出贸易入手，以主要演出市场的表现概览国际演出市场的全貌。

第二节 国际演出市场的特征

一、国际演出市场是垄断竞争市场

在经济学中，往往按照市场竞争程度的强弱将市场划分为四种主要类型：完全竞争市场、垄断竞争市场、寡头市场和垄断市场。在文化市场领域，根据文化市场主体在某一商品市场中的竞争与垄断程度的不同，也可将文化市场划分为四种不同的结构类型：完全竞争性市场结构、垄断竞争性市场结构、寡头垄断性市场结构和完全垄断性市场结构。[①]

当今国际文化市场是一种垄断竞争市场。在文化市场中，垄断竞争市场的特点在于：由于不同的文化产品之间存在差别，不同的企业就可以凭借此种差别在偏好该产品的消费群中形成垄断地位；但是这仅是同类文化产品之间的差别，同类文化产品之间所具有的产品替代性又促使市场上同类文化产品之间展开激烈竞争。所以，文化产品差别化在市场上会形成一种垄断和竞争并存的状态。[②] 在国际演出市场中，演出产品之间也存在内部差别，部分企业可以在某种差异化类型的演出市场中形成垄断地位，但其他演出产品对某种类型的演出产品也会形成替代效应，这一替代性促使演出市场中存在激烈的竞争。

海尔布伦在《艺术文化经济学》一书中指出，“垄断竞争是这样一种市场结构，它同

---

① 顾江编著：《文化产业经济学》，南京大学出版社 2007 年版，第 93 页。

② 顾江编著：《文化产业经济学》，南京大学出版社 2007 年版，第 100 页。

时拥有垄断因素和竞争因素……在表演艺术产业的独立部门中，百老汇能够恰如其分地被称为垄断竞争者。在每个演出季度中，都会上演三十余部的戏剧和音乐剧，而它们彼此之间自然就形成了对观众的竞争。然而，每家公司对自己的演出都具有垄断权，并且在定价时，它们都假设自己的政策不会引起竞争者的反应。如果我们采用一个更广泛的定义，在这一广泛定义下，所有的表演艺术组成一个单一行业，那么在多数大规模的城市当中，该产业本身是垄断竞争的。歌剧公司、交响乐团、舞蹈团体以及常驻剧院公司彼此之间都进行着竞争，方法是提供独特的，但又可以作为艺术娱乐形式而被近似替代的产品。”[①]演出市场的垄断竞争内容就是各种演艺产品之间的互补和替代关系。

二、演出产品在国际市场受到文化折扣的影响

在电影中，全球最高票房电影往往集中于文化折扣度较低的“高概念”电影（贾斯汀·怀亚特）。同样，在国际演出市场上，收入最高的也是那些能够打破文化接受障碍、易于被全球观众接受的音乐类和动作类产品。目前，全球范围内各类型演出产品所占份额尚无较为权威的统计，这里仅以北京市 2012 年各类型演出产品为例。2012 年，全市 113 家营业性演出场所观众总人数达 1100 万人次，比去年同期（1026 万人次）增长 7.2%。其中，音乐类观众 221.8 万人；舞蹈类观众 52.3 万人；京剧类观众 40.6 万人；话剧类观众 205.9 万人；地方戏类观众 17.3 万人；杂技类观众 136.7 万人；曲艺类观众 46.2 万人；儿童剧类观众 165 万人；综艺类观众 36.9 万人；其他类型演出及各种小剧场演出观众 177.9 万人（见表 3－1）。在 2012 年北京演出市场中，按照类型划分，观众人数最多的前三位分别为：音乐类、话剧类和儿童剧类。文化折扣度较低的音乐类型演出观众人数最多，而话剧类演出若放在全国市场考量，也与其以普通话为主要表现形式、针对全国观众、文化折扣度较低有一定关系。排在第四位的杂技类演出，主要以动作为表现手段，该类型演出不但在北京演出市场具有较高的接受度，在全球演出市场上，不管是太阳马戏团等杂技、动作类演出团体，还是《O 秀》、《KA 秀》等世界知名演出产品，都占据着重要地位。

若进一步结合演出产品的票价、演出类型的收入对比来看，文化折扣度较低的演出产品，所占份额与比例更大。在各种演出类型中，除京剧等传统演出产品外，其他类型演出的上座率差别不大；但平均票价之间却有着很大差距，最高的港台演唱会平均票价与曲艺类之间相差十几倍。在票价最高的演出类型中，演唱会、音乐类、歌舞、音乐剧等都属于文化折扣较低的产品类型。

---

① 詹姆斯·海尔布伦、查尔斯·M. 格雷著：《艺术文化经济学（第二版）》，詹正茂等译，中国人民大学出版社 2007 年版，第 33 页。

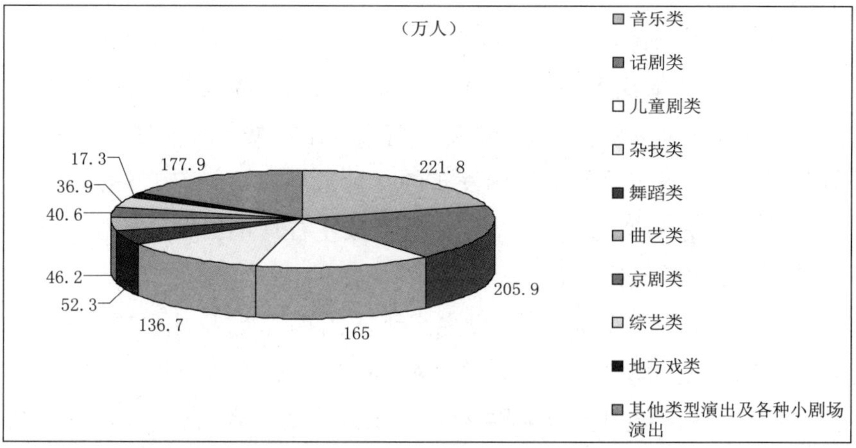

图 2—3　2012 年北京不同类别演出观看人次统计

表 2—1　2012 年北京市不同类别演出票价与上座率统计

类型	平均票价(元)	平均上座率(%)
交响乐、室内乐、民族音乐类	258	76
各类演唱会(平均)	570	76
演唱会(港台)	706	82
音乐剧类	242	86
歌舞类	226	80
京剧类	93	62
话剧类	84	80
地方戏类	115	80
曲艺类	54	80
儿童剧类	88	81

另外，在百老汇和伦敦西区这两大世界知名演出产业集聚区中长期上演、观众人次最多的剧目，也基本上是音乐、舞蹈类型。

三、高雅演出市场破茧重生

尼尔·波兹曼认为，“娱乐”已赢取我们这个时代“元媒介”的地位，尤其是在大众文化语境中，由印刷机开创并延续经年的“阐释时代”，已经让位于由电视机开创的“娱乐业时代”。娱乐，已经成为电视媒体“所有话语的超意识形态”，“不管是什么内容，也不管采取什么视角，电视上的一切都是为了给我们提供娱乐”[①]。“我们的政治、宗教、新闻、体育和商业都心甘情愿地成为娱乐的附庸，毫无怨言，甚至无声无息，其结果是我们成了一个

① 〔美〕尼尔·波兹曼著，章艳译：《娱乐至死》，广西师范大学出版社 2004 年版，第 114 页。

娱乐至死的物种。”[①]随着网络、手机等新媒体的不断发展，文化的大众化、娱乐化倾向更为明显。在这种情况下，国际演出市场中演出产品的大众化、娱乐化倾向也日渐明显，与之相伴随的，必然是高雅演出产品、传统演出产品市场的不断萎缩，众多高雅演出团体面临生存困境。高雅音乐观众的流失，导致美国高雅音乐消费者在美国人口中所占的比例过低。根据美国高雅音乐艺术研究机构发布的统计数字，10%～15%的美国人对高雅音乐有兴趣，而在这些表示感兴趣的人当中，仅有半数左右真正出席音乐会。[②] 世界知名的费城交响乐团也一度申请破产保护。

为适应当代演出市场的需求趋势，很多高雅演出也开始重视主题策划、明星艺术家等内容因素，在演出的艺术家选择与营销策略等方面，开始精心设计与包装。比如，在2012年6月费城交响乐团在上海大剧院举行的第六次访沪音乐会上，乐团便充分运用了“亚裔面孔”来拉近与国内观众的距离，增强亲切感与认同感。迪图瓦出场向掌声热烈的听众致礼时，站在他左右两边的分别是乐队韩裔首席 David Kim 和华裔大提琴首席倪海叶，再加上韩裔中提琴首席 Choong—jin Chang，亚裔演奏家构成了弦乐声部的“铁三角”，当然背后还有多张亚裔面孔。毫无疑问，这样的阵容来到东亚各个国家，一定会产生足够的亲和度。[③]

四、大投入、强视觉的演出产品成为未来重要趋势

新媒体时代的到来，对电影、演出等传统文化产品提出了严峻挑战。近年来，电影开始走向大投入、大导演、大效果的大片制作之路，无论是《2012》、《阿凡达》，还是历经十年后重新以3D效果上映的《泰坦尼克号》，都在刻意营造令人震撼的视觉效果，以强大的冲击力为观众提供难以在电脑、手机等新媒体上实现的观影效果，从而实现差异化竞争。

近年来的演出产品，尤其是与旅游、酒店等相结合的驻场演出产品，也纷纷开始追求震撼的视觉效果和强烈的现场体验。拉斯维加斯著名驻场演出《KA秀》便十分注重对视觉效果和现场体验的营造。演出剧场是为节目专门打造的，剧场除了有5个活动升降台之外，还有2个大型舞台，舞台可以从地下室一直上升到65米的高度，还能随时完成360度的旋转。从天花板到舞台，甚至座位中都设置了隐藏的扩音喇叭，这种背景音乐从耳后传来的体验，只有用“身临其境”四个字可以形容。

另外，筹划5年、耗资超过20亿人民币的惊世巨著《水舞间》，由世界享负盛名的灵感创作大师佛朗哥·德拉戈先生特别为新濠天地度身制作，水剧院由原上海世博会开闭幕音乐喷泉制造商、全球顶尖的梦幻水秀——法国国际水秀公司（Aquatique Show International）建设。为了打造这一空前巨制，新濠天地特别兴建备有顶尖科技器材的剧院，其舞台泳池容

---

① 〔美〕尼尔·波兹曼著，章艳译：《娱乐至死》，广西师范大学出版社2004年版，第4页。

② 李冬文：《美国高雅音乐市场发展现状》，见中宣部文化体制改革和发展办公室、文化部对外联络局编《国际文化发展报告》，商务印书馆2005年版，第159页。

③ 杨建国：《全球古典音乐最大市场吸引力日增》，《新民晚报》2012年6月7日。

量创纪录地高达370万加仑，相当于5个奥林匹克标准泳池的容量。《水舞间》更糅合了前所未有的高难度特技表演，配上绚烂炫目的服装及匠心独运的空间设计，完美演绎出一个穿越时空的浪漫传奇。

第三节 国际主要演出市场比较分析

一、美国演出市场

(一)美国演出市场概况

美国虽然仅有200多年的历史，但是在其多元种族的文化背景和雄厚的经济基础上，美国在国际演出市场上长期以来一直饰演强势者的角色。2000年，美国的经济普查报告显示，演艺娱乐产业总值达到了1819亿美元，占美国GDP的1.9%，而汽车制造业仅为1.2%。

虽然至今美国依旧没有设立中央文化主管部门，但实际上它却是第一个进行文化立法的国家。美国实行的是公共文化和文化产业平衡发展的文化模式，其演出活动基本上是由非营利性的文艺组织和营利性的演出公司组成。美国在1965年成立了国家艺术基金会(NEA)，加之政府对于公共表演艺术组织给予大规模的政策扶持，使得非营利性的演出机构开始专注于公共艺术演出、表演艺术教育以及慈善义演，而代表营利性的演出公司则倾向于大众娱乐演出、商业演出以及对外演出。长期以来，美国演出市场被描述为演出层次多元，运作机制成熟规范，商业化程度较高。

美国联邦统计局关于演出市场的统计，通常都是依据《北美产业分类体系》(NAICS)的分类标准，其中演艺娱乐产业代码为711号。2002年，美国各类艺术、娱乐和消费机构总计11.1万多家，其中多数为非营利性组织，就业人数189.5万人，经济效益137.78亿美元。[①]从2007年的统计数据可见，全美的演艺娱乐机构达到了124620个，其中营利性演艺机构达到了100656个，共创造了1519.58亿美元产值，占当年GDP的10.86%；整个演艺娱乐业产值占GDP的13.5%，比2002年增长了37%，而非营利性演艺机构的收益大于支出，经营状态持续良好(见表2—2)。

表2—2 2007年美国演出市场演艺机构数据

演艺机构类型	演艺机构数量	年度收益(千美元)	年度支出(千美元)
营利性演艺机构	100 656	151 957 979	——
非营利性演艺机构	23 964	37 458 963	33 328 664
小计	124 620	189 416 942	——

(数据来源：美国联邦统计局，http://www.census.gov)

---

① *Statistical Abstract of the United States*，2004～2005，US Census Bureau，NO. 1225.

(二)美国演出市场的主要特点

1.演出类型齐全,表演团体卓越

在美国的演出市场上,具有一定规模的演出活动主要是通过表演团体、演出中介公司、相关演出协会和联盟共同完成的。其中,演出中介公司包括专业的经纪、融资、营销以及媒体公关公司。据美国表演协会的不完全统计,美国现有专业经纪公司约1500家,其中,哥伦比亚艺术家经纪公司、ICM艺术家经纪公司等大公司占据了主要的演出市场。一般的表演团体和演出制作公司都有自己长期合作的专属经纪公司,负责演出剧目的推介营销。

美国在舞蹈、戏剧、交响乐以及音乐剧各个表演艺术门类都有较为强势的表演团体。音乐方面,美国约有1400个交响乐团,分布于各个重要城市。流行音乐演唱会密集多样,如Bon Jovi乐队在2010年的北美和加拿大巡演,创造了1.47亿美元的票房传奇。舞蹈方面,每个城市基本上都有历史悠久的芭蕾舞团和现代舞团公司,如亚特兰大芭蕾舞团、旧金山芭蕾舞团以及葛兰姆舞团。音乐剧方面,美国音乐剧制作公司在国际演出市场上的份额占到了约70%,特别是以纽约百老汇为代表的音乐剧演出,成为了美国演出市场的标签,1999～2008年间,纽约百老汇的总收益达到了74亿美元。

在传统剧目类型方面,虽然演出机构、票房收入以及观众参与并未像商业娱乐演出一样出现大幅度的增长,但是在近30年的发展期间,歌剧、芭蕾舞、现代舞以及交响乐基本上保持了增长的态势。从美国联邦统计局1984～2003年对于歌剧团和交响乐团的统计数据可见,20年间,歌剧团和交响乐团保持了稳健的增长(见表2—3)。

表2—3　1984～2003年间美国歌剧团和交响乐团发展状况

演出机构	细目	1984年	1990年	1995年	2000年	2003年
歌剧团	演出场次	1671	2336	2251	2153	1730
	观众参与	5.9	7.5	6.5	6.7	5.9
	演出费用	204.5	321.2	435.0	636.7	691.6
交响乐团	演出场次	18441	18931	29328	33154	38182
	观众参与	22.3	24.7	30.9	31.7	27.8
	演出收入	222.8	377.5	536.2	734.0	781.2

(注:根据美国联邦统计局的数据整理而得,观众单位为百万人,演出收入单位为百万美元)

但是在2000年之后,由于美国整体经济的放缓,致使诸多非营利性的演出机构在资金筹措和观众参与方面出现了下滑趋势,然而,商业性对外演出由于在海外演出市场获得了较高的收益,因此整体表现仍趋于稳定增长。

2.专业剧场为核心,多种类型齐发展

据美国演出协会的统计,全美现有2300多家演出场所,其中,加州、纽约和俄亥俄州位于前三位,如著名的肯尼迪艺术中心、林肯艺术中心。从演出场地的总体分布情况来看,大城市、小城镇、郊区和乡村的拥有比例分别达到了36%、36%、12%和16%,城乡差

别并不十分明显。美国 50 个州被划分为六大地区，每个地区都有一个非营利性的跨州艺术组织，它们是美国西部艺术联合会、美国中部艺术联盟、美国中西部艺术联盟、新英格兰艺术基金会、大西洋中部艺术基金会和美国南部艺术联合会。各个艺术联盟组织实施的项目有所不同，但目标都是为了繁荣本地区的文化艺术事业和扩大同地区外的交流。其中，美国中部艺术联盟和中西部艺术联盟每年 9 月组织一次全美第二大的表演艺术演出交易会，美国南部艺术联合会和大西洋中部艺术基金会联合于每年 9 月稍晚些时候也举办一次表演艺术演出交易会。参加上述组织的团体或个人可在所属组织的刊物及网站上刊登推销节目的广告，供演出公司和演出商选购。此外，美国舞蹈协会、室内乐协会和音乐剧联盟等各行业组织也都定期召开年会，有的还定期举办专门的演出交易会。

从演出场所的性质来看，美国的剧场演出可以分为四大类：(1)专业剧场演出，一般是指专业艺术团体的高水准演出，这类演出是美国演出市场的主体。(2)节事场所演出，一般是指在各种艺术节、博览会、大型会议和特定节庆活动上的演出。根据美国演出联盟的统计，在美国定期举办的艺术节约有 500 个，其中包括音乐、舞蹈、戏剧、弦乐、爵士乐、室内乐、音乐剧等专项艺术节 379 个，综合性艺术节约 100 个。(3)公共场所演出，一般是指在学校、社区以及城市公共空间所组织的演出活动，其中以学校的演出为主。美国大部分高中和大学都拥有自己的剧场和多功能演出场所，一般都会接洽剧目巡演和大型节事演出。(4)娱乐场所演出，一般是指在游乐场、主题公园及豪华饭店等场所的演出。这类演出的艺术水准并不高，娱乐性意味较浓。其中最为著名的就是在佛罗里达州迪士尼乐园的 3 个主题公园，每年都有接近 1700 万观众的演出。从演出收入来看，专业剧场的市场规模最大，年均能达到 55%，其次是节事演出和娱乐场所演出，而公共场所由于经常是由非营利性组织所承办，尽管观众数量较多，但票房收入不高，一般规模维持在 10%(见图 2—4)。

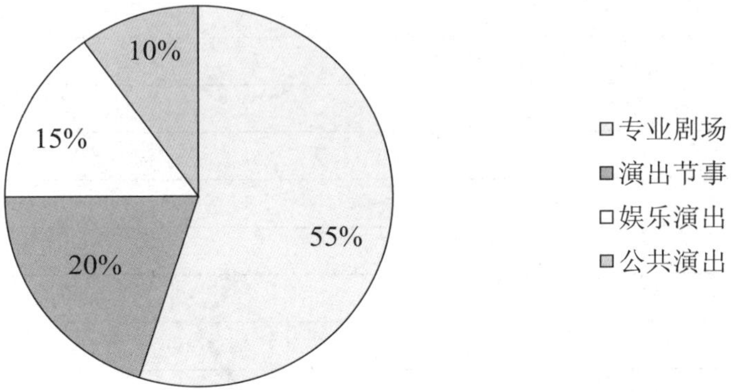

图 2—4　美国各类型演出场所市场规模比重图

在剧目市场销售方面，主要包括自产自销、经纪代销以及交易会销售三种方式。自产自销方面，美国知名的表演团体和专业院团都有长期租用的剧场，每年演出季度前都会同长期合作的剧场进行合同谈判。经纪代销方面，院团或者个体表演者会委托专业的经纪公司去协调具体的演出时间以及剧场信息等内容。交易会销售，主要是指在大型的演出交易会和平台上进行的剧目销售。例如，每年 1 月在纽约举行的全美表演艺术演出交易会，邀请美国及全球知名的演出公司和机构负责人总共 3000 多人参与，并通过现场片段预演、样片剧目等形式进行交易洽谈。

3. 平均产能增长迅速，演出产值持续增长

作为国际演出市场中的重要支柱力量，美国演出市场在近 50 年的发展中，整体演出机构数量并未出现大幅的增长，但是其创造的产值规模却出现了激增。

以美国在 1967 年、1977 年、2002 年以及 2007 年不同年份中演出娱乐行业的产值和对外贸易的状况为例，1967 年时整个娱乐产业值为 83 亿美元，而到 2007 年时则达到了 6138 亿美元，增长幅度为 73 倍；然而，演艺机构从 1967 年的 11.2 万家到 2007 年的 12.46 万家，只增长了 11%（见表 2—4）。

表 2—4　1967～2007 年间美国演艺娱乐产业发展状况

	1967 年	1977 年	2002 年	2007 年
演出娱乐产值(亿元)	83	211	1409	6138
机构数(千)	112	177	110.30	124.62

（数据来源：美国联邦统计局，http://www.census.gov）

在去除通货膨胀的因素之后，演艺机构在这 50 年间的平均单位产值依旧呈现出了飞速的发展（见图 2—5），1967 年时，演艺机构的平均产值为 7.4 万美元，1977 年时为 11.4 万美元，2002 年时为 122.5 万美元，2007 年时为 472.34 万美元。这也就是说，演艺娱乐机构数目在 50 年间只增长了 0.11 倍，而其单位产值则增长了 62.7 倍。而传统的汽车制造、钢铁以及石油化工等部门在过去 50 年间的机构平均产值增长最高值也只有约 10 倍，从而可见美国演艺机构的平均生产力增长相当迅速。

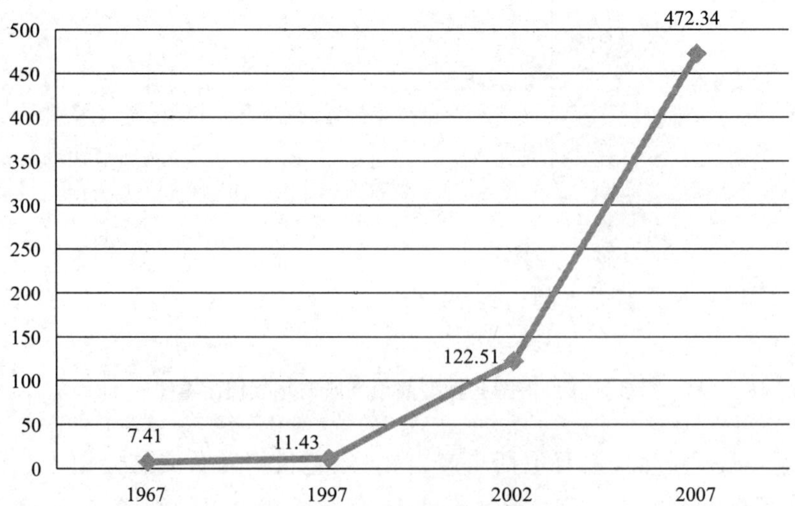

图 2—5　1967～2007 年间美国演艺娱乐机构平均产值

（数据来源：美国联邦统计局，http://www.census.gov）

4. 城市驻演与全国巡演互补，两级演出市场渗透力强

无论是营业性的商业剧院，还是非营利性剧院，在美国演出市场进行剧目推广都是分为驻演和巡演两部分。驻演主要集中在特定剧场的固定性演出，被称为一级演出市场，而巡演则是通过和演出经纪商的合作，在整个国内进行规模性的巡回演出，被称为二级演出市场。考虑到各个城市的实际消费水平，巡演的票价略低于驻演价格。一、二级演出市场的并存是建立在美国成熟发达的院线制基础上，比较有规模的演艺集团通常拥有多个城市的剧场，各州的演出协会组成了战略院线平台。

根据美国非营利剧场协会（NTO）的统计，一般剧目在驻演和巡演中的演出收入几乎平分相当，剧目巡演市场的收入占到其驻演收入的 46.8%。从 2001～2008 年间的全国一、二级市场的票房走势可见，大型城市驻演的平均票房价格基本维持在 68.4 美元，巡演的平均票房价格为 55.5 美元（见图 2－6）。特别是对于在大型城市驻演票房不佳的剧目，二级市场往往成为了其减少演出投资的救命稻草。由于美国演出市场成熟的分层区隔，使得演艺产品在整个市场的渗透方面非常强劲。

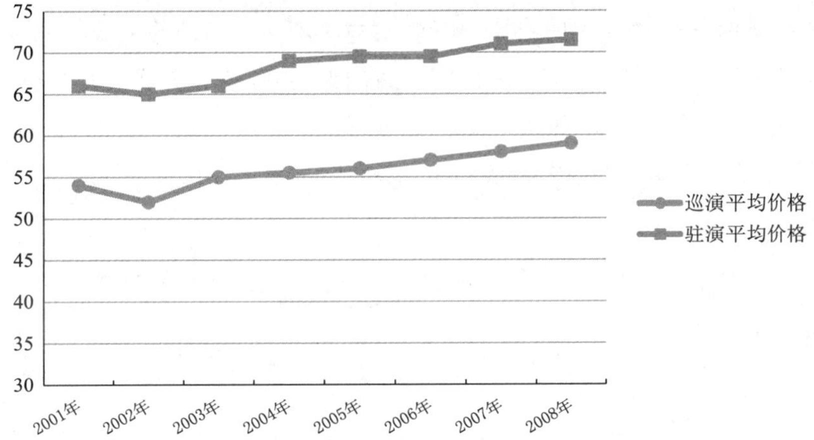

图 2－6　2001～2008 年美国一、二级演出市场平均票房价格

二、英国演出市场

（一）英国演出市场概况

英国作为世界上第一个工业化的国家，长期以来一直在国际市场保持着较强的影响力。英国本身也是一个文化大国，在文学、戏剧、舞蹈、美术、音乐等方面都有着丰富的文化资源和悠久的历史。文艺复兴时期的英国是整个欧洲表演艺术的中心。“二战”之后，随着英国经济的复兴和产业升级，演出市场逐渐开始发展。

近年来，英国演出市场在其创意产业的宏观战略下不断稳步提升。1997 年英国布莱尔政府上台后，创立英国文化、媒体和体育部（DCMS），内设创意产业工作组，大力推进创意产

业。据2010年英国文体部公布的数据显示，1997～2007年间，创意产业平均年增长5%，年平均产值接近600亿美元，占国民生产总值的8%左右，其中不包括演出节事的商业演出，每年直接收益就高达26亿英镑，占据整个创意产业10%的比重。而非营利性的演出大部分集中在英格兰、苏格兰及威尔士艺术委员会每年所资助的各个院团，这些非营利性表演院团的收入来源于每年艺术委员会的财政预算、演出票房以及其他公共组织和个人的捐赠。以英国非营利性的皇家剧院为例，在2007～2008年的收入来源中，皇家剧院共收到英国文化艺术理事会38%的财政预算资金，票房收入达到31%，其中，17%来自商业赞助，剩余14%来自其他渠道资金。每年非营利性的演出规模基本略低于商业性演出。

根据英国文化、媒体与体育部2009年的统计年报显示，在2008/2009年度中，英国共有各类演出公司30800个，从业人员达305800人，观众的年度参与率达到了59.8%。① 英国的演出活动主要集中在剧场演出和艺术节演出。根据英国戏剧联盟的统计，英国目前共有541家剧院，其中伦敦就有100多家剧院。② 而据英国艺术节联合会的统计，英国有600多个规模不一的艺术节事，其中包括爱丁堡艺术节、大不列颠艺术节及格拉斯顿伯里艺术节等著名演出艺术节，每年吸引将近2000多万的游客观众参与演出节事。据2010年英国DCMS的调查数据分析，在2001～2009年间，参与各项演出活动的观众参与率基本上保持了稳定的增长态势，电影院观众依旧保持着较高的参与率，演唱会观众的参与率从2001年的22%增长至38%，古典音乐观众从12%增长至17%，戏剧观众的参与波动比较大，从23%增长至32%，而芭蕾、现代舞及歌剧观众的增长率较低(见图2—7)。

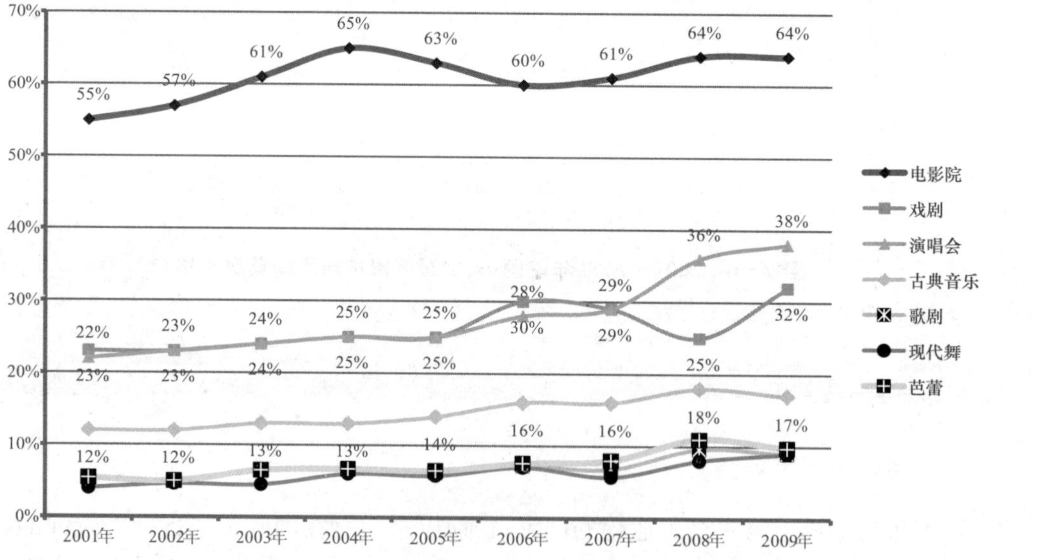

图 2—7　2001～2009年英国观众参与率统计　(单位：百万英镑)

(数据来源：英国文体部，http://www.culture.gov.uk)

① DCMS：Creative Industries Economic Estimates，2010，9，pp. 4～8.

② 该数据是根据英格兰、苏格兰、威尔士及北爱尔兰艺术委员会的汇总。

此外，凭借着音乐产业的竞争优势，英国流行音乐演出市场也很繁荣。英国有2000多家唱片公司，音乐产业年产值约达50亿英镑，其中出口约13亿英镑，净出口收益比英国钢铁工业还要高。在音乐销量方面，英国市场居世界第三；音乐产量占全球音乐产业的15%，仅次于美国，位居第二。[①]根据英国表演权协会（PRS）2009年最新统计数据显示：英国音乐产业收入增长至39亿英镑，涨幅达5%，向盗版危机告别；演唱会收入史无前例地达到15亿英镑。而英国音乐工业组织（BPI）的统计数据显示，2011年英国唱片市场销售总量为1.132亿张唱片，在国际音乐演出市场萎靡不振的背景下异军突起。

（二）英国演出市场的主要特点

1. 商业演出集中在重点城市，非营利性演出平均分散

由于英国奉行"一臂之距"的文化政策，英国的商业性演出和非营利性演出都呈现了良好的态势。从地域方面来看，英国的商业性演出主要集中在伦敦、伯明翰及曼彻斯特等主要大城市，而英国艺术协会所组织和扶持的演出大部分在中等城市。从演出内容来看，英国的商业性演出多为经典音乐剧、大型舞剧及流行音乐演唱会，而政府和文艺协会扶持的剧院多半侧重于英国本土戏剧、戏曲及交响乐的演出。不同于美国的一二级巡演市场，英国由于受到国土面积的影响，商业演出集中在全国的三大城市区，而在二三线城市则多为非营利性组织的演出。

根据英国DCMS的2011年年报数据，英国各个地区演出、娱乐和休闲方面的花费支出中，英格兰地区占有的比重最大，在2005年时占到了80.6%，在2010年时依旧占有83.5%的比重。在整个六年期间，英格兰地区平均支出比重为83.4%，苏格兰、威尔士以及北爱尔兰则分别为5.5%、8%以及2.9%（见表2—4）。可见在整个英国的演出娱乐消费支出方面，英格兰地区的比重占据整个英国总体的八成，可谓高度集中。

表2—4　2005～2010年间英国四大地区演出娱乐消费支出　（单位：百万英镑）

地区	2005年	2006年	2007年	2008年	2009年	2010年
英格兰地区	2 006	1 941	1 754	1 610	1 679	1 559
苏格兰地区	189	153	90	103	90	92
威尔士地区	187	198	147	163	154	166
北爱尔兰地区	105	99	35	38	65	48

（数据来源：英国文体部，http://www.culture.gov.uk）

而在英格兰地区，又以伦敦、纽卡斯尔、曼彻斯特、谢菲尔德及伯明翰几个城市为主要的演出娱乐消费地区，从2010年英国主要地区的演出娱乐消费支出（见图2—8）可知，伦敦成为了主要的商业演出娱乐地，其演出娱乐收入为整个英国演出市场的25.9%，占据1/4的份额，其次是伯明翰、曼彻斯特，比重分别为7.6%和8.4%；英国

---

① 数据来源：中国商务部驻英国经商参处，http://gb.mofcom.gov.cn/index.shtml。

前五大城市的演出娱乐支出就占据了全国六成的比例,形成了高度的集中。

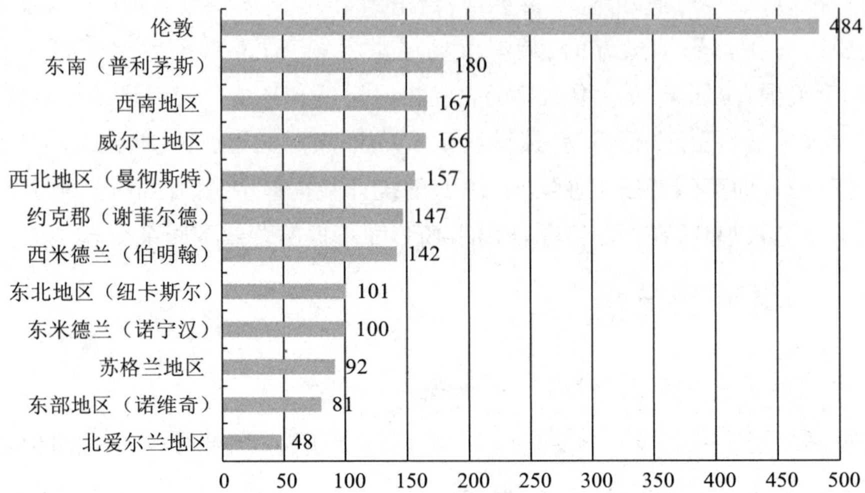

图 2—8 2010 年英国各地区演出娱乐消费支出 (单位:百万英镑)

(数据来源:英国文体部,http://www.culture.gov.uk)

为了进一步平衡商业性演出和非营利性演出在英国主要地区和城市的状况,在英国政府的授权下,以英格兰艺术委员会(ACE)为主,在创意苏格兰(CS)、英国彩票基金(NLD)及国际艺术理事会(IFAC)等的资助下,政府对于二三线地方城市的演出给予了大力的扶持,使得非营利性演出在全英各地频繁出现。根据 ACE 2010 年的统计,舞蹈类演出的非营利性机构为 70 家,剧院有 214 家,视觉艺术为 70 家(见表 2—5)。

表 2—5 2010 年英国非营利性演出机构数量

艺术形式	演出资助机构	比重
综合艺术	153	18%
舞蹈	70	8%
音乐	98	12%
剧院	214	26%
视觉艺术	70	22%
非特定	59	7%
其他	59	7%

(数据来源:英格兰艺术委员会,http://www.artscouncil.org.uk)

在具体对于非营利演出的资助额度方面,仅 ACE 每年的投入就达到了 4.01 亿英镑,而全英国各个机构对于非营利性演出的资助每年保持在 12 亿至 15 亿英磅之间。以 2010 年为例,在 ACE 所投入的扶持资金中,剧院获得了 1.17 亿英磅的资金,比重为 29%,居于首位;其次是音乐、综合艺术和舞蹈,分别占有 23%、20%及 10%的比重(见图 2—9)。

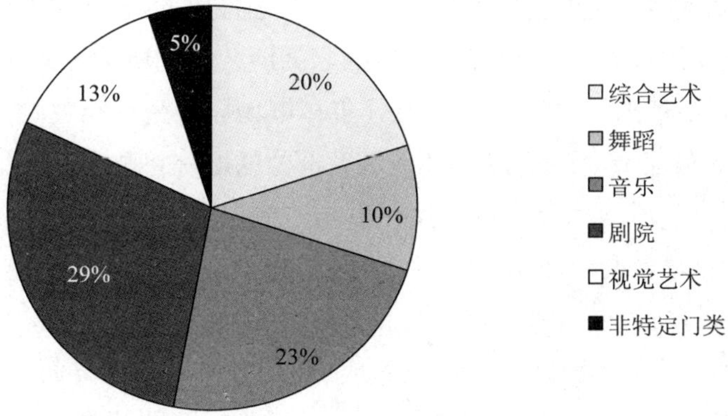

图 2—9　2010 年英格兰艺术委员会对非营利性演出的资助比重

（数据来源：英格兰艺术委员会，http://www.artscouncil.org.uk）

在非营利性演出方面，以 ACE 为主的公共机构每年根据各个地区的人口和演出剧场等条件，按照不同比例予以资助。其中，伦敦由于其人口数量的原因，占有 51%的资金，其余各个分地区则基本维持在 4%～7%的不同比例。以 2010 年 ACE 的统计数据为例，西米德兰区以 1.2 亿元占据约 10%的比重，其余东米德兰、东部地区以及东北地区都维持在 5%左右（见图 2—10）。各个地区的非营利性演出基本维持了分散均衡的态势。

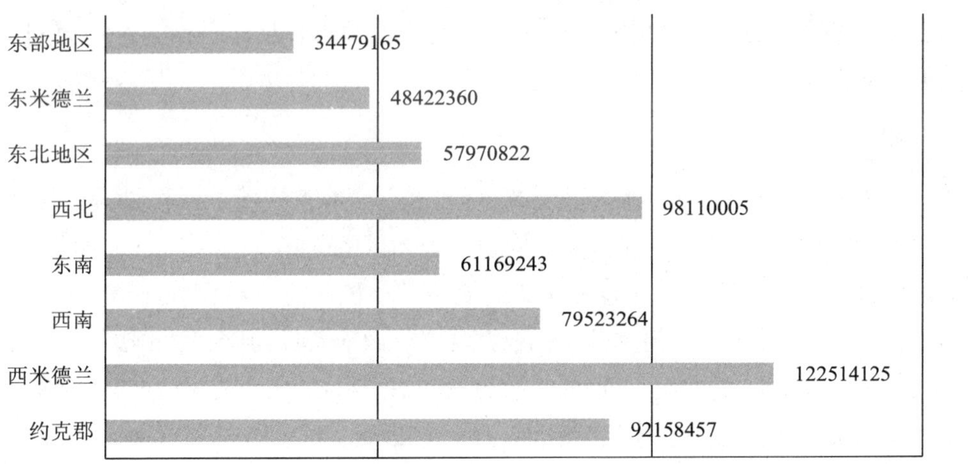

图 2—10　2010 年英国各个大区非营利性演出规模

（数据来源：英格兰艺术委员会，http://www.artscouncil.org.uk）

2.演出流程模块化，配套机制健全

英国商业演出机制非常健全。在演出制作方面，英国发展了一套"试演"、"预演"以及"非定本"的模块化的制作流程，在整个剧目创作过程中就提前邀请观众观看，不断修正。在剧场公演阶段，一旦发现连续几周票房不佳，就转战到成本较低的地方剧场。虽然模块化的制作模式使得剧目的创作和生产周期变长，但是它给予了制作公司提前修订的时间，特别是对于观众的预演步骤，已经被其他国家的演艺机构所学习采纳。事实上，这种模块化的制作流程是与英国的演出市场规模分布和市场风险密切相关的。伦敦地区占据商演一半的票房收入和近1/4的观众，其他地区大部分的剧院将整个伦敦地区的表现视为风向标，所以演艺制作公司竭尽全力首先保证市场的低风险，避免在伦敦演出的失守。即使是这样，在所有大型舞台剧中，依旧只有30%左右剧目的票房是非常顺遂的。

在市场配套机制方面，英国演出市场中的票房营销网络、经纪服务以及演职人员培训等诸多方面，在其长期的不断发展中都较为成熟。(1)演职人事方面，整个演出活动以剧目内容为中心，演职人员多为招考和聘用。英国商业剧院的演员中，除了非常专业的明星演员外，大部分的演员都是聘用的。英国演出市场的繁荣背后主要的原因是其已经长达百年的艺术人才教育。艺术院校的专业教育和演出机构的职业教育并行，舞蹈、声乐及戏剧课程设置完善，特别是这些教育机构和商业剧院之间建立了平等的对话平台，优秀的演艺人才可以直接被商业剧院所聘用。(2)演出销售方面，票房营销网络发达，英国的票务销售公司和地铁、旅行社、电影院及饭店等机构建立长期的合作关系，观众通过这些地方的票房营销网络均可以订票。英国演出的票价也实行了同一剧目多档位、不同剧目多层次的设置，广泛地吸引了各个阶层的观众。(3)演出经纪服务方面，2010年在英国经纪协会注册的专门针对剧院服务的演出经纪公司有45家，音乐演出服务的经纪公司有52家，综合性的演出经纪服务公司则达到400多家。英国的演出经纪公司在音乐类演出和剧目推介方面较为突出。英国大型的演艺机构都有长期合作的经纪公司，大部分的业务在欧洲市场。

3.演出集聚区与节事双翼齐飞

作为与美国百老汇齐名的国际演出集聚区，伦敦西区在夏夫茨伯里和黑马克两个不足1平方英里的街区汇集了49家剧院，加上周边几条街区的剧场，一共多达60多家剧院，分布密度甚至超过了百老汇，年度上座率均保持在九成。除了皇家歌剧院、英格兰国家歌剧院、皇家剧场、皇家国家剧院和皇家莎士比亚剧院享受政府资助，其余西区剧院均为商业剧院。伦敦西区凭借着在戏剧演出方面的悠久历史和集聚影响，成为英国演出市场的名片。

伦敦作为英国的文化中心和旅游胜地，其稳定的观众群一直是支撑西区剧院稳定发展的坚实基础。温德姆(Wyndham)于1998年所著的《英国剧院报告》中认为，伦敦西区每年的经济效益能够达到11亿英镑。伦敦剧院协会(SOLT)于2003年的年度报告显示，西区剧院已经有将近15亿英镑的产值，而其他剧院的总产值也达到了7亿英镑。多米尼克2004年的调研报告显示，售票数达到了1200万张，观众在西区剧院的票房外支出平均每人为53.77英镑，伦敦其他剧院的票房外支出为7.7英镑，每年的游客观众平均达到600多万。西区演出市场的佳绩离不开常驻剧院的经典剧目，如音乐剧《猫》和《歌剧院的幽灵》已分别上演了21年和26年。在经历了金融危机的冲击之后，2010年，伦敦西区依旧上演了18651场演出，吸引了1400万观众。

据统计对于西区观众的调查发现，无论是英国人还是海外游客，多以受过良好教育的人群为主。西区音乐剧的观众主要是外地游客，而严肃话剧、歌剧和芭蕾舞等则以伦敦本地和将观看演出作为经常性消费项目的人群为主；34 岁以下的年轻观众偏爱喜剧、悬念剧，35 岁至 55 岁的观众喜爱经典话剧和音乐剧，55 岁以上的观众则更喜欢话剧、歌剧和芭蕾；年长一些的观众比年轻人更经常到西区观看演出，在每年平均到西区观看演出 6 次以上的观众中，55 岁以上的人占 47%，25 岁以下的年轻人有 34%。[①]和百老汇一样，伦敦西区的演出活动已经成为游客的必选内容。

英国在将演出市场、艺术节事以及旅游业相结合方面取得了显著的成绩。演出节事成为整个英国演出市场的重要组成部分。根据英国艺术节事联盟(BAFA)对于旗下子演出节事的统计，在 2006/2007 年度，英国的演出节事售票数达到 1290 万张，对英国整体经济影响达到 14.18 亿英镑，解决演出就业岗位 50530 个。而在诸多的艺术节中，尤以苏格兰地区的爱丁堡系列艺术节最负盛名。爱丁堡市每年平均有 50 多个演出节事，吸引了英国及欧洲观众达 2000 万人次，尤其是从 7 月至 9 月中旬的夏季节事，成为国际演出市场的焦点。而在整个节事分布中，英格兰和苏格兰地区占据了重要的部分，分别有 113 个和 75 个节事(见图 2—11)。苏格兰地区的演出节事分布密度占据整个欧洲的最前列，平均每月有 5 个节事活动，全英国平均每月有节事活动达 17 个之多。大量的演出节事繁荣了英国的演出市场，更重要的是，在这些演出节事的吸引下，英国旅游业和演艺产业之间相互融合得更为密切，推动了英国整体经济的不断增长。

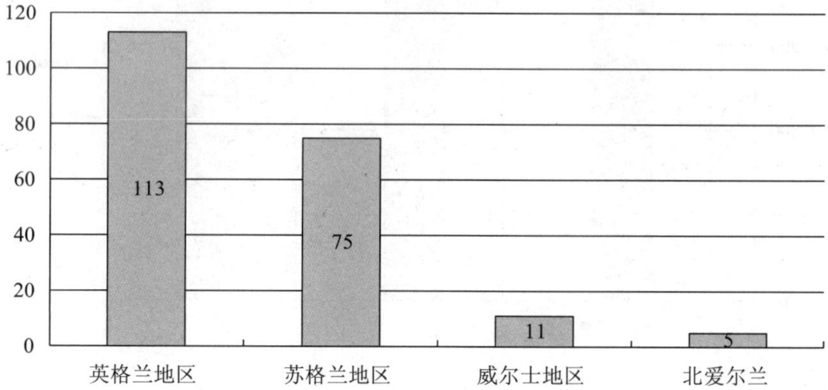

图 2—11　2011 年英国各地区的演出节事

三、日本演出市场

(一)日本演出市场现状

日本作为亚洲传统的经济强国，一直以来在世界经济中保持着较强的影响力。“二

① 王书羽：《伦敦西区：英国表演艺术产业的代名词》，http://www.douban.com/group/topic/6202777/。

战”之后，日本的漫画、电视、电影及演出等内容文化产业逐渐开始复苏。20世纪80年代末的日本经济持续动荡，在全球化的竞争局势下，日本于1996年7月公布实施《21世纪文化立国方案》，旨在通过发展文化产业，拓展文化市场，从而为日本经济发展注入新的活力。2002年12月，日本国会通过了《有关振兴文化艺术的基本方针》，政府开始对文化产业发展的基础条件发力。2007年5月，日本“亚洲前景战略会议”委员会通过《日本文化产业战略》，作为日本文化产业的纲领性文件。虽然日本的演艺产业并非如动漫业一样享誉全球，但是其仍然是整个亚太地区演出市场的主要力量。

根据1999年的统计，日本戏剧观众已经达到1130万人次，市场规模达到1230亿日元，音乐会和演唱会的观众为2210万人次，市场规模达到1890亿日元。① 1999年，外国艺术团来日演出3127场，其中，音乐会2559场，舞蹈565场。据2003年统计，日本有1000多个演出团体，加盟日本法人剧团协会的剧团有70个左右。日本政府不直接管理演出团体，主要是为演艺产业发展提供政策环境，在人才培养、国际交流等方面提供资助，建立国立剧场，为传统演艺团体和交响乐、芭蕾等演艺团体提供演出场所。②根据日本统计局2010年的统计，2009年，日本参与商业性演出的观众人数已经超过3086.9万人次，总收入达到1666.96亿日元(见图2—12)。

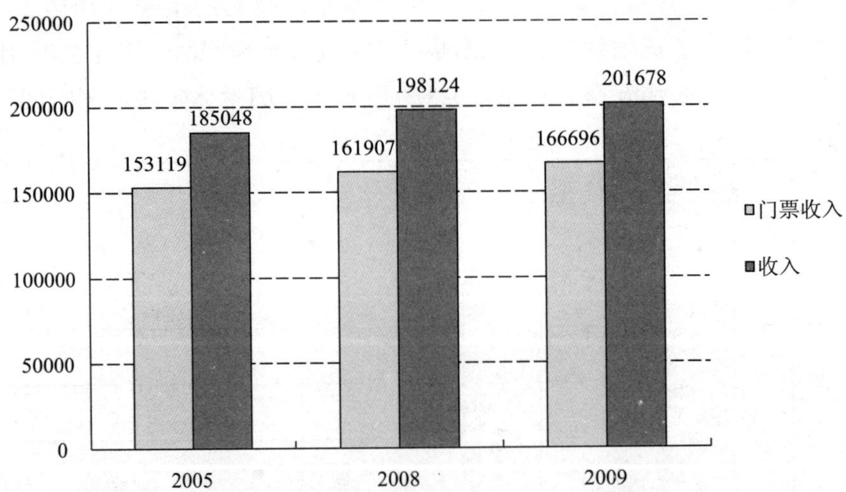

图2—12 2005～2009年日本商业演出收入 (单位：百万日元)

(数据来源：日本统计局，http://www.stat.go.jp)

日本主管文化事业的部门是文化厅，成立于1968年，是直属日本文部省的副部级单位，主管文化艺术、文物保护、国民娱乐、国语教育及著作权等方面的工作。日本艺术院是直属文化厅的特别机构，是褒奖在文化艺术领域作出突出贡献的艺术家的荣誉机构，每年都会对于表演团体给予直接的补贴或间接性的优惠政策。例如，2010年，日本文化

① 韩骏伟、胡晓明：《国际文化贸易》，中山大学出版社2009年版，第201页。

② 欧阳坚、于平、雷喜宁：《文化部组团赴日考察演艺产业报告》，《艺术百家》2010年第1期，第2页。

厅就从67个申请补贴的舞蹈表演团中选择了56个给予了4.78亿日元的补贴，对于传统表演艺术和流行娱乐演出的补贴额分别为6700万日元和1.15亿元日元(见表2—6)。

表2—6 2010年日本文化厅对于演艺机构的补贴

补贴领域	申请机构数	批准机构数	金额(百万日元)
音乐	180	137	2 029
舞蹈	67	56	478
剧场	249	179	956
传统表演艺术	47	35	67
流行娱乐演出	25	21	115
合计	568	428	3 644

(数据来源：日本文化厅2010年报，http://www.bunka.go.jp/)

此外，成立于1990年3月的日本艺术基金(JAF)是对日本演出团体和个人直接补助的重要渠道，目前整个基金会拥有65.3亿日元的资金，其中，54.1亿日元来源于政府财政，公司和私人捐赠了11.2亿元，日本艺术基金会还建立了国家大剧院和东京大剧院等剧场机构，服务于各个表演团体。1990～2009年，整个艺术基金对于14704个申请项目给予了353亿日元的补助。①同时，日本文化厅每年都会积极派遣具有潜力的表演者赴海外学习，如2010年共送出了不同类型的外派表演者共96人，其中一年期的学习者达到了70人(见表2—7)。

表2—7 2010年日本文化厅资助优秀表演者赴海外学习

门类	一年期	二年期	三年期	特别项目	15～17周岁
美术	27	5	1	5	——
音乐	21	3	1	6	1
舞蹈	9	—	—	2	—
戏剧舞台设计	8	1	—	1	—
电影和媒介艺术	5	—	—	—	—
合计	70	9	2	14	1

(数据来源：日本文化厅2010年报，http://www.bunka.go.jp/)

日本对于演艺产业也贯彻其“不干预内容”的文化政策，中央政府主要是通过文化厅和内阁官房为演艺产业发展提供一些政策辅助和指导。政府通过如音乐协会(MCA)、日本民间演出协会(JFPAA)及日本传统文化演出组织(TPAO)等非营利性质的协会组织为传统演艺团体和交响乐、芭蕾等演艺团体提供演出场所和政策资金扶持；通过税收政

① 数据来源：日本文化厅网站，http://www.bunka.go.jp/。

策的引导，使日本的演艺公司和机构得到了诸多大型公司和个人的直接捐赠和资助。日本的国税和地税细则中都规定了捐赠艺术演出的减税细则，如大型公司对于演出的资助中，总收入的5%或总资产的0.25%可以被计入公司税予以减免。在实际的运营中，所有的演出机构都必须面向市场竞争，吸引观众走进剧院。

（二）日本演出市场的主要特点

1. 剧团规模化经营，演艺产业链条完善

宝塚歌剧团、四季剧团、东宝公司以及松竹公司被誉为日本演艺产业的四强。这四家公司每年所制作、引进以及推广的商业演出占整个日本演出市场的一半以上。这四家重点剧团在日本东京、大阪、名古屋、京都及福冈等核心城市都拥有自己的专属剧场。四家公司竞争激烈，但是彼此特征差异明显。这四家公司通过集团化模式经营，各自就是一个独立的演艺舰艇编队，围绕这四家剧团的整个演出活动，还有一大批专门从事剧目策划、演员培训、票务营销及资金投资的公司，特别是将传统演出和动漫、电影的整合，使得演艺产业链在横向和纵向两方面都实现了延伸、完善。

以宝塚歌剧团为例，宝塚歌剧团是1914年由日本阪急企业创始人小林一三创立的歌舞剧团，成立至今最主要的特色就是其核心团员全部为未婚的女性。宝塚歌剧团从仅有20名少女的演唱团发展到今天，已拥有演职人员400余名，是在全日本乃至世界都享有盛名的大型舞台表演团体。2003年度宝塚歌剧团共演出1377场，平均每天演出约4场，观众260万人次。其中在宝塚大剧场和东京宝塚剧场演出929场，上座率高达97.1%。[①] 2008年，剧团各剧组的演出达到3494场，接纳观众312万人次，年收入达230亿日元，营业利润高达25亿日元，纯利润也有15亿日元，成为日本演艺界的领军企业。[②] 据保守估计，日本四大演艺集团在2010年的总营业收入可以达到85亿日元。

宝塚歌剧团在宝塚市和东京拥有专属的宝塚大剧场和东京宝塚剧场。这两家剧场是其常年固定剧目的驻演场地，一般只有演艺水平较高的主演才有资格在此登台。除此之外，还有宝塚BOWHALL、中日剧场、梅田剧场、博多座、日本青年馆、日生剧场以及全国巡演等不同级别的演出。目前，宝塚歌剧团包括花、月、雪、星、宙5个演出组及1个专科组。根据其演出场地的不同，宝塚歌剧团采取5组轮流公演的方式，逐渐形成了层次较为明显的大剧场公演、特别公演及地方公演。宝塚歌剧团的演出剧目数量繁多，范围也十分广泛，从《西城故事》、《歌剧魅影》、《俄克拉荷马》、《伊丽莎白》等西方名作再演，到《凡尔赛玫瑰》、《奥尔菲斯之窗》、《大江山花传》、《怪医黑杰克》等漫画名作的改编演出，都为观众津津乐道。

围绕着宝塚歌剧团还有一大批的配套机构。演员培训方面，宝塚歌剧团的演员全部为宝塚音乐学校的毕业生，演员全部被称为“学生（生徒）”，导演、编剧、编舞等全部被称

---

① 文化部对外联络局：《国际文化发展报告》，商务印书馆2005年版，第56页。

② http://www.bjci.gov.cn/487/2010/01/13/43@18145.htm.

为"老师",排练场被称为"教室",完全按照剧场培训和课堂教学整合一体的模式。宝塚音乐学校入学的竞争率很高,在日本曾拥有"东之东大,西之宝塚"的美誉。剧目营销方面,宝塚歌剧团的主管部门——阪急电铁株式会社有专门的部门担当起剧团宣传、票务管理、会员服务、杂志发行等事宜。观众拓展方面,宝塚歌剧团专门成立了"宝塚友之会",定期举办观众与演出明星见面和剧目演讲课程等活动,到2008年时,其会员已经超过了10万人。舞台管理方面,宝塚舞台公司负责整个集团公司的各个剧场和剧目生产中的舞台美术设计与制造的任务。可见,日本演艺机构通过市场竞争和规模化的经营,进一步提高了生产效益,在整个演艺产业链中的效益实现了最大化。

2.突出明星制效应,相关市场渗透力强

日本的演出公司在内部管理上实行较为严格的科层制,在对外运营中突出演出市场的明星效应,同时,演艺产业与动漫和电影业互动极其密切,依托相关文化市场,不断提升演出市场的效益。日本演艺公司对于演员的培养非常严苛,如宝塚音乐学校成立90余年来只培养了4000名左右的学生,平均每年40多人。学生在宝塚音乐学校要参加2年专科和5年大学教育,而剧团每年只选择极其优秀的团员并签订聘用合同。诸多的演出明星都是在小剧场不断积累经验和人气的基础上才开始进入大型剧场的。为了提升明星演员在剧目表演中的吸引力,剧团通过采用专属编导制度,力求让所有剧目都由其专属的剧作家和导演单独创作完成,从而使编导能够完全为演出明星量身包装和定制角色,呈现出令观众较为满意的作品。

在市场渗透力方面,日本较为有名的漫画几乎都有剧场演出的版本,实现了动漫业和演艺产业之间的相互渗透。其中,由著名漫画家池田理代子的代表作《凡尔赛玫瑰》改编而成的舞台剧,更是创下了观众数超过400万人次的纪录。漫画大师手塚治虫的《丝带骑士》、宫城理子的人气连载漫画《我的帅管家》等多部经典漫画被改编成戏剧后进入了剧场演出。

3.政府极力支持版权保护,音乐和旅游类演出繁荣

长期以来,日本政府对于文化产业的版权问题非常重视,而且在漫画图书、电影、电视以及演出等各个领域都制定了版权保护措施条例。每年度政府还会组织文化管理部门、日本知识产权保护组织(ACA)以及警察局共同合作打击盗版。例如,2011年11月28日至11月30日,日本在全国47个行政区划中采取了文化创意产业著作权侵权的集中取缔行动,共进行了76项搜索,逮捕30人。日本文化厅下设的文化事务委员会(OCCA)除了对于文化艺术的扶持之外,主要职能就集中在了版权保护和补贴(见图2—13)。

在版权保护方面,文化事务部门几乎每年都会投入整个预算的一半以上。2011年文化事务预算达到了1031.27亿日元,比2010年增长了1.1%,其中知识产权保护方面共投入了651.3亿日元,占到整个预算支出的65.3%,对于传统表演艺术的扶持也达到了7.5%(见图2—14)。

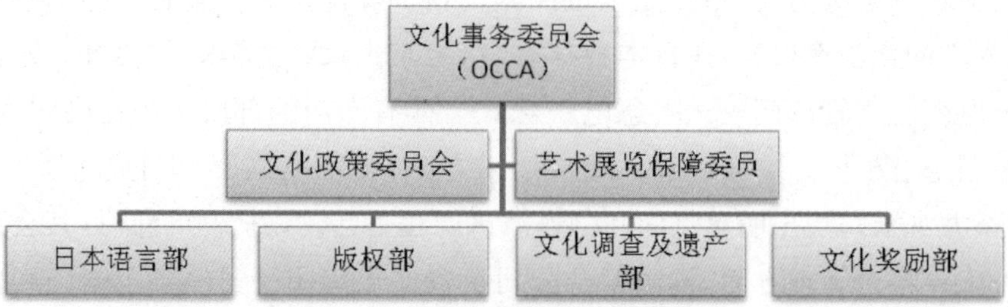

图 2—13 日本文化事务部门职能分布

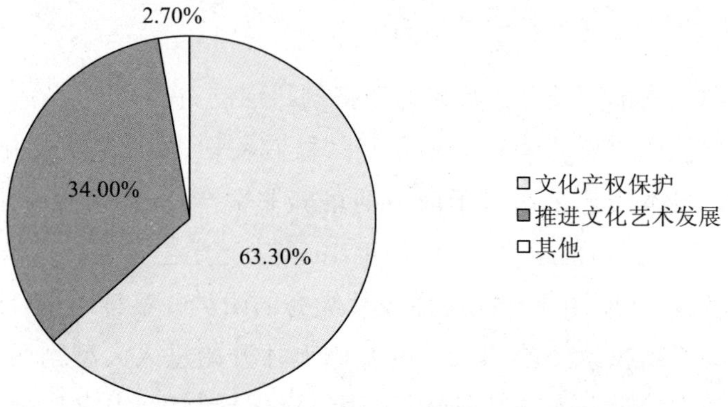

图 2—14 日本文化事务部门版权保护投入比重

（数据来源：《日本文化厅 2010 年报》，http://www.bunka.go.jp/）

日本音乐产业的产值在全球仅次于美国，位列第二。根据日本音像协会（RIAJ）的数据，2009 年日本音乐产业的产值占全球的 22.8%，低于美国的 24.5%。特别是近年来，日本数字音乐产品的发展极其迅速。音乐类的演唱会和音乐节成为日本国内演出市场中的重要组成部分。日本每年举行的音乐节包括 Asagiri Jam 音乐节、富士摇滚乐音乐节、夏季音乐节及 Metamorphose 音乐节等六大音乐节，主要以流行音乐和摇滚乐演出为主。以富士摇滚乐音乐节为例，平均每年有超过 200 组日本国内外的乐团参与演出，在 2011 年该音乐节共吸引了 11.5 万名日本观众及 1.7 万名观光游客，票房收入实现 22.17 亿日元，带动经济增长达到 88 亿日元左右。根据日本旅游局（JNTO）的数据，2011 年日本共吸引 6417.2 万名外国游客，本国居民国内旅游也达到了 36.7 亿人次，各类大小演出艺术节估计票房收入能达到 5 万亿日元。

思考与研讨题

1. 当代国际演出市场形成的推动要素主要有哪些？
2. 当代国际演出市场有哪些特征？
3. 试述美国演出市场的主要特点。
4. 试述英国演出市场的主要特点。

第三章　国际电影市场

■ **本章要点**

1. 国际电影市场发展历史
2. 国际电影市场规模
3. 美国电影成功的因素
4. 中国电影市场发展现状
5. 中国电影市场的特征、问题与对策

第一节　国际电影市场发展概况

一、国际电影市场发展历史

1895 年 12 月 28 日，在法国巴黎一家咖啡馆的地下室里，卢米埃尔兄弟第一次用“活动电影机”成功地放映了他们的影片，宣告了电影的正式诞生，卢米埃尔兄弟也因此被誉为“电影之父”。经过 100 多年的发展，电影已经成长为全球票房收入达 347 亿美元的大产业[①]，成为国际文化市场的重要组成部分。

在世界电影发展早期，法国是世界电影舞台上的领军者。法国电影导演乔治·梅里爱是一位天才的艺术家，他集编剧、导演、绘景和制作木偶等角色于一身，使用舞台演员、道具、布景、化装等手段，将戏剧引入电影，并发明创造了大量电影特技，把电影与魔术、现实与梦幻结合起来，创造了一个个光怪陆离的魔幻世界，拍摄了大量受到广泛欢迎的作品，如《灰姑娘》、《月球旅行记》、《太空旅行记》、《海底两万里》等，使电影成为大众喜闻乐见的娱乐演出，而梅里爱的电影更是以其独特的吸引力，几乎统治了美国和欧洲的电影市场。除了梅里爱电影的艺术魅力之外，另一个帮助法国登上电影霸主地位的重要因

---

① 2012 Theatrical Market Statistics，MAPP，http://www.mpaa.org/Resources/3037b7a4－58a2－4109－8012－58fca3abdf1b.pdf.

素便是百代公司的崛起。

百代公司的创始人查尔斯·百代最初只是个卖留声机的商人。1896年,他成立了百代公司,主要经营留声机。1901年,百代公司开始涉足电影制作,并不断开拓海外市场;1904～1905年间,百代在伦敦、纽约、莫斯科、柏林等地都设立了销售点。一方面,百代公司实施了产业链的垂直整合,把触角伸向电影的制作、发行和放映各环节,他们制造摄影机、放映机、电影胶片,并收购电影院放映自己的影片;另一方面,百代公司实施横向整合策略,将电影工业中的某一环节在不同的地区进行拓展,如在意大利、俄国、美国等地纷纷建立电影制片厂等,完全取代了梅里爱手工作坊式的生产,将自身变成了一个庞大的、独立的、享有巨额利润的托拉斯企业。到1910年,百代已经成为世界上最大的电影公司。而在百代公司的带领下,1908年法国电影在美国的市场份额占到了70%。

不幸的是,1913年百代开始调整经营策略,减少了对电影生产的投入,而将资金集中投放在影片发行和放映环节。1914年第一次世界大战爆发后,百代专门发行美国电影公司的影片,尤其是美国独立电影公司生产的影片,这样的做法导致法国电影在美国市场的严重萎缩。1919年,百代不仅退出了法国电影生产领域的领导地位,而且随着美国电影业的迅速成长,百代公司也被美国电影公司排挤到了电影业的边缘位置。

百代公司在美国市场上的衰落有其自身经营战略选择错误的原因,另外的原因则在于受到了美国电影行业竞争对手的抵制。早在1896年,卢米埃尔兄弟公司把自己的体制引入美国的打算就遭到了抵制,包括遭受联合抵制、产品和设备被海关没收、展映没有任何理由就被取消等,不久,卢米埃尔兄弟放弃了他们在美国的努力。在美国市场上的其他法国公司也遇到了类似的攻击。为了把法国人赶出美国市场,以托马斯·爱迪生为首的一群专利持有人把他们的拍摄专利与放映设备专利联合起来经营,并成立了电影专利有限公司。电影专利有限公司的主要做法是利用知识产权保护,为参与竞争的企业提供拍摄与放映的系统制式。在家庭录像带的早期,Beta制、VHS和菲利浦2000等几种制式是不能互相兼容的。为了争夺市场份额,这几种制式的录像系统相互之间进行着激烈的斗争。电影专利有限公司规定,加入公司的连锁电影院,只能利用它所结盟的企业家的制式系统来放映电影,这样,其他各种制式就统统被关在这类影院的大门之外。电影专利有限公司的成立把大部分的法国电影公司赶出了美国市场。在短短两个月的时间之内,美国电影市场上外国电影短片的市场份额就下降了25个百分点。虽然有两家最大的法国电影生产商获得了电影专利有限公司的许可,成为该组织的成员,但到第一次世界大战爆发的时候,外国电影在美国市场上的份额已经下降到了15%,法国的电影公司在美国市场从此衰落了。[①]

第一次世界大战为美国电影产业的发展提供了机遇,美国电影利用欧洲陷于战乱的时机,逐渐取代法国、英国、德国等电影大国,形成国际化的电影市场。20世纪20年代,全世界主要的电影制片机构云集好莱坞,形成了西方电影经济和文化的中心。

---

① 韩骏伟:《国际电影与电视节目贸易》,中国传媒大学出版社2008年版,第2页。

美国经济没有因为战争,受到损失,战后开始实施国际扩张:1918～1921年间,美国的电影出口增长了300%。1925年,美国电影占英国、加拿大、澳大利亚、新西兰和阿根廷等国电影收入的90%,占法国、巴西和荷兰的70%。在法国电影市场上,到1927年时,提交给法国检察机关预审的影片有60%是好莱坞电影。① 自20世纪20年代起,"在世界各国,美国影片占据上映节目60%～90%的优势"②。

到20世纪30年代,海外票房收入占好莱坞毛收入的45%。在20世纪70年代以前,海外收入并不被视为很重要的部分,好莱坞很少专门为迎合外国观众的口味而调整产品,也没有完整的海外机构。因为当时美国国内市场是世界上最大的电影市场,所以好莱坞尽可通过在国内市场收回巨额成本。直到美国高等法院禁止好莱坞纵向垄断美国电影市场之后,各大电影公司才开始利用独立制片人来减少成本,并且将重点转向国际化,考虑开发欧洲、亚洲等潜力市场。好莱坞一方面采取一系列措施针对海外市场,另一方面也在世界各地建立大量的分支机构,逐渐形成好莱坞影片一统世界的局面。③

二、国际电影市场规模

下面,我们从电影票房收入和银幕数量这两个方面衡量一下国际电影市场的规模。

(一)电影票房收入

电影票房收入是衡量电影市场规模的一个重要指标,它体现了电影产业已经实现的实际收入规模。根据美国电影协会发布的报告,2012年全球电影票房收入达到347亿美元,较2011年增长6%,较2008年增长25%。④ 这主要得益于北美地区以外市场的增长,其票房总收入达到了239亿美元,比2011年增长了6%(见表3—1)。

表3—1 2008～2012年全球电影票房收入 (单位:亿美元)

年份	2008	2009	2010	2011	2012	2012年较2011年增长率	2012年较2008年增长率
海外电影票房	181	188	210	224	239	6%	12%
北美电影票房	96	106	106	102	108	6%	32%
全球电影票房	277	294	316	326	347	6%	25%

(数据来源:2012 Theatrical Market Statistics, MAPP, http://www.mpaa.org/Resources/3037b7a4—58a2—4109—8012—58fca3abdf1b.pdf)

美国电影协会把北美地区以外的电影市场划分为欧洲、中东与非洲区,亚太区及拉美区三大区域。从电影票房总量来看,欧洲、中东及非洲区是目前除北美市场外最大的电影市场,但从增长趋势来看,亚太区呈现出最为强劲的增长势头。2012年,亚太区电影

①③ 韩骏伟:《国际电影与电视节目贸易》,中国传媒大学出版社2008年版,第3页。

② 乔治·萨杜尔:《世界电影史》,徐昭、胡承伟译,中国电影出版社1982年版,第243页。

④ 2012 Theatrical Market Statistics, MAPP, http://www.mpaa.org/Resources/3037b7a4—58a2—4109—8012—58fca3abdf1b.pdf.

票房的年增长率达到 15%，中国内地的电影票房更是激增 36%，达到了 27 亿美元，一举超越日本成为全球第二大电影市场。拉丁美洲的电影票房在巴西等主要电影市场国家的带动下也获得了 6%的增长。而由于法国、意大利、西班牙等欧洲国家的电影市场出现了衰退，欧洲、中东及非洲区的电影总票房下降了 1%(见表 3—2)。

表 3—2　2008～2012 年海外电影票房收入　（单位：亿美元）

年份	2008	2009	2010	2011	2012	2012 年较 2011 年增长率	2012 年较 2008 年增长率
欧洲、中东及非洲区	97	99	104	108	107	−1%	10%
亚太区	68	72	85	90	104	15%	53%
拉美区	16	17	21	26	28	6%	73%

(数据来源：2012 Theatrical Market Statistics，MAPP，http://www.mpaa.org/Resources/3037b7a4—58a2—4109—8012—58fca3abdf1b.pdf)

(二)电影银幕数量

电影银幕数量是衡量电影市场规模的另一个重要指标，它体现了电影市场的潜在规模及发展趋势。2012 年，全球电影银幕数量增长了 5%，总银幕数量达到了将近 13 万块的规模，这在很大程度上得益于亚太及非洲/中东地区银幕数量高达两位数的增长。数字影院继续维持其高速增长的态势，年增长率达到了 41%。现在，全球 2/3 以上的电影银幕属于数字银幕。从全世界范围来看，2012 年是具有里程碑意义的一年，从 2012 年开始，数字银幕数量第一次超过了传统模拟银幕的数量。

较之 2009 年及 2010 年 3D 银幕爆发式的增长速度，3D 银幕的增速在 2012 年有所下降，但总体来看，2012 年 3D 银幕在全球银幕中的占比达到了 35%，较 2011 年的 29%上升了 6%(见表 3—3)。

表 3—3　2008～2012 年 3D 银幕增长趋势　（单位：块）

年份	2008	2009	2010	2011	2012	2012 年 3D 银幕占数字银幕比例
北美区	1 514	3 548	8 505	13 490	14 734	41%
欧洲、中东及非洲区	594	3 510	8 143	11 570	13 963	53%
亚太区	344	1 584	4 659	8 590	14 219	62%
拉美区	84	362	1 104	2 142	2 142	63%
总计	2 536	9 004	22 411	35 792	45 545	51%
较上一年增长率	96%	255%	149%	60%	27%	

(数据来源：2012 Theatrical Market Statistics，MAPP，http://www.mpaa.org/Resources/3037b7a4—58a2—4109—8012—58fca3abdf1b.pdf)

三、著名国际电影会展

国际电影会展是交流电影艺术、实现电影交易的重要平台。从促进电影国际交易的角度来看，最重要的国际电影会展当属戛纳国际电影节、柏林国际电影节和美国电影市场。

（一）戛纳国际电影节

戛纳国际电影节（英文：Cannes International Film Festival，法文：Festival De Cannes，亦译作“康城国际电影节”）创立于1939年，是当今世界最具影响力、最顶尖的国际电影节，与柏林国际电影节、威尼斯国际电影节并称为欧洲三大国际电影节，与德国的柏林电影节、意大利的威尼斯电影节、加拿大的多伦多国际电影节以及捷克的卡罗维发利电影节合称为世界五大电影节，又与柏林影展、威尼斯影展以及俄国的莫斯科影展并称为世界四大艺术电影展。其最高奖项为“金棕榈奖”。

目前，戛纳电影节每年定在5月中旬举办，为期12天左右，通常于星期三开幕、隔周星期天闭幕。电影节分为六个单元，即“正式竞赛”、“导演双周”、“一种注视”、“影评人周”、“法国电影新貌”和“会外市场展”。其“会外市场展”已经成为全世界最大的电影交易市场——戛纳电影交易市场。

每年5月，随着电影节的开幕，戛纳电影宫的地下一层——戛纳电影交易市场也同时活跃起来。这里每年都有上千部影片进行展映，而手持入场券的全部都是电影发行商。戛纳电影交易市场共设立34个展厅，展厅面积达1.3万平方米，吸引来自全球100多个国家和地区的1万多名参展商，每年有4000多部电影在此交易，销售额达10亿美元。组委会和电影宫管理机构从参展商交纳的费用中获得部分收入。

（二）柏林国际电影节

柏林国际电影节（Berlin International Film Festival，以下简称“柏林电影节”）原名西柏林国际电影节，与戛纳国际电影节、威尼斯国际电影节并称为欧洲三大国际电影节，最高奖项是“金熊奖”。第一届柏林电影节于1951年6月底至7月初在西柏林举行。此后，每年6～7月间举行一次。后为避开与戛纳国际电影节的正面交锋，提前至2～3月间举行，为期两周。

柏林电影节最重要的部分是有全世界范围电影参与的竞赛单元，而规模庞大的“欧洲电影市场”则构成柏林电影节非常重要的市场拓展平台。

随着柏林电影节市场开拓力度的不断加大，其电影市场规模也相应迅速扩展。来自世界各国的百余家官方或民间电影推介机构，在柏林的马丁·格罗皮乌斯博物馆及柏林万豪酒店设置展台，宣传展示本国的最新电影，并寻求在世界各国的发行代理商。

在“欧洲电影市场”上，各国电影制作商除了谈判交易电影版权、宣传推广本国电影外，还积极寻找合作伙伴，从人员、技术到资金投入及后期发行等方面探讨各国电影人之间最广泛合作的可能性。在2013年的柏林电影节上，“欧洲电影市场”的展厅位置早在电影节开幕前两个月就被抢订一空，共吸引来自100多个国家和地区的400多个参展团的8000余名电影专业人士参加，期间将放映各国影片多达1100部。主办方登记的前来观摩购买电影版权的各国商业代表逾1700名。①

目前，柏林电影节的“欧洲电影市场”已经成为国际电影业界规模巨大、影响较广的交易平台之一，来自全球的电影买家与卖家、制片人、电影发行商、电影投资者，乃至电视界、娱乐圈及新媒体的代表在此聚集一堂，洽谈商业及各种合作事宜，寻求建立高效率的合作途径，搭建广泛快捷的商业联系网络等。

此外，“欧洲电影市场”还下辖有“影片跨国合拍市场”项目，旨在为寻求国际合作的各国电影制片商及投资商提供一个交流合作的平台。同时，美国的圣丹斯电影节协会也在这里设立了一个名为“独立制片商计划”的展室，专门展映美国圣丹斯电影节的最新影片，并寻找国际买家。

（三）美国电影市场

美国电影市场（American Film Market，AFM）自1981年开始每年举办。从2004年开始，美国电影市场由原来每年的4月份改为11月份举办，以避开戛纳电影市场（5月份举行）的锋芒。美国电影市场和戛纳电影市场一样有着得天独厚的条件——都是在气候宜人的美丽海滨城市举行，由此吸引了大量的电影交易商参与交易。美国电影市场和戛纳电影市场已经成为全世界最大的两个电影交易市场。

美国电影市场在全世界共有400多家会员，会员大都是独立电影制片公司。美国电影市场的预算是每届大约花费900万美金，4%来自赞助商，其余来自注册费和展台出租费用。给买家的待遇是：可以看所有影片，提供大会交通、买家休息室、免费早餐，晚上有一个开放性的酒吧。②

美国电影市场没有选片功能，从不审看影片，凡是卖家要进行交易推广的影片都可以在电影市场进行放映。美国电影市场的场地以酒店为主，片商可以在附近的戏院安排放映，邀请有意洽谈的片商观赏影片，以确定是否购买。以2009年为例，交易会期间有445部电影参加展映，超过8000位电影发行商、制作机构负责人会聚于此，为北美电影市场的年度清仓大战做最后的搏击——在这些影片中，有73部作品进行了全球首映，311部作品在北美首映。③

美国电影市场已经成为海外版权交易的重要平台，每年在美国电影市场期间的交易额可以达到数亿美元。除了影片销售之外，通过交易会为新片融资也是与会者重要的目标，很多创作者可以通过美国电影市场为自己的新片融得资金。

但不同于戛纳电影节和柏林电影节，美国电影市场是一个纯粹的商业活动，并不涉及影片的评奖活动，一般观众没有机会参与观影，业界人士需要先行登记，支付注册费才可以参与活动。以2009年为例，注册费为895美元，机票食宿自理。

---

① 潘旭：《柏林电影节上“欧洲电影市场”火爆》，新华网，2013年2月11日，http://news.xinhuanet.com/zgjx/2013-02/13/c_124343907.htm。

②③ 《美国电影交易会解码》，《好莱坞纪事报》，2009年11月16日，http://www.dmcc.gov.cn/publish/main/120/1267/12674296351091080532/12674296351091080532_.html。

第二节　国际主要电影市场比较分析

毫无疑问，从票房收入来看，美国电影市场是全球第一大电影市场，而从影片生产数量和观影人次来看，排名第一的却是印度电影市场，而且印度本土电影牢牢占据 90%以上的国内票房，风靡全球的好莱坞电影到了印度也只能"望印兴叹"。因此，本节将分析对象锁定于美国电影市场与印度电影市场。

一、美国电影市场

(一)美国电影市场规模

众所周知，美国是全球第一大电影市场。根据美国电影协会发布的研究报告，2012 年，全美(包括加拿大)电影票房收入达到 108 亿美元，较 2011 年的 102 亿美元上升了 6%，较 2007 年的 96 亿美元上升了 12.5%(见图 3－1)。从图 3－1 可以看到，美国电影市场发展已经进入平稳期，呈现出稳中有升的态势。近几年来，美国国内电影票房(包括加拿大)基本上保持在 100 亿美元左右，在全球电影市场票房中占据 1/3 左右的份额。而在美国电影市场之外的海外电影市场上，美国电影又创造了 60%左右的电影票房，从总体上看，美国电影占据全球 70%左右的市场份额，可谓雄霸天下。

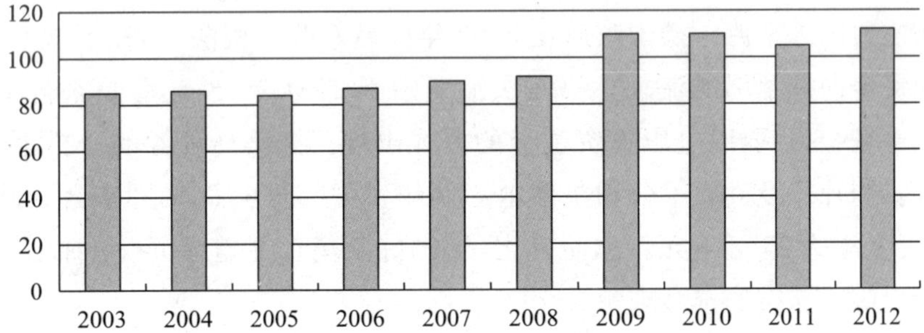

图 3－1　2003～2012 年美国(包括加拿大)票房收入

(资料来源：Rentrak Corporation Box Office Essentials，转引自 2012 Theatrical Market Statistics，MAPP)

(二)美国电影大获成功的因素分析

美国电影产业能取得如此成就，背后存在一系列重要的影响因素。具体而言，主要包括以下几方面的因素。

1. 存在多元化的投资主体

电影制作是电影产业中资金需求量最大、风险最高的领域，也是电影产业链的起点，因此,电影制作领域的资金是否充裕对整个电影产业的兴衰有着直接的影响。由于美国对投资电影并没有设置任何进入壁垒,因此,美国电影制作领域活跃着众多的投资主体。首先,六大主流制片公司凭借其雄厚的资金实力每年可以制作 140 部左右的影片,而大量独立制作商制作的电影数量更是要 3 倍于主流公司的制作数量。除了制作商这一主要投资主体之外,很多独立发行商也会将其触角延伸到电影制作这一上游领域,通过承担部分制作成本以获取部分区域乃至全球的电影发行权。而影院、电视台等放映终端为了确保稳定的影片来源,也会在电影制作这一产业链的前端进行投资。对于大量采用计算机数字特效的电影,因为在数字制作方面的费用比例不低,有些电影公司也会找视觉特效公司合作,让视觉特效公司以劳务作价的方式投资。

除了上述电影产业链中的各种投资主体外,行业外部资金也构成电影产业投融资的重要资金来源。从历史上看,美国行业外资金大量涌入电影业经历了四次大的浪潮。第一次浪潮出现在 20 世纪 70 年代初。当时的美国税法规定投入电影制作中的资金可以在短时间内提前折旧,同时可以作为报税时的预扣金额。这一税收优惠规定吸引了大量个人投资者将资金投入电影业,直至 1986 年美国税制改革堵住这一资金流向。第二次浪潮缘起于 1995 年证券市场上通行的投资组合理论在电影投资领域的应用。大量实践表明,如果将一笔资金分散投入到 20～25 部风格不同的电影项目中,可以大大降低投资风险,并可保证一定比例的回报。因此,保险资金和退休基金蜂拥而至。第三次浪潮出现于 20 世纪 90 年代末。德国当时的税法规定:公民投向电影制作的资金,无论是本国电影还是外国电影,都可以立即在税前预扣,并可延迟到未来相当长的时间后才缴纳税款。这一税收优惠政策极大地激发了德国公民投资电影的热情,并使德国成为美国电影投资资金的主要国外来源。德国政府在 2003 年前后修改了税法,弥补了这一漏洞,最终堵住了德国资金向好莱坞的流入。第四次浪潮始于 2004 年,发起者是来自华尔街的对冲基金和私募基金,主要以电影投资基金的方式出现。据美林证券的分析报告,目前好莱坞六大电影制片厂及其旗下公司整体电影制作费中的至少 30%即来自于此类电影基金,平均年资金额达 25 亿美元。总而言之,美国好莱坞存在着多元化的投资主体,这为好莱坞电影提供了充裕的资金来源。

2. 存在成熟的金融支持体系

在美国,电影故事片并不被视为文化艺术,而被划入商业活动的范畴。因此,美国政府并不给电影故事片提供任何直接的财政资助,即使是非商业性电影(纪录片、动画片、实验性艺术影片),也只是通过国家艺术基金会提供有限资助,规定申请资助额最高不超过影片摄制资金总额的 1/3,对非故事片的资助,年均不超过 200 万美元。美国电影产业能始终保持长盛不衰的态势,与美国存在针对电影产业的成熟的金融支持体系不无关系。

首先,银行可以为电影制作提供各种形式的贷款,包括一般抵押贷款、预售合同抵押贷款、交货合同抵押贷款、差额融资等。一般抵押贷款是最常见的融资方式,由电影公司提供抵押品给银行或借款方以取得资金，并在影片上映后，优先偿还贷款，且加计利息。预售合同抵押贷款，是指电影公司可以用与各地区发行商签订的预售发行权合约取得贷款。电影公司以预售合约向银行或借款方申请融资时，由于预售合约中会记载影片完成时发行商需给付电影公司的最低保证金，因此，银行或借款方会依据该发行商的信誉，核发贷款数额给电影公司。如果是声誉卓著的发行商，银行甚至会核定贷给电影公司100%的最低保证金额度。由于履行预售合约的一项重要前提条件是电影能够顺利完成，因此，银行或借款方除了要求电影公司提供预售合约外，也会要求进行完工保证，以确保影片将来若未能顺利完成，银行或借款方可以从完工保证公司获得赔偿。交货合同抵押贷款与预售合约抵押贷款类似。所谓交货合同，是指主要制片厂向电影公司承诺当电影完成时，将以一定的保证价格购买电影所签订的合约。而电影公司运用这份与主要制片厂签订的合约向银行申请的贷款即为交货合同抵押贷款。差额融资，是指银行在没有任何抵押品的状况下，根据权威性的销售代理商给尚未完成的电影在全球各地可能的销售收入作出的评估，给电影公司发放一定额度的贷款。这种贷款一般来说额度不会太大。

> **关键术语**
>
> 预售合同抵押贷款，是指电影公司可以用与各地区发行商签订的预售发行权合约取得贷款。
>
> 交货合同，是指主要制片厂向电影公司承诺当电影完成时，将以一定的保证价格购买电影所签订的合约。而电影公司运用这份与主要制片厂签订的合约向银行申请的贷款即为交货合同抵押贷款。
>
> 差额融资，是指银行在没有任何抵押品的状况下，根据权威性的销售代理商给尚未完成的电影在全球各地可能的销售收入作出的评估，给电影公司发放一定额度的贷款。这种贷款一般来说额度不会太大。

其次，保险公司为投资者提供了风险分担机制——完成保险。完成保险属于第三方责任险，它可以向电影投资者提供担保，保证一部电影会严格按照投资者与制片人协商确定的预算和计划来完成。虽然完成保险既不给电影的成功提供担保，也不提供电影的资金来源，但是，它转移了电影制作的风险，通过为投资者提供保险，以保障电影能够并将会在预算和规定的计划之内完成，防止投资人因影视制作方和相关人员工作失职、由于不可预知的情形导致的错误判断以及对工作进程或预算的估计不足等原因而遭受损失。当一部电影超出预算，完成保险会支付超出预算的部分。完成保险的费用包含在电影的制作预算中，通常会占到一部电影预算的2.5%～5%，同时在没有“索赔”要求的情况下，也就是说，一旦电影在没有需要保险公司支付超额预算的情况下成功完成，完成保险还有50%的佣金回报。另外，产业投资基金为个人投资者的闲置资金提供了进入电影制作行业的机会。一般而言，制作一部电影需要高额的资金，这是普通投资者力所不能及的，而电影产业投资基金一方面为零散的资金提供了化零为整的机会，丰富了电影制作领域的资金来源；另一方面又可以将集中起来的资金分别投资于不同的电影，实现了风险的分散化，从而使电影产业投资基金成为拥有较稳定收益率的投资工具。总而言之，这些银

> **关键术语**
>
> 完成保险属于第三方责任险，它可以向电影投资者提供担保，保证一部电影会严格按照投资者与制片人协商确定的预算和计划来完成。

行信贷产品、保险产品以及基金产品，扩大了电影制作行业的资金来源，为电影制作的顺利开展提供了金融保障。

3. 形成广泛的投资回收渠道

自 20 世纪 80 年代以来，美国电影业就形成了一种“大电影产业”的概念。电影市场是一种可扩展市场，能通过不同的发行“窗口”(Windows)在衍生市场获得高额回报。这些市场按顺序一般包括“影院→电视计次点播→付费电视→音像租售→开路电视→衍生产品”等多级市场，此外还包括在海外发行的各个国家和区域同样的多级市场。而在这些市场中，影院特别是本国影院是电影的第一市场，虽然它的收入未必是最多的，一般来说，可能只占总收入的 30%左右，但影院的重要性就像发动机，它决定了每部影片在以后的其他市场能够走多远，能够有什么样的表现。高额的影院票房是影片在其他环节成功发行的可靠保证。

4. 存在广阔的国内市场

美国国内存在庞大的观影市场。从表 3—4 可以看出，近 10 年来，美国年均观影人次达到 14 亿以上，人均年观影次数达到 4 次以上。

表 3—4　2003～2012 年美国(含加拿大)观影人次统计

年份	2003	2004	2005	2006	2007	2008	2009	2010	2011	2012
总观影人次(亿次)	15.2	15	13.8	14	14	13.4	14.2	13.4	12.8	13.6
人均年观影次数	4.9	4.8	4.4	4.4	4.4	4.2	4.3	4.1	3.9	4.1

(资料来源：2012 Theatrical Market Statistics，MAPP)

美国民众经常光顾电影院固然有电影本身吸引人方面的原因，另外一个重要原因则在于其低廉的票价。从表 3—5 可以看出，美国电影票价每年会根据通货膨胀率进行调整，在考虑通货膨胀因素的条件下，2012 年美国的平均电影票价也只有区区 7.93 美元，跟 2011 年美国 36300 美元的人均收入相比，几乎是一个可以被忽略掉的花费。尤其是跟主题公园、观看运动赛事等其他娱乐项目相比，电影票价的价格优势非常明显(见图 3—2)。

表 3—5　2003～2012 年美国平均电影票价

年份	2003	2004	2005	2006	2007	2008	2009	2010	2011	2012
票价	$6.03	$6.21	$6.41	$6.55	$6.88	$7.18	$7.50	$7.89	$7.93	$7.96
年涨幅	4%	3%	3%	2%	5%	4%	4%	5%	1%	0%
CPI 涨幅	2%	3%	3%	3%	3%	4%	0%	2%	3%	2%

(资料来源：转引自 2012 Theatrical Market Statistics，MAPP)

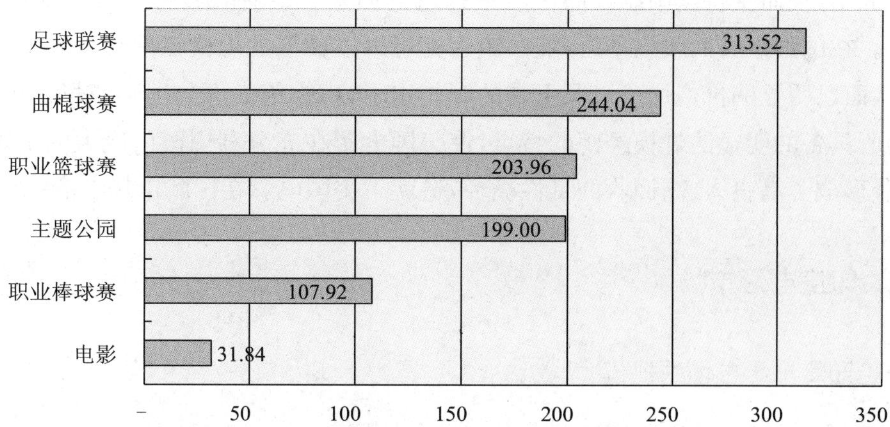

图 3—2　2012 年美国四口之家不同娱乐活动的票价费用

（资料来源：转引自 2012 Theatrical Market Statistics，MAPP）

在价格杠杆的作用下，电影市场较之其他娱乐市场能吸引更多的消费者也就非常容易理解了（见图 3—3）。

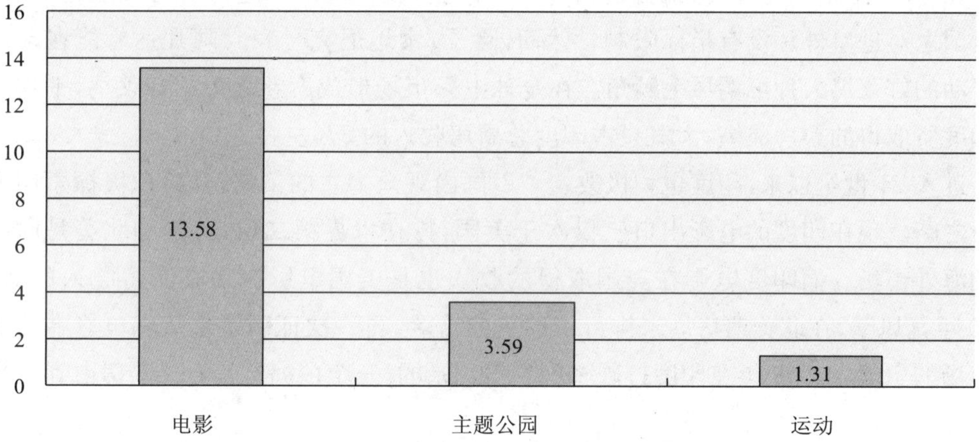

图 3—3　2012 年美国不同娱乐活动参与人次

（资料来源：2012 Theatrical Market Statistics，MAPP）

电影产业存在着明显的规模效应。电影的第一个产品，即电影母版的制作，需要投入大量的资金、人力和物力。目前，美国七大电影制片厂单部电影的平均制作费用达到了 6000 万美元以上①，而美国平均每份电影拷贝的成本在 2000～3000 美元②。跟庞大的电影制作费用相比，拷贝的复制成本极低。随着数字技术的应用，拷贝的复制成本进一步降低，因此，拷贝的投放量越大，单个拷贝所分摊的制作成本就越低，也就越容易成本回收。这很好地解释了好莱坞电影风靡全球的原因。可以说，美国庞大的国内观影市场为实现电影的规模经济提供了可能，这使得美国制片商依靠国内市场即可回收巨额的电

①②　唐玲玲：《电影经济学》，中国电影出版社 2008 年版，第 91 页。

影制作成本，从而支持美国制片商斥巨资打造场面宏大、制作精良的“重磅炸弹”式的商业大片。在国内市场回收成本后，美国制片商可以以较低的价格在国际市场上出售电影版权，从而以明显的价格优势以及上乘的制作水平，占据绝大部分国际市场。可以说，正是电影所具备的明显的规模经济的特点，使美国电影在充分利用国内庞大的电影市场的基础上，形成了高投入、高回收的良性循环，造就了美国电影在国际市场上的一枝独秀。

二、印度电影市场

(一)印度电影市场的规模

从电影产量上看，印度是当之无愧的世界第一电影生产大国。印度每年的电影产量在1000 部以上，以数百部的差距遥遥领先其他国家。从观影人次上看，印度以每天 1400 万的观影人次雄冠全球。从票房收入上看，根据 2012 年美国电影协会发布的报告，2012 年印度的国内票房达到了 14 亿美元，全球排在第六位。

在印度，不论国有公司、私营公司还是外国公司，只要拿到进口许可都能进口影片，并且国家对进口外片没有指标限制。然而，除了《泰坦尼克号》和《阿凡达》，能在印度引起轰动的好莱坞大片可谓凤毛麟角。在全球电影市场形成席卷之势的好莱坞，平均每年在印度所取得的票房成绩，大概只占印度总票房收入的 5%左右。

进入 21 世纪以来，印度也积极改变了以国内观众为主的策略，开始积极探索向海外发行之路。现在印度的电影出口已仅次于美国，排在世界第二位，英国和北美是印度最大的海外市场。而印度电影在美国取得的收入也是美国电影在印度所得收入的数倍。2010 年，《风筝》在北美票房周末排行中冲入前十名，再一次证明了宝莱坞电影在北美开拓市场的勇气。2009 年在印度打破多项票房纪录的《三个白痴》，其海外票房占到一半。

(二)印度电影的生产

说起印度电影，人们自然而然就会想到“宝莱坞”。“宝莱坞”一词来自它的产业基地孟买“Bombay”与美国好莱坞(Hollywood)的结合，意为孟买电影产业基地可视作东方的好莱坞。“宝莱坞”已经成为印度电影工业的代名词，其电影年产量占印度电影总产量的60%～70%。“宝莱坞”主要生产印地语电影，类型以商业娱乐歌舞片为主，尤其受广大中下层民众的欢迎。此外，印度还有以泰米尔语为中心的“凯莱坞”、以泰卢固语等为中心的“托莱坞”，而其余近 10 种以地区语言为主的电影业也都有各自的受众群。这些构成了印度庞大的电影工业。从电影类型来看，印度电影基本上可以分为“马萨拉”电影和新浪潮文艺片。前者多见于宝莱坞和南部电影类型，融合歌舞、喜剧、动作等多种元素；后者则是印度新浪潮运动下产生的艺术电影。当然，宝莱坞式的歌舞片仍是印度电影的标志，它也促进了印度电影附属产业的发展，仅宝莱坞电影音乐便占印度全国音乐产值的48%。①

(三)印度电影的特点及成功因素分析

1. 大量的歌舞场面

一直以来，人们往往把印度电影等同于歌舞片。在一般的印度片中，节奏分明的音乐，配上大段的舞蹈，总让人不禁产生脱离现实的感觉，不管影片中男女主人公正在经历着怎样的事情，这样的歌舞总能将观众从或黑暗或现实的世界带向一个童话世界。这就是印度的歌舞片，永远让人有着乌托邦式的向往与遐想。同时，这种代表着希望与光明的歌舞表现，也成为印度电影的一种模式。② 印度歌舞片盛行的原因，一方面在于印度具有悠久的歌舞传统，在平时的聚会活动中，人们习惯用歌舞的方式表达欢乐，因此，把人们喜闻乐见的歌舞搬上银幕，契合印度人民的审美习惯，可以为电影赢得广泛的观众；另一方面，印度电影的放映时间一般都在3小时以上，观众的注意力很难集中如此之久，这时候就要靠在影片中间歇性地穿插若干次的歌舞以调节气氛、提振精神。

2. 对现实的客观映射

印度电影虽以载歌载舞的画面著称于世，但同时印度电影也敢于直面尖锐的社会矛盾并充满着人文关怀。进入21世纪，印度电影坚守其现实主义传统，从社会各个层面深刻反映了印度社会存在的问题和矛盾。如电影《季风婚宴》，整部影片都充满了色彩和旋律，民族风格鲜明，但却在这样欢乐的氛围下，揭示了一个印度中产阶级家庭讳莫如深的乱伦问题，从历史的高度对印度民族进行了自省。又如电影《三傻大闹宝莱坞》，整部影片用乐观的态度调侃沉重不堪的教育话题，用简单的方式力图改变令人窒息的制度。除此之外，印度电影里大量流露出传统的人文精神，比如孝道、长幼有序的礼仪，比如那种以家庭为重的思想的坚守，比如对于惩恶扬善的看法，比如对于真善美的赞扬。③ 正是这种对人文精神的追寻，让印度电影在赢得本土观众的同时延伸了其国际影响力。

3. 独特的观影文化

印度幅员辽阔，人口逾11亿，境内阶级分明，贫富悬殊极大，多数民众生活穷困，观看电影成为民众宣泄苦闷、暂时脱离生活中的苦痛的重要渠道。因此，在印度，看电影成了全民运动，电影的社会性功能被极度放大。像电影院这样的公共场所已成为群体活动的中心。印度民众经常和家庭成员、朋友以及同事一起，三五成群，甚至浩浩荡荡地去往影院。在印度，看电影被认为是一种群体行为，独自观赏常会被看成具有反社会倾向。对印度人而言，单独看电影是不可思议的。因为他们认为家人和朋友关系如此紧密，一

---

① 廖政军：《来自印度电影的启示》，《人民日报》2011年4月11日。

② 张静婧、底悦：《论印度电影特点及借鉴意义》，《攀枝花学院学报》2011年4月第28卷第2期。

③ 石帅：《浅析印度电影对我们的启示》，《电影评介》2012年第24期。

起去公共场所消遣才会获得真正的乐趣与享受。在印度人眼里，电影院内的社交活动比看电影本身重要得多。看电影是一种集体体验，相互影响是体验的中心。由于印度电影放映时间长，因此每部影片都有 10～15 分钟的幕间休息。幕间休息是印度观众与朋友或家人进行交谈的好机会。他们倚靠在零售摊位旁，聚集在正厅通道中，谈笑风生，孩子们则嬉戏追逐，直到铃响召唤大家各就各位。[①] 正是这种集体体验式的观影文化，每天吸引着 1400 多万印度观众进入影院，造就了世界上最大的国内电影市场，促进了印度电影市场的繁荣。

4. 低廉的票价

印度国内的电影院通常被分为 A，B 和 C 三类。A 代表城市，B 代表市镇，C 代表乡村。电影院收费非常便宜，A 类电影院每场电影收费通常不超过 40 卢比(约 1 美元)，C 类电影院一般不超过 10 卢比(约 25 美分)。[②] 低廉的票价使得观看电影成为印度人民最平常的娱乐形式。

5. 鼓励性的政府政策

印度政府采取了一系列优惠政策来扶持印度电影产业的发展。2000 年，印度政府将电影业纳入官方认可的产业范围内，制片人可以通过申请获取银行贷款，这一新政推动了印度电影业的公司化发展和整合。2001 年 4 月，印度工业发展银行成为第一家开办目的是为电影业提供融资服务的银行。迄今为止，这家银行已向 14 部宝莱坞电影贷款了 1350 万美元。此外，新德里已经宣布废除向新型的综合性影剧院征收高达 100%的娱乐税，这意味着这些影剧院的票价将下降一半左右。2002 年，印度政府又解除了外国投资者在广告、电影和广播领域的股份限制，为外国制片商投资印度电影业打开了空间。迪士尼公司和华纳集团等海外巨头纷纷涉足印度电影业。目前，索尼、NBC 环球、维亚康姆和华纳兄弟公司已斥资逾 15 亿美元，用于购买印度本地电视频道的股份，或联合宝莱坞共同投资电影。[③] 在政府鼓励性政策的作用下，投资人视电影产业为摇钱树，国内外资金蜂拥而入，更使宝莱坞如虎添翼。

第三节　中国电影产业“走出去”

一、中国电影产业现状

通过中国电影产业的收入规模、电影生产数量、影院数及银幕数这些具体的指标，我们可以大致勾勒出中国电影产业的现状。

---

① 顾钢：《印度电影与别具一格的电影观众》，《视听纵横》2009 年第 3 期。

② 张慧瑜：《印度宝莱坞电影及其对“中国大片”的启示》，《文艺理论与批评》2011 年第 3 期，第 37 页。

③ 付筱茵、董潇伊、曾艳霓：《印度电影产业经验——大众定位、集群运营、制度支持》，《北京电影学院学报》2012 年第 5 期。

(一)中国电影产业的收入规模

2012年中国电影产业总收入达到209亿元人民币，第一次突破200亿元人民币大关，年增长率为18%。其中，收入主要来自票房，增长也主要来自票房增长。2012年我国票房收入为170.73亿元人民币，同比增长30.18%；非票房收入仅为29亿元人民币；海外市场收入进一步下降，仅为10.6亿元人民币。根据艺恩日票房智库的研究，预计2013年中国电影产业收入将超过290亿元人民币，票房收入有望突破230亿元人民币(见图3—4)。

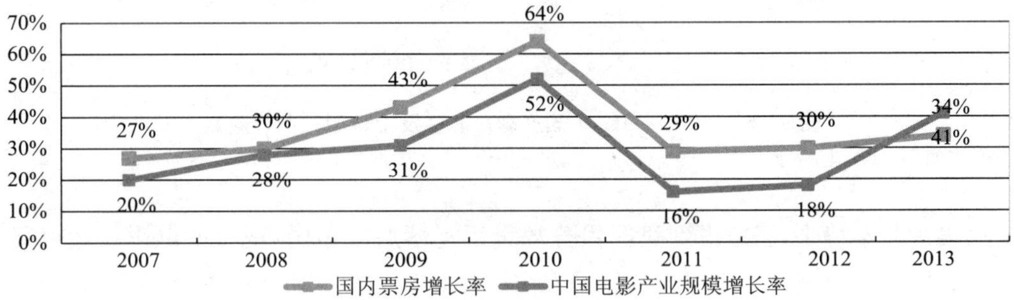

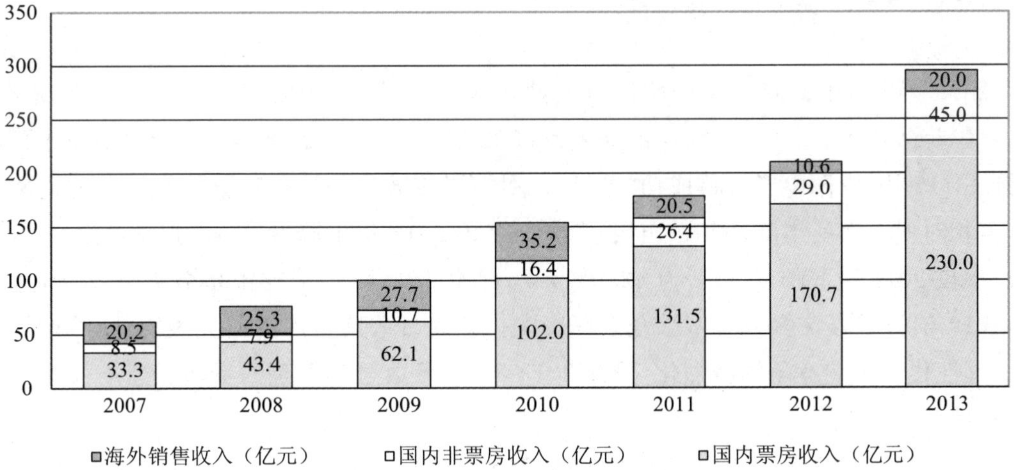

图3—4　2007～2013年中国电影产业规模及增长趋势

(数据来源：艺恩日票房智库)

(二)中国电影生产状况

2012年我国电影产量达到745部，创历史新高。全年在影院上映的国产影片达到231部，占总产量的31%，较2011年有大幅度的提升(见图3—5)。在影片产量上，我国

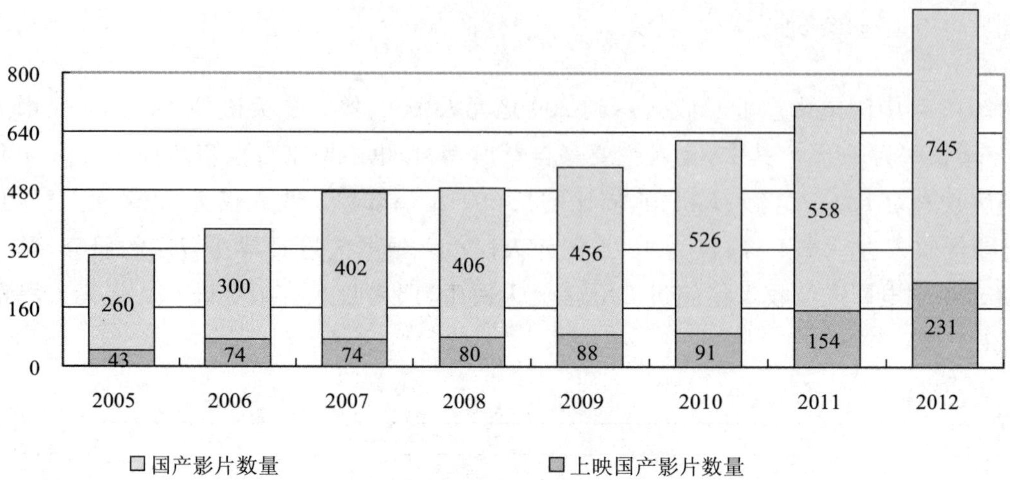

图 3—5　2005～2012 年国产影片总量及上映国产影片数量

（资料来源：艺恩日票房智库）

已经与美国基本持平，但考虑到我国银幕数量远远落后于美国，现有的电影产量已经超过了电影银幕的承载能力。以后的发展方向应该是努力提高影片品质，而不是盲目追求数量的扩大。

（三）中国影院数量与银幕数量

2012 年中国电影院发展仍然保持高速增长的态势，全国院线范围内新建影城 880 家，总影院数达到 3680 家。新增银幕数为 3832 块，平均每日新增 10.5 块银幕，总银幕数达到 13118 块，中国电影银幕成功"破万"。尽管影院数量与银幕数量的绝对增速仍然很高，但相对增速有所下降。2012 年影院增长率较 2011 年下降 8.6%，为 31.4%；银幕数增长率较 2011 年下降 4.5%，为 42.6%。2012 年新增影院平均银幕数为 4.8 块，这表明，2012 年新增影院多为大型综合多厅影院。艺恩日票房智库的研究表明，随着市场投资的理性化与影院竞争的激烈化，预计 2013 年，银幕数量和影院数量增长速度会进一步放缓（见图 3—6）。

以上数据表明，近年来中国国内电影市场实现了高速增长。从横向比较来看，中国国内票房收入已经超越日本，中国成为仅次于美国的第二大电影市场。然而，从中国电影的国际影响力来看，形势仍不容乐观。2012 年的海外票房仅有 10.9 亿元人民币，比 2011 年甚至有所下降。电影作为重要的文化产品，应该成为我国向国际社会传播中国文化、提升我国文化影响力的重要载体，然而从目前来看，我国电影还无法胜任这一职能。探索中国电影如何走出去，应该成为我国电影产业未来发展的重要使命。

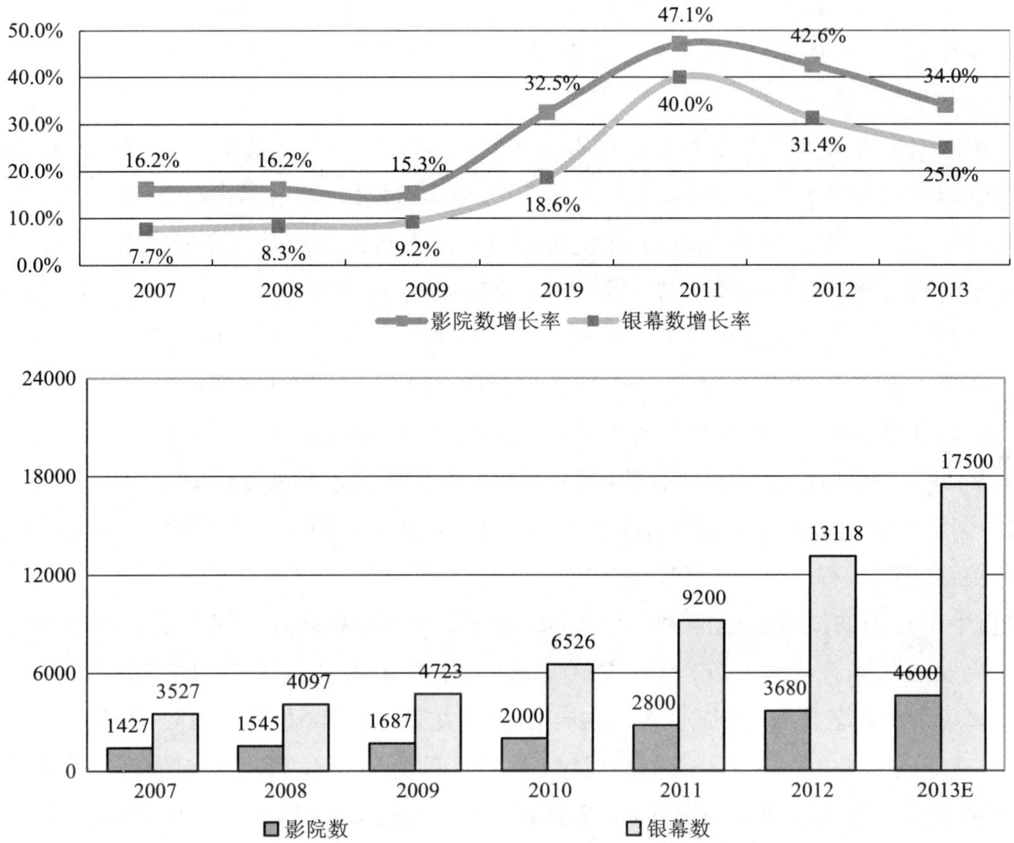

图 3－6　2007～2013 年影院数及银幕数增长走势

（资料来源：艺恩日票房智库）

二、中国电影进入国际市场的历程

中国电影在 20 世纪二三十年代的初创阶段就有了“走出去”意识，许多电影都配有英文字幕。当时在印度尼西亚、马来西亚、美国甚至南美洲各国，都有华人经营的电影院，“在 1938 至 1940 年 3 年间，仅中国电影制片厂在海外就发行了 183 个拷贝，共有 18 部影片在全球 92 个城市放映过”①。随后，战争因素和政治因素使得“走出去”的萌芽被迅速扼杀。

“新中国成立以后，从 1950 年起，我国正式开始对外商业性输出影片，中国电影发行公司设置了输出输入处作为专门的电影进出口机构。新中国电影的对外合作与交流，开始是在苏联和东欧等人民民主国家之间进行。随着我国外交战线上取得节节胜利，我国电影的对外交流也越来越频繁，影片输出输入的范围从苏联等人民民主国家发展到亚洲和欧洲等资本主义国家。到 1965 年底，中国已同近 90 个国家和地区的 680 多个电影公

① 范志忠：《百年中国影视的历史影像》，浙江大学出版社 2006 年版，第 33 页。

司及有关机构建立了贸易和非贸易的往来关系;通过商业途径,向 84 个国家和地区输出长短影片 1200 多个,7700 多部次。而在'文革'期间,中国大陆的电影对外交流工作基本处于停滞状态。"①

中国电影进入国际主流商业市场得益于香港电影的繁荣。香港曾是继美国和印度之后全球第三大电影制作中心,是世界上仅次于美国的第二大电影出口地,被誉为"东方好莱坞"。在 20 世纪 70 年代以前,香港电影也只能发行到亚洲及西方的唐人街,到 1972 年嘉禾公司的两部李小龙影片在戛纳市场曝光后,才在全球掀起一股中国功夫片的热潮。这股功夫片的热潮让很多香港公司受益,亚洲电影破天荒在美国众多影院放映,此情况持续了差不多 10 年。功夫片使香港电影真正进入全球商业市场,此后类型多样的商业电影如黑帮片、赌博片、僵尸片等也广泛发行到世界各地。

20 世纪 80 年代,改革开放后的中国大陆又开始向国际市场发行中国影片。这一时期,中国电影输出输入公司跟世界上 100 多个国家和地区的 400 多家电影公司建立了业务关系,其中,有 72 个国家和地区的 270 家电影公司与中国有经常性的业务往来。不过,中国电影的海外营销额多年仅在 10 万美元到 15 万美元之间徘徊。2000 年,在好莱坞发展的华人导演李安以《卧虎藏龙》开创了华语大片进入美国主流商业院线的时代,2002 年张艺谋导演的《英雄》紧步《卧虎藏龙》后尘,取得了在国际市场上的空前成功。《卧虎藏龙》和《英雄》的市场成绩,鼓舞了国际电影发行商和制作商,开创了国际化华语大片的制作和营销模式,成为其后十年华语古装武侠大片进入国际商业市场的典范。

三、中国电影进入国际市场的播映渠道

(一)主流商业院线

到目前为止,中国电影能够进入国际主流商业院线的主要是投资巨大、明星阵容的功夫类型影片。此类影片制作之初就瞄准了国际市场,后来的整体营销操作也都适应海外市场,不少影片在国际主流商业院线颇有收获。其中,《十面埋伏》海外票房超过 5 亿元人民币;《夜宴》在英国、法国、西班牙、意大利等国的销售额都在 100 万美元以上,日本的销售额为 500 万美元;《一代宗师》在美国首周末票房 245 万美元,位居全美历年外语片首周末票房第十名。

功夫大片虽然是目前为止最具国际市场竞争力的华语片类型,但经过近十年的古装大片风潮后,欧美观众对此类影片必然产生审美疲劳,同时,华语片缺乏创造力也让其国际市场表现变糟。遗憾的是,其他类型的影片,无论在中国国内市场表现多么出色,在欧美主流商业院线都难以引人关注。

---

① 杨步亭、周铁东等:《60 年来中国电影海外推广工作的繁荣与发展》,《当代电影》2009 年第 10 期,第 11~12 页。

（二）艺术片院线

在欧美市场上，除了好莱坞电影能大行其道外，主流市场上的电影更多是本国电影，外语片通常进入的是艺术片院线。中国一些导演的作品在海外的艺术片院线也产生过不错的反响。

〔案例精选〕

陈凯歌导演的《霸王别姬》(1993 年获戛纳电影节金棕榈奖)在美国 3 家影院上映，票房达到 520 多万美元。在国内发行票房几乎为零的《那山·那人·那狗》(霍建起导演，1999 年)，2001 年在日本的岩波影院(日本最著名的艺术影院)持续上映半年，后来因为反响好又扩展放映范围至大阪、神户、京都等地，票房超过 5 亿日元，后被日本国家电影奖评为最佳外语片。内地票房仅 200 万人民币的《三峡好人》(贾樟柯导演，2006 年获威尼斯电影节金狮奖)，海外有 40 多个国家购买版权，在全法国 59 个艺术院线放映，票房超过 100 万欧元。

一些有影响力的国际电影节是中国电影走进欧美艺术院线的重要渠道。需要注意的是，不同的电影节有不同的选片定位，影片要选择适合自己的电影节参赛，才更容易找到自己的市场。中国有大批电影作品是通过电影节销往海外的，虽然多是文艺片，但它们在一定时期内也形成了很大的影响力。

（三）电视台与录像带、DVD 音像市场

在国际电影市场上，中国电影进入院线的机会并不多，电视台与 DVD 市场是更广阔的采购播映渠道，也是中国影视产品的传统市场平台。不过从未来的发展趋势来看，DVD 租赁市场终将被流媒体点播取代。如今传统的录像带租赁公司如美国的 Netflix 公司、欧洲的 Lovefilm 公司都在发展自己的流媒体业务，并与 hulu、YouTube 等视频网站竞争。电视这一传统媒体也可能在未来与网络的接收终端进一步融合。全媒体时代的到来为中国电影开拓国际市场提供了更多的渠道选择。

（四）网络、手机等新媒体

视频网站等新媒体的成长必然为中国电影提供更多的海外市场空间，但是在不同的播放平台上，适销的电影形态也将是不一样的，影片的长度、节奏、镜头语言、题材、类型都会有显著区别。适应院线播放的电影并非可以自然赢利于新媒体渠道。随着国内新媒体平台与海外新媒体平台的共同成长，未来可能会有新兴形态的中国电影更加适于在这类渠道上销售、播映。

四、中国电影的国际市场区域特征

(一)亚洲市场

亚洲地区的电影票房占据了我国电影海外市场的大部分份额，而在亚洲地区，又以东南亚和日、韩市场为主体。日本已成为华语片最大的海外市场。

华语电影在亚洲拥有较大的市场，除了地理位置、文化因素和政策优势以外，还有赖于我国香港与亚洲其他国家长时间以来建立起来的电影合作关系以及顺畅渠道。港台明星在东南亚甚至日本、韩国有着一定的观众缘和票房号召力，所以大多数的影片很容易被这些国家的发行放映市场看好。再加上合作方本身具有一定的业务市场，所以影片就可以顺利地在当地发行。

(二)欧美市场

进入欧美主流市场的中国影片虽然已经出现但是不成规模，在欧美市场，中国电影票房依靠的主要力量还是海外华人而非其他族裔观众。欧美市场已经成为国产影片海外销售的重要市场，不过受金融危机的影响，海外片商特别是欧洲片商在挑选中国影片时格外谨慎。

〔案例精选〕

2010 年 10 月自发“国货”的华狮公司成立，该公司总部设立于美国加州洛杉矶，在多伦多、悉尼、北京、奥克兰等地均开设分处。2011 年 10 月 31 日，华谊兄弟传媒股份有限公司及博纳影业集团共同参股北美华狮电影发行公司，进一步推进中国电影在国际市场的同步上映。2010 年，华狮电影发行公司与美国和加拿大的 AMC(北美第二大院线)建立独家合作伙伴关系，长期在北美地区同步发行华语电影。从 2010 年《唐山大地震》开始，公司其后还同步发行过《非诚勿扰 2》、《我知女人心》、《建党伟业》、《全球热恋》、《逆战》、*Love*、《春娇与志明》等多部华语电影。截至 2013 年，华狮已经把 30 多部国产片推向国外，在北美、澳大利亚、新西兰等多个地区和国家开拓市场，主要针对海外华人观众。

中国电影要进入欧美主流商业市场，合拍片仍然是唯一渠道，目前只有海外公司直接投资并拥有电影海外发行权的合拍片能获得发行优势。为了更好地进入欧美主流市场，推进合拍已成为现阶段中国电影发展的一项战略举措。不过，目前合拍片有点“悲哀”的现状是，随着海外投资方的加入，电影的版权也进行了分割，海外发行利润大多与中国制片方无关。未来合拍片的发展方向是，怎样逐渐加强中方的主导地位，使中方能够获得更多的海外市场利润。

(三)澳洲、南美、非洲等地的电影市场

澳洲、南美、非洲等地市场目前所占份额并不大，属有待培育的潜力市场。

在澳洲和南美，能够公映的中国大片目前主要出现在唐人街的影院。澳洲也有电视频道偶尔播映中国电影，澳洲本土观众比较喜欢的中国电影类型也只有功夫大片。

非洲城市的一级影院放映的主要是美国电影和法国电影，香港出品的功夫片曾经大量进入非洲城市的二、三级影院。在大陆电影进入非洲市场之前，香港地区的功夫片在非洲市场已有很大的知名度。20 世纪 80 年代，中影公司借助香港电影创下的声势，挑选了《武当》、《武林志》、《侠女十三妹》等功夫片配译成英、法语版本重点向非洲推出，几乎走遍非洲 40 多个国家，上映效果良好。后来，一些非动作类型的影片也陆续走进非洲市场，受到非洲观众的喜爱。

2012 年 10 月，中国国际广播电台成立“影视译制中心”，其主要职能是具体组织、实施由国家立项，每年出资 5000 万元推动的“中非影视合作工程”——每年用 6 个非洲当地主流语种译制国内精选出的 10 部电视剧和 52 部电影，并在非洲发行、播出。这 6 种语言分别为英语、法语、斯瓦希里语、豪萨语、阿拉伯语和葡萄牙语。这项工程将为传播中国文化、培育中国影视产品的非洲市场打下良好基础。

五、中国电影进入国际市场的问题与对策

(一)产品的问题与解决对策

华语电影进入国际市场并不是件容易的事，20 世纪福克斯公司的代表温煦宇先生曾经说过：“外商购片的标准是：高质量（High Quality）、精制作（Well Produced）、国际性（International Qualication）和高商业价值（Good Commercial Value）。”[①]

中国电影现在虽然产量很高，但是高质量的精品力作并不多，大量电影并不具备国际卖相。即便是在国内市场表现良好的影片，在进入国际主流商业市场时，也常常因为文化折扣的问题而销售受挫。为此，中国电影一方面要提高制作质量和创新能力，另一方面要学习国际制片经验，努力讲述能为国际观众所理解、喜爱的故事。可以采取的规避文化折扣的文本策略包括：

创造易读性文本——学习好莱坞的“透明叙事”策略，降低电影故事的理解难度。

创造可读性文本——为电影观众营造惊奇（Surprise）、悬念感（Suspense）和满足感（Satisfaction）。

在现阶段，也可以采取与国外片商合作的方式，让中国故事更加国际化。选择合拍，拍出来的就将是全球化的电影产品，而不仅仅是个中国故事。但是，在采用合拍策略时，我们一方面要积极向合作方学习，积累经验；另一方面要逐渐找到未来能够发挥主导作用，在国际市场能够分得合理利润的方法。

---

① 李渊：《电影文化交流：外国片商的独特见解》，中国电影出版社 2002 年版，第 39 页。

（二）发行渠道的问题与解决对策

目前，中国电影的海外自主商业渠道还很滞后，没有自己的发行渠道，自然就没有能力参与电影收益的分成。很多中国电影仍从电影节上寻求发行，成功的机会过于偶然而不具备可复制性。一些合拍的大片，被海外发行方以相对较低的价格买断全球版权，结果以后无论在国际市场获得多少票房，中方都无权分羹，缔造海外市场传奇的《卧虎藏龙》、《英雄》、《功夫梦》都有类似遭遇。

发行渠道建设滞后，最根本的原因还在于中国电影的资本不足，企业规模较小，与国外电影公司动辄数十亿美元的资金相比，国内最大的中影集团也只有 10 亿人民币的规模，远远不足以影响到渠道。目前，华谊、博纳等已经上市的大型影视企业正在建设自己的海外发行渠道，而很多小型企业就很难获得海外发行渠道。

中国电影目前主要依赖国家广电总局的海外推广公司作为输出渠道，这一机构因为没有影片的版权和专项资金支持，在海外推广过程中只能起助推作用而并非主体。很多合拍大片，海推公司都拿不到海外营销的代理权，而大量的中低成本影片在国际市场的潜力又非常小，"走出去"的真正主体——拥有电影版权的制片单位，对海外市场的态度也不够积极，缺乏"走出去"的动力。

未来中国应鼓励通过资本输出，在一些关键的海外市场输出资本和服务，通过拥有国际化公司整合资源，让中国电影真正参与国际竞争。2012 年，大连万达集团以 26 亿美元并购北美第二大院线 AMC。并购后，万达或将成为全球最大的电影院线运营商。这对中国电影的海外输出无疑是一个利好的消息。此外，中博传媒在韩国运营院线、俏佳人传媒在美国购买电影频道等，也都有利于中国电影海外渠道的拓展。

（三）营销的问题与解决对策

中国电影在国际市场的营销能力也亟须提高。一些在海外市场获得良好票房表现的电影，不仅是影片本身达到了一定的制作水准，其配套的营销推广方案也必定要与当地观众的需求准确对接，发挥推波助澜的作用。

〔案例精选〕

2002 年，米拉麦克斯发行张艺谋的《英雄》至今还被认为是海外营销的成功案例，他们为影片设计的海报中心是李连杰——北美观众熟知的武打明星；宣传语"一个人挑战一个帝国"，突出个体反对极权的"普适价值"；并请美国导演昆汀·塔伦蒂诺担任发行监制，因为昆汀对北美动作片市场的号召力要远远超过张艺谋。2013 年，韦恩斯坦公司发行王家卫的《一代宗师》，北美海报上的关键词是"功夫往事"——《美国往事》是人尽皆知的经典；"根据李小龙师傅的真实故事改编"——李小龙是美国人非常熟知的中国人之一；再醒目地打出"马丁·斯科塞斯力荐"。最终，《一代宗师》在美国首周末票房 245 万美元，位居全美历年外语片首周末票房第十名。《那山·那人·那狗》在日本发行时营销操作丰富而熟练，日本发行人着手搜集了有关这部电影的所有资料，连一个配角的生日也不放过。为了配合宣传，《旬报》专门印制了精美的小册子，而岩波影院还从原作者彭见明手中买下了六个短篇的版权，与《那山·那人·那狗》一起出版了一本日文版彭见明小说的合集。现在，这本书已经印刷了五次，每次印一万册。导演霍建起和编剧思芜又被请去参加东京电影节为影片上映造势，还参与了影片公映前的宣传。

中国不仅需要培养能够适应海外市场的国际电影营销人才，而且要把国际电影营销标准和惯例更多地介绍到国内。但是，有一个问题是，对于大量不以"走出去"为诉求的中低成本电影而言，进入国际市场的营销成本是制片方不愿承担的。有些影片可能具备一定的海外营销潜力，但是制片方对于海外市场缺乏足够的信心，可能就不愿意在影片配译、制作数字播放带与海外宣传品等方面过多投入，如此也就丧失了在海外市场试水的机会。因此，中国电影在海外市场营销还需要更多的国家政策扶持。目前，政府每年都会拨出不少于300万元的经费扶持中国电影走向海外市场，以制片人协会会员为主体的单位可以享受到免费印制英文拷贝、免费印制海报宣传品和租用展台等优惠待遇。如果想要更多地推动中低成本影片走进海外市场，扩大中华文化的海外影响力，还需要政府提供更多的专项资金资助优秀影片出口。

思考与研讨题

1. 世界电影中心从法国转至美国的主要原因是什么？
2. 美国电影大获成功背后有哪些决定因素？
3. 印度国内电影市场的繁荣对中国电影有何借鉴意义？
4. 中国电影进入国际市场存在哪些平台类型？
5. 中国电影进入国际市场存在哪些问题？可采取哪些对策？

第四章 国际图书出版市场

■ **本章要点**

1. 国际图书出版市场竞争格局
2. 国际图书出版业的未来趋势
3. 中国图书出版业"走出去"

第一节 国际图书出版市场发展概况

一、国际图书出版市场的发展历史及规模

19 世纪中叶，随着国际货物贸易的快速发展，图书进出口贸易也随之在欧洲开始形成，为 20 世纪典型的国际出版业奠定了基础。进入 20 世纪后，英、美、法等西方国家的出版业得到迅速发展，这些国家的出版商越来越重视从海外出版物的贸易中获取贸易利润。由于历史、地理、文化、政治、经济以及科技等诸多因素的综合作用与影响，世界上逐渐形成了以七种语言为主要出版语言的七大出版板块，这七种主要语言是：英语、法语、汉语、西班牙语、德语、俄语和阿拉伯语。由于英语这一语言在国际上被广泛使用，特别是很多国家都将英语作为官方语言之一，因此，英语无疑成为世界上最主要的出版语言，从而形成了世界上最重要的英语出版市场。据统计，20 世纪全球图书出版品种总量超过 300 万种，图书市场总值近千亿美元。全世界每年出版的图书品种有 86 万种，其中有1/4 的图书是用英语出版的。世界上十大图书出版集团占据了总销售额的 26%。2011 年，全世界图书出版业的销售额约为 1170 亿美元。无论从出版规模、市场规模，还是从出版技术发达程度来看，以美国为首的西方发达国家占据着出版大国、出版强国的位置。而其中，英、美两国的出版业尤为发达。

在世界出版历史进程中，平装书革命、超级连锁书店的产生、现代企业制度的创立、出版技术的腾飞以及出版国际化等事件对国际图书出版业产生了极其重大的影响。

20 世纪 30 年代后期到 50 年代的平装书革命，对世界出版业、战后西方阅读大众化

和消费化倾向具有绝对重要的意义，它在很大程度上塑造了我们今天所看到的出版业态。首先，它为出版商们创造出了前所未有的全球规模的阅读市场，它的低价策略把借阅图书的读者转变成图书的购买者，并首次把读者的购买行为改造为“冲动”购买。其次，它涉及的内容类别非常广泛，几乎所有类别的图书都可以以平装本的形式出版，其中包括大量的文学经典读物。

在20世纪的大多数时期，图书发行业在营销模式上并没有发生重大变化：“批发—零售”格局是历经多年稳定不变的图书发行模式。批发商和零售书店一直以来都是图书发行的主要渠道。直到20世纪80年代超级书店的出现和繁荣，才使这种状况得以改变。所谓超级书店，是指连锁书店中超大规模的分店甚至中心店或旗舰店。超级书店在满足日益扩大的阅读市场的同时，很大程度上也解决了图书零售网络覆盖不足、品种选择有限等图书零售业的难题。

20世纪的国际出版业依然以家庭作坊式的经营模式为主。到了20世纪40年代，随着科技的发展和发行手段的进步，一些出版公司开始有能力发行平装书；大量资金的流入使一些公司有机会扩大编辑和商业运营规模，这样到了60年代，图书产业发生了根本性的变化，一种全新的、与传统家庭作坊式出版不同的现代图书出版企业应运而生。其标志就是查尔斯·斯克里伯纳父子出版公司（Charles Scribner Sons）的出现。在21世纪，国际上主要的出版集团公司均采用现代出版企业制度。它们内部分工明确，大多采用股份合作制，具有成熟的市场营销理念，善于开拓不同文化背景的市场。

技术的变革始终是图书出版业的推动力。在技术的推动下，国际出版业不断前进发展。造纸术的发明为出版活动提供了相对廉价方便的载体，成就了出版的第一次大进步和大革命，并被人们沿用至今；印刷术的发明则使出版活动告别手抄时代，带来历史性的信息复制革命，使出版活动迎来第二次大发展。进入20世纪之后，科技的飞速发展更对出版业形成空前的甚至是颠覆性的影响和冲击，使出版从“铅与火”进入到“光与电”时代，这被认为是继活字印刷术后出版业最大的一次革命。20世纪60年代中期，将文字与图像存储在电磁软片上的电子出版物随着各种新型电子设备的发展而陆续出现，从此，出版业逐步跨入电子出版时代。2000年，美国畅销小说家斯蒂芬·金（Stephen King）的小说《骑弹飞行》（*Riding the Bullet*）的出版发行，使电子书（E-book）受到业界的普遍关注。在这次被称为“第三次浪潮”的图书业革命中，计算机信息技术的发展，使得出版数字化、网络化成为现实，大大提高了图书编辑、生产、校对、印刷、销售等环节的工作效率，同时也使读者能够获得新颖的多媒体阅读体验，增加了读者的阅读乐趣。

出版的国际化是图书出版业进入20世纪的重要特点之一。第二次世界大战以后，出版业的竞争越来越激烈，主要表现在两个方面：一是出版公司并购激烈；二是出版公司国际化。20世纪下半叶，西方国家的出版公司并购风潮涌动。这些大公司往往通过并购具有一定知名度的本国与外国出版公司，不断扩大自身的出版市场，并以此逐渐在国内外获得更多的经济利益，进而改变了其国内的出版市场格局。这些并购活动有三个特点：一是金额特别巨大，动辄几千万至几亿美元，有的甚至高达数十亿美元；二是参与并购的企业不仅有出版公司，还有大量的其他媒介公司；三是并购范围超越了国界。在21世纪，随着数字出版的兴起，出版集团越来越重视对出版类技术服务公司的并购，出版集团的并购策略出现了全媒体集团的趋势。[①]

二、国际图书出版市场竞争格局

国际图书出版市场同世界总体经济格局一样，也存在着地区发展不均衡的状态。近年来，从图书出版品种来看，欧洲居首位，占47%；亚洲次之，占25%；居第三位的是美洲，占17%；大洋洲占1%。从出版业生态结构来看，欧美出版发达国家的图书出版业呈哑铃形状：一端是出版集团和大型出版公司，它们是出版业的中坚力量和主力军；另一端是数量众多的小出版社，它们是出版多样化的原动力。而居中的中等规模出版社数量不多，并一直处于动荡状态，因为它们是大型出版集团并购的对象。这些国家的图书零售业也呈现同样的格局：一端是大型连锁书店，另一端是形态各异、数量繁多的小书店，中等规模的书店数量相对较少。[②]

从图书出版地区来看，2011年，欧洲图书市场占全球图书市场总值的30%，美洲占全球图书市场总值的24%，世界其他地区占全球图书市场总值的46%。[③] 在图书进出口方面，根据2000年联合国教科文组织公布的100多个国家和地区的图书进出口数据，世界上主要的图书出口国家和地区分别是美国、英国、德国、法国、意大利、西班牙、新加坡、比利时、荷兰以及中国香港和内地；主要的图书进口国家和地区分别是美国、加拿大、英国、法国、德国、瑞士、比利时、澳大利亚、奥地利、日本和中国。从世界范围来看，在出版产品对外贸易中，居于顺差地位的国家和地区主要集中在欧美，亚非拉的广大发展中国家多处于逆差地位。

三、图书出版具有二重性

1972年是联合国教科文组织规定的国际图书年。为此，图书促进委员会于1971年10月22日在布鲁塞尔制定并通过了《图书宪章》。宪章第六条对图书发行的作用作了清晰的阐述，指出："图书发行者在联结出版者和读者双方，在促使人们养成读书习惯的努力方面，起着十分重要的作用。为了将大量精心选择的图书送到读者手中，图书发行者同时肩负着文化和教育的责任。"联合国教科文组织1984～1988年中期计划的第三部分"服务于人类的传播"中，为促进图书出版及图书在各种社会的发展，制定了广泛的项目。这些项目特别注重帮助具有初等或中等文化程度的读者，同时也有益于图书的国际性传播。可见，图书与其他商品不同，除了具有经济属性，还具有文化属性。

(一)图书的文化属性

图书作为一种典型的文化产品，具有文化属性。图书是各种思想、信息、娱乐的源

---

①② 杨贵山：《国际出版业导论》，北京大学出版社2010年版。

③ Robert Hucker. *Book Publishing*. Key Note，2012.

泉，无论古代还是现代，无论国内还是国外，任何一个人都是从图书中开始对世界的认知的。同时，图书本身还体现了人类的文化选择、文化创造、文化传播和文化积累。人类创造了光辉灿烂的文化，并在对自然界的认识与改造中不断发现、发明和提高自身的科学技术水平，人类在社会科学和自然科学方面取得的优秀成果，都是靠图书将其记载、传播并留给后人的。图书在沉淀、传播、积累人类文明和文化方面功不可没。[①] 从古代传统的以竹、锦帛、毛皮等为载体的图书，到当代的纸质图书，再到日益增多的以电子终端为载体的电子图书，虽然随着历史与科技的发展，图书的形式不断变化，但作为一种文化载体，图书承载人类文明、进行文化传播的性质与作用永远不会改变。因而，我们说图书具有文化属性。

(二)图书的经济属性

在现代社会，贸易领域中的图书作为一种价值和使用价值相统一并可以进行交换的商品，具有经济属性。并且，与一般的商品相比较，图书最突出的特点在于它是一种文化商品。此外，从整个图书出版业来看，图书的经济属性还体现在图书出版业本身已发展成为一些国家或地区重要的产业形态，成为国民经济的重要组成部分。在过去，人们往往忽视图书的经济属性，而是过分强调它的文化属性，强调它的文化传播功能。在经济文化化和文化经济化的今天，我们应该重视图书的经济属性，认真研究图书的经济属性。开发图书的经济功能，对于更好地推进图书出版业的发展有着非常重要的现实意义。

四、图书市场渠道模式

从国际出版发行业总体上看，“出版社→批发商→零售商→读者”的模式是出版物发行的主要销售渠道。图书发行宜采用垂直的营销系统，该系统是由生产者、批发商和零售商组成的统一的整体，连锁经营、超级书店和出版社直销是垂直营销的三种具体模式。

(一)连锁经营模式

连锁经营模式有直营连锁和特许连锁两种主要连锁方式。一般来说，直营连锁便于统一地控制和管理，但需要较多的资金投入；特许连锁可以充分利用社会上的资金实现迅速扩张，但管理控制相对于直营连锁来说就比较松散。由于连锁经营较易增加连锁店的数量，所以便于统一经营管理，实现规模效益，提高竞争力。

(二)超级书店模式

从某种角度上讲，超级书店属支配式垂直的营销系统。但美国的超级书店多采用连锁模式。超级书店往往占据优越的地理位置，一般都具有相当的规模和良好的形象，同时还能在选题策划、促销宣传等方面给予出版社一定的支持，有利于规范出版与发行市场，提高图书的文化品位和社会效益。但由于城市容量的限制，一般在一座城市内不可能拥有多家

---

① 李新祥:《出版传播学》，浙江大学出版社 2007 年版，第 134 页。

超级书店，所以超级书店通常会在规模上取胜，在数量上则会有所限制。

（三）出版社直销模式

出版社直销属团体式的垂直营销系统。从营销总体布局看，出版社直销模式应处在补充地位。[①] 目前，随着网络信息技术的迅速发展，网上书店、书友会等无店铺营销方式已被越来越多的出版商、发行商采用。特别是网上书店，因为其不需要物理意义上的库存，没有库存成本压力，又不受国界的限制，因而在很多国家都被广泛采用。随着电子图书的普及，网上书店将会获得较大发展。

五、主要国际书展

国际书展是由中世纪欧洲地区的商业集市逐步发展而来的。近代国际书展起源于19世纪初叶德国莱比锡书展。当时书展的功能仅是书业界、书商、出版商与印刷商洽谈生意的地方，直到第二次世界大战结束之后才发展成为既可卖书又可以增进国际关系的场所。现在，国际书展已经成为出版业的一项重要活动，每年举办的有影响的国际书展就有几十个，在这些国际书展中，最有影响的当属法兰克福书展、伦敦书展和美国书展。[②]

国际书展对各国出版业发挥着至关重要的作用，它有利于各国书业同行交流信息，增进彼此的了解，学习对方的出版发行经验，促进各国文化的交流。此外，国际书展还为各国提供了图书贸易、版权交易、合作出版的有效直接平台，促进了国际图书出版业的发展。

（一）法兰克福书展

作为世界上最大的图书博览会，法兰克福书展向来有出版业的“奥运会”之美称，被认为是出版人朝圣的“麦加”，对世界图书出版事业具有极大的影响。法兰克福书展的历史可以追溯到中世纪，也就是古登堡在距法兰克福数公里之外的地方发明出金属活字印刷术的时候。法兰克福书展是由德国书商及出版商协会的子公司——法兰克福书展会展公司负责筹办的。该书展自1949年起每年举办一届，目前已有50多年的历史。自1988年开始，法兰克福书展每年选择一个国家作为主宾国。法兰克福书展每年吸引着来自世界100多个国家和地区的出版界人士16万多人参加，其盛大的规模（展厅面积达19万平方米）、丰富的展品和先进的服务设施堪称出版界活动之冠。根据会展方的统计，每届书展约有30万名参观者，其中约12万名出版界人士是为寻求合作机遇而来的。法兰克福书展于每年10月的第一个星期三至第二个星期一在德国法兰克福举行，为期6天，其展览的宗旨是：允许世界上任何出版公司展出任何图书。参展者的主要活动是洽谈版权贸易、展示图书等。

---

① 张志林、包蕴慧：《从国际经验看我国图书发行渠道整合的路径选择》，《出版发行研究》2007年第9期。

② 杨贵山：《国际出版业导论》，北京大学出版社2010年版，第205页。

(二)美国书展

美国书展被誉为全球最大的英文书籍展示活动,是全美最大的年度书展,其前身是1947年创办的美国书商协会会议与贸易展销会,即ABA书展,1996年更名为美国书展,每年于5月至6月召开,地点不定,为期4天。该书展原本仅是针对全美书商设立的一项采购性书展,后发展为所有英语国家共同参与的书展,进而演变为具有版权洽购及图书订购双重功能的书展。每年来自世界80多个国家和地区的出版界业内人士云集于美国书展,进行业务交流与合作。该书展为各国参展商们提供了进入国际出版市场的机会。

(三)伦敦国际书展

伦敦国际书展是世界著名的图书博览会之一,于1971年由英国工业与贸易博览会公司创办,是每年欧洲春季最重要的出版界盛会。伦敦国际书展属于版权型博览会,是各国出版商进行版权洽谈的重要活动场所。参加展览的人员以业内人士为主,资深人士主持的专题讲座、多种学术交流活动、最新论题的研讨会等更强化了其专业氛围。伦敦书展于每年3月举行,为期3天,它不仅展出各种类型的图书,还为图书经销商、版权商、出版商和印刷商提供了一个完美的贸易和信息交换平台,是西欧各国出版商进行版权交易的重要活动场所。①

六、国际图书出版业SWOT分析

(一)国际图书出版业的优势

1. 书籍是人类文明传承的载体,世界各国都有相对稳定的庞大人群进行图书消费。

2. 图书业根据不同的标准具有不同的分类,图书的内容丰富多彩,读者可以根据各自的兴趣和爱好选择不同的图书种类和内容进行阅读。

3. 世界主要出版语言——英语、法语、汉语、西班牙语、德语、俄语和阿拉伯语,都具有固定的读者群体,图书生产和进出口贸易规模相对稳定。

4. 图书具有实体店和网络书店等多种销售渠道和阅读渠道,读者可以非常便利地获得自己需要阅读的图书。

5. 图书具有礼品功能,在世界上很多国家,作为一种传统,消费者会在特定的节日或假期购买图书作为礼物送给亲朋好友,这在一定程度上促进了图书的季节性销售。

(二)国际图书出版业的劣势

1. 随着数字技术的不断发展,电子图书和在线阅读等大大普及,这使得纸质图书销量日益下降。特别是在未来,年轻的一代更愿意接受电子阅读这种模式,纸质图书销售

① 杨贵山:《国际出版业导论》,北京大学出版社2010年版,第207～210页。

下降的趋势将会更加明显。

2. 受到近年来经济危机以及未来经济预期不确定性的影响，很多国家的读者群减少了图书购买的行为，特别是削减了非必要图书的购买。

3. 网络销售商和超市大多进行打折销售，一些中小型书店的生存面临严峻的挑战。

4. 超市等一些图书销售商更愿意推荐促销那些本身已经具有较大销量的畅销图书，而一些优秀的销量小的图书却变得更加不为人知。

（三）国际图书出版业面临的机遇

1. 图书承载的文化内容，容易被改编成电影或电视剧等文化产品形式，随着电影、电视剧的热播，有利于该原始图书的畅销。

2. 全世界范围内，家长日益重视孩子的教育，因此，相对于其他种类的图书，儿童类读物、教学和学术图书的销售需求稳步增长。

3. 数字技术的发展使图书出版与发行的效率不断提高，图书生产和销售成本大大降低。

4. 很多国家的电视台和电台都设有专门的读书频道或读书栏目，媒体的宣传能够让读者及时获知最新出版的优秀图书。

5. 各国政府重视图书出版业的发展，在政策和资金等方面都给予本国图书出版业一定的发展支持。

（四）国际图书出版业面临的威胁

1. 电子图书对于传统图书业的发展已经构成巨大的威胁，电子图书的销售使得传统纸质图书的销售量大幅度下降。

2. 以亚马逊为代表的新兴网络书商对传统的图书销售渠道环节产生了重要的影响，特别是图书销售的中盘环节未来面临严峻的挑战。

3. 全球范围内新一轮的大学学费增长，某种程度上抑制了学生对学术类图书的购买消费，学生转而习惯于在网上获得免费的最新学术信息。

4. 经济危机使得多国政府缩减了对于图书馆、科研机构等的财政采购预算，一些专业领域、学术领域的图书销售形势不容乐观。

5. 大学和科研机构的图书馆越来越愿意采购数字形式的图书，以供读者在线阅读，这使得传统纸质图书的销量进一步下降。

6. 各国读者的休闲时间更多花费在网络或电视等其他媒体上，图书阅读时间的不断下降，使得传统图书出版业面临更加严峻的挑战。

七、国际图书出版业未来趋势

（一）传统的纸质图书出版业放慢发展脚步

2008 年以来，国际金融危机笼罩全球，传统的纸质图书出版业受到整体经济走势的影响，销量下滑，图书出版单位面临融资困难、裁员节流等严峻形势。受经济危机的影响，各国物价持续上涨，消费者对于图书的消费意愿和消费能力降低。经济发展的放缓以及未来经济预期的不确定性，使各国政府开始压缩对公共图书馆、大学图书馆、科研机构等的公共预算，很多中小型出版企业不得不结束营业，大型跨国出版传媒集团也不得不在人员、物流、活动等方面最大限度地节约成本。在未来一段时期，经济危机的影响还将持续存在，传统的纸质图书出版业发展受到诸多负面影响，发展速度将持续放缓。

(二)网络给图书业带来机遇与挑战

虽然各国的统计数据都表明，国民用于读书的时间越来越少，但也有另外一个现象值得各国图书出版业关注。有学者提出，关于阅读时间的减少只是指分配在传统纸质出版物上的阅读时间减少，而各国国民在线阅读、阅读电子书等数字阅读的时间在不断增长。网络的发展为数字阅读带来了机遇，未来基于网络的数字阅读方式将会改变读者的传统阅读习惯，更多的读者将会进行在线阅读。

数字技术使当前的图书出版业正在进入一个崭新的“全媒体时代”。出版载体的数字化为其他行业进入出版产业提供了一个难得的空间和契机，这将吸引大量的社会资本迅速参与到出版领域中来。特别是拥有高新技术的新兴信息科技公司以及电视台、网站、电影制作机构等，它们之间将会进一步并购或开展全媒体的战略性合作。

〔背景延伸〕

2006年，克里斯·安德森(Chris Anderson)撰写了《长尾理论》(*The Long Tail*)一书。在这本书中，他认为目前图书出版市场和以音乐、电影为主的娱乐市场已经进入长尾时代。在图书销售方面，一家大型书店通常可摆放10万本书，但亚马逊网络书店的图书销售额中，有1/4来自排名10万以后的书籍。这就意味着，那些不在一般书店里出售的图书要比那些摆在书店书架上的图书形成的市场更大。这为一些名不见经传的作者以及他们的图书作品带来了福音。同时，销售商对于一些小众的图书也更加愿意投入时间和精力进行销售，这使得读者具有更为广泛的阅读选择空间。网络销售和数字出版模式使得小众图书和绝版图书的生命力更加长久。此外，由于按需出版已经成为现实，任何人都可以通过电子技术将自己的文章、书籍印刷出来，图书出版已经变得更加简单，出版和库存成本将大大降低。未来越来越多的作者和出版商会选择按需出版这种出版方式。

(三)保护作者的知识产权成为严峻的问题

侵权盗版问题依然是数字出版业发展进程中最大的制约因素。数字技术为出版发行带来便利的同时，也对作者的知识产权保护提出了严峻的挑战。各国都面临着盗版这一严峻的问题。当前，以美国为代表的出版业发达国家普遍采用数字版权管理(Digital Rights Management，DRM)这一方法来保护作者的知识产权，它是通过标示数据文件来识别用户身份，控制文件的获取和使用，从而有效保护作者的作品在数字环境下不被盗版侵权。

然而，数字化的易复制性、黑客技术、蓄意盗版牟利等行为还是使知识产权保护受到了挑战。特别是在一些发展中国家和经济不发达国家，作者的数字版权由于没有相关的法律进行保护，或者保护技术落后、保护意识欠缺等原因，在市场利益的驱使下，盗版现象极其严重。这在很大程度上制约了作者数字作品的创作和开发。从长远来讲，全球出版数字化环境下的知识产权保护将是一个严峻的问题。

(四)电子书市场销售增长，与实物图书销售并存

从20世纪90年代Rocket Book和Soft Book电子阅读器出现后，电子书市场发展迅猛。特别是2007年11月上市的亚马逊Kindle电子阅读器，更为国际电子书市场带来了发展的契机。目前，开发研制电子阅览器的企业数量逐渐增多，产品的种类也日益丰富，市场竞争越来越激烈。虽然电子图书的销量占各国图书销售总额的比例并不大，但从未来发展趋势看，各国的出版商都非常重视这一市场。电子图书相比纸质图书来说，更加环保，信息量更大，生产和销售的成本更低，更便于携带。电子图书已经成为未来图书出版业发展的重要趋势之一。

从目前的发展情况看，美国是电子书市场成长最快的国家，而亚洲则是电子书发展的关键市场。目前，电子书的使用者已经扩大到以中青年为主要对象的各个年龄层。专家分析，未来出版商一半的销售收入可能会来自电子书，但是由于当前人们的阅读习惯以及电子书格式标准等问题，电子书仍不可能完全取代传统书籍，二者将会长期并存。

第二节　国际主要图书出版市场比较分析

一、美国图书出版市场

(一)美国图书出版市场概况

美国出版业起源于19世纪早期，最初是以家庭为单位的个体经营，第二次世界大战结束后大量平装本的引入使美国出版业迅速繁荣起来。从20世纪50年代开始，美国出版业经历了飞跃式发展。尤其是在20世纪八九十年代，随着大型出版集团的崛起和外资的大量涌入，美国出版业增添了强劲的发展动力。从20世纪80年代开始，德国、荷兰、法国、加拿大、英国和澳大利亚的主要出版公司都陆续投资美国市场。在美国，政府主要通过法律手段调控出版业发展。美国对出版单位的创办实行登记制，管理相对松散。

美国不仅是全球印刷业十分发达的国家之一，其图书出版业在全球也名列前茅。虽然近年来受到网络技术、数字技术的冲击和影响不小，但美国的图书出版业依然坚挺。美国是全球图书销售金额最大的出版国家，每年新出版图书都在20万种以上。目前，美

国拥有出版机构约 8.7 万家，但最主要的出版机构只有 6 家，它们是兰登书屋、企鹅集团、西蒙与舒斯特、阿歇特图书集团、哈泼·柯林斯和麦克米伦。中型出版机构有 300～400 家，小型出版机构超过 8.6 万家。其中有九成的出版社属于小型图书出版业者，每年出版图书仅在 10 本以内。规模位居前 50 名的出版机构收入总和占整个美国出版行业总收入的 80%左右。新增图书出版业者大多数是以小规模企业形态为主。

(二)美国图书的销售渠道

美国图书的销售渠道主要有以下五种：

1. 传统书店销售渠道

传统销售渠道力量雄厚，历史较悠久。最初它们仅仅是一些零散的小书店，随着连锁书店图书销售量的提高，这些零散的小书店为了与之抗衡，就联合形成了"美国书商协会"。这个组织的主要作用是代表会员书店争取法规等支持，并为会员提供一些相关的服务。该组织有力地保护了各会员书店的利益，提高了它们的市场竞争力，是美国图书业的中坚力量。

2. 连锁书店销售渠道

在美国，连锁书店大而多，且覆盖面广。尽管它们起步较晚，但发展速度快，图书销量较大，现已成为美国书业界中的生力军。巴诺书店是较著名的连锁书店之一，其连锁店达 550 家，还有 400 家大学教材书店，每年销售码洋达 50 亿美元。连锁书店实力雄厚，已和美国书商协会一起成为美国书业界的两大巨头。

3. 超市书柜销售渠道

在美国，人们对待图书像对待普通商品一样，图书是商场中众多商品的一种。在美国的大型超市里一般都设有图书专柜，人们在超市购买其他物品的时候，可以顺便购买喜欢的图书，超市图书商品的销售量呈逐渐增长势头。

4. 学校书店销售渠道

学校书店一般设在学校周边，专业性、学术性很强，主要以学校的学生和老师为主要销售对象。

5. 网上书店销售渠道

随着互联网技术的快速发展以及人们网购消费习惯的形成，网上书店随着社会进步应运而生，越来越多的读者喜欢采用这种省时省力的图书购买方式。同时，书商也非常重视这种便捷的图书发行方式，网上书店的图书销售量不断攀升。

(三)美国图书市场的划分

美国图书市场复杂而有序，根据市场需求及图书品种，大体可以划分为四大块：[①]

---

① 龙晓君：《我看美国图书营销》，《出版科学》2001 年第 5 期。

1. 一般图书市场，包括小说、生活用书，即我们所说的一般读物。这类图书市场很广，销量很大，供应给零售商的折扣为40%～50%。

2. 专业图书市场，主要指专业性很强的书，像航空航天、地理、矿产等。此类图书供应给零售商的折扣一般为33%左右。

3. 短版书，主要指为大学、科研单位、图书馆出版的图书。供应给零售商的折扣通常为20%左右。

4. 旧书市场。美国的旧书市场非常活跃，它以其优越的折扣吸引了广大读者。

（四）图书进出口额

出口方面，美国是全球最大的图书出口国，根据《出版者周刊》的报道，2010年前6个月，美国图书出口额较2009年同期下滑0.9%，为9.11亿美元。其中，图书出口额涨幅最大的是墨西哥，涨幅为20.6% ，其主要需求为专业图书。加拿大是美国最大的图书出口市场，出口额同比增长2.7%。英国是美国图书出口的第二大海外市场，图书出口额下降最明显，同比下降11.0%，主要需求为专业和宗教类图书。

进口方面，2010年上半年，美国图书进口额增长7%，为8.43亿美元。中国是美国2010年上半年的第一大图书进口国，进口额为3.43亿美元，同比增长16.4%，主要进口的是制造类图书。英国是美国第二大图书进口国，2010年上半年的进口额为1.12亿美元，同比增长19.3%。美国第三大图书进口国是加拿大，其2010年上半年的进口额为1.05亿美元，同比下降11.9%。

（五）数字印刷与按需出版日益盛行

美国Bowker公司公布的统计数据显示，从生产方式来看，2010年美国采用传统印刷方式生产的图书种类比2009年增长了5%，达到316480种；采用数字印刷方式生产的图书种类比2009年增长了169%，达到2776260种。这些采用数字印刷方式生产的图书几乎全部在网络上销售，通常由一些再版公司和个人出版机构按需出版。

2008年，采用数字印刷方式生产的图书种类首次超过了采用传统印刷方式生产的图书。自那以后，数字印刷方式便在美国出版市场获得广泛应用。目前，采用数字印刷方式生产的图书种类几乎是采用传统印刷方式生产的图书种类的8倍。

在竞争激烈的图书出版市场中，单一的出版方式已经不再具有优势，传统出版社出书供读者在市场上选购也不是出版社唯一的出路。随着阅读碎片化、专业化日益成为一种趋势，按需出版更符合阅读发展形势，对于出版社本身减少出版风险、提升品牌效应、赢得更多读者起到重要的作用。

（六）电子书发展迅速

随着电子书和相关应用程序的日益普及，2010年电子书销售额在美国出版业销售总额中所占的比例已从2008年的0.6%增至6.4 %，达到1.14亿美元。美国《出版者周刊》统计的数据显示，2011 年，美国有 76%的出版机构生产电子书；20%的出版机构在电子书方面的收入占到总收入的 10%以上；同时，87%的出版机构除了印刷图书之外，正在或计划生产电子书；10%的出版社正以电子书取代印刷图书。

亚马逊公司在美国电子书销售市场占有领导者地位，大约有 70%多的美国消费者使用亚马逊网上书店购买电子书。截至 2011 年第二季度末，亚马逊网上书店销售总收入增长 51%，已经达到 99.1 亿美元。亚马逊网上书店可以提供超过 95 万种使用 Kindle 浏览器阅读的电子图书，其中有 80 多万种电子书售价为 9.99 美元或者更为便宜，亚马逊网上书店提供的电子书多为畅销书。

〔背景延伸〕

亚马逊公司的成功经营对于中国的图书出版以及图书销售企业具有很大的启示作用。亚马逊公司充分开发和利用互联网技术的优势，规避空间障碍，使可销售的图书数量远远超过了实际书店可以摆放的图书数量，大大满足了不同消费者的消费需求。在亚马逊的图书网站上，消费者不仅可以找到当今最流行的畅销书，同时还可以购买到多年前出版的某一小众书籍。此外，亚马逊公司还非常注重公司网站页面的友好设计。亚马逊公司认为只有让消费者在购物中体验到乐趣，消费者才会继续光顾。所以，亚马逊公司在网站页面的设计上，非常注重用户的使用体验，消费者在网站上可以充分和公司互动，在公司的页面指引下选择产品和服务以及对公司提出具体要求。

在亚马逊公司的成功之道中，尊重客户需求无疑占据了非常重要的地位。亚马逊公司非常重视客户反馈系统的开发，公司利用电子邮件、用户调查表、网站论坛等多种方式为客户提供售后服务，通过倾听消费者的声音来不断完善升级自己的服务。客户反馈系统的开发不但是一种售后服务活动，它更为亚马逊公司进行市场预测以及制定未来的发展战略提供了精准的一手资料。与传统的图书销售商不同，亚马逊公司非常注重技术的创新。传统的图书销售商重视的是场地，而亚马逊公司认为网络销售图书最为重要的是技术以及技术的不断创新。在传统的书店中，最多的员工是书店的销售店员，而在亚马逊公司中，最多的员工却是软件工程师。2005 年 11 月，亚马逊推出了名为 Amazon Page 的新型数字图书服务。通过这项新服务，消费者既可选择取得对某本书全部内容的在线访问阅读，也可选择仅仅购买其中的部分章节或特定片段的页面。也就是说，消费者为了阅读图书的某一段，再也不必像以往一样必须购买下整本书籍。这样大大降低了消费者的费用，同时也大大吸引了更多的消费者来光顾亚马逊网上书店。

二、英国图书出版市场

(一)英国图书出版市场概况

英国现代出版业开始于 15 世纪。1476 年，印刷出版业的奠基人威廉·卡克斯顿在科隆学习印刷术之后返回英国，并在伦敦西敏斯特创办了英国第一家活字印刷厂，从而开创了英国现代印刷出版业。1534 年，剑桥大学出版社成立；1586 年，牛津大学出版社创办。这两家大学出版社奠定了英国现代印刷出版业的基础。16 世纪末到 17 世纪初，被称为英国现代出版业之父的雅各布·汤逊和伯纳德·林托特在伦敦分别创建了自己的出版社。世界文豪、英国诗人威廉·莎士比亚的不少诗歌和剧作就是在这个时期出版的。

进入 18 世纪后，世界上第一部版权法——英国《版权法》的颁布进一步推动了印刷出版业的发展。在这个时期，各种类型的出版社相继出现。例如，以出版英语教科书和语言工具书为主的朗曼·格林出版社，当今英国最大的出版社——英国皇家出版局，目前英国最大的连锁书店——W. H. 史密斯图书公司等，它们的成立，进一步为英国图书印刷、出版、发行奠定了坚实的基础。18 世纪末到 19 世纪初的产业革命大大促进了英国科技、文化、经济和出版业的发展。英国书商协会（1895 年）和英国出版商协会（1896 年）的相继成立，以及这两个协会于 1900 年签订的《实价书协议》，开创了英国图书出版与发行业的新纪元。进入 20 世纪，出版业已经成为英国的一个重要产业部门。轰动世界的英国平装书革命就是在这个时期兴起的。自 20 世纪 50 年代以来，以英国大型出版集团之一的培格曼出版公司为代表的一大批现代出版社的出现，为繁荣英国现代出版业发挥了巨大作用。①

英国图书市场中所销售的图书大致分为三类：大众图书、学术与专业图书、教育与培训图书。同世界其他国家一样，英国受世界金融危机的影响，经济发展速度放缓，加之受电子图书的冲击，英国消费者也减少了对纸质图书特别是非必需的纸质图书的消费，纸质图书销售额逐年下滑（见图 4－1）。根据英国出版商协会（The Publishers Association）的统计，2011 年英国出版业总销售额为 141.2 亿英镑，其中以最终销售价格计算的

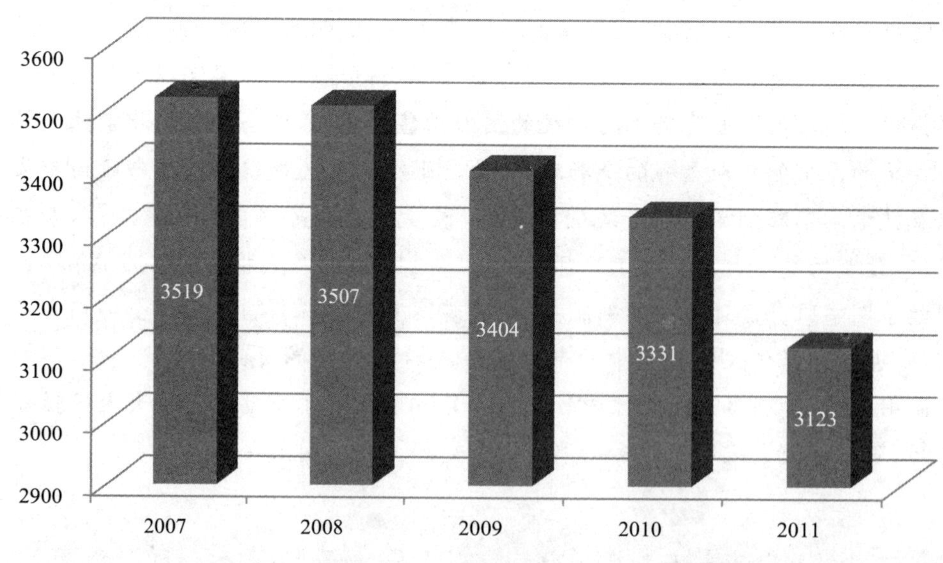

图 4－1　2007～2011 年英国纸质图书市场销售额（单位：百万英镑）

（资料来源：2011 年英国出版商协会统计年鉴）

① 杨贵山：《国际出版业导论》，北京大学出版社 2010 年版，第 106 页。

图书销售额为 31.2 亿英镑，占整个出版行业的 22.1%(见图 4—2)。图书销售中主要的部分为大众图书，学术和专业类书籍的销售近年来有所下滑。然而，教育与培训类图书的销售量保持稳定，并且 2009～2011 年间还保持了小幅上升。这可能与家长们越来越重视孩子的教育以及英语学习和培训行业日益升温有关。

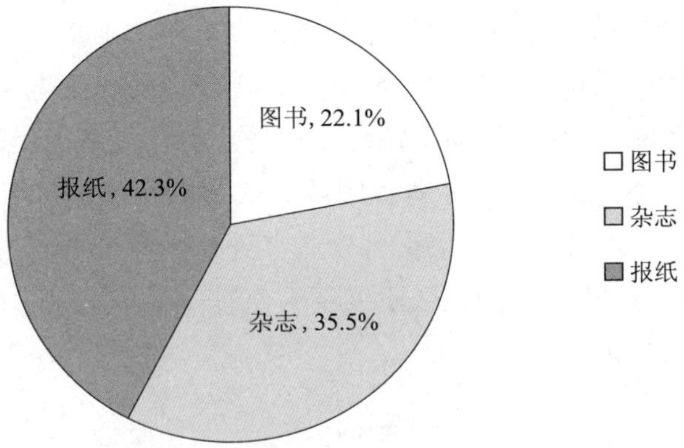

图 4—2　2011 年英国出版业市场份额

(资料来源：2011 年英国出版商协会统计年鉴)

(二)英语语言教学读物

在当今世界，英语已经成为各个国家商贸交易、科学、技术和文化交流活动最主要的语言。根据英国文化委员会的报告，英语是 75 个国家的官方或半官方语言，同时在其他 20 多个国家中占据着重要位置；在互联网上，75%的邮件和 80%的电子存储信息使用的是英语。这样，在全球范围内英语学习的需求也不可避免地得到了增长。据统计，目前全球 ELT(英语语言教学读物)的市场总值约为 150 亿英镑，每年的读者数量约为 7.5 亿人，ELT 成为全球教育市场增长最快的一个领域。

从 20 世纪 90 年代开始，ELT 市场最大的变化在于垄断趋势出现并不断加强。目前，培生教育出版公司、兰登书屋、剑桥大学出版社、牛津大学出版社、汤姆森集团、麦克米伦出版公司、麦克劳·希尔出版公司等九家出版机构是英语语言教学读物市场最具实力、最有影响力的公司。其中，培生教育出版公司通过 20 世纪 90 年代中期的几起重大并购活动确立了自己的领头羊地位。目前该公司在美国、拉美和亚洲市场均保持领先地位。牛津大学出版社是全球 ELT 市场的第二强社。由于欧洲主要是一个英式英语主导的市场，所以牛津大学出版社一直在欧洲市场保持领先地位。

作为世界第三大 ELT 出版商的麦克米伦出版公司，一直在不同国家和地区开发 ELT 产业。这些国家和地区有墨西哥、巴西、南非、日本、阿联酋和东欧。收购海纳曼 ELT 出版公司之后，新组建的麦克米伦·海纳曼 ELT 出版公司得以将分散在不同地区的力量组合起来，形成一股巨大的势力。剑桥大学出版社一直在稳步发展自己的 ELT 产业，继《新剑桥英语课程》获得巨大成功之后，出版社又在中小学教科书出版领域进行了大力的拓展。现在,培生教育出版公司、牛津大学出版社、麦克米伦·海纳曼 ELT 出版公司和剑桥大学出版社构成了控制全球 ELT 市场的四大巨头。[①]

(三)电子书市场

随着亚马逊公司推出的 Kindle 阅读器 2008 年在英国上市,英国的电子书市场近年来发展迅速,很多电子书公司都在致力于占领英国市场。特别是苹果公司相继在英国推出了 iPod、iPhone、iPad Touch 等电子设备,进一步丰富了英国的电子阅读市场。越来越多的电子书正在逐渐瓜分着传统纸质书的潜在市场。特别是英国年轻的一代,他们更习惯于电子阅读、在线搜索、在线购买等消费阅读方式。电子书的读者可以通过互联网很便利地购买和获得电子书,多本电子书籍可以储存到一个电子书阅读器中;在价格方面,部分电子书的价格比同期出版的同种纸质书更为便宜。由于电子书的日益普及,传统纸质书市场受到了很大的冲击。

(四)图书进出口

在图书进出口方面,2011 年英国图书出口额达到 17.4 亿英镑,相对于 2010 年来说,增长了 3.3%。在众多出口图书中,儿童画册、美术绘画书、地图类图书、地理类图书、旅游向导手册、字典词典、英语教育、百科全书等出口数量较大,这些图书更受世界各国的读者欢迎。从出口的地区来看,51.1%的图书被出口到欧洲其他国家和地区,21.1%的图书被出口到亚洲和大洋洲,15.2%的图书被出口到美国市场,其余的 12.5%被出口到中东和非洲等地区(见图 4—3)。可见,由于文化需求相近、地理优势等原因,英国图书出口的主要地区还是欧洲其他国家和地区。在进口方面,据统计,2011 年英国从世界各地共进口 3.2 亿英镑的图书,其中主要是一些学术和专业性较强的图书。

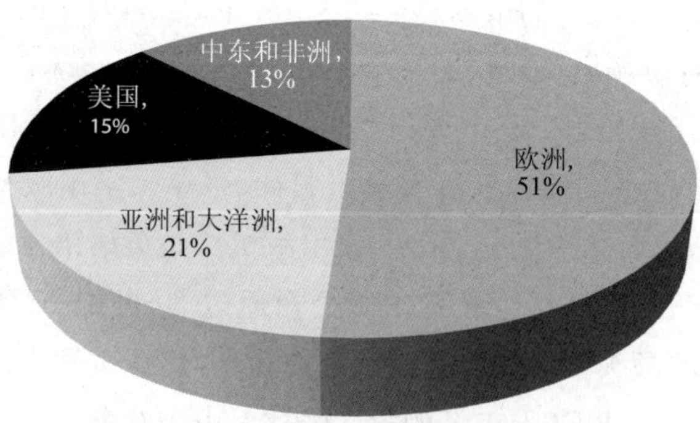

图 4—3 2011 年英国图书出口区域图

(资料来源:2011 年英国出版商协会统计年鉴)

① 杨贵山:《国际出版业导论》,北京大学出版社 2010 年版,第 109 页。

三、德国图书出版市场

(一)德国图书出版市场概况

德国是世界上出版图书较多的国家之一,出版业在德国文化产业中占据重要地位。15 世纪中叶,德国人谷登堡发明铅活字印刷,掀起了一场出版业革命,使德国很早就成为欧洲出版和印刷中心。在德国的出版业宏观管理体系中,政府控制和行业协会颇具权威性是两大特色。虽然整个行政管理体系比较分散,但德国政府对于出版行业的行政管理力度却比较强,管辖范围也比较大。德国出版行业协会的权威性是绝无仅有的,即使是政府的相关行政干预措施和立法程序也往往在很大程度上受到协会决策的影响。[①] 尽管经历了金融危机和经济危机,但德国图书市场依然发展稳定。2006 年德国的图书市场总额为 72.365 亿美元,2007 年为 80.746 亿美元,2008 年增加到 85.766 亿美元。在金融危机和经济危机之后,受到经济不景气的影响,2009 年德国图书市场总额下降到 75.571 亿美元,2010 年又增加到 78.66 亿美元,2011 年更是达到 82.602 亿美元。德国图书市场已经逐渐恢复到金融危机和经济危机之前的图书市场状态(见表 4—1 和图 4—4)。

表 4—1　2006～2011 年德国图书市场总额　　(单位:百万美元)

	2006 年	2007 年	2008 年	2009 年	2010 年	2011 年
市场总额	7236.5	8074.6	8576.6	7557.1	7866.0	8260.2

(资料来源:Euromonitor 研究机构)

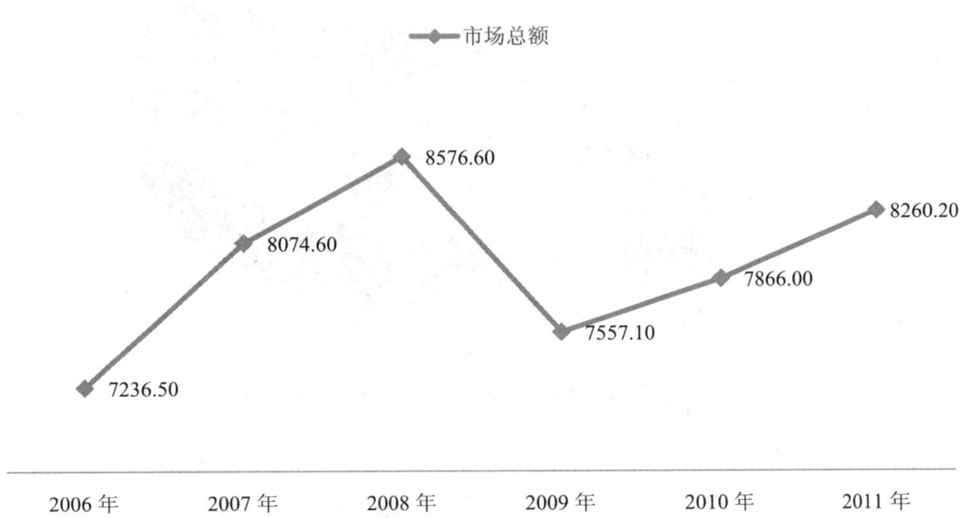

图 4—4　2006～2011 年德国图书市场总额趋势　　(单位:百万美元)

(资料来源:Euromonitor 研究机构)

---

① 杨贵山:《国际出版业导论》,北京大学出版社 2010 年版,第 45 页。

2006 年德国共有图书出版从业公司 2847 家，2007 年为 2840 家，2008 年为 2791 家，2009 年为 2764 家，2010 年为 2782 家，2011 年为 2788 家。在德国，250 人以上的大型图书出版企业在 2006 年为 22 家，2007～2011 年间该数字一直保持在 21 家。数人或数十人的中小型图书出版企业占据德国图书出版公司结构的绝大多数比例（见表 4－2）。在德国有 5 家大型的图书出版集团，它们是贝塔斯曼直接集团、兰登书屋出版集团、霍尔茨布林克出版集团、世界图像出版集团和克莱特出版集团，这 5 家图书出版集团占据德国大约 60％的图书出版市场份额（见图 4－5）。

表 4－2　2006～2011 年德国图书出版企业情况　（单位：家）

	2006 年	2007 年	2008 年	2009 年	2010 年	2011 年
总企业数	2847.0	2840.0	2791.0	2764.0	2782.0	2788.0
1～9 人企业	2468.0	2462.0	2420.0	2397.0	2419.0	2425.0
10～19 人企业	223.0	223.0	219.0	217.0	215.0	215.0
20～49 人企业	87.0	87.0	85.0	84.0	83.0	83.0
50～249 人企业	47.0	47.0	46.0	45.0	44.0	44.0
250 人以上企业	22.0	21.0	21.0	21.0	21.0	21.0

（资料来源：Euromonitor 研究机构）

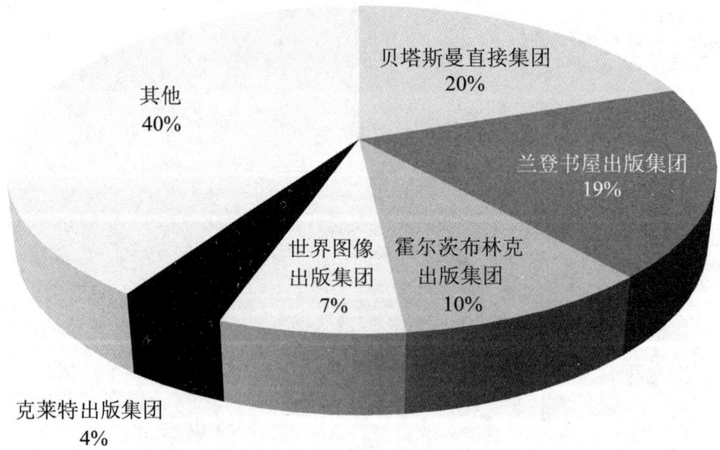

图 4－5　德国主要出版公司市场份额

（资料来源：Euromonitor 研究机构）

图书出版业是德国重要的传统行业，相对于其他欧洲国家，德国从事图书出版业的人员较多。2006 年，德国从事图书出版业的人数为 39097 人，2007 年从业人数为 39138 人，2008 年为 38928 人，2009 年为 38580 人，2010 年为 38805 人，2011 年为 38835 人。

（二）电子书市场

2009年，德国首次统计电子书出版概况。有关数据公布以后，德国大众媒体认为，与美国、英国、法国以及其他欧洲国家相比，德国电子书市场的发展还处在初级阶段。2010年，大约有200万电子书被54万德国消费者购买，这些电子书价值约为2120万欧元，占德国图书消费市场的0.5%。在德国，7%的图书增值税率并不适用于电子书，电子书被认为是一种服务的提供，其增值税率为19%。据统计，德国有35%的出版社现在都提供电子书业务，40%的新版图书在纸质印刷版本图书发行的同时也发行电子书。几家大型的出版集团还提供电子书的直接网站下载服务。

（三）图书进出口

2008年，德国图书进口额为6亿欧元，出口额为12.9亿欧元。德国的书刊进出口对象国以德语区国家以及英国、美国、中国等大国为主。近年来，由于欧盟东扩，波兰、捷克、俄罗斯等中东欧国家也成为德国重要的书刊进出口对象国。在版权输出方面，2008～2009年，德国输出版权数量以每年17%的速度缩减，2008年输出版权由9225项减少至7605项，2009年数量继续减少，为6278项。排名前面的德国版权输出对象国主要有波兰、捷克、俄罗斯、乌克兰等中东欧国家，荷兰、法国、意大利等德语区国家，中国、韩国等亚洲国家。波兰自2007年起连续三年排名第一，中国、捷克2008年和2009年连续两年分列第二位、第三位。①

四、日本图书出版市场

（一）日本图书出版市场概况

日本是世界上重要的图书市场之一。早在1993年，日本的图书出版总量就在全球排名第二，仅次于美国。不过，它的人均售书量仅排名第九，位于德国、奥地利、丹麦、挪威、美国、西班牙、瑞典、瑞士之后。自1950年以来，日本的出版态势总体上处于上升之中，每年出版的新书品种约为6.3万种，印刷总量为15亿册；每年新出期刊300余种，印刷总量约为51亿册。从20世纪90年代末期开始，日本出版业逐渐走了"下坡路"。《出版大崩溃》的作者小林一博曾指出，由于出版销售额连年减少和退货的不断膨胀，日本每年有上千家的书店和出版社破产倒闭。2001年日本图书销售总额退回到9年前的水准，为9456亿日元。②

到了20世纪90年代中期，虽然日本已经进入世界出版强国之列，但却从此转入饱和期。伴随日本经济泡沫的破灭，出版产业首次进入负增长时代，并一退再退，连续六年下跌，直到2004年才触底反弹，但很快又进入连续下跌状态。

---

① 郝振省：《国际出版业发展报告2010版》，中国书籍出版社2012年版。

② 杨贵山：《国际出版业导论》，北京大学出版社2010年版，第128页。

在日本图书进出口的产品结构中，日本出口图书多数是漫画类书籍，进口的绝大多数是教育和专业出版物。日本出版产业的过分娱乐化，使其大众娱乐出版极度发达，却把专业图书市场和高教图书市场拱手让给了国外出版社。这两个市场在很大程度上都依赖图书进口，而没有着力培育国内的专业出版社和教育出版社，所以，日本的专业出版和高教出版力量十分薄弱。根据日本财务省关税局各年度的《日本贸易统计》，排在日本图书对外出口第一位的国家主要是美国。但近年来日本对美国的出口额锐减，对欧洲各国的出口额也呈下降趋势，不过对近邻中国和韩国的图书出口有所增加。

持续了近半个世纪高速发展的日本出版产业之所以在近年来陷入连续的倒退，其原因是复杂的。首先，日本经济的泡沫危机以及世界经济的不景气是日本图书出版乃至图书贸易衰退的主要原因。其次，日本出版产业长期以来自身发展的各种问题也造成了近年来日本图书出版的衰退。此外，传统的电视媒体以及近年来兴起的网络和手机等媒体也给日本出版业带来了很大冲击。由于英语为世界主要通用语言，近年来，英美文化也成为世界强势文化，日本文化以及日语使用范围上的限制也使得日本图书的进出口贸易受到很大影响。

在图书业持续低迷的情况之下，日本政府也通过多种渠道培养国民的阅读习惯，鼓励国民增加阅读书籍的时间，并大力发展数字出版技术等，推动图书出版业的进一步发展。日本将 2010 年定为“国民读书年”，举办向国民赠送图书、论坛等活动，以振兴读书和铅字文化。近年来，日本图书出版出现了回暖的迹象。据统计，2006～2011 年间，日本图书出版市场的规模逐年扩大，总额逐年递增(见表 4—3 和图 4—6)。

表 4—3　2006～2011 年间日本图书出版市场　(单位：百万美元)

	2006 年	2007 年	2008 年	2009 年	2010 年	2011 年
市场总额	9256.6	9222.3	10353.5	10720.1	11301.5	12627.8

(资料来源：Euromonitor 研究机构)

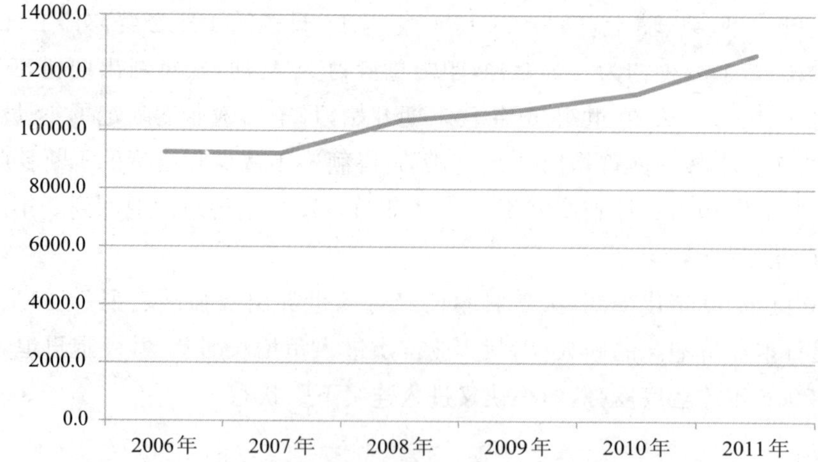

图 4—6　2006～2011 年间日本图书出版市场规模　(单位：百万美元)

(资料来源：Euromonitor 研究机构)

目前，日本的图书出版市场上主要有五家大型的图书出版集团，分别是：贝乐思通讯教育公司、角川书店、集英社、讲谈社、小学馆。这五家图书出版集团占据日本43%的图书出版市场（见图4—7）。在图书从业人员方面，2006～2011年间，日本图书出版业从业人员逐年减少：2006年为69277人，2007年为66848人，2008年为64748人，2009年为63540人，2010年为63165人，2011年为62860人。

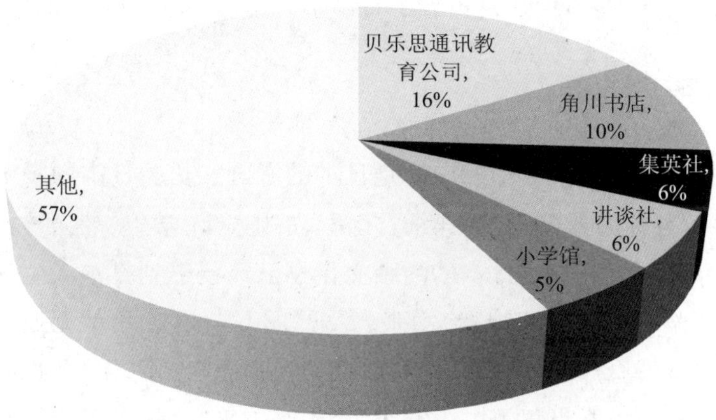

图4—7　日本主要图书出版公司市场份额

（资料来源：Euromonitor 研究机构）

日本没有专门的管理出版事业的独立机构，而是根据出版工作的不同方面，由分散且众多的不同政府部门分别进行管理。完善、先进的法律体系为日本政府对出版业进行直接行政干预和联合行业协会间接管理出版业提供了可靠、科学、有效的法律依据，使出版业管理形成以法律为核心，以各方面管理力量为主体的管理系统。[①]

（二）图书发行模式

日本图书发行系统的特点是强大而有效的分销商和遍及全国的小书店、委托销售制和定价销售制，以及流通环节各阶段折扣体系和交易体系。委托销售是指出版社和经销商根据书店的状况向其分配图书。书店对分配来的出版物进行销售，在一定期限内可将销售不完的出版物退还给出版社。委托销售分为三种类型：(1)新书委托。这是指对新版、重版的图书以新版委托的方法来分配，委托销售时间一般是3～5个月。(2)长期委托。这是指对已经出版的出版物，以主题或季节来成批销售，其委托时间较长。售完后没有补充，售完为止。(3)常备寄售。其委托时间为一年。委托的图书即使在书店中，在税务上还是作为出版社的在库商品来处理。常备寄售的图书一旦在书店售完，出版社应立即送货。定价销售制是指作为厂家的出版社，有权决定本社图书的销售价格，并要求经销公司和书店予以遵守。日本几乎所有图书（杂志）都根据出版物定价制在固定的价格下销售。这套制度有效地防止了损失惨重的灾害削价，从某种程度上使图书出版物贸

① 杨贵山：《国际出版业导论》，北京大学出版社2010年版，第45页。

易具有了一定的稳定性。[①]

经过战后的短暂调整，日本的出版产业获得了较快的发展，日本的人均图书消费水平居世界前列。日本的书刊主要通过东京贩卖株式会社（简称“东贩”）和日本出版贩卖株式会社（简称“日贩”）两大批发商批发给各零售店销售，它们规模之巨大、实力之雄厚、设备之齐全、功能之完备，堪称世界之最。两家的发行量总和几乎垄断了整个日本图书市场，虽然近年来有所下降，但还是占据了日本书刊市场70％～80％的份额。

（三）成熟的漫画书出版

在全世界的漫画业中，最成功的应该是日本的漫画文化。日本的漫画出版占其全国出版物的30％，而且种类繁多、分类详细，儿童、白领人士、学生、老人等不同的人群都有属于自己的漫画读物。可以说，日本的漫画文化早已经浸透到日本人生活和工作的每一个角落，从生活哲学、日常工作到政治主张、专业知识等，漫画几乎无处不在。日本漫画业的发达，使得日本漫画产品作为文化产品被广泛地推广到海外，漫画成为日本文化中不可分割的一部分，日本在世界范围内获得了“漫画王国”的美称。[②]

近年来，日本漫画书的出版非常重视与互联网高新技术的融合，很多漫画书不但推出了在线阅读模式，还大力推广手机或电脑下载阅读等阅读模式。此外，日本的漫画书产业现在非常注重漫画的延展性，积极推进漫画衍生产品的开发。

第三节　中国图书出版产业“走出去”

新中国成立以来，中国的图书出版业获得了不断的发展，取得了各种喜人的成绩，各类图书出版数量不断上升，出版业呈现出蓬勃发展的局面。在经济全球化以及文化全球化浪潮的影响下，中国与其他国家之间的图书进出口贸易逐年深入，图书进出口贸易量和贸易额不断提高。对于中国来说，中国图书“走出去”在塑造良好的国家形象、提高中国文化贸易竞争力以及增强中国国家软实力方面都有着极其重要的作用。在政治、文化、经济及商业操作等领域，中国同其他国家特别是欧美国家在意识形态、政治体制、文化背景、阅读心理、商业操作等具体方面都存在着巨大的差异。这些差异给中国图书的对外贸易造成了图书贸易逆差、贸易品种单一、图书定价不科学、贸易区域不均衡、版权贸易比重小等一些现实的问题。中国图书贸易面临的诸多问题是综合性的，这些问题背后的原因也是复杂的，需要政府和相关图书企业通力配合，共同寻找到一条切实可行的整合型的解决路径。

---

① 杨贵山：《国际出版业导论》，北京大学出版社2010年版，第136页。

② 同上，第129～131页。

一、发挥政府的引导作用

(一)政府加大政策支持引导力度

从经济学的角度来说,图书是一种具有外部性的公共物品。对于具有外部性的公共物品来说,政府应该采取措施支持公共物品的发展,最大化地实现公共物品其正的外部效应,限制其负的外部效应,最终实现社会效益和经济效益的有机结合。因此,我国政府应该加大对我国图书对外贸易特别是出口贸易的扶持力度,通过奖励图书出口、减免图书贸易企业税收、推动图书业国际合作等途径,给我国图书外贸企业以政策支持,深入落实中国图书"走出去"的宏观战略。政府在支持中国图书对外贸易的时候,应该特别关注中国图书对外贸易环境的营造,除了以上提及的给予国内贸易政策支持之外,还应该特别关注国外贸易环境的构建。对于中国政府而言,一个最为直接、有效的管理方法就是在世界范围内大力推广汉语学习,进而拓展和平衡中国图书对外贸易的区域,促进中国图书的对外贸易。此外,汉语学习在世界范围内的推广还将进一步提升我国在政治、经济、文化方面的影响力和感召力,有利于我国"软实力"的提高。我国"软实力"的提高反过来又会带动中国图书等相关产品的对外出口销售,这是一种良性的循环。

(二)政府搭建图书贸易平台

在促进中国图书出版产业"走出去"方面,政府应该为中国图书的进出口积极搭建图书贸易平台,向国外宣传介绍最新的中国图书作品,促进中国图书对外贸易的发展。为此,政府应着重在两个层面搭建中国图书的贸易平台:一是建立健全中国的图书贸易信息系统平台;二是继续办好各类图书贸易博览会平台。政府只有引导企业搭建好这两个平台,才能解决我国图书对外贸易中所产生的贸易信息不对称的问题,进而提高我国图书对外贸易的贸易效率和贸易质量。

政府应该组织相关的图书企业,利用互联网等高科技手段,建立健全一个全国性的图书贸易信息系统平台。该平台可通过政府引导、行业协会促成等方式,本着"谁参与、谁受益"的原则,鼓励相关图书企业参与该平台的建设和信息的不断更新。政府除了要建立健全中国的图书贸易信息系统平台之外,还应该继续构建图书贸易博览会平台,引导图书企业积极参加各类图书博览会,进行图书推广。一方面,政府应组织广大出版社和图书贸易单位参加国外有影响力的国际性书展;另一方面,政府还应加大力度组织举办好本土化的国际性书展,如北京国际图书博览会(BIBF)等。

(三)鼓励版权代理机构的发展

在发展图书对外贸易方面,我国政府还应该鼓励图书版权代理机构的发展。一般来说,国际上版权贸易发达的国家,普遍采用的是代理制来推进本国的版权贸易发展。代理制形式具有很大的灵活性，为版权的供需双方提供了多样化的合作模式。版权代理机构可以协调各方关系，平衡各方利益，促成贸易合作，既有利于对外版权贸易经营秩序的建立，同时也有利于一国扩展海外图书市场。然而，我国目前图书版权代理机构数量较少，服务能力有限，远远不能满足我国对外版权贸易快速发展的需要。政府应当落实相关政策，鼓励我国图书版权代理机构的发展。

版权代理是作品的版权人将其所拥有版权的某些经济权利，授权给某个机构或个人，让其代表自己行使。图书版权同实物图书不同，同一作品版权的不同或相同使用权内容被不同国家和地区的人同时或不同时使用，可以大大增加该图书版权的价值。例如，同一部作品的文字出版权可以出售给某出版社，该作品的网络信息传播权可以出售给某网站。此外，一部作品的某一种使用权利还可以在不同的国家和地区授权给不同的使用者。然而，目前我国国内大部分出版社在进行对外版权贸易时，并不能靠自身力量充分开发版权的价值，很多优秀图书作品的版权没有产生应有的经济价值。在这种情况下，政府应该建立健全相关政策，鼓励和支持我国图书版权代理机构的发展，引导图书版权代理机构保护我国版权所有者的合法权益，增进我国对外版权贸易合作与交流，促进中国对外版权贸易的健康发展。

（四）组建行业协会，建立出版社信誉等级评估制度

中国图书对外贸易相关单位在对外进行图书实物贸易和版权贸易的过程中，经常会遇到各种各样的困难和问题，这些困难和问题，图书企业无法独立解决，从而无法维护自己应有的贸易利益。另一方面，中国图书对外贸易还存在着企业不遵守规则，为了争取贸易机会竞相压价、无序竞争的现象，导致我国图书对外贸易利益受损、贸易质量不高。此外，我国的少部分图书对外贸易企业由于本身工作效率低或者为了谋取利益，还出现过不遵守贸易约定，导致外方公司无法与其继续合作等现象。这些情况不仅严重影响了我国图书对外贸易的良好形象，而且影响了我国图书“走出去”的贸易质量。这些情况的产生，主要是由于我国的图书对外贸易在具体的贸易过程中还不规范，图书对外贸易企业缺乏相关的组织和约束，没有相应的机构和制度在贸易中维护和监督图书外贸企业的行为。

因此，我国政府应当引导图书外贸企业组建相应的图书对外贸易协会，建立出版社信誉等级评估制度，维护和树立我国图书对外贸易的良好形象，促进我国图书对外贸易的进一步规范性发展。

（五）积极培养图书贸易人才

中国图书“走出去”如果想获得进一步的发展，图书贸易人才的培养至关重要。随着对外图书贸易的日益发展，我国出现了对外图书贸易人才严重短缺的现象。目前，我国的对外图书贸易人员素质参差不齐，能够懂专业、懂编辑、精通外语，同时又具有丰富图书贸易经验的专业人才凤毛麟角。特别是在图书版权贸易方面，版权贸易专业人才的匮

乏已经成为制约中国图书版权贸易发展的瓶颈之一。图书贸易人才的培养需要政府加大投入力度，相关政府部门应该与高等院校以及出版企业联合进行各种学历和非学历教育，并且为在职人员创造更多的培训机会。

在对外图书贸易人才的培养过程中，政府应重点培养以下几类人才：一是管理人才，图书贸易的管理人才应具有高度的市场敏锐性和前瞻性，能够立足国内市场，面向国外市场，善于结合自身优势和品牌特点对国内外优秀的图书资源进行综合利用和开发，能够策划外向型选题，组织图书的国际出版发行；二是创作人才，图书对外贸易中的创作人才能够处理好作品内容本土化与全球化的关系，对特定的海外文化有所了解，能够创作出适销对路的外向型作品；三是编辑人才，对外图书贸易要求编辑人员了解特定国家的文化背景、读者阅读心理和阅读习惯，成为能够掌握选题、策划、宣传等多方面知识的复合型人才；四是版权贸易人员，进行对外图书贸易的版权贸易人员需要精通外语，熟悉相关国家的法律，掌握贸易规则，熟知图书从出版到发行的全过程等。

二、出版企业积极应对

（一）研究海外读者心理，重视图书内容开发

首先，图书出版企业应根据我国图书“走出去”的战略，认真开发适销对路的外向型图书，增加图书内容的创新力度，满足不同读者的阅读需求。其次，在具体的图书内容开发方面，相关的中国图书出版企业应充分考虑到“文化折扣”和“文化接近”等现象，特别是一些非学术类的大众书籍的内容开发，更应该充分考虑到对方国家读者的文化背景、阅读心理和阅读习惯，大力开发内容具有普遍意义的外向型图书，加大对于人类社会普遍关注的情感、环境、和平与发展等题材的内容开发。

在我国的图书对外贸易中，我们应该以更加开放的眼光来重新审视我国的传统文化，处理好中国文化与世界各国文化、传统文化与流行文化的关系。在全球化的背景下，整合文化资源，开发出海外受众能够接受和欣赏的图书内容，是我国书业工作者面临的一项光荣而艰巨的任务。

（二）积极重视图书的营销推广

在具体的对外图书营销推广中，相关图书外贸单位应该充分认识到图书营销推广是贯穿于图书的前期市场调研、选题策划、出版宣传、促销推广以及售后反馈等整个过程的一项系统工程。图书外贸企业应该树立起以消费者为中心的整体营销意识，而不是局限于“出版后的销售与促销”这一狭隘理解。在对外图书营销推广中，出版社首先应该明确自身的市场定位。

目前的国际出版业已经开始走专业化、个性化的经营路线，国际知名的出版机构大都是凭借自己在某一领域的专业特长来分割市场的。例如，德国的出版社大多有较为明

确的出版领域，有的只涉足科技类图书，有的只出版医药卫生类图书，有的则以出版语言文字类图书为重点。明确的出版定位增强了德国出版社的出版优势，促进了德国图书在世界范围内的发行销售。出版社有了明确的市场定位之后，就可以不断积累某领域的出版资源与经验，增强优势和专业实力。资源积累多了，出版社就会具有规模效应，从而更好地出版发行某一领域的作品。

此外，我国的出版社在国际版权贸易中也应该注意把版权定位与出版定位统一起来，出版社引进或输出的版权是与自身出版定位相一致的，出版社要在版权贸易中逐步树立起自己独特的出版定位和出版优势，通过版权引进与输出确立自己的品牌形象，增强自身的国际影响力。

（三）扩大图书版权贸易份额

图书版权贸易的展开有利于为版权所有者创造更大的价值，有利于加快中国出版业的国际化进程，有利于优秀文化和科技成果的中外交流，是我国图书“走出去”的一个重要方面。近年来，在“中国图书海外推广计划”和中国文化“走出去”战略的推动下，我国的图书版权贸易获得了较快的发展。然而，大部分国内出版社仍然没有树立海外推广观念，图书版权贸易意识薄弱。特别是广大西部地区，图书版权贸易意识缺失，贸易量较小。在这种情况下，我国大量优秀的文化资源都没有得到较好的开发。[①]

在世界图书贸易发达的国家，版权贸易是图书进出口贸易的重要组成部分。然而，目前我国版权贸易还处于一种不完善、不成熟的阶段，而且版权引进和版权输出之间存在着严重的逆差，相关图书企业还没有意识到图书版权贸易具有的巨大经济价值。对此，我国的相关图书企业应当大力发展图书对外版权贸易，提高我国版权贸易的经营水平以及版权引进输出的质量。在具体的贸易操作中，我国的出版企业应尽量采用对外合作出版方式，减少使用版权转让贸易方式，增加使用版权许可贸易方式，积极提高我国出版物的经济效益和社会效益。

（四）通过国际合作拓展海外市场

目前，我国的图书对外贸易主要有实物图书贸易和版权贸易两种，采用国际合作方式的较少。由于一些主客观原因，我国的外销图书在图书出版前期没有做好充分的市场调研，选题策划无法真正满足海外受众的需求，图书在完成贸易过程后又无法准确了解到读者反馈，导致出口的图书没有进入到国外的主流市场，版权贸易的成交量也较小，中国图书贸易的收益很多只是象征性的。

中国图书要想真正“走出去”，就必须了解海外读者的阅读心理和阅读需求，了解国外书店、出版社的运作规律，了解他国的出版程序和营销方法，才有可能成为他国的主流出版物。然而，我们目前图书出版与发行的市场化运作还不完善，有待提高，短期内无法

---

① 王娟：《中国图书版权贸易问题研究》，《现代传播》2010 年第 1 期，第 157 页。

独立解决对外图书贸易中面临的诸多问题。这就要求我国相关图书出版企业积极进行国际出版合作，通过多种国际合作方式拓展海外市场。

〔案例精选〕出版巨人——贝塔斯曼集团

1835年，卡尔·贝塔斯曼在德国创办了一家出版社，成为今天贝塔斯曼集团的开端。从20世纪50年代，贝塔斯曼开始飞速发展，创立了“图书俱乐部”的基本概念，并从家族式公司向规模化发展。1962年，它在西班牙成立图书俱乐部，这是它向国际化迈出的第一步。到20世纪70年代时，贝塔斯曼已经成为一家集音像制品俱乐部、音乐、影视和出版四大经营板块于一身的股份公司，奠定了向综合文化媒体前沿挺进的基础；80年代初，全球经济出现衰退，贝塔斯曼抓住机会，进军美国；90年代，其战略重点转入东欧和远东地区。至此，贝塔斯曼全球化、多媒体发展的战略格局初步形成。2004年，在伦敦《金融时报》和普华永道公司联合完成的“全球最受尊敬的公司”调查中，贝塔斯曼在“传媒和娱乐公司”中排在第五位。①

贝塔斯曼作为德国历史上著名的传媒公司之一，在过去的170多年中，为员工肩负着特殊的责任。事实上，传统意识是贝塔斯曼企业文化中不可动摇的基石，而企业文化则努力将历史沉淀下来的价值观与现代企业政策有机地结合起来。只有正视历史，一家公司才能在自身历史的基础上制定前进的决策，从而赋予它坚实而持久的基础。

虽然，贝塔斯曼集团在全球媒体市场中具有非常出色的表现，但是在向中国图书市场的进军过程中，的确遇到了不小的障碍。1995年，德国贝塔斯曼集团旗下的直销集团与中国科技图书公司成立了合资公司，开始步入中国的图书市场。贝塔斯曼集团在进军中国市场时采用了集团一直引以为豪的传统书友会、目录行销和实体门店三种模式。然而，2008年7月，贝塔斯曼不得不关闭了设在中国18个城市的全部零售门店，中国书友会也停止运营。至此，贝塔斯曼全面退出在华图书销售业务。

在德国，贝塔斯曼书友会是德国人购买图书的重要渠道。这种方式是通过吸纳付费会员形成读书社区，之后编辑通过推荐书目的方式促使会员购买书目中自己想要阅读的图书。贝塔斯曼书友会在不同的国家推广时都会根据当地的具体情况作出适当的调整，然而，这种调整并未在中国出现。中国消费者已经习惯了免费变成会员的模式，对于贝塔斯曼书友会20元的入会费并不十分赞同。同时，强制会员在一个季度内必须消费买书的规定，也使得中国的消费者非常反感。越来越多的中国消费者对贝塔斯曼书友会失去了兴趣。此外，在互联网技术飞速发展的今天，众多的销售公司都把网络作为产品和服务的主要销售渠道。然而，贝塔斯曼集团在中国依然大手笔地投资开发实体书店，轻易地放弃网络销售平台的发展，其高昂的店面租金、员工费用等成本，使得贝塔斯曼书友会的图书价格远高于国内外的网络图书销售商的价格。在这种情况下，中国的图书消费者渐渐对贝塔斯曼书友会的图书销售模式失去了信心，转而纷纷投向了图书的网络销售

---

① 魏佳：《贝塔斯曼的经营之道》，《新闻爱好者》2006年第5期。

商。在管理层面，贝塔斯曼集团在中国的员工99%是中国人，然而高管都是外国人。这些具备海外管理经验的高管并没有认真研究中国员工以及中国消费者的心理和行为特点，而是将自己成功的海外经验简单地在中国复制，最后出现了管理混乱、矛盾频发等水土不服的现象。

目前，中国的图书文化企业正在积极地实施“走出去”战略，贝塔斯曼集团在中国败北的这一案例确实值得我们深思。无论集团的实力有多么强大，只有认真研究当地市场，积极满足当地消费者的需求，才是企业的制胜法宝。

思考与研讨题

1. 如何理解图书具有二重性？
2. 图书市场的渠道模式有哪几种？
3. 简述国际图书出版市场的SWOT分析。
4. 简述国际图书出版市场未来的发展趋势。
5. 中国的图书出版业如何更好地走向国际市场？

第五章　国际游戏市场

本章要点

1. 国际游戏市场发展概况
2. 国际游戏市场国别比较
3. 中国游戏产品“走出去”

第一节　国际游戏市场发展概况

一、国际游戏市场中游戏的分类与历史

德国诗人和剧作家席勒认为，“人类在生活中要受到精神与物质的双重束缚，在这些束缚中就失去了理想和自由。于是人们利用剩余的精神创造一个自由的世界，它就是游戏。这种创造活动，产生于人类的本能。”

当今世界，电子游戏作为互动娱乐媒体的先锋代表，处于科学和艺术的交汇点，在其几十年的发展历程中，将计算机技术、3D制图、动画、音乐、摄影、建筑、布景、装饰、互动媒体技术等进行了完美的融合，成为了娱乐产业的主要支柱，同时成为人类在现实世界之外休闲娱乐社交的虚拟空间。正如美国前副总统戈尔所说，“游戏如今是世界级艺术设计，是其他领域所无法比拟的……显然这是全球经济中发展势头良好的领域……我相信人类，相信人类本性。若在游戏过程中，他们能够获得富有建设性、有价值的经验，那么这就是好的。”法国文化部部长密特朗认为：“（电子游戏产业）是近十年来增长最为强劲的文化产业，……是最具有创新能力的产业之一，它的经济量使我们无法低估。”他还提到了电子游戏的教育功能，认为不应该妖魔化电子游戏，应该因势利导，使电子游戏从正面发挥效用。尽管世界各国对电子游戏依然有着基于社会各阶层的认识和异议，但是电子游戏产业在各种争议声中，继续在与前沿科技、文化、艺术等的多元结合中飞速发展，以其为重要代表的新媒体技术对社会大众生活方式产生的影响研究也越来越被重视。2011年5月9日，美国联邦政府下属的美国国家艺术基金会正式宣布“电子游戏是

一种艺术形式”,电子游戏因此可以与广播、电视等一起竞争申请最高20万美元的基金赞助。同年6月28日,美国最高法院裁决加州禁止向未成年人出售含有暴力内容视频游戏产品的法律因违反美国宪法而无效,其中,大法官安东尼·斯卡里亚宣称电子游戏是艺术,它应像书籍、漫画、戏剧和其他艺术形式一样受到美国宪法第一修正案的保护。大洋彼岸的美国所发生的来自国家层面的一系列有关游戏产业的政策和决定,都在表述其对电子游戏是一种艺术形态的认知。具有“世界最大博物馆体系”之称的美国半官方性质的史密森尼博物馆也支持电子游戏是一种新型艺术的观点。[①] 在人们公认的绘画、雕塑、建筑、音乐、文学、舞蹈、戏剧、电影八大艺术形式之外,电子游戏获得了“第九艺术”的称谓。

电子游戏的分类繁杂,为了更好地对游戏产业进行介绍和分析,为读者展示电子游戏世界的基本图谱,本章将首先对电子游戏的分类进行梳理总结[②]:

(一)按电子游戏内容目的进行分类

1. RPG(Role-playing Game):角色扮演游戏
2. ACT(Action Game):动作游戏
3. AVG(Adventure Game):冒险游戏
4. FPS(First Personal Shooting Game):第一人称射击类游戏
5. TPS(Third Personal Shooting Game):第三人称射击类游戏
6. FTG(Fighting Game):格斗游戏
7. SPT(Sports Game):体育类游戏
8. RAC(Racing Game):竞速游戏(也有称作RCG)
9. RTS(Real-time Strategy Game):即时战略游戏
10. STG(Shoting Game):射击类游戏
11. SLG(Simulation Game):策略游戏
12. MSC(Music Game):音乐游戏
13. SIM(Simulation Game):生活模拟游戏
14. EDU(Education Game):养成游戏
15. CAG(Card Game):卡片游戏
16. LVG(Love Game):恋爱游戏
17. GAL(Girl and Love Game):美少女游戏
18. MMORPG(Massively Multiplayer Online Role-playing Game):大型多人在线角色扮演游戏
19. ARPG(Action Role-playing Game):动作角色扮演类游戏
20. 动漫游戏

---

① 刘瑾:《电子游戏的第九艺术之说》,《中国艺术报》2012年8月27日。

② 本部分内容参考百度百科。

（二）按游戏终端分类

1. 单机游戏

单机游戏，指仅使用一台计算机或者其他游戏平台就可以独立运行的电子游戏。当今主要单机游戏出品商有：EA①、Activsion、Blizzard、任天堂、2K Games②、KONAMI③、KOEI④、CAPCOM⑤、THQ⑥、Infinity Ward⑦、Ubsoft、falcom 等公司。

2. 网络游戏

3. 卡牌游戏

4. 网页游戏

5. 街机游戏

6. 家用主机游戏

“主机”(Console)是最常见的游戏平台，运行在主机上的电子游戏被称作“主机游戏”(Console Game)。雅达利的雅达利 2600 是公认的最成功的专为游戏所设计的商业化平台。它确定了一个主机、分离的控制器以及可更换游戏内容的存储器（卡带）。此后的任天堂的 FC⑧ 皆是此架构的延续。后来的 XBOX360 与 PS3 上，它已经不再是单纯的游戏主机，而是

---

① EA 公司代表游戏：《极品飞车》系列、《战地风云》系列、《模拟人生》系列、《模拟城市》系列、《NBA LIVE》系列 、《FIFA》系列、《泰格·伍兹的高尔夫球》系列（家用机独占）、《拳击之夜》系列（家用机独占）、《战地双雄》（家用机独占）、《战地：反叛连》（家用机独占）、《教父》、《命令与征服》（“红色警戒”、“将军”、“叛国者”等，都属于《命令与征服》系列）。

② 仟游软件科技有限公司成立于 2006 年 1 月，是美国 Take Two 公司在中国的全资子公司。Take Two 是全球顶尖的互动性娱乐软件开发商和发行商，仟游软件隶属于 Take Two 旗下的 2K Games 品牌。2K Games 总部位于加州诺瓦图，主要制作和发行个人电脑、游戏机和掌机上的娱乐软件。旗下的产品主要有三大类：体育游戏、版权游戏和原创游戏。主要的作品有 Civilization4（文明 4）、RailRoads（铁路大亨）、BioShock（生化奇兵）等等。2K Games 的体育游戏种类繁多，主要有 NBA 篮球、MLB 棒球、NHL 冰球、TopSpin 网球等。

③ KONAMI（科乐美）是日本颇具影响力的游戏软件商之一。KONAMI 几乎在所有的主流游戏类型上都有响当当的经典游戏系列：《合金装备》、《恶魔城》、《寂静岭》、《实况足球》、《心跳回忆》、《魂斗罗》、《忍者神龟》、《沙罗曼蛇》、《幻想水浒传》、《游戏王》、《游戏王 GX》、《DDR》。

④ KOEI 是日本一家著名的游戏软体公司，也简称“光荣”，以历史游戏闻名，代表作品有：《真·三国无双》系列、《信长之野望》系列、《太阁立志传》系列、《三国志》系列、《提督的决策》系列、《钢铁的咆哮》系列、《大航海时代》系列。

⑤ CAPCOM 是一家日本电视游戏软件公司和发行公司，以制作动作游戏闻名世界，被业内称为“动作天尊”。凭借《街头霸王》、《街头霸王 II》、《洛克人》、《生化危机》、《鬼武者》等系列作品，CAPCOM 公司在游戏界享有非常重要的地位。其游戏产品发展到街机、FC、超级任天堂、Playstation、Playstation 2、Game Boy Advance、XBox 等多个版本和平台上。

⑥ THQ 也是和 EA 类似的游戏制作/代理公司，主要作品有：《战锤 40K：战争黎明》系列、《英雄连》系列、《前线：战火之源》、《泰坦传说》系列、《全能战士》系列、《最高指挥官》系列、《极品醉车》系列。

⑦ Infinity Ward 是一家电子游戏开发公司，成立于 2002 年，初始 22 名员工均来自开发《荣誉勋章》(*Medal of Honor*)系列游戏的 2015 工作室。2003 年，Infinity Ward 被美国动视收购，成为美国动视的子公司。Infinity Ward 以其开发的《使命召唤》系列游戏而闻名，但部分《使命召唤》游戏作品并非由 Infinity Ward 制作。

⑧ FC(Family Computer，简写成 Famicom)，即红白机，是日本任天堂公司 1983 年生产的游戏主机，现在很多游戏的前身就是来自于 FC。FC 为游戏产业作出了相当大的贡献，甚至可以说 FC 游戏机是日本游戏产业的起点。FC 也曾在 20 世纪八九十年代风靡中国大陆，很多玩家都有在童年时代玩红白机游戏的经历。截至 Nintendo 在 1996 年 1 月官方宣布终止 FC，其全球销量已经超过了 6000 万，其中日本 1800 万台，如果算上盗版或兼容机的话，数量更是惊人。FC 上出现了不少经典的游戏：《魂斗罗》、《坦克大战》、《忍者龙剑传》、《超级玛丽》、《冒险岛系列》、《街霸》系列、《恶魔城》、《三国志英列传》、《双截龙》等。

希望成为每一个家庭的多媒体娱乐中心，包括游戏、视频、图片、音乐、网络等等。

7. 掌机游戏

8. 手机游戏

二、国际游戏市场规模

（一）行业收入

电子游戏行业堪与好莱坞相匹敌。2009 年，电子游戏的总收入达 770 亿美元（硬件 220 亿美元，软件 550 亿美元），而全球电影业的收入为 850 亿美元。每个游戏约 60 美元的价格和 10～20 美元一张的电影票/DVD 相比，不难看出，游戏行业确实是一个高收入的行业。事实上，日本游戏巅峰期能够达到国民生产总值的 1/5。韩国游戏产业在 2010 年创造了 15 亿美元的出口经济效益，占整个韩国文化产业总收入的 58.05%。[①] 美国游戏销售总额已成娱乐业龙头，美国人 2012 年在电子游戏上的消费达 148 亿美元。

市场研究公司 Newzoo 发布报告称[②]，游戏市场（含所有地域和平台在内）2013 年总营收将达到 704 亿美元，比 2012 年的 663 亿美元增长 6%（见图 5－1）。其中，增长速度最快的将是亚太市场和拉美市场，其增长率将达 11%；与此相比，北美和欧洲市场的增长率则要低一些。按设备划分，2013 年增长速度最快的设备类别将是智能手机和平板电脑，预计其增长率将达 35%，市场总额将达 123 亿美元。从 2012 年到 2016 年之间，预计全球游戏市场的复合年增长率将为 6.7%，到 2016 年达到 861 亿美元。Newzoo 还预计全球游戏用户总数将从 2013 年的 12.1 亿人增加至 2016 年的 15.5 亿人。到 2016 年，预计智能手机游戏收入总额将会达到 139 亿美元，平板电脑游戏收入总额则将达到 100 亿美元。报告还称，到 2016 年，智能手机和平板电脑游戏在全球游戏市场上所占份额将达到 27.8%，比 2013 年的预估份额增长 10 个百分点。[③]

根据英国投资研究机构 Digi－CaPital 的预计，2014 年全球游戏市场规模扩大至 870 亿美元，收益堪比好莱坞。其常务总监 Tim Merel 称，网络/手机游戏将使电子游戏整个市场增长到 870 亿美元，占其中 50%的收入分成将达到 440 亿美元（2009～2014 财年：复合年均增长率达 18%），而传统强势的单机游戏行业将面临低迷态势。亚太地区和欧洲将占网络/手机游戏 90%的收入分成（2014 财年：中国 49%，欧洲 17%，日本 14%，韩国 11%），北美地区也将占有十分重要的地位。中国国内的增长使其出现了很多用户量大（如腾讯公司高峰时拥有 2000 万的用户群，相当于澳大利亚过去全国的人口数量）、平均

① 《文化产业将成国民经济支柱 游戏引领作用明显》，http://www.chinanews.com/it/2011/11－01/3428519.shtml。

② 2013 *Global Games Market Report*，http://www.newzoo.com/products－page/reports/global－games－market－reports/2013－global－games－market－report/.

③ 《2016 年全球游戏市场规模将扩大至 861 亿美元》，http://tech.qq.com/a/20130607/003873.htm。

用户收入低、成本低的网络/手机游戏公司，它们的运营利率高达 50%，并在海外市场有重大的投资活动。①

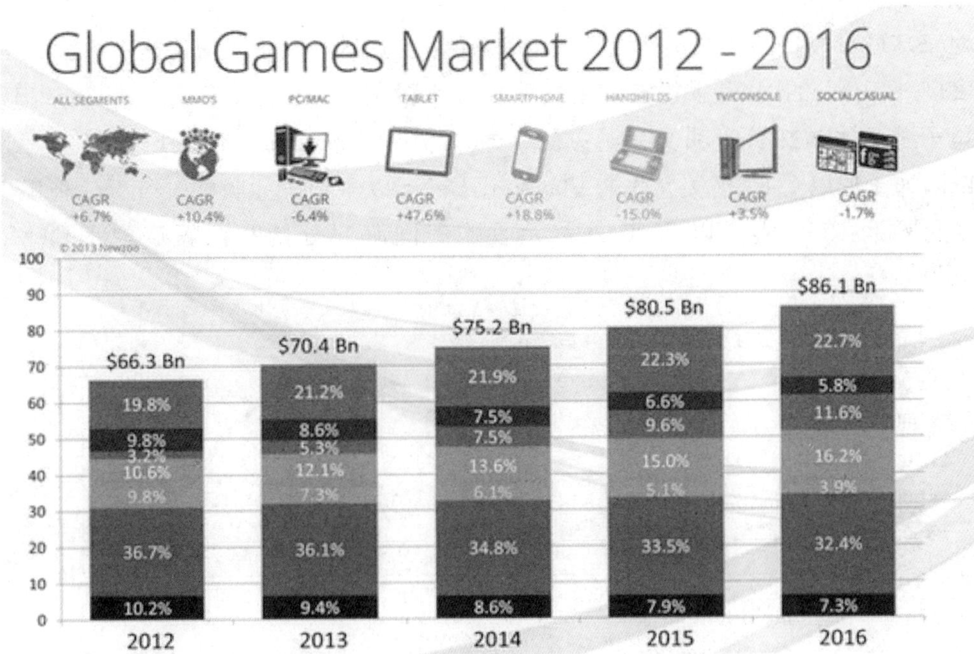

图 5—1　全球游戏市场(2012～2016)②

(二)投资规模

近年来，全球游戏行业快速增长，发生了根本性的变化。电子游戏投资和并购加速，2010 年融资额比 2009 年增长 52%，并购额增长 60%，而且这是在总投资笔数降低的情况下实现的(见图 5—2)。2010 年前 10 位的投资约占总投资的 60%，并明显地转向了网络/手机游戏公司。

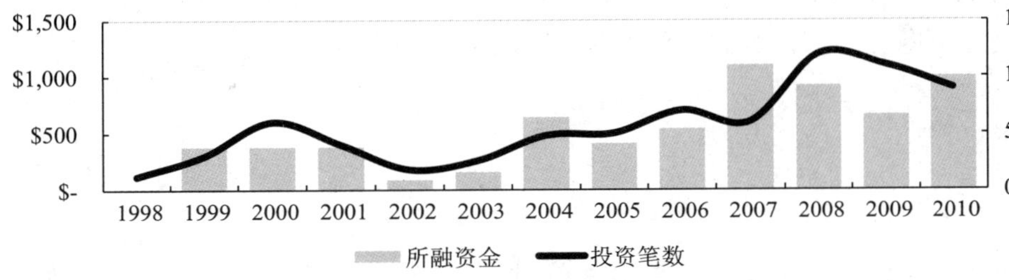

图 5—2　全球电子游戏市场融资额及投资笔数③

网络/手机游戏对投资和并购的估值都有所增长，重要合同的签署也吸引了多方对这个市场的注意。为了加强网络/手机游戏企业增长的多元化，主要收购企业越来越重

①③ 《分析称中国将取代美国成全球游戏领导者》，http://07073.baidu.com/chanye/guowai/443571.html。

② 《2012 年到 2016 年之间的全球游戏市场发展趋势》，图片来自腾讯科技。

视外部资金、收购、合资及战略合作，而且，来自亚洲（中国、日本和韩国）的企业非常积极地寻求外国机会，以加强它们的全球实力，并借此寻求国际知识产权和技术来满足国内的市场。

对于高质量投资的需求仍然大于供给，高质量、高成长（年收入增长达 100%，运营利率达 20%～50%）的网络/手机游戏公司正在寻求投资，以加速其增长。1998－2010 年全球电子游戏并购交易值和交易量见图 5－3。其中 Electronic Arts 以 4 亿美元收购 Playfish，迪士尼以 7.63 亿美元收购 Playdom，DeNa 以 4 亿美元收购Ngmoco，腾讯以约 4 亿美元收购 Riot，盛大以 8000 万美元收购美国游戏分销和内置广告平台 Mochi Media。[①]

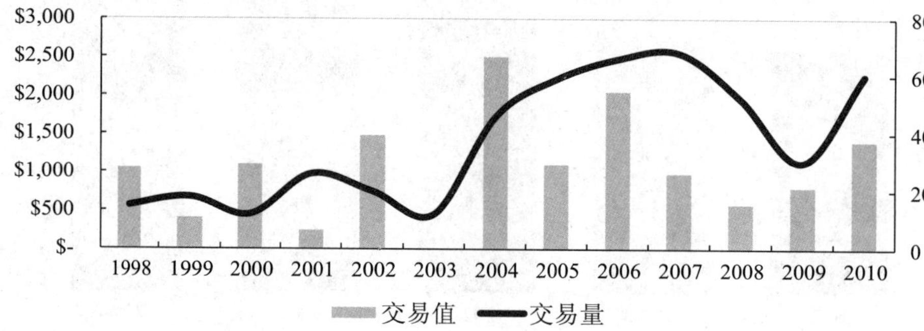

图 5－3　全球电子游戏并购[②]

Digi－Capital 发布的《2012 年全球游戏产业报告》显示[③]，2012 年国际游戏业的并购交易额高达 40 亿美元，创历年最高纪录，也较 2011 年 34 亿美元的整体交易额增长了 18%。与此同时，国际游戏业交易总额下降了 27%，且重磅交易减少。报告显示，亚洲市场已成为游戏市场中收购方的最大来源地。2012 年，10 个最大的游戏交易中有 7 桩由中国、日本或韩国买家发起。这份报告还预测，到 2015 年，亚洲和欧洲在网络游戏和移动游戏收入中将占 87%的比例，且中国份额会最大，约占 32%。

（三）市场结构

1. 电子游戏市场的每个领域都在改变

网络/手机游戏不断增长，并成为游戏市场的一个重要部分。在高成长、高利润的商业模式的支持下，投资网络/手机游戏界最优秀的独立公司对投资公司来说有巨大的机会。中国的腾讯和盛大都投入了游戏资金，其他企业和金融投资商也在寻找投资、并购、合资、战略合作方面的机会。电子游戏市场的划分如图 5－4 所示。

---

①② 《分析称中国将取代美国成全球游戏领导者》，http://07073.baidu.com/chanye/guowai/443571.html。

③ *GLOBAL GAMES INVESTMENT REVIEW*，2012，http://www.digi－capital.com/.

图 5—4　电子游戏市场划分①

2. 单机游戏市场

现如今的单机游戏市场已经真正成为大制作的市场，大型游戏的发行使得剩下的市场只能每次容纳一个重要的产品。即使不考虑消费者向网络/手机游戏转移的倾向，这个市场的商业机会也是十分有限的。单机游戏投资在增加，这是因为游戏开发的平均成本在提高（Xbox360，PS3：1500 万至 3000 万美元；Wii：500 万至 700 万美元）。强大的项目管理团队十分重要，而且市场营销的费用可能会和研发费用一样高昂或更高。在零售方面，渠道和硬件的忠诚度占零售商营业额的 30%～40%，单机游戏发行商必须大约卖掉 50 万至 100 万台机器才能达到收支平衡（不包括管理费用）。

未来，单机游戏还会呈低迷的态势。如果对 2014～2016 年下一轮的硬件发展报以希望（如果会出现的话），或将挽回颓势。历史表明，硬件的发展推动了整个单机游戏行业的发展。无论如何，单机游戏的开发商们需要转变。

3. 网络/手机游戏市场

网络/手机游戏市场有高增长，但是并未整合，包括超过 2 亿的网络休闲游戏用户、超过 7 亿的网络社交游戏用户、超过 2000 万的多玩家网络游戏用户，以及超过 100 亿的 iphone 应用程序下载量。进入这个市场的门槛较低（Facebook 的社交游戏除外），市场竞争较激烈，但是主要竞争者对这个市场的控制程度仍十分有限。独立公司同相对较完整的对手竞争，而前者却拥有更高的收入（超过 100%）和运营利率（超过 50%）。②

①② 《分析称中国将取代美国成全球游戏领导者》，http://07073.baidu.com/chanye/guowai/443571.html。

4. 网络游戏市场玩家规模

据Newzoo发布的关于美国、欧洲、波兰、土耳其、俄罗斯、巴西、澳大利亚等地区网络游戏市场的调查简报显示：2012年全球范围内网游玩家总数为4亿，付费玩家数量为1.8亿，消费总额为130亿美元，与2011年相比增长21%。Newzoo称本次简报所涉及的7个国家及地区占据全球网游市场的一半份额，并在简报中标记了各地网游玩家总数、付费玩家数量以及热门游戏题材和类型。

美国拥有5000万网游玩家和2300万付费玩家，与去年相比，玩家在网游中的消费总额增长14%，最热门的游戏题材为奇幻(Fantasy)，最热门的游戏类型为角色扮演(Role-playing)。

欧洲拥有4970万网游玩家和2350万付费玩家，与去年相比，玩家在网游中的消费总额增长28%，最热门的网游题材及类别与美国相同。欧洲的网游玩家数量已基本与美国持平，而付费玩家数量和消费增长速度正在全面超越美国，有望成长为全球最大的网游市场。

波兰拥有550万网游玩家和210万付费玩家，54%的玩家年龄在30岁以下，最热门的游戏题材为写实(Realism)，最热门的游戏类型为角色扮演。

土耳其拥有980万网游玩家和480万付费玩家，有52%的玩家同时在玩网页游戏和客户端游戏。最热门的游戏题材为写实，最热门的游戏类型为多人在线竞技场(MOBA)。

俄罗斯拥有2160万网游玩家和870万付费玩家，与去年相比，玩家在网游中的消费总额增长19%，最热门的游戏题材为写实，最热门的游戏类型为角色扮演。

巴西拥有1920万网游玩家和910万付费玩家，与去年相比，玩家在网游中的消费总额增长16%，最热门的游戏题材为写实，最热门的游戏类型为即时战略(Real-time Strategy)。

澳大利亚拥有360万网游玩家和180万付费玩家，其中有30%的付费玩家为女性玩家，最热门的游戏题材为奇幻，最热门的游戏类型为角色扮演。

在65亿美元的消费总额中，付费网游(含客户端一次性收费及月费)与免费网游分别占据47%和53%的份额。Newzoo提到2011年的这一统计数据中两者的比例为各占一半，而2012年的风向已经倒向了免费运营一方。2009年，免费网游在美国市场所占的份额仅有39%，如今其比例已经达到了50%。①

(四)市场趋势

1. 游戏主机领域前景不明②

近几年，游戏主机市场一直走向衰退，已经成为了不争的事实，用户不再选择游戏机

① 《Newzoo网游产业状况调查：全球网游玩家总数4亿》，http://game.163.com/12/1215/10/8IOQ3UN900314K8I.html。

② 本部分引用参考《游戏机大战，三巨头启示录》，http://www.huxiu.com/article/10417/1.html。

作为主要娱乐手段,取而代之的是更方便的手机和平板电脑,以及社交游戏。从图 5—5 和图 5—6 可以看到,2011 年和 2012 年两年整个市场销量处于持续的下滑阶段,不管是销量还是销售额都产生了大幅的跌落。虽然也可以解释为本世代已到末期,但是任天堂最新推出的新一代 WiiU 经过了圣诞季也只销售了 2.6M,每周的新增销量也很凄惨。另外两家的 PS4 和 Xbox One 能否取得较好的成绩,仍然不容乐观。

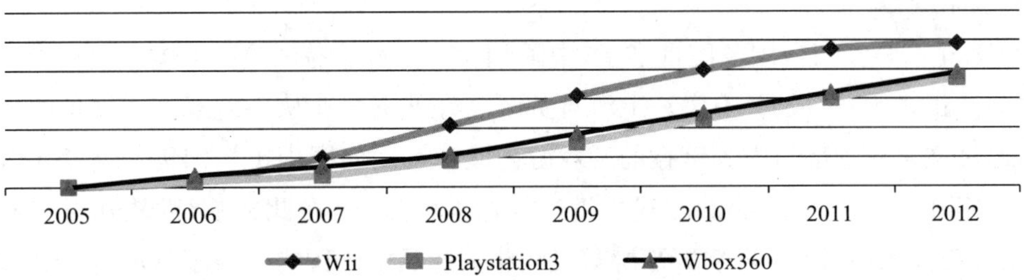

图 5—5　三大游戏主机总销量曲线

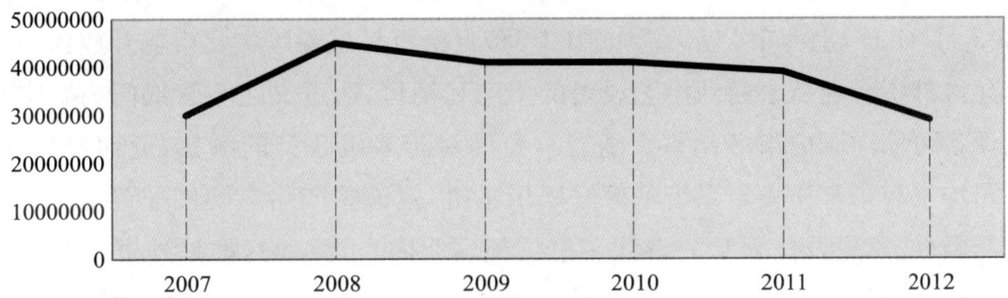

图 5—6　三大游戏主机历年总销量

传统游戏机对比手机、平板电脑等便捷设备的游戏,劣势主要有三点:一是需要系统操作、便捷性差。二是价格差异。传统游戏售价在 39～59 美元之间,而在线销售的小游戏一般也要至少 10 美元。而手机、平板电脑的游戏,10 美元都算是很贵的,而且不少还都是免费的。于是,便捷和便宜成为休闲游戏的制胜法宝。三是主机游戏需要巨大的持续时间消耗和用户黏性,这在今天的碎片化时代多少显得有些不合时宜。Facebook 等网络社区上的那些社交游戏,造就了 Zynga 等公司,以及大量的用户黏性。

从产业方面观察,在这一代主机中,行业仍然诞生了多项可以载入历史的世界纪录:《光环》、《使命召唤:现代战争 2》相继成为世界最畅销的娱乐产品,游戏业的总产值也超过了电影业。就行业地位来说,在欧美制作商的努力下,游戏业的地位正处于历史上最风光的时期,而行业内的精品也多是主机平台的游戏。但我们仍需要认真考虑游戏主机的未来。近年来,云游戏的概念在逐步兴起,光驱的作用已被无比削弱,媒介变化的背后,就是产业格局变化的前兆。

在各方虎视眈眈的背景下,游戏主机业即将迎来一个新的周期,这有可能是一个产业的新征程,也可能是游戏主机产业的最后一程。在目前的情况下,传统的游戏格局和思路正在渐渐老去,新的游戏主机将带给人们怎样的娱乐方式,将颠覆怎样的产业格局,还需要时间去检验。[①]

具体到中国的主机市场,情况非常特别。自 2000 年《关于开展电子游戏经营场所专项治理的意见》发布后,所有国内的电子游戏设备及其零附件生产、销售均被叫停。长达 10 余年的游戏机禁令让索尼、微软、任天堂等厂商被拒之门外。由于对游戏机设备的禁令,中国内地就只有少数游戏发烧友在购买和使用,游戏主机在中国市场的发展一直以来都相当暗淡。

2013 年 9 月 27 日,国务院批准了《中国(上海)自由贸易试验区总体方案》(以下简称《方案》)并正式印发,根据《方案》,上海自贸区允许外资企业从事游戏游艺设备的生产和销售,通过文化主管部门内容审查的游戏游艺设备可面向国内市场销售。这意味着中国从 2000 年开始的长达 13 年的游戏主机禁令基本解除。[②] 在此之前,微软和百视通在国内成立合资公司,并计划将 XBOX 游戏机和相关产品引入国内。对于索尼、任天堂来说,新一代主机的竞争刚刚开始,面对中国这一巨大市场,没有人愿意放弃。复制微软的合作模式,或者采用其他模式到自贸区注册,都是这些游戏主机大厂可能考虑的方式。[③] 2014 年 3 月 31 日,上海市公布了《中国(上海)自由贸易试验区文化市场开放项目实施细则》,将允许外资企业从事游戏游艺设备的生产和销售,通过文化主管部门内容审查的游戏游艺设备可面向国内市场销售。随着自贸区对游戏机政策的解禁,近期包括中兴、华为等公司均发布了基于安卓系统的家庭娱乐主机,但这些产品在硬件配置、游戏内容上,均无法与微软、索尼及任天堂的游戏主机抗衡。业内人士认为,如果外资独资公司可以从事游戏机产品的生产和销售,那么中国企业在这一市场内只能扮演 CP(内容提供商)的角色,在多年封锁之后,中国企业已经没有能力走到游戏机产业的上游。[④]

2. 端游、页游遭遇瓶颈

中国版协游戏工委(GPC)、国际数据公司(IDC)发布了一项《2012 年 1～6 月中国游戏产业报告》,报告显示,2012 年上半年,中国 PC 网络游戏市场的实际销售收入为 235.5 亿元人民币,比 2011 年上半年增长了 16.9%。同期,网页游戏市场的实际销售收入达到 38.2 亿元人民币,比 2011 年上半年增长了 46.7%。[⑤] 二者的增长率相差几乎三倍。这也意味着,占据国内游戏市场 80%份额的客户端网游,毫无疑问地遇到了发展瓶颈。在网易公司创始人兼 CEO 丁磊看来,端游现状比较乐观,他认为,行业增长出现下滑,只是进入一个短暂的自我调节阶段,只有泡沫被挤走,行业才能真正走上正轨。西山居 CEO 邹涛甚至认为,随着硬件升级,端游和页游的用户体验将越来越趋同,用户群逐渐融合,

① 傅嘉:《游戏业七年之痒 产品大战一触即发》,《中国证券报》2013 年 4 月 27 日。
② 《自贸区解禁游戏主机 微软索尼等或迎春天》,http://finance.qq.com/a/20131001/001161.htm。
③ 《上海自贸区总体方案印发 13 年游戏机禁令破冰》,http://finance.qq.com/a/20130927/015989.htm。
④ 《国内游戏机市场终对外资解禁 曾封锁 14 年》,http://www.techweb.com.cn/ucweb/news/id/2029184。
⑤ 中国版协游戏工委(GPC)、国际数据公司(IDC):《2012 年 1～6 月中国游戏产业报告》,http://wenku.baidu.com/view/6385772e647d27284b735113.html。

端游和页游最终会合二为一。[①] 近年来被视为吸金器的网页游戏也开始遭遇瓶颈。"网页游戏一直存在产品生命周期短、风险高、利润率低等隐患，2013年页游市场的增长速度必将放缓，"有业内人士指出，"今年一些厂商的投资商已经到了回报期，他们投资的团队和公司没有上市希望，可能会出现转让、并购等行业大幅洗牌的局面。"

在端游、页游时代，游戏业已陷入获取用户成本大幅飙升的陷阱之中不能自拔。营销成本巨大，否则市场将听不到产品的声音。从游戏设计而言，端游市场只有MMORPG能够成功，很多休闲类、低ARPU类型的游戏因为生存的压力、高用户量的要求根本无法成功，极少数除外。而MMO类型已经到了一个极限，无论是玩法、收费模式、用户体验和操作，都很难再出现特别革新的核心玩法，开发商被逼入了拼IP、拼美术、拼内容深度的怪圈；在页游市场，其实质还是在走端游的老路，核心玩法目前来说只多了SLG一个大类，策划依旧被逼入了类型相似的思路，最后拼的是数值、ARPU。[②]

未来短期内的端游和页游市场还将是游戏产业收入的主要来源，游戏厂商进行积极创新，提高制作和运营水平，创造新型盈利方式，应该可以稳中有升。

3. 移动游戏领域机遇与挑战并存

在规模达660亿美元的视频游戏行业，从老牌游戏公司EA到行业新星Supercell，无不争相开发游戏并尝试各种方式吸引下一代玩家。这些玩家在移动设备上比在电脑或游戏主机上花的时间更长。移动游戏前景被看好，日本移动游戏公司GungHo就是一个典型的例子。仅凭旗下一款游戏《Puzzle&Dragons》，其股票自2012年10月以来上涨了十倍，市值直逼任天堂。

但移动游戏领域也浮现隐忧。行业内充满了Omgpop[③] 这样只有一款热门游戏《你画我猜》[④]的公司，大多数公司成就甚微。甚至Zynga[⑤] 这样的知名公司也在衰退，2013年6月，Zynga为了节省8000万美元而裁员18%并进行重组。最近几年，移动游戏的模

---

① 《中国端游企业遭遇瓶颈面临转型 页游战升级》，http://news.itxinwen.com/2012/0726/419246.shtml。

② 《中国游戏出口35亿 手游成主力》，http://www.ittime.com.cn/index.php?m=content&c=index&a=show&catid=55&id=3331。

③ Omgpop一度举步维艰，濒临倒闭，但在推出了一款名为《你画我猜》(*Draw Something*)的手机游戏之后，一炮走红，继而被Zynga以1.8亿美元收购。当时正值Zynga移动游戏业务遭受重创，该公司希望借助《你画我猜》在移动游戏领域有所斩获。根据Zynga的一贯风格，"如果你不能打败对手，就买下它"，如果交易不成，只好"复制一款类似的游戏"，这诠释了很多公司的竞争理念。可惜风靡一时的《你画我猜》却不断走下坡路，《你画我猜2》也没有预期中那么受欢迎，未能给Zynga带来预期的收益。目前Omgpop已在Zynga裁员重组风波中被关闭。

④ 《你画我猜》是一款画图猜单词的小游戏。玩家安装手机客户端后，根据软件提示，以速写的方式画一张图片来描述某个单词，如"猫"、"汽车"等；随后，这幅图片会被发送至另一个玩家，后者将根据图片猜测并拼写单词。如果解答正确，两位玩家均会获得"金币"奖励。

⑤ Zynga是一个社交游戏公司，于2007年6月成立，公司的总部在美国旧金山。Zynga开发的游戏多半是网页游戏，并发布于Facebook以及MySpace一类的社交网站，Zynga在Facebook游戏前10位中占据了6位。Zynga推出的《珍宝岛》(*Treasure Isle*)、《德州扑克》(*Texas Hold'em*)、《群殴》(*Gang Wars*)和《傻瓜大战》(*Dope Wars*)等游戏均受到大量用户的追捧，Zynga的主要收入来源是通过社交游戏向用户出售虚拟物品赚钱。

式大多是免费提供游戏，然后鼓励玩家进行游戏内购买。例如由 PopCap[①] 工作室制作、美商艺电(Electronic Arts)发行的著名塔防游戏《植物大战僵尸》是付费游戏，采用"额外加值模式"[②]，《植物大战僵尸 2》就是免费游戏，采用"免费增值模式"[③]。同属 EA 出品的竞速游戏《Real Racing》系列，玩家能先免费下载游戏程序，但若欲快速赚取 RS 币购入高档跑车或改造新配备，玩家就得自行通过刷卡购买虚拟钱币。根据国外网站统计，若《Real Racing 3》玩家想购入所有赛车，至少需花费 503.22 美元。Zynga 的网络游戏也充分完善了这一模式，但一年以来它迅速衰退，这表明吸引新玩家和让玩家付费遇到了困难。

为了从众多公司中脱颖而出，大小开发商都在寻求如何建立可持续发展的业务。Rovio 报告称，该公司现在 45%的营收来自毛绒玩具、杯子和其他商品。独立开发者道格·史密斯(Doug Smith)说："人人都想要一本获取用户的秘籍。"但他失望地发现，"新进入者没有庞大的预算越来越难以入行"。[④]

种种迹象表明，移动游戏将取代 PC 端游戏，成为游戏界的主流。不光是中国市场反映了这一讯息，国际市场也是一样。2013 年 6 月 4 日，知名社交游戏公司 Zynga 就宣布进行重大改组，计划削减约 520 名员工，占其员工总数的 18%，未来其将关闭包括位于纽约、达尔斯和洛杉矶的多个工作室，集中精力发展该公司的移动游戏业务。而在此之前，这家公司主要的游戏都是在 Facebook 等社交网络做页游。有相关行业数据显示，目前游戏市场上页游与手游的平均利润率分别为 22%与 45%，可以看出，手游利润同比页游要高出近 80%。

三、国际游戏市场竞争格局

从国际游戏市场发展来看，其格局呈现如下特征：

(一)地区格局

在北美、欧洲和日本，单机游戏(尤其是主机游戏)占据绝大部分的游戏市场，中国和韩国的情况则正好相反，网络游戏几乎垄断游戏行业。全球游戏产业竞争力六强排名依次为：美、日、韩、加、英、中(见图 5—7)。而在全球网络游戏行业中，美、中、韩分别占据 29%、27%、21%的份额。权威市场调研机构国际数据集团(DFC Intelligence)2010 年发布报告预测，随着主机、掌机、PC 和在线游戏市场的增长，全球游戏产业到 2015 年将达到 700.1 亿美元。

---

① Popcap Games 是世界领先的休闲游戏的开发商和发行商，在 2000 年由 John Vechey，Brian Fiete 和 Jason Kapalka 共同建立，总部位于美国的西雅图，截至 2009 年，已发展到 180 多名员工。Popcap 的第一款游戏是《宝石迷阵》(*Bejeweled*)，在 2002 年获得了 CGW Hall of Fame 奖项。该公司已被美国艺电收购。

② 额外加值模式(Premium)，即玩家仅需一次付费，即可玩遍所有关卡，其中包含更新的下载内容。

③ "免费增值模式(Freemium = Free + Premium)"，即"道具收费"模式。在免费增值模式下，玩家同样能免费下载游戏，不花钱玩遍整个游戏，但也可付费进行升级，或购买植物及道具快速破关。

④ 《移动游戏行业困难与机遇并存》，http://tech.sina.com.cn/i/2013—06—09/22238429952.shtml。

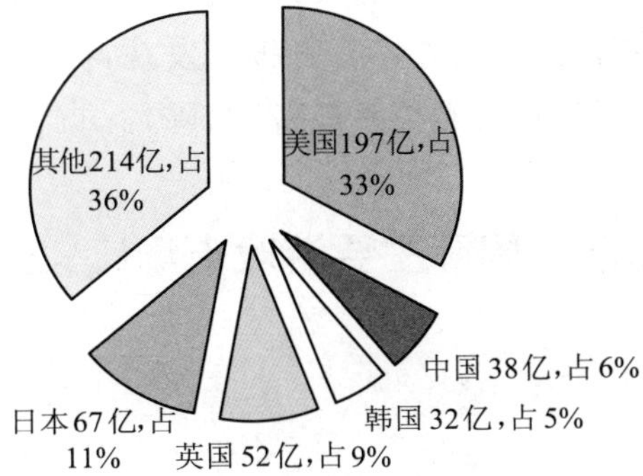

图5—7　2009年全球游戏行业概况

(二)市场处于过渡期，各细分市场表现各异

由于年龄、就业情况和收入结构的变化，互联网用户的网上娱乐时间呈现碎片化趋势，导致游戏时间和玩法上更加灵活的网络游戏受玩家的日益青睐。因此，一方面，大型多人在线角色扮演类游戏(MMORPG)的市场规模增长日趋放缓，抑制了整体网游市场的增长；另一方面，高级休闲游戏、网页游戏和手机游戏市场则进入了快速扩张的通道，未来发展空间巨大。当然，这些新兴的细分市场目前仍处于各自发展周期的初级阶段，对整体网游市场的贡献有限。

(三)同业、异业合作逐渐增多，并购成为外围企业进入及原有网络游戏公司扩张的主要途径之一

国际投资公司Digi－Capital发布的《2012年全球游戏产业深度报告》称，2012年国际游戏业的并购交易额高达40亿美元，创历年最高纪录，也较2011年34亿美元的整体交易额增长了18%。与此同时，2012年国际游戏业交易总额下降了27%，且重磅交易减少。报告显示，亚洲市场已成为游戏市场中收购方的最大来源地。2012年，10个最大的游戏交易中，有7桩由中国、日本或韩国买家发起。这份报告还预测，到2015年，亚洲和欧洲在网络游戏和移动游戏收入中将占87%的比例，且中国份额会最大，约占32%。该报告还对各类型游戏进行了统计调查。从并购交易额来看，大型多人在线游戏2012年增长了38%，在各类游戏中位居首位；紧随其后的是移动游戏，占27%；社交和休闲游戏占18%；中间件、游戏机和广告则处于落后地位。从交易量来看，移动游戏类排位第一，占28%；大型多人在线游戏紧随其后，占20%。从投资领域来看，去年全球游戏行业总投资额达到8.35亿美元，比2011年的20亿美元下降57%。其中，中间件和游戏化的投资交易额占35%，大型多人在线游戏占18%，社交、游戏机和广告等类份额较低。社交游戏类别的投资额减少了逾10亿美元，这主要是由于多数风险投资公司认为社交游戏领域泡沫破裂进而放弃投资所致，但社交博彩游戏除外。意料之中的是，游戏市场竞争将继续朝免费公共游戏及商业模式发展，网络游戏和移动游戏继续保持强劲增长和回报。

Digi—Capital 预计,2016 年由网络游戏和移动游戏带来的收入总额将会达到 830 亿美元,占游戏市场总额的比例将超过 55%。报告发现,在 2005 年到 2012 年之间,游戏并购交易市场和 IPO 市场的投资回报率都高于 600%。[①]

第二节 国际主要游戏市场比较分析

一、美国游戏市场

(一)美国游戏市场概况

美国在全球游戏市场一直扮演着重要的角色。美国在游戏载体和操作方式上的不断创新、在游戏产品营销模式上的不断变革、美国政府和民众对游戏相对宽容的态度,使美国游戏产业日益成为推动美国经济发展的一个新的增长点。美国游戏产业主要实行行业自律管理,在游戏的生产和销售两个方面都分别有着各自的行业组织,如"娱乐软件联合会"(Entertainment Software Association,简称 ESA)、"娱乐软件评级委员会"(Entertainment Software Rating Board,简称 ESRB)、"互动娱乐经销商联合会"(Interactive Entertainment Merchants Association,简称 IEMA)、"国际游戏开发者联合会"(International Game Developers Association,简称 IGDA)等。根据 2010 年美国娱乐软件协会(ESA)关于《21 世纪的视频游戏》的报告显示,在游戏软件行业,直接和间接的就业人员已超过 12 万人;2010 年,电脑和电视游戏软件产业给 GDP 增值 49 亿美元;2005～2008 年,电脑和电视游戏产业的年增长率为 16.7%,而同期美国经济总增长率仅为 2.8%。可见,美国游戏产业已经成为推动美国经济发展的一个新的增长点。[②]

根据市场调研机构 NPD[③] 最近公布的数据,美国人 2012 年在电子游戏上的消费达到了 148 亿美元,它已经比 2011 年低了 9%。NPD 总结的《2012 年美国游戏市场报告》中显示,2012 年,美国实体游戏销售总额为 88.8 亿美元,其中 70.9 亿为新游戏购买,17.9 亿是旧游戏租赁和购买,实体游戏市场加速衰退。与此同时,数字版游戏消费为 59.2 亿美元,较 2011 年的 50.9 亿增长 16.3%。NPD 统计的美国数字、实体游戏百分比(2009—2011)见图 5—8。

NPD 在 2012 年 9 月公布,当时美国游戏人口约为 2115 万,较 2011 年同期减少了 5 个百分点。其中,玩家的分类也发生了转移,手机玩家数量首次超过了核心玩家数量。这反映了美国游戏市场玩家构成的变化:重度玩家在减少,轻度玩家在增加,手机娱乐成趋势。[④]

---

① 《Digi—Capital 发布 2012 年全球游戏市场调查报告》,http://www.ifanr.com/news/235594。

② 梁维科:《试论美国游戏产业发展对我国的启示》,《黑河学刊》2011 年第 9 期。

③ The NPD Group, Inc. (formerly National Purchase Diary) is a leading global market research company founded in 1967 and provides consumer and retail information to manufacturers and retailers.

④ 《美国 2012 全年游戏相关消费 148 亿 手机玩家成最大头》,http://www.yxdown.com/news/201302/83859.html。

根据中国版协游戏工委(GPC)、国际数据公司(IDC)、中新游戏(伽马新媒CNG)发布的《2012年中国游戏产业海外市场报告》(摘要版)数据显示:从全球市场占有率来看,美国仍旧是全球最大的游戏市场,占据约26%的市场份额(Digi—Capital的调查数据)。其中,网络游戏市场呈现上升趋势,2012年收入达到了29亿美元。在网络游戏中,采用免费运营模式的网络游戏产品总销售收入占美国网络游戏市场总销售收入的50%。

美国同样也是休闲及社交游戏的最大市场,热衷于此类游戏的用户约有1.3亿,但付费用户的比例仅为23%。社交游戏的崛起令传统网页休闲游戏的商业模式发生了巨大转型,休闲游戏由之前完全依赖广告点击的盈利模式变成了直接面向消费者的业务,得益于免费运营模式的普及。尽管昔日迅速崛起的社交游戏行业巨头Zynga于今年迅速衰落,但更多新兴的社交游戏企业填补了这一空缺。社交游戏用户总数仍在上升,但如何留住更多用户,如何将用户数量更有效率地转化为产品收入,是这一行业所需要面对的严峻问题。①

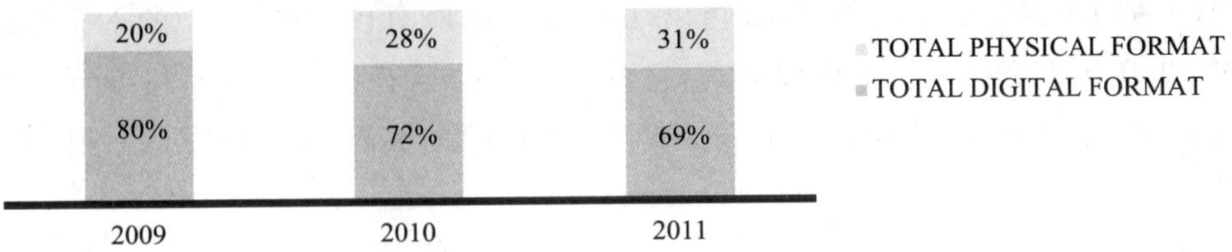

图5—8　美国数字、实体游戏百分比②

(二)美国游戏市场特点

美国可以称得上世界第一大游戏市场,有其自身特点:

1.美国游戏业所建立的是以开发商为核心的商业链条

发行是美国游戏产业链的核心环节,风险很大,相应利润也很高。发行商在投资开发时通常采用版税金③预付的方式,投资后发行商获得对该项目的一定的控制权,资金并非一次到位,而是安排专门的项目经理监控游戏的开发进度,根据进度注入资金;如果开发状况与预期偏差太大,发行商可以要求返工或终止投资。母盘制作完成、开发工作结束后,发行商通常还要承担本土化、生产、市场推广、公关、分销等后续工作。

这种商业模式使得众多的开发企业甚至小的开发团队没有经营方面的后顾之忧,有助于规避不必要的风险,令其能够将全部精力投入游戏开发这一最重要的任务上。而发

① 《2012年中国游戏产业海外市场报告》(摘要版),http://wenku.baidu.com/view/fd5a59176bd97f192279e95a.html。

② Entertainment software association. *Essential Facts about the Computer and Video game Industry*. 2012.

③ 发行商支付给开发商的版税率通常在15%~25%之间,低可至10%,高可达45%,这一比率通常以产品的净营业额为基础。版税率的高低一般受到发行商的投资额度、产品潜在销量、知识产权归属等因素的影响。

行商在承担巨大风险的同时，也能够享受到少数极为成功的产品所带来的巨大收益，使产业良性循环下去。[①] 跨媒体评分网站 Metacritic 根据 2012 年业界各大小游戏发行商的年度整体平均游戏表现，发布了一份绩效排名，其中，EA 排名第一，微软第二，索尼第三，华纳兄弟第六，动视暴居于第十位。[②]

2. 市场容量大

美国是世界上最大的消费品市场。除了美国人人均年收入高、消费意识强之外，美国人对消费品的更新速度也很快，遇到新鲜时髦商品或节假日商品打折都会引起他们的购买意愿。[③]

根据分析公司 Nielsen2011 年的调查，56%的美国家庭拥有一台第七代（当前世代）的游戏主机，其中，65%的人将它们放在客厅（如果单独统计 Wii 主机的数据的话，则该数值高达 75%），放在卧室的则占 13%。高达 45%的游戏主机都连接到了互联网，被作为家庭娱乐中心使用，家用机的网络流媒体业务较 2010 年出现了明显业绩增长。此外，人们花在游戏上的时间也越来越多，比去年同期增长了 7%；平板电脑和手机发展迅猛，但是 Wii 主机下降了 22%。Nielsen 指出，6～12 岁的所有孩子中，一半的人有 NDS 游戏，39%的美国家庭有一台 iOS 设备，66%的家庭的孩子有一台游戏掌机或 iOS 设备。Android 游戏在 25～34 岁的人群中很受欢迎，但是 iPhone 游戏的受欢迎范围则扩大到全年龄段。[④]

3. 市场法规健全，行业协会左右市场

美国的市场经济比较成熟，政府对企业的经营范围与经营方式限制较少，但对各行各业产品进出口以及批发、零售均有极为详尽的法规与执照要求，尤其在商标、环保、安全、税务、劳工方面，执法十分严厉。

此外，美国各行各业都有协会，美国的行业协会作用相当大，甚至可以左右政府决策与市场。为维护本行业利益，他们游说政府制定有利的政策，为行业发展举办各类研讨会，进行行业统计，发布行业报告，为开拓市场组织展览，出版杂志，向会员提供市场资讯。美国一些行业性法规也往往都是由这些协会提出与起草的。[⑤]

例如，美国的娱乐软件协会（ESA）2008 年在影响游戏行业政策上的直接花销超过了 360 万美元，其主要精力都用于处理与版权、游戏分级和言论自由方面的事宜。ESA 将“媒体暴力、维护‘第一修正案’、娱乐行业分级、父母控制技术、内容/游戏销售控制及零售商强制分级”等列为该年度的工作重点。[⑥]

---

① 《美国、日本、韩国游戏产业状况简述》，http://wenku.baidu.com/view/b4e7eec7aa00b52acfc7ca2c.html。

② 《游戏发行商总排名 EA 居榜首》，http://www.ali213.net/news/html/2013－2/66717.html。

③ 《美国市场的五大特点》，http://wenku.baidu.com/view/51731af34693daef5ef73ddf.html。

④ 《2011 年美国游戏娱乐设备占有率调查分析报告》，《电玩巴士》，http://wii.tgbus.com/news/Pnews/201202/20120208153857.shtml。

⑤ 《美国市场的五大特点》，http://wenku.baidu.com/view/51731af34693daef5ef73ddf.html。

⑥ 《美国娱乐软件协会为政府公关年花费 360 万元》，http://newgame.duowan.com/0902/97410030232.html。

二、日本游戏市场

(一)日本游戏市场概况

日本一度是世界游戏产业的霸主。从上世纪 60 年代初的街机，到六七十年代之间的家用游戏机，再到八九十年代的掌上游戏机，日本经过 30 多年的耕耘，终于把电子游戏产业培育成第一内容娱乐产业，垄断全球业界长达十余年。对于日本来说，电子游戏产业已是国家经济的重要支柱之一，在国民生产总值中占有 1/5 的举足轻重地位。日本游戏业在最辉煌的 1998 年，曾经占领全球电子游戏市场硬件 90%以上、软件 50%以上，主导着世界游戏市场的潮流。在 1998 年，日本最著名的游戏公司任天堂曾占有美国游戏市场 25%的份额，在世界前十位游戏生产商中销售额排在第五位。[①] 但是近年来，随着网络游戏产业的风生水起，电视游戏与掌机游戏市场逐渐萎缩，日本的游戏产业也开始走向没落。2002 年，日本的游戏产业占世界游戏市场份额 50%的比例，而现在这个数字已经跌落到了 10%。根据日本 FAMI 通杂志出版商兼游戏市场调研机构 Enterbrain 每年发布的报告，日本传统电子游戏[②]市场规模已连续萎缩 5 年(2007～2011 年)，与此同时，另一家调研机构 Yano 的报告显示，日本社交游戏市场自 2009 年至今一直在迅速增长。

Enterbrain 发布的 2012 财年(截至 2013 年 3 月 31 日)日本电子游戏市场调研报告显示，日本电子游戏市场在 2012 财年中实现了小幅度增长，总额为 46 亿美元，其中，软件销售额增长幅度为 1.2%，总额为 28 亿美元，硬件销售额增长幅度略高，为 5%，总额为 18 亿美元。任天堂新主机 Wii U 的发售、新版 3DS 的上市以及索尼为旗下主机和掌机降价促销等举措推动了硬件市场的增长。增长幅度虽然看上去并不理想，但这是日本电子游戏市场在持续 5 年(2007～2011 年)的萎缩后迎来的首次反弹。

现如今，日本的传统电子游戏市场与新兴的社交游戏市场规模已经非常接近。根据日本矢野经济研究所日前发布的日本社交游戏市场 2009～2013 年的统计数据，2012 年，日本社交游戏市场规模为 43.3 亿美元。而 2013 年行业收入规模预计将达到 48 亿美元，日本社交游戏将快速转向智能机平台。行业整体增速迅速放缓。2012 年年底，日本智能机保有量达 4000 万。智能手机的迅速普及，使社交游戏延续了良好的发展势头。

(二)日本游戏市场特点

1. 优势

(1)市场容量大，购买力相当可观。据 Marvelous AQL[③] 欧洲区 CEO 哈里 · 赫尔姆

---

① 西门孟：《游戏产业概论》，学林出版社 2008 年版，第 202 页。

② Enterbrain 定义的"电子游戏"为基于零售业的传统 PC、主机游戏的软硬件市场，不包括移动平台和社交游戏。

③ 日本一家影音及电子游戏软件公司。

伍德(Harry Holmwood)指出,一款 iOS 免费游戏在日本单次下载产生的后续收入(平均值)高达全球其他国家的 3 倍以上。"为什么? 因为市场成熟——日本玩家对免费增值游戏习以为常。"据他透露,MAQL 旗下产品每月"每付费用户平均营收"(ARPPU)达 250 美元,多款游戏的留存率在 60%及以上。①

(2)以游戏硬件的创新保持主机市场的优势地位,拉动游戏软件销售。当今世界游戏主机研发商,日本有任天堂与索尼两家,而海外只有美国微软一家。在世界游戏硬件市场上,任天堂有 WIIU、NDS Lite,索尼有 PS4、PSV,而微软有 XBOX ONE。日本厂商的游戏硬件在世界市场上仍然占据着相当大的份额,特别是在掌机硬件市场,日本的硬件仍处于垄断地位。游戏主机拉动了游戏软件的销售。任天堂充分利用新游戏主机的特性制作的游戏软件取得了惊人的销量,《锻炼大脑的 DS 训练》、《WII Sports》等游戏品牌销量均在千万套以上,实现了硬件与软件的良性循环。②

(3)网络及 3G 的高度发达。日本的移动端网络游戏市场非常火爆,很多年轻人和上班族都会用手机玩网络游戏,而日本国内 Mixi、Gree、DeNa 三大社交网站的发展这几年也主要得益于社交游戏的蓬勃发展。在移动和社交领域,无论是市场环境还是用户消费水平,日本市场都有很好的基础。

2. 劣势

(1)日本本土游戏市场的逐渐萎缩。日本的游戏市场在经过 20 多年的发展后已经达到基本饱和的状态,而始于上世纪 90 年代初的持续的经济低迷限制了日本本土游戏市场进一步发展的空间。另一方面,日本社会越来越严重的少子化与高龄化趋向,也导致了日本游戏消费者的减少。

(2)游戏老牌强国,玩家对游戏的要求非常高。日本本土游戏玩家在上世纪 90 年代对于《勇者斗恶龙》、《最终幻想》这两大国民游戏的消化量在 400 万至 600 万套之间,开发商仅仅依靠日本本土就能收回成本并盈利,而近年来日本市场的萎缩让众多开发商耗时多年花费重金开发的游戏大作甚至连回收成本都变得困难。SE 公司历时五年开发、2009 年发售的《最终幻想 13》本土销量不到 200 万套,创下史上最低。这对于针对日本市场的游戏品牌与厂商来说,无疑是巨大的打击。软件与硬件是支撑游戏市场的两根支柱,其关系是一荣俱荣,一损俱损。③

(3)视频游戏发达,网游的接受度不高。从用户层面讲,日本的游戏产业发展了几十年,大多数的游戏玩家都是 TV Game 的玩家,在接受了太多高品质游戏的洗礼后,网络游戏如果不是足够优秀,确实很难吸引本国的用户,而日本国民对舶来品的态度又不太热衷,所以日本本国的 MMORPG 市场也一直不是十分火爆。

3. 现在和未来

现如今,日本游戏厂商已然将世界游戏市场霸主的宝座让出。不但日本本土游戏市

---

① 《游戏黄金国日本玩家观念落后》,http://news.pcgames.com.cn/287/2874294.html。

②③ 郑义炜:《国际市场结构变化与日本游戏产业创新》,《日本研究》2011 年第 1 期。

场出现萎缩，其在欧美市场的占有率也自2001年起一路下滑，而与此同时，欧美市场和中国、韩国的市场份额显著提升，这就注定日本游戏产业改革的核心是扩大海外游戏市场的占有率，实现游戏内容提供上的国际化。日本游戏开发商为了维持生存，进而追求业绩的增长，迎合欧美消费者的口味，其游戏产品被打上了深深的国际化烙印。KONAMI的重头作品《合金装备4》在开发过程中最终倒向欧美化的电影表现手法，全球销量超过400万套，其中海外销量占80%。日本游戏厂商以传统的RPG游戏见长，但当前海外市场的需求发生了重大转变，这就需要迅速调整战略跟进市场变化，才能保证业绩和销量。在以海外市场为重的开发导向上，日本的CAPCOM走在了同行的前列。早在2003年，CAPCOM就开始关注次时代游戏市场的转变，在日本业界还在重复制作同一类型的游戏时，CAPCOM就加大投资规划面向欧美的游戏作品，其完全针对欧美市场开发的《丧尸围城》与《失落的星球》都取得了极大成功，不仅帮CAPCOM渡过了金融危机的最困难时期，还在欧美游戏市场上树立了自身的品牌形象。

当今日本大型游戏企业的战略重点是以欧美为重，日本次之。曾经垄断世界游戏市场的日本游戏产业已经由业界的领导者转变为追赶者。在新的世界游戏势力版图下，日本游戏产品不仅要跟欧美游戏企业竞争全球市场，还要跟新晋的中国、韩国游戏企业竞争亚太市场。如果战略恰当、措施得力，日本游戏产品在全球游戏市场的占有率可能会逐渐回升。

随着数字技术和互动娱乐版图的拓展，2001年后，日本游戏产业的内外环境都发生了巨大的变化，从市场对象到开发体制都逐步发生了深刻的变革。当今世界游戏产业的重心已逐步转移到了欧美地区，日本游戏产业还将发生哪些变革值得关注。而诸如任天堂式的根本改变游戏方式与体验的思路，其意义将不只在于争夺市场，或许将会给数字内容的互动娱乐形态带来一次革命。①

(三)日本网络游戏出口情况

在日本，兼营软硬件的游戏制造商只有任天堂和索尼两家，但它们却在世界上占有绝大多数的市场份额，并在海外设立了当地法人，从事销售业务。软件专营制造商中的大型企业也在海外设立了当地法人，销售自我品牌的软件。没有在海外设立当地法人的软件制造商，通过向拥有海外基地的软件专营制造商或软硬件兼营制造商销售权利以及委托进行商品化，从而获得相应的收益。软件专营制造商或软硬件兼营制造商的海外当地法人，是通过批发商或直销方式将商品提供给大型零售店。过去在软件开发方面，往往是将为日本市场开发的作品原封不动地变成海外版，但随着市场规模的扩大和用户群的多样化，为迎合日本、北美和欧洲等各地区用户的喜好，也逐渐开始采用在世界各地同时开发的模式。②

① 郑义炜：《国际市场结构变化与日本游戏产业创新》，《日本研究》2011年第1期。

② 《日本文化产业介绍报告》，http://wenku.baidu.com/view/8862ad6ea98271fe910ef96a.html。

日本网络游戏的海外市场开发较为滞后，但以 2003 年进入中国市场的日本游戏“CrossGate”打入排行榜前 10 名为标志，日本网络游戏在东亚的地位开始得到认同。网络游戏的运营有两种方式：一是通过代理店向海外企业销售运营权；二是由日本企业在海外设立子公司提供相关服务。KOEI 已将本公司的“大航海时代 Online”的相关权利出售给韩国。在为日本企业的海外子公司提供支持方面，有 Excite 在新加坡设立的海外法人，它通过给用户出租服务器来支持服务运营，并从 2005 年开始向东南亚 6 国提供相关服务（见图 5—9、5—10）。

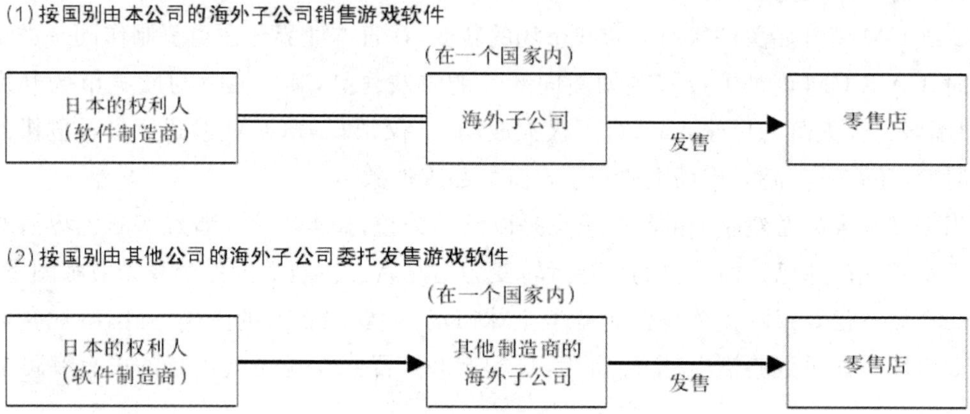

图 5—9 日本游戏海外销售的主要途径①

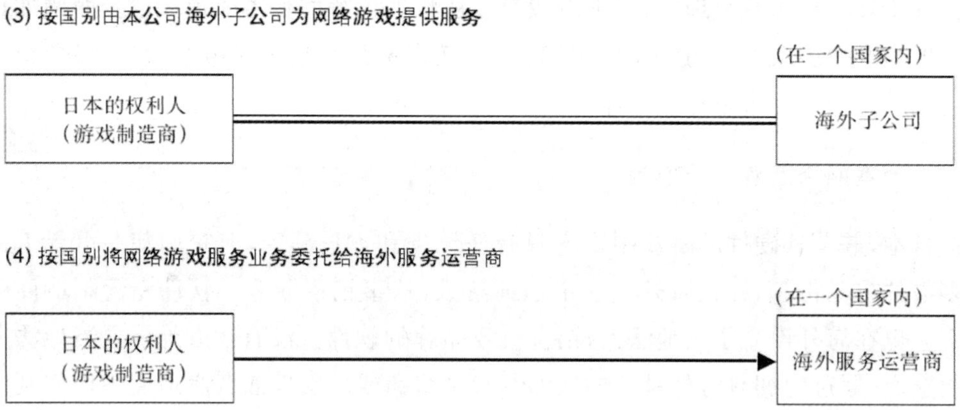

图 5—10 日本网络游戏海外销售的主要途径②

日本游戏 2011 年度出口额为 6.8 亿日元，折合 5500 万元人民币，比上年增长了 141%。

①② 《日本文化产业介绍报告》，http://wenku.baidu.com/view/8862ad6ea98271fe910 ef96a.html。

三、韩国游戏市场

（一）韩国游戏市场概况

根据韩国文化体育观光部、韩国文化产业振兴院发布的《2012 韩国游戏百科》[①]数据显示，2011 年，韩国国内游戏市场的规模为 8.8047 兆韩元（折合人民币约为 498 亿元），同比增长 18.5%，到 2014 年，预计接近 15 兆韩元（折合人民币约为 849 亿元）。

该书指出，2011 年，网络游戏仍主导韩国游戏市场。网络游戏在 2011 年创造了 6.2369 兆韩元（折合人民币约为 353 亿元）的销售额，占韩国国内游戏市场的 70.8%。

2011 年韩国国内的游戏出口总额为 23.7807 亿美元（折合人民币约为 149.4487 亿元），同比增长 48.1%。其中，主要出口国（以出口额为基准）为中国，占整体的 38.2%。其次为日本，占 27.4%，东南亚占 18.0%，北美占 7.6%，欧洲占 6.4%，其他地区占 2.4%。而在 2007 年之后就开始持续减少的进口额，2011 年继续减少 15.5%，仅为 2.498 亿美元（折合人民币约为 12.8819 亿元）。这使得进口额还不到出口额的1/10。另外，在游戏出口总额中，网络游戏的出口额达到整体的 96.2%，为 22.8875 亿美元（折合人民币约为 143.8354 亿元），起到了主导作用。

此外，韩国文化体育观光部公开了 2013 年预算。据此次公开的资料显示，游戏产业相关基金比前一年减少了 35 亿韩元，共为 183 亿韩元。关系到手机游戏的手机内容产业基金，也比前一年减少了 8 亿韩元，共为 102 亿韩元。韩国文化体育观光部正在大幅减少对游戏相关产业的支持。[②]

韩国政府在 2011 年修改了游戏监管的政策后[③]，移动游戏在韩国迅猛发展起来。2011 年，韩国手机移动游戏市场规模约为 6328 亿韩元，比去年增加了 50%，各大知名企业都纷纷将触角伸向移动游戏市场领域。纳克森、网禅等知名网络游戏企业正积极将本企业的人气产品开发为移动版本，依靠强大的研发实力进攻移动游戏市场。韩国知名的网络游戏 *Kart Rider* 和 *R2Beat* 都已经开始进入手机游戏市场，与呈现爆发性增长的智能手机企业合作，带动了整个游戏市场的扩大。

（二）韩国游戏市场特点

1. 优势

（1）基础设施和互联网发展高度发达

高度发达的互联网通讯基础设施为韩国游戏的发展提供了重要的基石。韩国是全

---

① 该书由 30 多位游戏专家参与编撰，通过对韩国国内 438 家游戏开发及运营公司、700 家网吧、176 家街机游戏厅、56 家游戏教育机构、1700 名玩家进行调查，综合分析了 2011 年韩国国内外游戏市场动向、玩家现状以及与游戏相关的文化、技术、法制及政策等内容。

② 程佳编译：《〈2012 韩国游戏百科〉分析市场动向》，http://miit.ccidnet.com/art/40769/20121017/4364433_1.html。

③ 在此之前，韩国政府坚持对本地化经营的应用商店提供的所有游戏进行审核，这就意味着对于各种新游戏很感兴趣的玩家们必须在外国应用商店注册一个账号。

球互联网最发达的国家，宽带平均速度高达16.7Mbps，网民数量超过4200万，占国民人口的82.5%。[①] 全球知名的云平台公司Akamai Technologies, Inc发布的《2012年第四季度互联网状况报告》(*State of the Internet Report for the Last Quarter of* 2012)[②]显示，韩国该季度继续领跑全球互联网平均网速[③]，在居民网速超10Mbps的占比统计中，韩国和日本同样分居榜单前两位，分别占该国总网络人口的49%和39%；美国仅有19%的用户网速可达10Mbps以上，但同比增长约90%，几近翻倍。

(2)移动互联网正呈爆发式增长

2012年，韩国超越日本成为全球手机用户访问移动互联网比例最高的国家，63%的数据使韩国取得移动互联网渗透率全球第一。与此同时，韩国智能机用户更换率达67.8%，为全球第一。根据韩联社的数据，2012年8月，韩国智能手机用户数量超过3000万，而同年6月韩国人口总数为5000万。YeahMobi[④]认为，韩国是目前硬件条件最好的手游市场之一。从韩国文化部与韩国产业振兴院发布的2012年第一季度消费者购买指数的调查报告我们了解到，韩国的手机游戏用户比例高达64%。

韩国是世界公认的游戏大国，尤其在网游时代，韩国可以说在一段时间内独领风骚。但说到手游，由于政策原因，韩国的早期实力并没有想象中那么强。不过韩国毕竟拥有雄厚的游戏产业基础，对于游戏产业的发展方向明确得很快：2011年，韩国政府修改了游戏监管的政策，移动游戏产业在韩国迎来了迅猛发展的浪潮，预计从2015年至2017年，韩国的移动游戏产业将进入成熟阶段，这期间的混合年增长率将在12%～18%之间(这一数据并未添加4G的可变性)。

进入朴槿惠时代，因其主张创造经济、把地下经济活性化，原移动游戏脱离了文化部门的监管，放任民间协会进行审查。这一措施更是加大了市场自由度，无论是外资或外部产品的进入，还是韩国企业的国际化进程，都获得了空前利好的机会。[⑤]

(3)端游和页游的制作运营明显领先

凭借高度发达的互联网基础设施和移动互联网的跟进，以及网络游戏市场和智能手机的普及，韩国游戏无论从质量还是数量上来说，近年来一直都走在世界的前列。早在上世纪90年代，在端游领域韩国就一直处于世界领先水平，如劲舞团、传奇、地下城勇士

---

① 《韩国游戏市场调研报告》，引自百度文库。

② 同往常一样，Akamai的这份报告涵盖了全球互联网连接速度、互联网安全、现有IPv4地址数量以及其他一些常见的互联网状态衡量指标。

③ 报告显示，虽然韩国互联网用户平均接入速度达到了14.0Mbps，但却出现环比减速4.8%、同比减速13%的倒退现象。而全球互联网平均速度在第四季度则总体出现了25%的同比增幅。网速排在第二的是日本，平均速率可达10.8Mbps，这一表现较上季度增速2.7%，较去年同期增速19%。不过即使保持这样的表现，日本也需要再过两年才能追上韩国长期保持的第一的头衔。中国香港的网速排名第三，但平均速率已低于10Mbps，为9.3Mbps。美国平均网速较上一年大幅增长28%，达到了7.4Mbps。

④ YeahMobi是西安点易信息技术有限公司旗下专门从事国内手游海外推广的国内第一品牌，其团队来源于2009年在美国成立的NDP media CORP，作为海外移动市场的内地发起人，YeahMobi通过长期专注发展，开拓丰富的手游海外推广渠道，积累众多的手游海外渠道人脉，拥有无可比拟的手游海外推广优势。

⑤ 《一个真实的韩国手游市场》，http://game.donews.com/201307/1546698.shtm。

等优秀网游就出自韩国，绚丽的界面、优美的配乐甚至让整个亚洲的年轻人都追捧不已。其中，传奇可以说是中国 MMORPG 游戏市场的鼻祖，这款游戏直至今日还成为盛大公司的重要收入来源，培养了第一批国内网游玩家；它的各类私服被打击了十年仍然存活，而这款游戏的制作水准在韩国本土只能算作二流水平。2012 年中国年度十大网游排行榜中，前五名中就有三款韩国游戏，其中，腾讯代理的《穿越火线》（韩国 Smile Gate 公司开发）和《地下城与勇士》（韩国 NEOPLE 公司开发）分列前两位。此外，韩国玩家的网游消费能力也很高，在 2010 年，Nexon、NCsoft、Neowiz Games 三家韩国游戏公司的年度收入总和就达到 120.64 亿元人民币。

韩国游戏的制作比较精心，网游平均开发时间超过 4 年，63%的网游从立项到最终上市，需要 5 年以上的时间。倘若是 3D MMORPG 的话，5 年只不过是开发时间的一个底线。因为“在韩国的游戏开发者眼中，保证足够长的开发时间，无关乎市场及收益，只是一种基本的态度”①。

(4)国民对游戏的认同度高

韩国是一个电竞王国，竞技游戏和网络游戏的战略地位堪比三星电子。例如 WCG（World Cyber Games，世界电子竞技大赛）的星际争霸比赛中，就出现了韩国一家独大的局面。韩国的星际争霸职业联赛始于 1999 年，其职业化程度非常之高，可以和韩国国内的足球、篮球等主流体育项目职业联赛相媲美。据《华尔街日报》报道，优秀的职业选手可以拿到数十万美元的年薪（以韩国的经济标准衡量，他们的收入是非常可观的）。一名韩国议员在 Slayer_Boxer 获得 WCG 世界总决赛星际争霸冠军之后，曾经说过一句意味深长的话：“《星际争霸》将成为韩国的国技。”韩国在搞市长竞选的时候，候选人为了博得年轻人的认同感，甚至会在宣传台上现场玩一盘星际。从这些可以看出，韩国国民和主流社会对于游戏的认同度很高，这是韩国游戏能够蓬勃发展的重要因素。

2.劣势

(1)市场竞争激烈

作为一个相对成熟的市场，韩国网游市场竞争激烈、市场饱和，韩国中小开发商纷纷转战海外。有的韩国游戏开发商抛弃了正在开发中的 MMORPG 的国内（韩国）运营，而决定首先到国外去运营。虽然他们也希望先在韩国运营，只是韩国游戏运营商们对于一般水准的新作不给予太多关注，或者就签约一事考虑很久、拖延时间。由于自身又没有运营能力，加上每个月都需要投入大量的开发费用，那么干脆就首先在国外开始运营。如果运气好，国外获得了成功，就不需要一定回韩国运营。由于竞争激烈，失败的新网游比成功的新网游更多，甚至连投入数十亿韩元的巨额开发费用和宣传费的所谓的“大作级”新作，在目前的环境下，也很难保证成功。因此，如果不是被得

---

① 《阵痛中寻找机遇 韩国游戏产业链生态调查》，http://news.17173.com/content/2013－05－22/20130522171517321_1.shtml。

到充分验证的新游戏，运营商就不愿意签协议。①

(2)本地法规

韩国关于网络游戏方面的法规较为严格。2012 年，韩国网络游戏市场新网络游戏比例同比下降 31%。网络游戏 2012 年上半年审核 385 件，全体用户体验网络游戏比例是 55.3%(213 件)，禁止青少年用户体验网络游戏比例是 29.9%，12 岁以上用户体验网络游戏比例是 9.1%(35 件)，15 岁以上用户体验网络游戏比例是 5.7%(22 件)。这主要是因为韩国国内游戏等级审核比较去年出现了下降趋势，但是“青少年禁止体验网络游戏”审核比例较去年增长了 10%。韩国游戏等级审核委员会负责人表示：“韩国国内游戏企业都在观察网络游戏市场动态，因为正在施行的禁止青少年深夜登录网络游戏条例是让游戏企业比较忌讳的事情，所以无奈之下就把游戏等级申请为禁止青少年用户试玩网络游戏。这也是导致新网络游戏推出数量减少的原因。”

此外，韩国还在 2011 年实施了由妇女家庭部提交的《网络游戏防沉迷法案》，法案的核心内容是限制 16 岁(含)以下青少年的在线游戏时间，具体说来，就是在零时到 6 时之间，强制禁止 16 岁以下玩家玩线上游戏。这对韩国的网游产业也有负面的影响。②

(三)韩国游戏产业出口情况

韩国文化体育观光部和韩国资讯振兴院 2013 年 2 月 4 日发布的报告显示：2012 年，韩国游戏产业国内销售额达到 10.53 万亿韩元(约 603 亿元人民币)，同比增加 19.6%；出口额达到 27.87 亿美元(约 173.64 亿元)，同比增加 17.2%。韩国游戏产业贸易收支连续 11 年保持顺差，主要出口对象是日本、中国和美国。

韩国游戏出口值得我们借鉴的经验有：

1.良好的网络游戏产业发展土壤

一是政府支持，二是国内产业环境成熟。这里边包括数千家游戏制作及经营企业，韩国政府部门下属的韩国尖端游戏产业协会 KESA、韩国游戏支持中心 KGPC、游戏协会，在大学中由政府指定赞助的数十家游戏大学及研究院，还有包括 onGameNet、GameTV 在内的有线电视和卫星广播专业游戏频道等组成的庞大的游戏产业群体。

2.系统化的产业发展路径

从微观的角度来看，在韩国，游戏真正是作为一项系统化发展的产业来看待，游戏行业本体的发展与韩国的游戏大学、游戏大赛、游戏电视台等相关事业的运营有着密不可分的联系。多方面、多层次的配合推动了行业本身的健康运营，而由行业衍生出来的其他相关产业也创造了许多增值利润，提供了更大范围的就业机会，从而营造出了一个良好而有序的发展空间。

---

① 《韩国网游市场竞争激烈 中小开发商转战海外》，http://games.qq.com/a/20100813/000072.htm。

② 《2012 年中国游戏产业海外市场报告(摘要版)》，http://wenku.baidu.com/view/fd5a59176bd97f192279e95a.html。

3. 传媒的营造

韩国的电视和报纸一直将游戏产业作为战略性产业进行宣传，将游戏开发作为信息技术的前沿阵地，将游戏出口作为国民经济发展的重要领域。受此积极影响，公众媒体在消除人们对游戏的负面印象、促进其良性发展的过程中也扮演了重要的角色，游戏出口在韩国国内也成为一个积极的产业方向。

4. 教育的配合

出于当时对韩国现有游戏设计人才缺乏的考虑，游戏院校大批成立，大学也开设了游戏相关专业课程，以大力培养游戏专业人才。

5. 社会和企业的支持

韩国人对复杂游戏情节的喜爱以及倾向于团队合作的偏好，使得网络游戏不再是孩子们的场域而在全社会盛行开来。因此，网游如同其他体育竞技行业一样，也得到了韩国企业的关注，一些大企业纷纷成立了自己的游戏队伍并赞助各类游戏比赛，甚至游戏精神也成了企业文化的组成部分。①

第三节　中国游戏产品“走出去”

在中国，作为一种新兴的文化创意产业，游戏产业经过十多年发展，已经成为直接市场规模超过 800 亿元人民币、消费人数上亿的巨大产业。在这个过程中，网络游戏产业不仅在国内逐渐得到认可，逐渐夯实其主流文化地位，同时，走出去的发展脚步也非常迅速。一方面，网络游戏产业已经成为近年来中国文化“走出去”收获真金白银最多的一个行业；另一方面，网络游戏产业走向海外也成为提升中国文化全球影响力的主要渠道之一。十八大报告中特别提出：“促进文化和科技融合，发展新型文化业态。扩大文化领域对外开放，积极吸收借鉴国外优秀文化成果。”中国网络游戏产业在走出去的过程中，其发展特点恰好与十八大报告提及的内容不谋而合。中国网络游戏产业通过整合全球网游资源，利用互联网等前沿科技，将中国优秀文化与海外文化相融合，努力打造适应全球用户需求的网游大作，真正做到了“文化和前沿科技融合，创意与全球市场对接”。

一、中国游戏市场概况

据中国版协游戏工委（GPC）发布的《2013 年中国游戏产业报告》（以下简称《产业报告》）数据显示，2013 年中国游戏市场实际销售收入 831.7 亿元，较 2012 年增长 38%，其中，客户端游戏销售收入为 536.6 亿元（占 64.5%），网页游戏销售收入 127.7 亿元（占

① 《韩国网络游戏产业发展规模探秘》，http://wangyou.pcgames.com.cn/yjzh/chang/0510/728356_1.html。

15.4%），移动游戏、社交游戏和单机游戏收入分别为 112.4 亿元（占 13.5%）、54.1 亿元（占 6.5%）和 0.89 亿元（占 0.1%）。2008—2013 年中国游戏市场实际销售收入见图 5—11。同时，2013 年整体用户规模持续扩大，达 4.95 亿人，同比增长 20.6%，游戏越来越成为国民生活不可或缺的组成部分。[①] 2008—2013 年中国游戏市场用户规模见图 5—12。

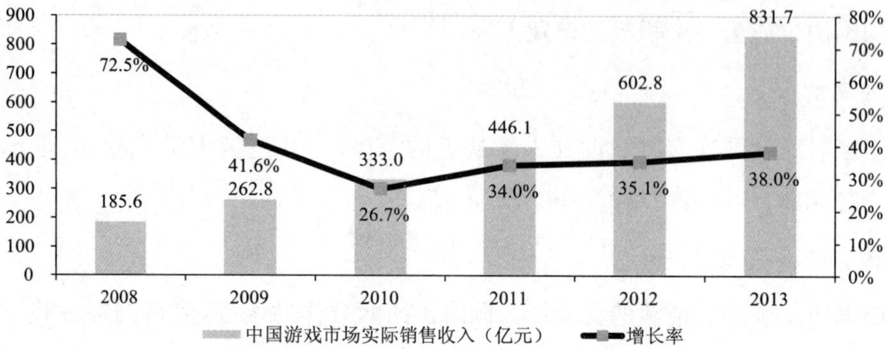

图 5—11 2008～2013 年中国游戏市场实际销售收入③

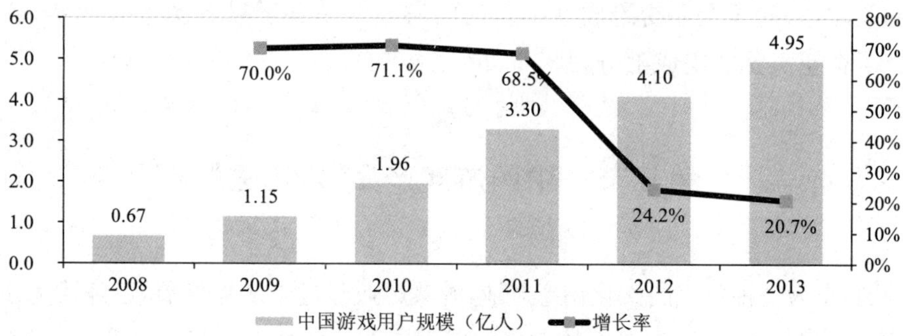

图 5—12 2008～2013 年中国游戏市场用户规模②

单从网络游戏市场来看，客户端网络游戏市场实际销售收入 536.6 亿元，同比增长 18.9%，其中，MMORPG 类端游收入 352.9 亿元，休闲端游收入 183.7 亿元；网页游戏市场实际销售收入 127.7 亿元，同比增长 57.5%；移动游戏市场实际销售收入 112.4 亿元，同比增长 246.9%；单机游戏市场实际销售收入 0.89 亿元（见图 5—13 和图 5—14）。

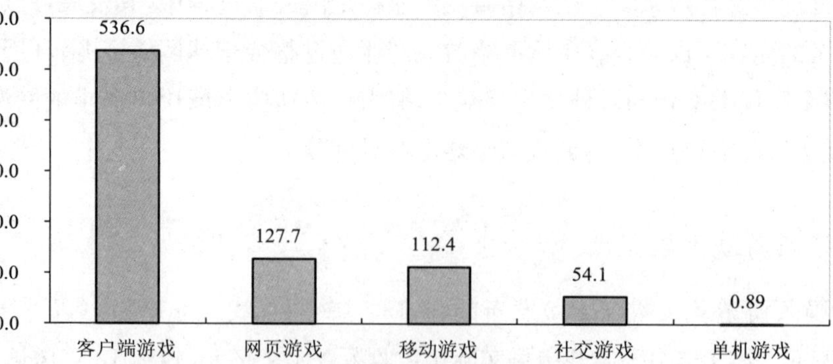

图 5—13 2013 年中国游戏细分市场实际销售收入④ （单位：亿元）

①～④ 中国版协游戏工委（GPC）：《2013 年中国游戏产业报告》，http://www.docin.com/p—755036927.html。

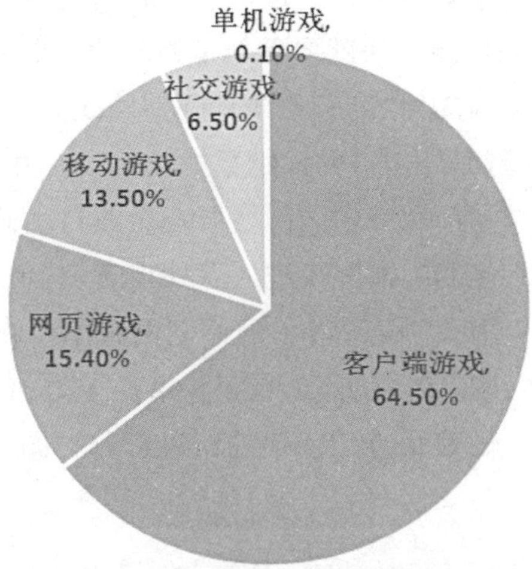

图 5—14 中国游戏细分市场份额①

二、中国游戏出口情况

中国游戏产业已经成为中国文化"走出去"收入真金白银最多的文化产业。据《2012年中国游戏产业海外市场报告(摘要版)》(以下简称《海外报告》)公布的数据,2012 年中国原创网游市场实际销售收入 368.1 亿元人民币,比 2011 年增长了 35.6%,占中国网游市场实际销售收入的 64.6%。而中国原创网游的海外出口也保持着持续的增长,2012年海外出口实际销售收入为 5.7 亿美元(约 35.5 亿元人民币),较上年增长 57.5%(见图 5—15)。② 我们将这个数据与电影业做一下对比,据国家广电总局公布的最新数据显示,2012 年中国电影全年海外票房和销售收入仅为 10.63 亿元人民币,在国内狂揽 10 多亿票房的《泰囧》,2 月 9 日在北美上映,三天票房仅为 3.2 万美元。可见,游戏产业已成为

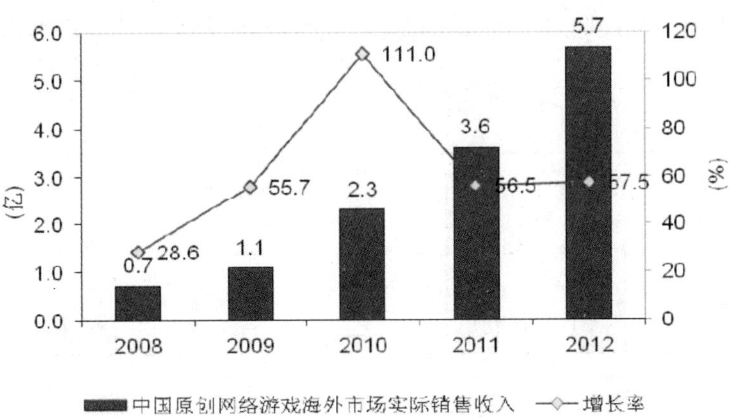

图 5—15 中国原创网络游戏海外市场实际销售收入及其增长率③

① 中国版协游戏工委(GPC):《2013 年中国游戏产业报告》,http://www.docin.com/p—755036927.html。

②③ 《2012 年中国游戏产业海外市场报告(摘要版)》,http://wenku.baidu.com/view/fd5a59176bda7f192279e95a.html。

中国文化产业“走出去”相当重要的一支力量，兼具创收和文化传播双重责任。正如完美世界 CEO 萧泓坚信的，人们可能很快就要重新审视游戏产业的价值和意义，因为它将会成为中国文化产业发展和中国文化“走出去”的重要力量之一。①

以下为 2012 年中国网游海外出口的详细数据：2012 年，中国自主研发网游海外出口呈现整体规模化增长趋势，共有 40 家中国网络游戏企业自主研发产品进入海外，出口企业较上年增加 17.6%；总计有 177 款游戏进入海外市场，其中客户端游戏 63 款，总销售收入为 3.31 亿美元，较上年增长 46.5%；中国原创网游出口海外主力军为页游，总数量达到 103 款，海外总收入达到 2.28 亿美元，较上年增长 78.9%；共有 11 款移动游戏出口海外，实际销售收入为 0.08 亿美元，较上年增长 33.3%（见图 5－16）。②

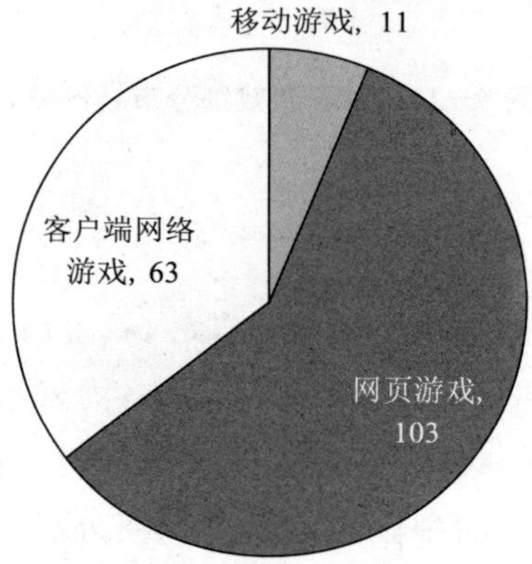

图 5－16　2012 年出口的中国原创网络游戏类型构成比例③

2012 年出口的中国原创网络游戏总量为 177 款，出口至海外 100 多个国家和地区。其中，出口到港、澳、台地区的游戏 113 款，东南亚地区的游戏 110 款，东亚的日本、韩国地区的游戏 79 款，出口到欧洲、北美、南美地区的游戏分别为 50 款、37 款、11 款（见图 5－17）。

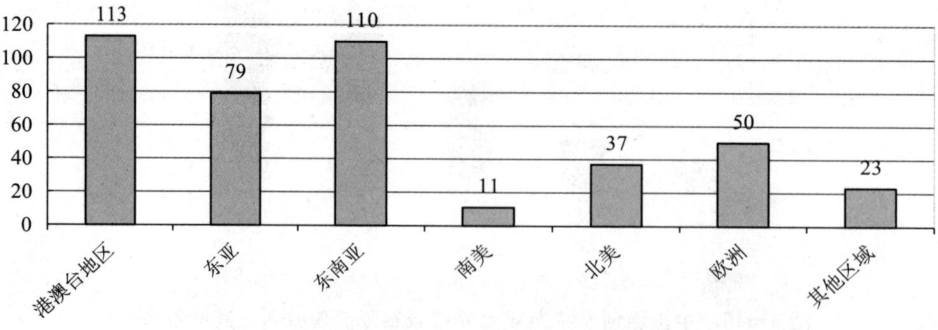

图 5－17　2012 年出口的中国原创网络游戏数量及市场分布④

① 孙冰：《网游已成为中国文化产业出口的绝对主力——专访完美世界 CEO 萧泓》，《中国经济周刊》2013 年第 16 期。

②～④ 《2012 年中国游戏产业海外市场报告（摘要版）》，http://wenku.baidu.com/view/fd5a59176bda7f192279e95a.html。

2012 年中国原创客户端网络游戏海外出口实际销售收入为 3.3 亿美元，较上年增长 46.5%(见图 5—18)。

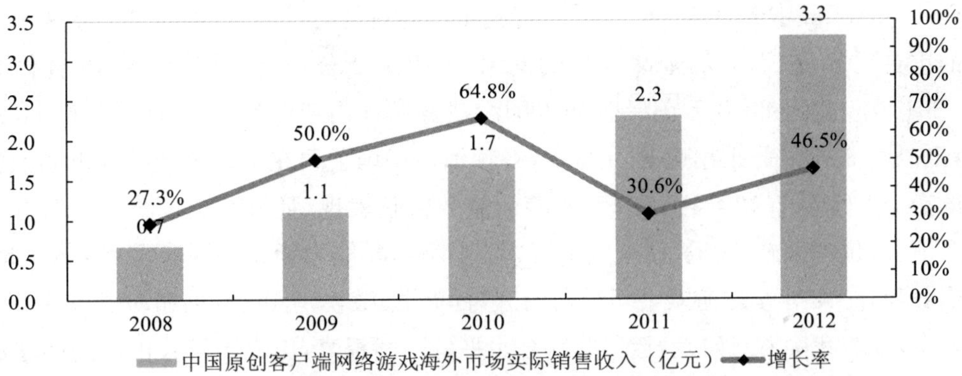

图 5—18　2012 年中国原创客户端网络游戏海外出口实际销售收入及其增长率[①]

2012 年中国原创网页游戏海外出口实际销售收入为 2.28 亿美元，较上年增长 79.5%(见图 5—19)。

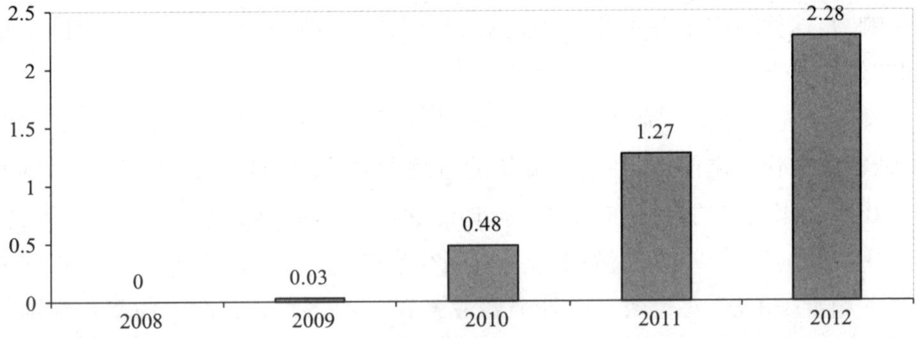

图 5—19　2012 年中国原创网页游戏海外出口实际销售收入及其增长率[②]

2012 年中国原创移动网络游戏海外出口实际销售收入为 0.08 亿美元，较上年增长 33.3%(见图 5—20)。

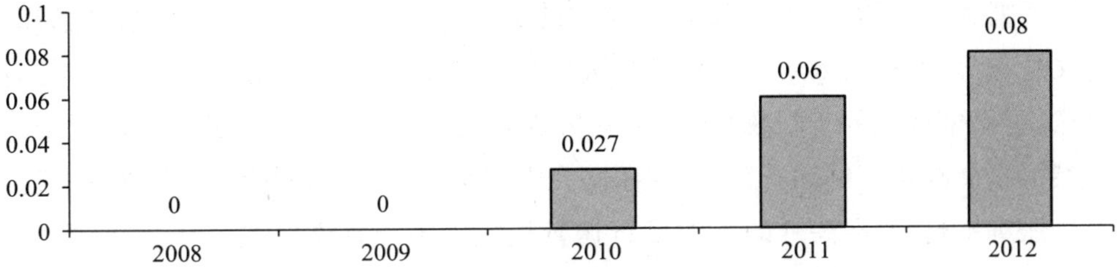

图 5—20　2012 年中国原创移动网络游戏海外出口实际销售收入[③]

《海外报告》显示，2012 年中国企业的海外扩张增速非常明显。调查发现，现在“走出去”拓展海外市场的企业中，不仅包括完美、盛大、腾讯、畅游、蜗牛、网龙、金山等传统大

①～③　《2012 年中国游戏产业海外市场报告(摘要版)》，http://wenku.baidu.com/view/fd5a59176bda7f192279e95a.html。

型企业，一些新锐企业，如趣游、炎龙科技、第七大道、凯特乐游等也加大了海外拓展力度，使得中国网游海外发展持续升温。

Digi－Capital 常务总监 Tim Merel 提到中国游戏公司时认为，中国公司将成为游戏市场的重要玩家，它们会从全球最强的网络/手机游戏公司得到资金、收购、合作和授权。[①] 2010 年，盛大 8000 万美元收购美国游戏分销和内置广告平台 MochiMedia，2011 年，腾讯以约 3.5 亿美元收购 Riot Games，预示着中国公司在未来全球游戏市场上将有更大的潜力。截至 2012 年前三季度的游戏业务营收表现，腾讯在全球游戏厂商排名中已跻身前五，位列微软、索尼、任天堂之后，名列第四位，略微领先动视暴雪和 EA。此外，在市值方面，2012 年全球游戏公司市值前五为：苹果、微软、腾讯、索尼和动视暴雪。

未来，随着我国游戏研发、运营等综合水平的不断提高，出口到海外市场的网络游戏产品质量、数量及业绩还将不断提升，中国游戏的海外影响力将日渐增强。

三、中国游戏产品“走出去”战略及措施——以“完美世界”为例

中国游戏产业拥有自主知识产权、高利润率和高附加值，在输出产品、品牌的同时输出文化影响力，这使得本来并不是很主流和很被推崇的游戏产业，成为了中国文化产业发展中的“好榜样”[②]。

我国网游领先企业——完美世界互动娱乐公司总裁竺琦曾说，“相对于其他文化载体，网游独特的文化输出能力，在走向海外的过程中展现出独特的魅力。届时，网游无疑将会成为我国文化出口的一面旗帜。”在竺琦看来，一方面，网游汇集了文学、影视、音乐等诸多文化形式的特点，一款网游的生命周期往往长达数年，玩家可以长期不间断地深入体验。这相对于电影、小说等一次性消费或者间断性消费对人产生的文化辐射和影响力更深。伴随着产品的输出和海外市场的扩张，网游也在推动着中国文化输出。以“完美世界”为例，采取独特的“文化整合再输出”方式，借助好莱坞“功夫熊猫”的文化输出模式，将希腊神话、日本神话、欧美骑士文化等异域文化进行全面整合创新，在尊重原著的前提下进行中国式改造，打造出了具有影响力的产品，这些尝试对网游出口起到了积极的作用。而盛大游戏的《魔界 2》则将中西方的文化进行融合，利用欧美市场熟悉和认可的本地文化符号，通过植入中国文化进行重新包装、推向海外，让该款游戏既有中国传统文化元素，也有偏西化的奇幻题材。[③] 另一方面，我国网游产业在走出去的过程中，也形成了独特的发展战略。例如，盛大游戏面向大中华地区、美国、欧洲和东南亚着手建立起四大全球服务平台，并在海外的研发发行运营模式上不断探索，创造出包括独立自主研发、联合自主研发、合作开发、投资开发等多种形式，从而获取新的、优秀的海外研发团队和优秀产品。

---

① 《全球游戏投资报告公布 中国将成为全球领导者》，http://games.qq.com/a/20110223/000068.htm。

② 《游戏促进国际文化交流 亟需提升行业层次》，http://finance.chinanews.com/it/2013/05－16/4825716.shtml。

③ 奇嵘：《中国网游迎来新浪潮出口规模 5 年翻 6 倍》，《新民晚报》2012 年 4 月 20 日。

中国网络游戏走向海外，经历了“产品授权，代理运营”、“自建公司，独立运营”、“合作研发，联合运营”以及“海外研发，全球运营”四个不同发展阶段。其中，前三个阶段是游戏运营企业较为常见的出口运营方式，而第四阶段“海外研发，全球运营”，则是近两年才出现的一种全新的海外运营模式。这种全新的海外运营模式的创始者正是“完美世界”。[①] 我们将以“完美世界”为例来探讨中国游戏“走出去”的战略和措施。

〔案例精选〕

完美世界(北京)网络技术有限公司是中国领先的网络游戏开发商和运营商之一。公司成立于2004年，致力于以自主原创为根本，以研发优质的精品网游为宗旨，以推广东方文化于世界为长远目标。完美世界现主要基于自主研发的Angelica 3D游戏引擎、Cube引擎以及Eparch 2D引擎为平台开发各类网络游戏，陆续推出了《完美世界》、《武林外传》、《完美世界(国际版)》、《诛仙》、《赤壁》、《热舞派对》、《口袋西游》、《神鬼传奇》、《梦幻诛仙》、《降龙之剑》、《神魔大陆》、《神鬼世界》、《倚天屠龙记》、《神雕侠侣》、《圣王》、《圣斗士星矢online》等网络游戏产品。凭借强大的技术实力及富有创意的游戏设计能力，完美世界迅速推出广受大众欢迎的游戏产品，以满足全球用户不断变化的需求及市场发展。作为网络游戏产品提供商，完美世界正面向全球开展业务，全面拓展海外市场。目前，完美世界已经成功地将旗下部分产品出口到了海外一百多个国家和地区。同时，完美世界在全球建立了自己的运营平台，在北美、欧洲和亚洲设有全资子公司自主运营游戏，并已成功将旗下游戏授权至亚洲、拉丁美洲、澳大利亚、新西兰、俄罗斯联邦及其他俄语地区的主要游戏运营商，为全球用户提供优质的互联网娱乐服务内容。2007年7月26日，完美世界成功登陆美国纳斯达克股票市场(NASDAQ:PWRD)，并于2009年1月2日登陆纳斯达克全球精选市场(NASDAQ Global Select Market)挂牌交易，成为中国最出色的互动娱乐企业之一。[②]

2012年，完美世界海外收入超过1.1亿美元，超过其总收入的25%，蝉联了中国游戏出口产值的第一名，出口已经覆盖超过一百多个国家。2012年客户端网游海外出口中，完美世界约占到36%的市场份额。完美世界联席CEO萧泓在“2012中国游戏产业年会”上发言：“以中国目前的发展状况而言，虽然在电影、篮球等领域暂时无法与美国竞争，但游戏公司却可以，中国业者走向世界需要有‘大国心态’。首先要大气，有眼光；二要抱团出海；最后是要开放和融合。”完美世界作为中国网游海外出口的领军者，其独特的“海外研发，全球运营”模式以及“整合全球资源”、“抱团出海”等发展方式更是受到了广泛认可，成为2012年中国网游海外出口的亮点之一。

第一，海外研发，全球运营。近两年来，完美世界通过收购海外游戏企业等方式，整

---

① 《2012年中国游戏产业海外市场报告(摘要版)》，http://wenku.baidu.cn/view/fd5a59176bd97f192279e95a.html。

② http://www.wanmei.com/enterprise/company.htm.

合全球游戏产业设计、生产、运营、IP 等资源，实行全球化产业链条，以全球化研发方式进行海外拓展。比如，完美世界北美研发团队 CrypticStudios 研发的《无冬之夜》，是一款由美国人开发的典型的欧美游戏，但其版权却属于中国企业。这款产品不仅会在海外进行运营，同时也会引入中国，进而在全球推广。这种全新的海外运营模式的产生，正是完美世界近年来力推的“全球资源整合战略”的一种产物。其最大的优势在于可以整合全球范围内的人才和技术资源，开发出真正符合全球市场口味的精品大作。[①] 完美公司希望将游戏打造成为承载中国文化的高科技产品，出口全球，从而做大、做强中国文化产业，扩大中国文化的世界影响力。

第二，整合全球资源。完美世界通过收购海外游戏企业等方式，整合全球游戏产业链，充分利用专业的技术实力、稳固的协作关系、丰富的运作经验及雄厚的研发资本，实行全球化生产，从而具有了国际化游戏制作水准。“我们的海外分支机构不仅会帮助母公司进行产品的研发和运营，同时还在本地进行产品研发。”萧泓说。完美世界在北美、欧洲和亚洲设有全资子公司自主运营游戏[②]，构建全球发行网络，通过大量招聘当地员工和管理者，学习和融合本土文化，少数企业通过外国工作室开发适合当地市场的游戏，使得当地分支机构不仅能更好地在本土推广中国游戏，更能开发出符合本土需求的游戏精品大作。

在走向全球的过程中，完美世界不仅实现了从代理到自主经营的突破，更逐渐以一种国际化的视角，力图整合全球资源，形成全球化的研发、推广能力。借助这种资本化的运作，整合全球游戏产业设计、生产、运营、人才等资源，构建全球化产业链条，以全球化的研发方式进行产业发展。比如，完美世界旗下游戏《圣斗士星矢 Online》为解决中国游戏海外文化认同的问题，通过购买日本知名漫画《圣斗士星矢》，借由国外的文化形象，在其中融入中国文化元素。这种方式巧妙地利用了《圣斗士星矢》在海外的广泛影响力来推广中国文化，很好地解决了文化差异问题。[③]这也是一种全新的“文化引进再输出”的方式，借助全球资源整合，这种创新在未来全球市场的竞争中会显示出更多优势。未来，中国网络游戏的海外发展必然会继续深化全球资源整合的发展之路，进而形成富有穿透力的全球化对接和全球资源整合能力。

第三，抱团出海。完美世界在 3 年前就首次在业界提出了“抱团出海”发展战略，企业可以共享资源，使更多实力和经验不足、在海外没有建立成熟渠道的网络游戏企业得到更多走出去的机会。完美世界为网络游戏产品进出口打造了一个 PWIE 平台(Perfect World Import&Export Platform，完美世界海外进出口平台)，以帮助国内的游戏厂商实现游戏产品的进出口。截至 2012 年年底，入驻 PWIE 平台的产品超过 180 款，这在很大程度上加快了中国网游“走出去”的速度。[④]

---

①③ 《2012 年中国游戏产业海外市场报告(摘要版)》，http://wenku.baidu.cn/view/fd5a59176bd97f192279e95a.html。

② 《完美世界：成为全球领先的在线游戏供应商》，http://www.ceh.com.cn/jjzx/2013/09/241524.shtml。

④ 《网游已成为中国文化产业出口的绝对主力》，《中国经济周刊》2013 年 5 月 2 日。

十八大报告提出“促进文化和科技融合，发展新型文化业态，提高文化产业规模化、集约化、专业化水平。构建和发展现代传播体系，提高传播能力。扩大文化领域对外开放，积极吸收借鉴国外优秀文化成果”。完美世界通过全球资源整合、全球文化整合创新再输出等多项内容，将中国传统文化以网游的形式，通过海外渠道传播到全球，并且用网游产品的天然优点，持久、正面地将中国文化传播到全世界。

思考与研讨题

1. 什么是游戏？如何对游戏进行分类？
2. 结合实际，谈谈对游戏的影响和作用的认识。
3. 试述游戏的正面价值和意义。
4. 分析当今世界游戏市场的发展趋势。
5. 分析当今中国游戏市场的发展趋势。
6. 试述中国游戏产品“走出去”的战略。

第六章 国际动漫市场

本章要点

1. 国际动漫市场发展概况
2. 国际主要动漫市场分析
3. 中国动漫产品“走出去”

有人认为，动漫的开端始于英国的著名画家荷加斯1743～1745年间创作的世界最早的漫画《时髦婚姻》，也有人认为，应该始于1906年美国人图尔特·勃莱克顿摄制的动画片《一张滑稽面孔的幽默姿态》，但如果把中国的皮影戏算作世界最早的卡通动画的话，那么动漫这种艺术形式已经存在近千年了。在此期间，动漫由少数人的痴迷爱好变成一种家喻户晓、喜闻乐见的大众娱乐方式，乃至成为一种产业。尤其在今天，其经济和文化地位已发生了巨大的变化。

第一节 国际动漫市场发展概况

一、动漫市场的规模

从全球主要国家来看，动漫产业已经成为一个庞大的朝阳产业。据统计，截至2006年，全球动漫产业的产值已达2228亿美元，与动漫产业相关的周边衍生产品产值则在5000亿美元以上。世界主要的动漫产业国家是美国、日本、韩国和英国。其中，20世纪90年代中期，美国动画产品及其衍生产品的出口就超过了传统的工业产品，成为贸易的重要支柱，其动画产品及其服务在国民生产总值中已占到第6位。日本动漫产业的收入占其国民生产总值的近1/5，在国民经济中位列第6，其游戏市场每年创造2万亿日元的市值规模。目前，漫画杂志及单行本的发行量已占杂志和图书发行总量的45%，营业额在230万亿日元以上；日本销往美国的动画产品出口额是钢铁出口额的3.4倍，达到43.6亿美元。在日本电视节目出口总量中，动画产品占60%。韩国政府将动漫产业确立为“战略出口产业”。韩国的动漫产业在政府的大力支持下，近年来已达到每年10%的增长速度，其市场规模已经达到3000亿韩元以上。韩国动漫业产值占全球的30%，动漫产业已成为韩国国民经济的六大支柱产业之一，韩国也成为世界第三大动漫产业国。[①] 英国数字娱乐产业年产值占国内生产总值的7.9%，成为该国的第一大产业。由此可见，动漫产业已经由各国经济生活中的边缘产业跻身于国民经济的支柱产业之列。

二、动漫市场的产品结构

动漫产业(Cartoon Industry)是以ACG(Animation，Comic，Game)，即动画、漫画、游戏为核心展开的，外延涉及所有动漫作品和相关衍生品以及一些动漫文化现象。动漫产业的基本产品主要有动漫作品，其载体包括电视和电影、图书和杂志、各种VCD和DVD光碟产品，以及网络、手机等媒介。本章涉及的动漫市场的产品主要是动画片和漫画，其中包括以下几部分：

(一)电视动画

电视动画是指在电视频道上播映的动画作品，包括虚拟形象动画、真人实景动画以及两者的结合体。典型代表作品如《喜羊羊与灰太狼》和《天线宝宝》。

(二)动画电影

动画电影是以动画制作的电影，如《喜羊羊与灰太狼之虎虎生威》、《魁拔》等。动画电影的定义有狭义和广义两种。狭义上的动画电影只通过电影院放映，广义上的动画电影除通过电影院放映外，还通过剧场和DVD发售。本章所指的动画电影为广义定义，包括剧场版和OVA。OVA(Origenal Video Animathin)意为“原创动画录影带”，是与动画电影和电视动画相对的一个概念，其既不在电视上播出也不在电影院里公演，而是以录像带和DVD的形式限量销售，通常不会再版。相对二维动画电影和电视动画，OVA动画只在商店内发行和销售。

(三)手机动漫

手机动漫是指将动画元素融入MMS、WAP等各类移动增值产品，并兼容MFLASH的动漫产品，通过移动运营商的手机终端将该动画产品提供给消费者。

(四)网络动漫

网络动漫是指以专业的动漫网站为载体，通过互联网制作和传播的动漫作品，它以动画和漫画形态提供各种增值应用服务，并从中获得收益。

---

① 《2005～2006年中国动漫产业分析及投资咨询报告》(上、中、下卷)，引自中国投资咨询网，2006年2月。

三、动漫市场的主体结构

随着经济全球化步伐的不断加快，各国文化产业壁垒不断被打破，一批规模庞大的跨国文化产业集团开始涉足文化产业的众多领域，成为其中的“巨无霸”，占据国际文化贸易的主体地位。全球50家娱乐传媒公司占据了世界文化市场95%的份额。目前传播于世界各地的新闻，70%由跨国公司垄断，世界最有影响力的文化企业巨头都是大型跨国公司。从事动画制作与发行的文化娱乐公司主要有：迪士尼、维亚康姆公司、索尼公司、福克斯娱乐集团公司、时代华纳公司、NBC Universal公司、贝塔斯曼公司、EMI集团工业公司。其中，迪士尼公司作为行业老大，具有无可争议的垄断地位。此外，成立于1986年的能够自主研发多项动画制作软件、以技术见长的皮克斯于1991年5月与迪士尼签订具有历史意义的协议，皮克斯负责制作，迪士尼负责发行，两大动画巨头联合生产了一系列经典动画形象，刷新了动画史上的多项纪录。成立于1994年的新兴计算机动画领先公司梦工厂，由原迪士尼公司高层领导人卡赞伯格、音乐界泰斗大卫·格芬以及著名导演斯蒂文·斯皮尔伯格共同组建，从1998年开始陆续推出非常有票房号召力的大型动画片，堪与迪士尼公司分庭抗礼。工业光魔公司(ILM)是卢卡斯数字影音公司的子公司，拥有一支为《星球大战》等票房大片工作的计算机特技团队，是世界上最大的数字生产公司。太平洋光魔公司(PDI)为商业界和娱乐界提供高端动画和视觉效果。皮克斯动画工作室开发了拥有自主知识产权的软件，涉及的领域包括模型、动画、灯光、制作管理和图像着色。华纳兄弟公司成立于20世纪20年代，30～40年代开始制作动画短片，1962年关闭了动画部门，直到90年代又开始重新制作动画片。

日本从事动漫产业的主体则是由成立于1956年的东映动画公司、成立于1961年的手塚制作公司、成立于1985年的宫崎骏和高烟勋的吉卜力工作室以及众多分工严密的小动漫制作公司组成。

中国动漫市场除了大约十个实力雄厚的大公司之外，其他公司的规模都偏小，基本上处于“有量无质”的局面，产业集中度低。

四、国际动漫市场的竞争格局

从国别来看，世界主要动漫国家是日本、美国、韩国和加拿大，以及一些专门承接动画片外包业务的像印度、菲律宾、中国内地和台湾等一些发展中国家和地区。20世纪70年代，日本承接了美国的动画制作加工转移；80年代日本经济开始腾飞，动漫原创也得到迅速发展，日本逐渐成为动漫大国。2003年，日本销往美国的动漫产品是其钢铁出口的4倍。目前，日本仍然是高水平动画外包的承包国。日本的动漫产业是日本文化产业中最为突出的亮点，涉及影视、音像、出版、旅游、广告、教育、服装、玩具、文具、网络等众多领域，并以超过90亿美元的年营业额使日本一跃成为世界第一动漫大国。日本的动漫内容产业市场的总体规模估计已占日本国内生产总值的10%强，并已经发展成为日本的第三大产业。平面书籍领域，日本的漫画也占到了世界市场半数以上的份额。据统计，目前，日本动画片占据全球60%以上的市场份额，欧洲动漫产品的80%来自于日本。长期以来，日本形成了销售集团垄断，创作和制作企业小、散、多，原创为主、外包为辅的产业结构，国际化和市场化并举的市场结构。

美国是动画产业的发源地。20世纪初，动画电影在美国面世并形成产业，至五六十年代进入繁荣时期，美国动漫产业在几十年的发展过程中，依托其发达的经济、雄厚的创作技术以及完备的市场化组织，始终处于世界领先地位。美国动漫产业在发展中形成了几大动漫垄断企业集团。这些集团对动漫产品进行大投入、大制作、大产出、大运作，形成进行独立开发和市场独立运营的比较单一的原创产业结构、国内外并举的市场结构，其产品处于向国际社会强势输出的地位，并主导国际动漫产业的发展。此外，美国将大量的中低档次的动画制作和衍生品的设计和生产发包给其他国家，降低了成本，同时美国还承接世界上三维动画高水平制作的服务外包。有数据显示，2004年美国动漫产业产值达到183亿美元，其中，动画产值50亿美元，游戏软件产值为73亿美元(计算机游戏软件11亿美元，游戏机软件62亿美元)，游戏机及其接口设备产值为37亿美元，漫画产值为23亿美元。但据业界人士估计，美国动漫产业产值远大于此，加上漫画、动画、游戏的衍生产品及其出口收入，总产值至少也有2000亿美元。

20世纪80年代，韩国承接了日本的动画制作加工转移，从简单的上色到承接整套工程，在外包中积累了动漫制作的理念、管理和技术，成为世界上最大的动画加工厂。韩国以数码动画技术为突破口，提高三维以及三维与二维技术的合成能力，以计算机及其网络为基础，实施动漫产业特别化战略。在衍生产品的开发上，韩国也坚持了同一战略理念，将动画衍生产品的开发集中在网络游戏上，完成对内容资源的深度开发和对目标消费群的再利用。同时，承接外包仍然是其产业发展的主要支撑。20世纪90年代后期至今，韩国经济崛起，韩国动漫原创迅速发展。2006年，韩国国内市场动漫产业销售额为116亿美元，而出口竟达到294亿美元，占国际市场近10%的份额，韩国成为第三动漫产业大国。

加拿大从20世纪80年代开始承接美国动画加工，90年代开始发展动漫原创，采取原创和外包同时发展的模式，方式灵活。主要发展方式有三种：一是合作制片。这种方式主要是指国际合作，产权大部分由加方控制。这样做既有利于分享更丰厚的市场回报，又能通过合作方有效地拓展国际市场。二是本土原创。这样做市场回报高，但市场销售由自己独立完成。三是承接外包。加拿大拥有世界上一流的动画制作技术和企业管理，拥有多个著名企业，承接美国、日本以及一些欧洲国家的外包项目，形成原创与外包相结合、国际与国内市场并举的结构。

这里以动画产品生产和销售最活跃的国家——日本为研究对象，探寻动漫产品国际贸易的基本规律。日本从1951年开始进口美国的电影和电视动画产品，并在20世纪60年代达到高峰；50年代后期日本开始为美国动画产品做外包，一直持续到70年代初期；60年代前期日本开始向美国出口电视动画产品；70年代前期日本向韩国和我国台湾地区出口过时动画产品，同时将动画产品的中期制作向这两个地区转移。

再来看看韩国和我国台湾地区的动漫产业发展状况：韩国和我国台湾地区的动漫产业几乎是同时起步发展的，二者均在20世纪50年代末和60年代初引进美国和日本的动画产品，在70年代初为日本和美国进行外包，90年代中期后开始向整片出口转换，并将中期制作部分向中国内地、泰国、菲律宾等劳动力更便宜的地区和国家转移（见表6—1）。90年代，中国内地和印度加入动漫国际贸易队伍。在此过程中，美国、日本这两个动漫强国居于国际动漫产业发展的领先地位，对国际动漫产业的创作、制作、生产和市场起着主导作用。

此外，从单个国家的角度看，在进入国际市场的过程中，除了美国是动漫产业的发源国，并且其原创占主导地位外，其他国家都是从外包做起，基本上都有大约十年的大规模承接外包经历。外包不仅为发包国带来了利润，也为接包国传授了技术和管理以及市场运作经验，使接包国积累了资金，培养了人才，为其原创的大发展奠定了基础，有力地推动了接包国动漫产业的快速发展。

表6—1 主要动漫国加入国际动漫市场的历程

模式	美国	日本	韩国和中国台湾	中国内地和印度
整片进口	60年代初期	50年代初期	60年代初期	80年代初期
外包出口		50年代后期	70年代初期	90年代初期
整片出口	30年代	60年代初期	80年代后期	
外包进口	50年代后期	70年代初期	90年代初期	

（资料来源：苏锋《动画产品国际贸易模式研究》，哈尔滨工业大学博士论文，2000年，第112页）

第二节　国际主要动漫市场比较分析

一、美国动漫市场

（一）美国动漫市场的发展概况

从1907年第一部动画片《一张滑稽面孔的幽默姿态》诞生至今，美国动画产业已经经历了五个发展阶段。第一阶段（1907～1937年）：为“菲利斯猫”等初具个性魅力的动画角色的开创阶段。第二阶段（1937～1949年）：为如《白雪公主》等动画长片的初步发展阶段。第三阶段（1950～1966年）：第二次世界大战后，美国动画产业迅速恢复，形成第一次繁荣时期，推出《爱丽丝梦游仙境》等著名经典动画片的迪士尼公司，成为动画电影业的超级霸主。第四阶段（1967～1988年）：随着1966年沃尔特·迪士尼的去世，美国动画产业发展进入蛰伏期，此时电视动画如《猫和老鼠》等登上历史舞台，数字技术开始运用，电影动画产业处于新旧结合期。第五阶段（1989年至今）：1989～2002年间是美国动画的第二次繁荣期，各大制作公司纷纷涉足动画界，同时诞生了华纳兄弟、梦工厂等动画制作界巨头；近十年来，美国动画界异军突起，竞争激烈，诞生了索尼娱乐动画公司、蓝天工作室等一系列新兴动画生力军，打破了迪士尼、华纳等老牌动画巨头的垄断局面。

（二）美国动漫的特色

美国动漫的特点是商业气氛浓厚，且多以角色为中心，当一个角色成功打入市场，那么该公司会长期开发该角色形象，不断给角色增加新故事、新特色或新能力。因此，美国动漫角色丰富生动、生命力强、生命周期长。美国的动漫也体现了其垄断经济特色，世界上知名度较高的漫画角色大多出自美国最大的两家动漫公司——DC 和 Marvel，如 DC 公司的超人（Superman）、蝙蝠侠（Batman）、蜘蛛侠（Spiderman）、猫女（Catwoman）等，Marvel 公司的超胆侠（Daredevil）、神奇四侠（Fantastic Four）、X 战警（Xman）、绿巨人（The Hulk）等。两家动漫娱乐公司的业绩已经占据美国动漫市场的七成份额。在取材上，美国动漫主人公大多是一些超级英雄，故事也趋于简单化，多以绝对力量拯救世界或强大的力量从困惑到被社会接受的过程等为题材，并且一直以这些超越常人的能力作为动漫的看点，长久以来没有进行全面的突破。

数字视听技术为美国动画产业带来巨大革新，采用计算机制作的动画影片在美国电影市场中占有重要份额。由表 6—2 和表 6—3 可以看出，在美国 2010 年电影票房排行前十名中，完全意义上的三维动画影片共有五部，即：《玩具总动员 3》（*Toy Story* 3）排名第一位，《卑鄙的我》（*Despicable Me*）排名第七位，《怪物史莱克 4》（*Shrek Forever After*）排名第八位，《驯龙记》（*How to Train Your Dragon*）排名第九位，以及《长发公主》（*Tangled*）排名第十位。与 2009 年票房相比，三维动画影片数量显著上升（2009 年票房排名前十位的三维动画影片仅有《飞屋环游记》排名第五位）。另外，传统二维动画几乎销声匿迹，排名靠前的基本为运用数字合成技术制作的影片。

表 6—2 2010 年美国动画影片销量排行榜

排名	片名	北美票房（美元）	全球票房（美元）	发行
1	《玩具总动员 3》	415004880	1063171911	迪士尼
2	《爱丽丝梦游仙境》	334191110	1024299904	迪士尼
3	《钢铁侠 2》	312433331	623933331	派拉蒙
4	《暮光之城 3：月食》	300531751	698491347	顶峰娱乐
5	《哈利·波特与死亡圣器》（上）	295983305	956399711	华纳兄弟
6	《盗梦空间》	292576195	825532764	华纳兄弟
7	《卑鄙的我》	251513985	543113985	环球
8	《怪物史莱克 4》	238736787	752600867	派拉蒙、梦工厂
9	《驯龙记》	217581231	494878759	派拉蒙、梦工厂
10	《长发公主》	200821936	590721936	迪士尼

表 6—3 2010 年美国电影销量排行榜

排名	片名	北美票房(美元)	全球票房(美元)	发行
1	《阿凡达》	760507625	2782275172	福克斯
2	《变形金刚 2:卷土重来》	402111870	836303693	派拉蒙、梦工厂
3	《哈利·波特与混血王子》	301959197	934416487	华纳兄弟
4	《暮光之城 2:新月》	296623634	709827462	顶峰娱乐
5	《飞屋环游记》	293004164	731342744	迪士尼
6	《宿醉》	277322503	467483912	华纳兄弟
7	《星际迷航》	257730019	385680446	派拉蒙
8	《弱点》	255959475	309208309	华纳兄弟
9	《鼠来宝 2 :明星俱乐部》	219614612	443140005	福克斯
10	《大侦探福尔摩斯》	209028679	524028679	华纳兄弟

二、欧洲动漫市场

(一)欧洲动漫市场概况

1980 年之前的欧洲动画虽已形成一定的产业规模,但企业生产能力有限,产量低,规模小,组织结构分散,赢利状况较差。1980 年之后,随着计算机技术的普遍应用,欧洲动画企业规模日益扩大,动画产量呈几何式增长,作品进入商业领域并开始赢利,产业结构日趋合理,发展模式开始形成。1997～2008 年间,欧洲共出产播映 157 部动画长篇电影,而 1997 年之前,整个欧洲只有 150 部(见表 6—4 和表 6—5)①。法国大片如雨后春笋,相比以前每年 2～3 部的产量,现在欧洲动画长篇电影产量已达到每年 20 部左右,本土产长篇放映总量大于非欧洲片(见表 6—5),电视动画系列亦占全球产量的 11%②,《青蛙的预言》、《疯狂约会美丽都》、《男孩变成熊》、《茉莉人生》等佳片获得多项世界大奖;英国的幼儿、少儿、青少年频道受众定位明确,《天线宝宝》、《小小建筑师》等引领学前动画;德国成人动画开始发展,《小私生子》以独特的德式幽默创下票房奇迹,《和尚与飞鱼》、《父亲与女儿》、《彼得与狼》等一系列获奖短片使欧洲的动画生产掀起新一轮的高潮;西班牙、东欧等地则以相对廉价的劳动力成本成为动画作品的主要来料加工地。

---

① "Animated Movie: US and European Market Assessment", *Screen Digest*, Nov. 2004, P44.

② "Amimation Production in Europe: A Market Driven by Video Opportunities", *Screen Digest*, January 2004.

表 6—4　1997～2008 年欧洲各国动画长片产量(包括合拍)

国家	数量	国家	数量
德国	53	卢森堡	6
法国	44	瑞士	4
西班牙	38	芬兰	2
英国	16	葡萄牙	3
意大利	16	俄罗斯	3
瑞典	15	捷克	2
丹麦	15	爱沙尼亚	2
比利时	10	希腊	1
挪威	9	匈牙利	1
爱尔兰	6	拉脱维亚	1

(资料来源:Cartoon,2002 & Animationeurope,2008.因合拍片较多,故实际产量小于本表各国数量之和)

表 6—5　1997～2001 年欧洲上映的动画电影总量

	1997	1998	1999	2000	2001	总计
欧洲产	10	8	13	14	11	56
非欧洲产	6	7	11	8	11	43
总计	16	15	24	22	22	99

(资料来源:Lumiere/Cartoon 2002)

(二)欧洲动漫播映平台

政府、媒体的大力资助使欧洲动画播映平台渐成规模,欧洲各国公共频道延长动画节目播出时间,瑞士、奥地利、法国、西班牙、比利时、英国等国均已超过 500 小时(见表 6—6)。随着产业地位的日益牢固,一些国家公共频道的动画播出时间逐步减少(英国 BBC2 减少了近一半),而建立儿童频道或动画频道等子频道,甚至针对不同的受众群再进行细分,使电视播映体系更加专业化,如英国 BBC 下属的三大儿童频道 CBeebies、CBBC 和 BBC Switch 分别针对 0～6 岁、6～12 岁、12～16 岁的青少年播放动画节目。为提高欧洲原创节目地位,动画频道大力播映欧洲本土动画节目。

影院方面,众多动画大片在欧洲地区上映并取得不俗票房,其中,《疯狂约会美丽都》在法国取得 80 万张入场券,并在荷兰、意大利、英国上映;《叽里咕与野兽》票房收入直逼 1200万欧元;730 万美元成本的《茉莉人生》在法国票房收入达到 947 万美元;《小小北极熊》在德国获得 250 万入张场券,在英国获得 50 万英镑票房收入;《复活森林》在西班牙取得 80 万张入场券的好成绩。除了欧洲地区,众多影片还在北美院线及全球播映,如《小鸡快跑》以 1.06 亿美元的美国票房收入位居北美动画电影票房榜第 36 位,欧洲动画大片正在走出欧洲，走向世界。[①] 但除了以影碟方式观看，这些动画片在亚洲国家上映非常有限，近年来只有法国的《亚瑟和他的迷你王国》在中国上映，很多优秀影片只有在国际交流或动漫节期间才得以一见。从票房来看，与美国合拍的影片更具票房优势，这一方面是由于美国在制作方面的介入使影片内容更符合美国受众乃至全球观众的胃口，另一方面则是由于美国大型传媒集团的发行优势。但无论怎样，与美国的合作使欧洲各国积累了丰富的市场经验，开始积极进军亚洲市场，一个更广阔的动画播映平台正在形成。

表 6—6 欧洲公共频道 2001～2002 年播出动画时间 （单位：小时）

频道	国家	2001	2002
SRG—SSR SF2	瑞士/德语	1491	1699
Network2	爱尔兰	n. c.	1393
ORFI	奥地利	1373	1284
France 3	法国	1056	969
La 2(TVE 2)	西班牙	n. c.	862
VRT—ketnet/Canvas	比利时	713	754
RAI 2	意大利	993	717
BBC 2	英国	1332	634
France 5	法国	387	532
TVP 1	波兰	268	462
HRT 1	克罗地亚	333	413
TVR 2	罗马尼亚	255	367
CT 1	捷克	349	350
STV 1	斯洛伐克	331	330
BBC 1	英国	628	277
DR 1	丹麦	280	277
TVE 1	西班牙	n. c.	248
TRT 1	土耳其	335	242
NRK 1	挪威	143	240
YLETV 2	芬兰	263	229
ZDF	德国	257	226
HRT 2	克罗地亚	82	204
RAI 3	意大利	188	204

（资料来源：UER—EBU—ISN / Mediametrie — INA France）

---

① http://www.boxofficemojo.com，http://www.imdb.com.

（三）需求条件

悠久的动漫传统使动画产品在欧洲的需求相当旺盛，欧洲观众对动画影视作品有极高的热情。尤其是法国，动画片五年内拿到三个年度票房冠军，分别为《美食总动员》（2007）、《怪物史莱克 2》（2004）和《海底总动员》（2003）。《冰河世纪 2》和本土巨作《亚瑟和他的迷你王国》分获 2006 年亚军和季军。2007 年法国票房榜的前十名中，居然有三部动画片，其中《茉莉人生》更是获得接近 1000 万美元的票房收入。而英国则是学前动画的主要消费市场。据调查，65％的英国儿童每天上学前看电视，83％的儿童放学回家后看电视，50％以上的儿童吃晚饭时“离不开电视”，68％的儿童躺在床上看电视入睡。目前，英国学龄儿童平均每天看电视时间长达 2.6 小时，10％的儿童每天看电视时间超过 4 小时，巨大的儿童消费市场是欧洲儿童电视动画迅速发展的主要动力。随着《威尔纳》（*Werner－Beinhart*，1990）与《小私生子》（*The Little Bastard*，1997）在德国的成功，成人动画在欧洲开始兴起，甚至连英国传统的戏剧频道 Paramount Comedy Channel 都开始播放成人动画节目。成年人厌倦了超人、蜘蛛侠式的英雄，不会为甜美虚幻的迪士尼影片哭泣欢笑，转而喜欢那些有缺点甚至是失败的现实形象。的确，浓厚的文化积淀注定了欧洲人对深度主题及深刻表现手法的青睐，其中，《疯狂约会美丽都》（*The Triplets of Belleville*，2003，法国）、《茉莉人生》（*Persepolis*，2007，法国）等优秀影片突破了迪士尼、皮克斯惯用的童稚化形象，以成人视角审视社会，心理刻画细腻，音乐、色彩的运用带有某种怀旧的风格，深受成年人喜爱。《吉米闯天关》（*Free Jimmy*，2006，挪威/英国）、《复活》（*Renaissance*，2006，法国）、《公主追杀令》（*Princess*，2007，丹麦/德国）、《白雪公主的结局》（*Snow White the Sequel*，2007，英国/法国/比利时/波兰）等一系列带有黑帮、悬疑、色情等性质的另类成人动画成功开辟出又一细分市场，开拓了动画发展的新领域。

（四）企业竞争格局

欧洲各国的相互竞争构成良好的竞争环境，表 6－7 列出了 1997～1999 年欧洲 30 家顶级动画公司及其生产能力。近年来，随着经济的进一步发展，各公司之间进行着不同程度的重组与兼并，尤其是德国、英国的一些跨媒介集团开始介入动画产业，使得欧洲动画公司的制作能力大大提高，发行能力渐成规模。但总体而言，缺乏压倒性的动画产业集团仍是欧洲动画产业发展的瓶颈。

表 6—7 1997～1999 年欧洲 30 家顶级动画制作公司

公司	国家	平均制作量(小时)
D'ocon Films	西班牙	52
Neptuno Films	西班牙	38
France Animation	法国	36
Carrete	法国	34
Neuroplanet Benelux	法国	30
Ellipscanime	法国	29
Saban International	法国	28
BRB	西班牙	27
TV Loonland	德国	27
PMMP	法国	21
Cromosma	西班牙	17.5
Animage	法国	16.5
Eva Entertainment	英国	16.5
Millimages	法国	15
TFC	德国	15
HIT Enterainment	英国	15
Aries Animation	法国	14
Marathon	法国	14
Egmont Imagination	丹麦	12.5
Cosgrove Hall	英国	11
Tele Image	英国	11
Alphanim	法国	10
Rosster Studio	法国	10
Varga	英国/匈牙利	8.5
Cartoon Productions	西班牙	7.5
Hahn Film	德国	7.5
Les Film do Triangle	法国	7
Cymax	法国/比利时	6.5
Colligwood O'hare	英国	6
Telemagination	英国	

(资料来源:Cartoon/Screen Digest,2002)

三、韩国动漫市场

（一）韩国动漫市场概况

经过多年的振兴与发展，韩国动漫的产量在亚洲仅次于日本，动漫产业现已成为韩国国民经济的六大支柱产业之一。目前，韩国的动漫制作公司不断开发原创项目，同时也进入国际市场参与制作。例如，在美国 Cartoon Network 上播放的动画片《乡下人》，其制作全部在韩国完成，绘画与创作风格也颇受韩国动漫的影响。韩国还与迪士尼等传媒巨头合作，签署双边或多边联合制片协议，利用外方的资金、渠道、技术等，从而减少"文化折扣"和壁垒，获得"国民待遇"，共享资源和收益。2008 年韩国国内动画销售总额达 4047 亿韩元，其中，动画制作、流通、供应以及网上动画流通销售规模约为 3.2 亿韩元，占 75.5%；影院票房收入约 690 亿韩元，占 17.1%；广播公司出口额为 61 亿韩元，占 1.5%。此外，动画产业的出口量大幅提升，尤其是广播公司的出口增长1055.2%，影院票房收入增长 224.7%，动画流通及供应出口销售额的增长也达到 107.0%（见表 6—8）。

表 6—8　2007～2008 年韩国动画产业销售现状　　（单位：百万韩元）

分类	销售额		比率(%)	增幅(%)
	2007	2008		
动画制作	274160	305632	75.5	11.5
动画流通及供应	7517	15558	3.8	107.0
网上动画流通	7691	8407	2.1	9.3
影院票房	21269	69052	17.1	224.7
广播公司出口销售	529	6111	1.5	1055.2
总计	311166	404760	100	30.1

（数据来源：《2009 韩国动漫产业白皮书》）

值得注意的是，韩国原创动画产品在整体份额中占据最大比例并远远超出外包制作的份额，这表明韩国动画产业正在逐渐由外包向自我创制转变。

（二）韩国动漫各产业形态的销售规模

除了票房收入及广播公司出口以外，根据产业规模可进行如下分类（见表 6—9）：首先，原创及制作份额约为 2734 亿韩元，所占比例（82.9%）最大；其次是流通/供给，规模约为 361 亿韩元（11%）；再次是支援制作，约为 110 亿韩元（3.4%）；其他约为 81.6 亿韩元（2.5%）。这表明制作销售的多样性不够，说明目前主要还是依靠基本制作。因此，为增大销售额，需要分散各个事业领域的重点。

表 6—9 韩国动画产业形态分类销售现状 （单位：百万韩元）

原创及制作	支援制作	单纯复制	流通/供给	其他	总计
273390	11089	842	36117	8159	329,597
82.9%	3.4%	0.3%	11.0%	2.5%	100.1%

（数据来源：《2009 韩国动漫产业白皮书》）

（三）影院动画市场规模

2008 年，在韩国影院放映的动画影片一共为 21 部，观众数量大约为 10560082 人次。与 2007 年度相比，放映动画影片在数量上减少了两部，但在观众数量上，与 2007 年的观众数 7028859 名相比增加了一些。相比 2006 年和 2007 年的 23 部，2008 年的放映量大致相近。另外，韩国动画影片与外国动画影片的放映数量比例也差异不大，如 2008 年放映的韩国动画作品为 2 部、海外动画作品为 19 部，2007 年分别为 3 部和 20 部，2006 年也是 3 部和 20 部。如此看来，在韩国影院里放映的动画片，一半以上来自海外，到目前为止，这种倾向依旧没有得到改观（见表 6—10）。

表 6—10 2008 年韩国动画放映数量和票房人数

区分	放映数量（部）	票房人数（人次）
韩国动画	2	6336
海外动画	19	10533746
总计	21	10560082

（数据来源：《2009 韩国动漫产业白皮书》）

（四）电视动画市场规模

目前，韩国有四家主要电视台，即 KBS，SBS，MBC 和 EBS。2008 年，这四家电视台播出的动画总时间为 128725 分钟，大约为 2145 个小时，包括韩国与海外动画的播放时间。其中，韩国动画播放时间为 49470 分钟（大约 825 个小时），占全体动画播放时间的 38.43%。与此相比，海外动画播放时间为 79255 分钟，占 61.57%（见表 6—11 与表 6—12）。显然，海外动画电影播放时间比韩国动画播放时间长得多。施行“动画播放总量制度”政策后，动画节目的播放时间总体上得到提高，并且韩国动画播放时间由此得到相应的增加，但总体来讲，对海外动画作品的依赖性依然较强。

表 6—11 2008 年韩国四家主要电视台动画播放总时间

	全体	国内	海外
比率（%）	100	38.43	61.57
播放时间（分钟）	128725	49470	79255

（数据来源：《2009 韩国动漫产业白皮书》）

表 6—12　2008 年韩国各电视台动画播放时间及本土与海外动画播出比例　（单位：分钟）

电视台	KBS1	KBS2	MBC	SBS	EBS
全部动画	7240	5995	8295	101350	128725
韩国动画（占比%）	6150（84.94%）	5310（88.57%）	5145（62.03%）	27020（26.66%）	49470（38.43%）
海外动画（占比%）	1090（15.06%）	685（11.43%）	3150（37.97%）	74330（73.34%）	79255（61.57%）

（数据来源：《2009 韩国动漫产业白皮书》）

四、日本动漫市场

（一）日本动漫特色

由于日本动漫作者较自由，与动漫娱乐企业的联系相对松散，漫画作者不愿意、也很难对自己所创作出的漫画角色进行长久的开发拓展。受此限制，故事的续集部分往往花样不多。在一部漫画获得成功后的几年时间，很少再推出新版本，漫画作者和公司也都投入到新作的创作和销售阶段了。例如，美国著名漫画角色超人（Superman），在其诞生 60 多年后，经无数次改编，最后制作出电影《超人归来》，从而将超人再次搬上银幕。而在日本，与漫画《机器猫》同时代的漫画作品，除《圣斗士星矢》由法国公司推出其后续篇以外，其他漫画作品大部分都只剩下一个形象，甚至只剩残存在记忆中的一点印象了。这些漫画的周边产品也几乎停产，市场上很难再找到。日本漫画在题材上较丰富，漫画以小人物寻找人生目标、实现人生价值的热血系最为多见，表现手法比较细腻，注重刻画角色的内心世界，情节人物错综复杂，具有一定的文化深度。另外，日本漫画家相对比较独立，作品内容也比较复杂，一些宣扬颓废主义、色情、暴力、犯罪等不被大多数人所接受的世界观也掺杂在动漫作品中，并且这些作品的作者通常都是知名的漫画家，其影响力也是不容忽视的。

（二）日本动漫产业结构

日本动漫产业主要依靠单行本漫画与动画 DVD 的销售赢利，通过漫画杂志与动画播出建立品牌形象后，再通过动漫及其衍生品的销售达到赢利的目的。漫画的发表平台多为杂志，以周刊为主。而动画则主要以电视作为传播手段，每周制作一集电视动画，当周播出，同时推出该动画的 DVD、蓝光光盘、主题曲 CD、原声音乐、小说、漫画、玩具、游戏等衍生产品。在日本，受欢迎的动漫形象还会被应用在日常用品、食品等其他领域，甚至开发出具备混合消费模式的主题园区或主题店。大量周边产品的开发提高了动漫产品的知名度和附加价值，为动漫产业创造了可观的效益。

以市场为导向是日本动漫产业成功的另一个重要原因。2010 年，日本电视动画的播出模式是在每季度初播出新作,每周一集,长度分为一季度(13 集)、半年(26 集)与一年(52 集)三种。如果播出效果不佳就会被停播,或者换到收费频道播出。剧场版动画则主要集中在 6 月、7 月、8 月播放。以电影形式发行的动漫作品多选择在暑期上映,以期取得最大的票房收益。以市场来决定作品的播出方式,及时统计市场的反馈信息并迅速作出调整等,这些做法成为日本动画取得商业成功的关键。

日本动漫公司非常注重市场的广度开发。动漫周边产业融入了日常生活的每个角落,如音乐、电影、小说、游戏、广播剧、玩具、游乐园等。在日本,动画、漫画、游戏三者被称为"ACG 产业",它们相辅相成,共同发展。优秀的动画会被制作成游戏,有些动画则是为宣传游戏而制作的。此外,动漫作品的广告作用也越来越大,对其他领域的影响力呈不断扩展态势。以 2009 年的电视动画《轻音》为例,动漫迷疯狂抢购片中角色佩戴的某款耳机,导致该耳机的市场价格飞涨至 870 美元(约合 8 万日元)并几近脱销,从而吸引了越来越多的公司开始投资、赞助动漫产业。

日本动漫将作品所涉及的一切周边产品尽可能多地提供给消费者,以市场为导向,充分开发动漫产业丰富的商业价值。动漫早已渗透到日本人生活的每个角落,潜移默化地影响着日本人的生活习惯。据三菱研究所的调查,约有 87%的日本人喜欢漫画,84%的人拥有漫画人物模型及其他动漫相关产品。动漫作为一种国民文化,已经与日本民众的生活融为一体。动漫产业在日本已经形成了一种全民动漫文化。日本除纯商业化的动漫产业外,还拥有独特的同人动漫产业。从 1975 年开始,日本每年举行两次名为 Comic Market 的大型同人作品贩卖活动,吸引大量的动漫爱好者参加。2010 年 8 月举办的第 78 届 Comic Market,三天总计到场 56 万人次。同人作品贩卖会的举行大大激发了民众对动漫的热情,创造了良好的动漫文化氛围。在同人作品贩卖会上,有潜力的作者会被商业公司发掘并签约,从而为日本动漫产业输送大量的优秀人才。日本作为世界动漫大国之一,其动漫产业的发展在人才培养、资金运作、市场开发等诸多方面都有示范作用。

目前,日本的动漫市场也在面临调整。据日本数字娱乐协会发布的《数字娱乐白皮书 2009》显示:动画方面,电视动画的制作数量自 2006 年达到顶峰之后就一直呈减少趋势,DVD 等影像软件市场也在缩小。受经济不景气的影响,各电视台也在考虑削减高成本动画的制作部数。此种状况下,剧场版动画的票房成绩呈现强势。2008 年,剧场版动画总票房收入超过 300 亿日元,受同年 7 月上映的宫崎骏动画《悬崖上的金鱼公主》的影响较大。该作品的票房成绩达 155 亿日元,占同年所有剧场版动画票房收入总数的一半以上。漫画方面,杂志、单行本的销售金额减少,市场规模呈萎缩趋势。小学馆、讲谈社等知名出版社的杂志也相继停刊,并发生了一些作家和漫画杂志社不和的事件。与传统的纸质漫画相比,以电子漫画、手机漫画为代表的新型漫画市场在 2008 年迅速崛起,一些大型出版社纷纷推出自己的漫画阅读网站,甚至连掌上游戏机也有了自己的漫画平台。

五、加拿大动漫市场

在全球动漫迅速发展的20年时间里，加拿大作出的贡献有目共睹，尤其是在动画电影的发展历史中，加拿大动画先驱们的影响力深远。早在2007年，加拿大就成为全球播放动画电视节目时间最长的国家，到2009年，达到了382小时的电视频道播出量，超过美国330小时的播出时间。加拿大动画产量处于世界领先水平。在全球知名动漫工作室的年产量排名中，加拿大的动漫工作室名列前茅。现今动漫产业在世界范围内多以赢利、票房收入为衡量动漫作品的主要标准，动漫的制作方式趋于市场主导与分工量产，这些因素都决定了动漫作品在商业体制下更多的是工业品而非艺术品；而加拿大仍然每年推出品位非凡、独具个人风格的动漫艺术作品，不断开拓新的动画电影领域。与此同时，加拿大也培养了许多优秀的动漫人才，正是这些思维活跃、大胆的年轻人，使得加拿大动漫作品保持着独特的魅力。由于具有丰富的优秀人才资源，加拿大涌现出相当多的独立动漫工作室，为加拿大动漫提供了源源不断的灵感和创意。但值得注意的是，这些独立工作室并未形成具有影响力的产业链力量。

20世纪80年代，加拿大开始承接美国等动漫输出大国的动漫加工项目；90年代，加拿大重归原创之路。这种不拘泥于单纯创作、原创与外包同时发展的模式十分灵活，不仅可依托邻国美国成熟的动漫业，而且还能推动加拿大动漫制作能力的提升，尤其是在三维技术方面可以不断积累经验。但如今，加拿大的动漫产业也遇到了一定的发展瓶颈，动漫作品受到诸如EA，UBISOFT等其他大公司的上游控制，知识产权基本上是归跨国公司所有，本土公司并非最大获益者。独立工作室虽多，却未形成有足够控制力的规模。

加拿大动漫市场的另一大亮点是举世瞩目的渥太华国际动画电影节。自1976年开始创办的渥太华国际动画电影节是北美洲最大的动画电影节，也是全球四大动画电影节之一，每年吸引来自世界各地的业界人士参加。此活动由加拿大电影学院主办，旨在推广动画艺术并对动漫界的杰出表现者予以肯定。从2005年开始，渥太华国际动画电影节由两年一届改为每年一届，学生奖成为主奖项之一。电影节始终致力于动漫产业的发展，发掘极富创造力和原创性的作品，为青年动漫工作者提供交流展示的国际平台。

第三节　中国动漫产品“走出去”

一、中国动漫产业概况

（一）市场规模

相比日本、美国，中国动漫产业起步很晚，直至2000年左右，动漫才作为一个整体产业进入政府和社会的视野，而日本、美国的动漫产业已经有了近百年的发展历史，基础弱、时间短决定了中国动漫产业在产值、效益上与世界动漫强国有着很大的差距。但动漫作为我国的一门新兴产业，极具爆发力和后发优势。2010 年我国动漫产业总产值达 470 亿元人民币，国产电视动画达 597 部，22 万分钟；全国动漫企业数量已达 8360 家，从业人员达 33.4 万人（见表 6—13）。

表 6—13 2006 年、2010 年中国动漫产业规模对比

项目	2006 年	2010 年
动漫产业总产值	80 亿元	470 亿元
动漫企业数量	1400 家	8360 家
动漫从业人数	6.2 万人	33.4 万人
漫画出版物总发行规模	8200 万册	3.47 亿册
电视动画生产分钟数	82300 分钟	22 万分钟
电视动画片数量	339 部	597 部
动画电影上映数量	12 部	27 部

2011 年，我国动漫产业产值增加到 621.72 亿元人民币，在不考虑主题公园行业的情况下，漫画产业、动画产业、新媒体动漫产业、动漫衍生品产业和动漫延伸产业产值分别为 48.59 亿、141.35 亿、35.34 亿、162.55 亿和 53.89 亿元人民币，占比分别为 11.0%、32.0%、8.0%、36.8%和 12.2%。其中，动漫衍生品产值比重最大，而新媒体动漫占比虽最小，但较往年有所提升。特别是从 2009 年至 2011 年，我国动漫产业出口额从 3.19 亿元人民币增至 7.14 亿元人民币，连续两年增速超过 40%。2011 年，我国制作完成的电视动画片产量高达 26 万分钟，远远高于第二名日本的 9 万分钟。2012 年我国制作完成的国产电视动画片共 395 部，时长为 222938 分钟。

（二）播映平台

我国动画播出体系主要由央视少儿、北京卡酷少儿、上海炫动、江苏优漫、湖南金鹰、广东嘉佳 6 个上星少儿/动画频道，32 个省市地面少儿频道，以及部分综合性频道的动画时段构成。其中，6 个上星频道年国产动画片播出时长合计超过 30000 小时，各地面少儿频道年播出国产动画片平均达 3000 小时。2012 年动画节目播出总时长为 117193 小时，较 2011 年增长 4.24%；人均年动画节目收视时长为 38 小时，较 2011 年增长 11.76%。全国电视动画片与所有电视节目平均播出时长比为 2.8%。

2012 年，我国获得公映许可证的国产动画电影有 33 部，其中，通过院线进入市场的有 25 部，公映比率显著提升。国产动画电影的生产与制作连续三年保持 30%以上的增速，但是相较于 2011 年 50%的增速，2012 年国产动画电影的生产在增长速度上放慢了脚步。2012 年动画电影票房总收入约为 30 亿元人民币，约占全国电影票房总收入的 17.7%，较 2011 年有极大的增长，但国外动画电影占动画电影票房总收入的绝大部分，国产动画电影仍处于劣势地位。国产动画电影票房排名前十的电影票房收入均超过

1000万元人民币，总计超过4.5亿元人民币。相较于《喜羊羊与灰太狼之虎虎生威》在2010年中一枝独秀的局面，2012年排名前十的国产动画电影在票房收入上则呈现出分庭抗争的新特点。

网络、移动新媒体也开始成为动画的载体形式。目前，优酷、爱奇艺、搜狐、腾讯等各大视频网站中都设有“动漫”专栏，栏目内容日益丰富。从日韩动画到欧美动画再到国产动漫，各网站的整体构架都越来越精细，甚至还有网友原创动漫频道。各家更是为了收购热门动画的播放版权而不惜一掷千金，如爱奇艺收购《熊出没》系列就是其中的典型案例。

(三)拓展海外市场层面

目前，我国利用交易节展、专业论坛、合作拍摄、寻求代理等方式，积极探寻国产动画海外发行和营销的渠道，逐步扩大我国动画产品和服务在国际市场上的份额。2010年，我国动漫出口总收入为7968.8万美元，较2009年的4984万美元增长近60%。2011年我国核心动漫产品出口收入达11156.3万美元，较2010年增长40%。2012年，我国动画片出口销售额达3273万美元，增幅明显。比出口额更值得欣喜的是，我国动漫产品的主要出口对象由2009年的中东、非洲、南美等欠发达地区，转变为欧洲国家、美国、韩国等动漫发达国家和地区。

从版权输出来看，我国动漫产品的版权输出规模稳步提升，越来越多的中国动漫企业和品牌走向世界。从衍生品授权来看，我国动漫品牌授权也在不断扩大，比如山猫动画公司的“山猫吉米”品牌系列衍生品出口到美国、日本、俄罗斯等50多个国家和地区，累计出口创汇超过2000万美元；中南卡通作品进入63个国家和地区，海外销售额达到500多万美元。我国动画参与国际产业分工，逐步从以外包加工服务为主向以自主原创为主转变。

(四)国家政策层面

中国加入世界贸易组织之后，国外的动漫产品迅速涌入国内市场，中国市场面临被蚕食的危险。在应对国际动漫市场竞争的同时，将我国民族特色融入动漫创作中，创作出有中国特色的动漫产品，是我国动漫市场面临的新课题。2006年，财政部等十部委联合发布《关于推动我国动漫产业发展的若干意见》，首次从国家层面明确提出要发展动漫产业，这是中国发展动漫产业的一部纲领性文件。

一是鼓励国产优质动漫创作。在支持动漫原创方面，2002～2004年间，国家先后出台了《影视动画业“十五”期间发展规划》、《关于加强动画片引进和播放管理的通知》等相关文件，积极扶持国产动画片，鼓励境内外合作制作动画片，并规定所有境外动画片的引进须经国家广电总局审查通过，获得发行许可证后，方可发行播出。在每个播出动画片的频道中，国产动画片与引进动画片的播出比例不低于6∶4；自2006年9月1日起，全国各级电视台所有频道在每天17:00～20:00之间，均不得播出放映境外动画片和介绍境外动画片资讯的节目或展示境外动画片的栏目。

二是实施国产动漫产品“走出去”工程。为支持动漫产品“走出去”，拓展动漫产业发展空间，建立健全动漫产业海外服务支撑体系，支持我国动漫企业开拓海外市场，适当补助动漫产品出口译制经费；通过“中小企业国际市场开拓资金”渠道，积极鼓励和支持优秀国产动漫作品和产品到海外参展；中国进出口银行可以为动漫企业出口动漫产品提供出口信贷支持，积极利用国家出口信用保险促进动漫产品海外市场营销；企业出口动漫产品享受国家统一规定的出口退(免)税政策，企业出口动漫版权可适当予以奖励。对动漫企业在境外提供劳务获得的境外收入不征营业税，境外已缴纳的所得税款可按规定予以抵扣。此外，2009 年出台的《关于扶持动漫产业发展有关税收政策问题的通知》中提出，动漫企业自主开发、生产动漫直接产品，确需进口的商品，可享受免征进口关税和进口环节增值税的优惠政策，大力推动了我国动漫“走出去”。

二、中国动漫产品“走出去”战略及措施

作为一个重要的新兴朝阳产业，动漫在我国的产业基础还很薄弱，产业环境还不成熟，国际竞争力还很弱小，要想在国际动漫界争得一席之地，找出一种有中国特点的动漫发展模式，尚需时日。我们在看到与欧美、日韩有巨大差距的同时，也要看到中国在某些方面具有一定的优势，只要我们能学习动漫强国的优势，取其所长，补我所短，中国的动漫产品一定会成功走向世界。这需要政府、业界和学界的共同努力。当然，中国动漫“走出去”离不开国内动漫市场的大力培育。

(一)政府层面

1. 实施战略性的国家贸易政策

传统的国际贸易理论认为，各国充分发挥自身的比较优势，就可以取得双赢甚至多赢的国际分工格局，政府无须对国际贸易进行干预。然而，20 世纪 70 年代末以来，许多经济发展水平相当、自然资源相似的国家，相互之间的贸易却发展迅速，这是传统的国际贸易比较优势理论所不能解释的。于是，以保罗·克鲁格曼为代表的经济学家开始运用规模经济与不完全竞争等经济理论来解释产业内贸易和第二次世界大战后国际贸易领域出现的新现象，并提出了著名的战略性贸易政策。战略性贸易政策的核心内容是：由于当代国际市场存在不完全竞争，如果政府对大企业采取补贴等战略性贸易扶持政策，就可以影响企业的国际竞争力，帮助本国企业战胜国外竞争对手，从而占领国际市场，获取垄断利润，以达到增进本国福利的目的。

相对于比较优势等传统贸易理论，战略性贸易政策切合了发达国家的当前实际，欧美和日本等资本主义国家在战后正是由于实行了战略性贸易政策，大兴贸易保护主义，从而牢牢占据了世界经济的前列。当然，实行战略性贸易政策的重要前提是政府能够识别出战略性产业部门，亦即有产业吸引力的行业，这样才能有针对性地采取战略性贸易

政策。依据科特勒的产业吸引力因素理论，一个国家现在或未来的产业吸引力反映在以下几个因素：高附加值；产业关联度高；具有未来竞争力；产业专门化强；出口潜力大；本国需求前景良好。

从以上几种因素的选择标准来看，动漫产业完全可以成为战略性贸易政策扶持的战略性产业。首先，动漫产业的发展前景已经被各国普遍看好，被誉为21世纪的“朝阳工业”，成为各国竞相发展的战略性产业和提升国家“软实力”的重要路径。其次，席卷全球的金融危机迫使各国寻找新的经济增长点，而经济萧条之时恰是文化繁荣之日。

战略性贸易理论有两大内容：利润转移理论和外部经济理论。利润转移理论指的是在寡头竞争的国际市场上，存在着因产品价格高于边际成本而形成的租金超额垄断利润。一国政府可以通过对出口或进口的贸易干预，影响本国企业及其国外竞争者的行为，改变国际竞争的格局，从而从国外寡头厂商抽取租金或向本国企业转移利润，以达到增加本国净福利、促进本国企业和产业发展的目的。利润转移论表现在贸易政策上可以制定包括战略性出口政策、进口政策和以进口保护促进出口的政策。战略性出口政策是指以出口补贴支持本国寡头厂商扩大国际市场份额。战略性进口政策是指用关税抽取外国寡头厂商的垄断利润。以进口保护促进出口的政策，则主要是指通过国内市场保护使本国厂商获得规模优势，进而扩大在国内外市场（主要是没有保护的国外市场）的份额。外部经济理论则是指由于外部规模经济效应的存在，厂商不能独享投资带来的收益，且投资的风险很大，打击了私人投资的积极性，而这些行业又往往具有战略性，其创造的知识、技术、产品对国家的发展和社会的进步有不可低估的作用，所以政府要选择适当的产业加以扶植，降低其投资的风险，吸引私人资本投入该行业，推动战略性产业的成长。

作为世界贸易组织（WTO）的成员国，中国用提高关税和进口配额的办法来阻止国外商品进入已经不合时宜，那么，只有借助于补贴这种手段来帮助本国产品进入国际市场。然而，我国在加入WTO时曾承诺：取消所有属于《补贴与反补贴措施协议》禁止的出口补贴，在加入之前，停止维持先前所有的出口补贴计划，自加入时起，停止在此类计划下做出额外支付或支出，也不再免除税收或授予任何其他利益。这一承诺涵盖了各级政府所给予的补贴。那么，我们是不是就没办法实行战略性贸易政策呢？回答当然是否定的。世界贸易组织《补贴与反补贴措施协议》将补贴分为三类：禁止性补贴、可申诉的补贴和不可申诉的补贴。禁止性补贴通常被称为“红色补贴”，是成员方不得授予或维持的补贴，包括出口补贴和进口替代补贴。可申诉补贴通常被称为“黄色补贴”，是指在一定范围内允许实施，但如果在实施过程中对其他成员方的经济贸易利益产生了负面影响，受影响的成员方可对其补贴措施提出申诉。不可申诉补贴通常被称为“绿色补贴”，是指不具有专向性的补贴，或虽具有专向性但符合《补贴与反补贴措施协议》中的一切条件的补贴，包括研发补贴、贫困地区补贴和环保补贴。对于绿色补贴，WTO成员方不得提出申诉或采取反补贴措施。

对于动漫产业来说，我们可以充分运用好WTO规则允许的绿色与黄色补贴，逐步取消容易引起贸易争端的红色补贴。具体来说，可以逐步采取以下做法：

一是调整补贴方向。动漫企业在前期内容创意、技术开发期间会发生较大的费用，对这方面的补贴是不受世界贸易组织限制的。因此，对于动漫产业基础理论研究、关键技术的研发、文化内容原创等创新项目，政府要增加更多的财政投入，尽快缩短我国动漫产业在创新能力上跟国外的差距。同时，对于容易形成文化折扣的部分予以补贴。比如，韩国政府特别成立影音分轨公司，对韩文翻译为外语和制作的费用几乎给予全额补助。这些举措在很大程度上弥补了文化折扣对文化贸易的负面影响，促进了韩国影视作品在国际市场上的拓展，刮起了韩流世界风。我们同样可以借鉴韩国的做法，在容易引起文化折扣的语言翻译环节给予动漫企业补助。另外，增加对西部落后地区的财政资助，尤其是要支持西部地区积极开发本地区的文化资源，形成特色动漫产业群和特色动漫品牌，把民族风情浓厚的西部文化传播到世界各地，并且还可以通过此种举措，鼓励东南沿海动漫企业向西部渗透，带动西部动漫产业的发展。

二是改变补贴的策略，变明补为暗补。出口退税并不违反世界贸易组织规则，可以有效促进文化产品出口。因此，要提高出口退税率，给予动漫产品出口更多税收政策上的支持。因为只要出口退税不超过在原产国实际征收的税款，就不应被视为出口补贴。

外部经济理论则是要充分发挥规模经济效应，鼓励企业自主创新，重点培育和发展一批实力雄厚、具有较强竞争力和自主创新能力的大型动漫文化企业和动漫企业集团，参与国际动漫市场的竞争。具体表现在以下几方面：

第一，在财税支持方面，要严格执行和贯彻《关于推动我国动漫产业发展若干意见》的规定，即经认定具有国产动画片制作资质的动画企业，自主开发、生产动画产品，将可享受国家关于鼓励软件产业和集成电路产业发展所给予的增值税和所得税优惠政策。生产动画产品涉及营业税应税劳务收入以及增值税和进出口关税等的，也将享受减免优惠。

第二，积极推进动漫基地建设，构筑产业集群，发挥产业集聚效应。1996 年，中宣部和国家新闻出版总署联合启动“中国儿童动画出版工程”(即“5155”工程)，建立起华东、华北、中南、东北、西部五个动画出版基地。目前，发展比较好的动漫基地主要是以长三角和珠三角为中心的基地群。产业集群所具有的规模经济性、范围经济性、知识积累性和学习创新性，将对文化产业集群的发展产生巨大的推动作用，而文化产业集群的发展又将反过来强化文化产业集群所具有的各类天然优势。① 因此，动画产业的主要生产国家和地区无不具有动画产业的集中地和产业集群。日本的 430 家动画制作公司中，有 359 家集中在日本首都东京，特别是集中在中央线、西武新宿线及西武池袋线等几条主要铁路沿线。其中，练马区杉并区就有近 150 家，已形成规模较大的卡通产业集群地。韩

① 康小明、向勇：《产业集群与文化产业竞争力的提升》，《北京大学学报(哲学社会科学版)》2005 年第 2 期，第 17～21 页。

国的动画产业主要集中在春川和富川两地。[①] 我国台湾地区的南港软件工业园区也是一个重要的动画产业集群地。我国的长三角和珠三角分别形成了以日本和台湾地区为主要销售市场的动画产业集聚地。如果我们有意识地为上述地区的动画产业提供配套产业和服务设施，产业集群则有望形成，从而提高我国动画产业的国际竞争力。另外还可以尽快扶植基地内的几个龙头企业做突破口，专门面向国际市场。在此基础上，以龙头企业为主，成立“动漫出口联盟”，进而不断巩固和扩大国际市场上中国动漫作品的市场份额。

2. 培养和引进动漫相关人才，促进人才对外交流

我国在自己培养人才的同时，应积极实施文化人才引进战略，吸引国际动漫游戏高端创意人才、高级运营和管理人才。为改善人才匮乏这一动画业发展的瓶颈，我国可以与日、韩两国进一步加强合作，积极组织动画专业人才交流与互访。“中、韩、日文化产业论坛”目前已经成功举办了七届，实践证明，中、韩、日三国在文化产业领域有很强的互补性，合作前景十分广阔。在论坛上，三国主要侧重于商讨如何组织技术及管理人才、研究人员、教师和学生进行大规模的交流与互访。

韩国政府每年派遣学生到 Cal－Art 等世界动画名校留学，这不仅可以培养大量原创企划、提案、行销、管理等方面的人才，改善长期承接外包业务造成的人才结构不合理状况，还可以与其他国家建立很好的人脉关系。这对加强韩国与其他动画产业先进国之间的沟通和合作以及进入更大范围的国际市场有很大好处。我国政府可以借鉴韩国政府的做法，派遣学生到欧美等地进行学习交流，促进我国动漫业人才的发展。

3. 借鉴日本政府做法，给国外提供免费午餐

目前，我国动画片播出环节的价格偏低，影响了成本的回收，以至于动漫制作企业不得不借助于其他渠道广开财路，维持生存。由于尚未形成统一有效的产业链，很多动漫企业难以为继。反观我们的近邻日本，日本外务省曾利用“政府开发援助”中的 24 亿日元“文化无偿援助”资金，从动漫制作商手中购买动漫片播放版权，并无偿地提供给发展中国家的电视台播放，等这些国家对这种“免费午餐”形成依赖后，再实现从低价位到正常价位的出口。中国政府同样可以设立类似专项基金，购买国内动漫生产商的播放版权，免费提供给非洲及拉美各国电视台播放，培育这些国家观众对于中国动画片的需求，为进一步开发动漫链条中最有利可图的动漫衍生产品市场打下良好的基础。

(二)企业层面

1. 大力重视和培育国内市场

(1)重视漫画市场的培养。动画产业的基础是漫画，日本漫画业经过几十年努力，培

---

① 安宇、沈山：《日本和韩国的“文化立国”战略及其对我国的借鉴》，《世界经济与政治论坛》2005 年第 4 期，第 114～117 页。

养了高度成熟、层次分明的受众市场，由漫画到动画也就水到渠成了：既有现成的故事脚本，又大大避免了商业风险，更培养了大批忠实观众。以漫画培养读者，以读者培育市场，以市场打造品牌，以品牌推动动画，形成良性循环。在日本和美国，动漫产品无处不在，消费动漫产品的人群也涵盖十分广泛，日本和美国发达的动漫产业正是根植于良好的漫画市场这块肥沃的土地才枝繁叶茂，国外的《超人》、《蝙蝠侠》、《蜘蛛侠》等动画大片无一不来自于漫画市场。

在国内现行的行业管理政策下，投资动画生产的审批程序更加严格，产品出口难度增大，而投资漫画生产则相反。投资漫画成本较低，有利于动漫公司在积聚足够的实力和经验后向动画领域发展。而且漫画作品确实是动画片优秀剧本的一个直接的和现成的来源渠道，在漫画环节实现优胜劣汰，可以避免资源浪费。漫画还拥有稳定的忠实读者，漫画比动画能给予我们更多的亲近感、更大的想象空间、更长的回味体验。漫画的传播渠道也可以不局限于专业漫画杂志、期刊和专业网站，适当刊载于大众出版物和网站也能扩大读者群，建立广泛的受众基础，同时试探市场。例如，《新京报》的漫画版很受年轻人关注，但是漫画质量和创意都需要改进，这样才能使这个平台价值实现最大化。

(2)调整目标消费群。目前，国内的动画制作企业把目光都放在了低幼动画的制作和市场的开发上，但动画不是儿童的专属，动漫行业产品消费者可以来自儿童市场、青少年市场、成人市场等。不同年龄结构的市场，其购买动机、行为、习惯、偏好各不相同，对产品的质量、商标、广告的依赖程度，对价格变动的敏感程度，购买商品所追求的利益等都有极大的区别。而在日本或其他国家，动画片的受众群体是15～35岁。目前，中国还没有一部真正意义上的成人动画电影，基本上该领域的电影均是从国外引进，衍生品市场的情况也与此类似，针对儿童和青少年的衍生品开发较多，比如蓝猫、流氓兔等的系列衍生品都开发得比较成功，但是成人动画领域却几乎是空白。

应该说，低幼儿童动画市场确实不容忽视，但就动漫的发展趋势来看，中国乃至世界最大的动漫市场应该是青年动漫市场。从中国目前的人口结构来看，总人口中15岁以下的青少年占22.89%，约有3亿，35岁以上人口大约有5.3亿，65岁以上人口占6.96%，我们可以估算出16～35岁之间的成年人在4亿以上。而从消费质量来说，16～35岁这一阶段，正是一个人对各种媒介产品消费的旺盛时期，这部分人有一定的文化程度，对媒介产品有自己的看法和欣赏能力。由此可以看出，成年人市场是一个巨大且尚未得到开发的市场，具有极大的市场潜力。当前中国经济发展迅速，一方面，青少年的视野空前广阔，丰富的物质生活大大提高了他们的消费能力，使得他们有需求去消费大量的动漫产品；另一方面，上班族的压力与日俱增，他们需要动漫产品减压和唤起愉悦感。尤其是年轻的女性消费者很喜欢选取动漫造型的挂饰、用品和礼品，而且往往会产生冲动型购买行为。这些都为动漫产品提供了创作灵感和产品开发方向。

因此，企业要根据市场的特点，适时地调整产品内容，把销售重心转移一部分到青年市场来，逐步去抢占进口动漫成人作品的市场份额，同时还可以把动漫市场这块“蛋糕”越做越大。

(3)改变制作与播出方式。以动漫大国日本为例,日本动画片的制播方式类似欧美肥皂剧的制播方式,就是先期制作好影片或者几集成品,然后拿这些完成的作品与播出机构谈判播出事宜。如果样片能吸引播出机构,就会提上播出日程,但是,基本的播出速度是每周一集。日本动画《死神》、《火影忍者》都是采取这种播出方式,使产品的火热程度和影响周期大大延长,影响范围也大大增加。

(4)重视宣传推广。宣传推广是动漫产品走向市场不可或缺的一环。从传播学角来度讲,文化消费品在受众的传播过程中需要一定时间,系统化的推广和宣传本质上就是将作品根据制定好的传播和宣传策略逐渐打入市场,这一过程要符合作品本身的特点和传播特征,符合市场接受的节奏。

例如,迪士尼公司每推出一部新片之前,整个集团上下一致全力配合,利用所有宣传机器和设施:频道、电视网、乐园、专卖店、网站、电影院,甚至麦当劳和可口可乐公司,这种整合营销方式是美国动画产业牢牢占据市场的法宝之一。这样声势浩大的宣传可以勾起受众的好奇心,扩大影响面。因此,我们绝不能忽视宣传的力量。具体来说,可以与电视台、影院、网络等播出平台合作,除了运用播放广告和预告片、发送手机信息等商业营销手段,还可以与播出平台达成战略合作关系,共同以市场为导向,开展有计划的宣传工作。

对影院动画这种依靠票房打拼、竞争最激烈、受关注最多的作品,尤其有必要理性面对商业规则,向进口大片学习,做好、做足商业宣传。因为院线公司是以赢利为目的的,谁的票房高就分给谁的时间多。宣传不够,面对票房低迷的国产动画影片,投资人不敢轻易介入,院线也不会大力支持了。另外,内容上如果无法实现赢利,就很难做出衍生产品,打造出产业链。因为在同样的收益率下,这样的风险太大,而且整个产品都在市场不可控范围内,所以理性的厂商宁可高成本制作、销售迪士尼的授权产品或者冒险仿制,也不会接受风险转嫁。

同时,企业还要有选择地参加国际知名的文化节、动漫节,宣传国产动漫作品,借机将公司的漫画版权和衍生产品版权向海外推广。

迪士尼公司在长期的激烈竞争中钻研出了独特的经营之道,它每隔七年便向新一代儿童放映以前制作的经典动画片,而新一轮的票房收入会更高。菲利浦·科特勒的营销理论提出:不要去考察产品的生命周期,而应该去考察市场的生命周期。迪士尼就充分了解了市场周期规律并加以利用。我国可以借鉴这种循环播出的方式,当然前提是确保作品是有旺盛市场生命力的精品,并且要掌握好循环周期。

(5)拓展营销渠道。新媒体的兴起是巨大的机遇,短小精悍的动漫作品可以在分众电视、网络视频、手机上一展身手。正像美国人克里斯·安德森提出的"长尾理论"所认为的,由于成本和效率的因素,人们通常只关注需求旺盛的重要的产品,而忽视看似没有多少需求的非重要的产品。但是当商品储存流通展示的场地和渠道足够宽广,商品生产成本急剧下降以至于个人都可以进行生产时,几乎任何以前看似需求极低的产品,只要有人卖,就会有人买。这些需求和销量不高的产品所占据的共同市场份额,可以和主流产品的市场份额相比，甚至更大。

动漫作品也是如此。一般说来，动漫制作公司往往考虑推出观众反响强烈的大众化动漫作品，而忽视某些动漫爱好者的“小众需求”。因此，对于动漫作品来说，可以借鉴“长尾理论”，很好地利用网络这一波及面广、营销成本低的营销平台。动漫公司可以组成动漫联盟，统一建立网上动漫营销平台，就是类似于“亚马逊”和“当当网”这样的网络平台，也可以考虑与现有营销平台展开合作，借助它们已经成熟的网络营销模式。所有联盟成员的动漫产品制作伊始就推出多种语言版本，放在网络上销售；或者将一些由于历史原因已经制作完成但一直没有机会播出的动漫作品重新包装放在网络上进行销售；也可以将以前市场反应平平的动漫作品，稍加变化后拿到网站销售，以期能满足消费者小众化需求的同时，实现企业的利润最大化。但是，采用这种方式宣传要特别注意知识产权保护问题，因为网络由于传播速度快、易复制，很容易出现盗版现象。

2. 创作有吸引力的动漫产品

一是立足本国特色，融入国际成功经验，发掘有吸引力的题材内容。

第一，认真挖掘中华民族丰富的文化资源，注意表现和弘扬中国传统文化。要突破国产动漫内容选材注重说教、表现手法单调的局面，开阔创作者的视野和思路，激发创作灵感。要还原动漫内容的多样性和趣味性，掌握“寓教于乐”中以“乐”为基础的文化商品交换规律，以保持本色文化根基为前提，深度挖掘人性中真、善、美的东西，剖析文化共同性，从而架起沟通桥梁，顺利使本民族的文化向外传播。受众并不是不加区别地对待任何传播内容，而是更倾向于选择接触那些与自己的立场、态度一致或接近的内容。在挖掘共性方面，日本动画大师宫崎骏的《千与千寻》可以给我们启示。在这部奥斯卡最佳动画片中，讲述了一个小姑娘的心灵历险故事，其画面制作和场景设置虽然是在日本本土文化范围之内，但是该片关注的却是人类共通的东西，即成长的烦恼。影片主人公心灵上经历的东西，无论哪个国家的孩子都有可能碰到，这就是艺术能够引起共鸣的本质特征，也是中国国产动画在进行文化输出的过程中保持本民族特色的同时所应借鉴和学习的地方。

因此，中国动漫作品不必盲目跟风，去跟美国比技术，跟日本比策划。2006 年，中国原创 CG 动画片《魔比斯环》携带着“中国动画百年巅峰巨制”、“中国首部拥有百分百自主版权的全 3D 动画电影”、“填补中国原创空白”、“打破国际动画市场西方垄断历史”的呼声高调进入市场，却不幸遭遇了“滑铁卢”。这部耗资 1.3 亿元人民币，历时五年，凝聚来自法国、美国、英国、加拿大、马来西亚以及中国 400 名动画师心血的大制作，虽然抢走了众多“中国第一”《魔比斯环》，却最终没能赢得票房的成功和观众的认可，反而成为中国动画片失利的又一典型案例。

第二，将题材赋予独特的表现形式，以区别竞争对手的作品。中国的动漫作品艺术创作可以从多方面运用中国传统文化的多种表现形式，如水墨画、皮影戏、木板版画以及京剧和地方剧种等表现形式，将其融入动漫的创作元素。当然，创作富有民族文化特色的作品并不是说完全采纳中国元素，而是要以开放的眼光包容异质文化。日本动画经常借用外国的称谓、术语、元素等。例如，炼金术和魔法这些欧美的神话和哲学传统就在日本动画中被发挥得淋漓尽致。以这些形式变化产生出各种世界观和另类的故事情节模式，使动画故事变得更加精彩、更多元化、更炫目和华丽。而且许多中国人都不知道的东西却被日本动画加以变化使用，成为日本动画的制胜法宝，这不得不引起我们的反思。我们要学习这种创新意识，赋予古代文明新的概念，形成新的文化，展示我们的巨大想象力。

因此，发展我国动漫产业，首先要特别注意因地制宜、因势利导，根据各地的丰富文化遗产和人文积累，将中国的文化宝库认真地整理研究、规划利用，可以将易于理解并且民族特色浓厚的题材定位于海外。

二是精益求精，提高作品质量。质量是一部动漫作品好坏的关键，它直接影响到一个动画公司发展的多个方面，对于风格的树立、品牌的创立、受众的挖掘等都有着巨大的影响。质量的改进需要考虑以下两个方面：

一方面是纯熟的技法、精细的画工。多年承接外包业务，使很多中国的动画公司可以说在技术上与动漫强国不相上下，完全可以达到日、美动画的精美水平。我们所要做的就是沉下心来，认真做好每一幅动漫画面，结合中国特色的表现形式，潜心改进国产动漫的画面线条，争取制作出既满足市场需求又有鲜明中国特色的形象。另外，还可以借鉴国外在作品上的一些处理方法，如在镜头上，一些反传统手法的运用则可能会带来完全不同的效果，日、美的动画作品中可以见到不少创新镜头的运用，甚至使用电影中的蒙太奇手法。

另一方面是细微之处的雕琢和创新。首先，动漫角色造型不能一成不变，要随着情节需要而变化，甚至丑化，用服饰、五官、动作、表情等细节的刻画和特写来表现人物内心和故事发展；其次，要表现出人物个性的完整性，即要表现出人身上的许多缺点和不足。没有人是真正完美的，人都是矛盾和独特的，这样的形象才接近现实，才容易被接受，因此主人公的塑造要有一定的复杂性和真实感；再次，在动漫作品中，细微的表情能够表现出人物复杂的内心活动，细微的动作也能给人以很大的震撼。例如，日本动画片中主人公拉小提琴的片段，连专业演奏家也挑不出破绽，足以见细节的功力。

三是树立动漫作品的整体概念意识。一部成功的动漫作品绝不仅仅是故事本身演绎的内容以及作品所呈现的精美画面，绝对不能忽视的还有动漫作品的主题曲、插曲、片头片尾曲、台词、字幕甚至片花的打造。好的配音、音乐可以打动人，在人们的记忆中永存，更可以为CD制品、彩铃等的畅销奠定基础。如日本动画片的配音演员“声优”的魅力往往可以大大提升一部动漫作品的感染力。因此，企业必须与优秀的配音演员、音乐创作人、音乐制作公司和一线歌手通力合作，为作品量身打造脍炙人口的配乐。很多观看《满城尽带黄金甲》的观众不是直到听完《菊花台》后才舍得离开电影院的吗？提到《舒克和贝塔》，你最先想到的不是它的歌曲吗？还有在观看《怪兽电力公司》时，很多观众印象最深的除了作品中超乎寻常的想象力和画面的细腻之外，就是片头动画和片尾片花的精妙设计。在片尾，模仿真人电影，制作者特意做出了很多拍摄过程中出现的搞笑穿帮镜头，就是这些细节吸引观众看到字幕滚动完的最后一秒。

四是产品类型多样化。中国现在的动画作品主要是指电视动画和电影动画，其中以电视动画为主，而日本的动画作品还有 OVA，即剧场动画，而且近年来，日本 OVA 的市场份额在不断扩大。中国的消费者众多，DVD 的家庭拥有比例非常高。由于影院基础设施的局限性以及动画片进入电视频道播出平台的种种限制，中国的动画企业完全可以制作类似于 OVA 这样的动画作品，以开辟新市场。此外，由于技术的进步，手机动漫和网络动漫正在兴起，企业还可以进一步开发适合在手机、网络上播放的动漫作品，充分利用新媒体这一传播平台。

3. 促进合并，形成规模经济，并进一步形成范围经济

上世纪 20 年代末 30 年代初，好莱坞的五大电影制作公司完成了由规模经济向范围经济的转化。90 年代，迪士尼公司兼并 ABC 电视网就是为自己的动画产品找到电视出路，这是规模经济向范围经济转变在电视领域的体现。规模经济意味着企业可以同时创作、制作多部作品。即使其中有不成功者，也可以保持总体上的经营运转正常进行。范围经济意味着不仅制作，而且发行，都可以控制销售渠道，可以在自己控制的院线或电视广播网播出自己的作品，可以在第一时间将自己的产品推向市场。销售渠道的重要性已被好莱坞的实践所证明。反之，企业规模小，只能将资金、人力集中在一个项目或一部作品上，无力顾及销售渠道，经营风险极大。当然，对于美国来说，由规模经济向范围经济的转化是一个自然的历史过程。一旦我们掌握了这其中的规律，就可以有意识地创造条件完成这一转变。这一点对于我国的动画产业来说有着极为重要的意义。我国动画产业的企业规模小，经营风险大，且电视播出价格低，因此赢利的重头戏就放在衍生产品的销售上。但同时，我国地域广阔，人们的知识产权意识薄弱，因此侵权现象严重。在这种情况下，三辰公司的做法给我们提供了成功的例证。三辰公司依靠自身的规模，主动建立起自己的销售体系，经销自己的衍生产品，防止侵权事件的发生。目前，该公司的衍生产品已达到 6600 个品种。但并非所有的企业都具备三辰公司的规模和条件，这就需要我们的企业决策者打破门户之见，摒弃“宁为鸡头，不当凤尾”的狭隘思想，促进企业间的合并与联盟，扩大经营规模。

4. 开展国际合作

目前，动画片制作的国际惯例是先制作片花，通过预售取得预计成本的 60%～70% 再开拍。但是这样执行起来难度很大，因此广泛开展国际合作也就势在必行。这里所说的国际合作是狭义的，或者是指低层次的合作，即仅指利用外方的销售网络，是国际联合制片的一部分。典型的例子是获得广泛好评的《宝葫芦的秘密》，它就是一部中美合拍动画巨作。这是迪士尼、中影和先涛数码三家公司第一次电影制作合作，也是迪士尼公司第一次参与中国电影的拍摄。电影由先涛数码负责前期策划、拍摄和后期制作，中影集团负责中国国内的发行，迪士尼负责海外发行，朱家欣担任影片的监制和总导演，为《功

夫》和《无极》做电脑特效指导的钟志行担任执行导演。这部电影的素材是当代中国童话的优秀作品，1963年曾被改编为黑白故事片搬上中国银幕，现在又被融入现代电影技术、国际艺术手法和时尚现代元素，使它的价值和生命力超越时空。广义的国际联合制片是指任何一种建立在不同国家组织间的合作基础上的制作组合或商业组合，范围从联合融资（即一方合伙人主要是提供资金支持）到整体联合制作（即合作方在艺术创作、资金等各方面的投入基本相当），是一种利用影视节目共同消费和文化贴现特性赢利的策略。国际联合制片的基本原则是在资源共享的基础上，由不同的制片方提供各自独特的优势资源。因此，国内大型动漫制作机构可以积极寻求与国外有实力的企业联合制片，如法国和加拿大，它们是联合制片的热情支持者和参与者，还要争取与迪士尼这样的传媒巨头多合作，签署双边或多边联合制片协议，从而减少文化折扣和壁垒，获得“国民待遇”，共享资源和收益。

5.树立知识产权保护意识

不同于传统的以交换有形物质商品为特点的商品经济，动漫产业属于创意产业，靠卖知识产权获利。这个产业能否做好，知识产权保护在其中起着至关重要的作用。一个成功的动漫形象会衍生出一个庞大的消费市场。然而，如果没有知识产权的法律保护，创作者花费巨大精力、财力打造的动漫形象所延伸出来的庞大市场，就有可能会被侵权产品所蚕食。所以中国的动漫企业一定要树立知识产权保护意识。

在保护动漫的知识产权方面，日本有许多经验可供我们学习。以《铁臂阿童木》为例，该片在播放的过程中带动了漫画图书、漫画杂志和阿童木相关衍生商品的不断开发，在形成动漫产业链之后，由作者、出版社、动画制作公司、动画赞助商、玩具制造商签订了一篮子版权保护合同。开发《铁臂阿童木》，首先明确从漫画杂志开始，一直到形象符号商品开发出来，都有形象授权。比如，授权给棒球队做队标，授权给银行做银行卡的标志，授权给某一所大学作为吉祥物等，都要经独家版权代理机构的认可。我国企业在动漫作品诞生之初就要考虑到产品的知识产权问题，并联合各方签署授权协议，形成版权和专利保护网，防止盗版和竞争者仿用。

此外，为防止卷入版权纠纷案件，在引进境外版权时，一定要签署有效的版权合同，以维护企业的合法利益，即要找到作品的原始权利人，遇到中间商则要请其出示原始授权证明，第三者授权还要看是否在授权范围和期限内，之后才可以签署有关交易合同。

〔案例分析〕

一、《交响情人梦》作品情况简介

（一）内容简介

《交响情人梦》（日文原名《如歌的野田妹》）是一部以古典音乐为主题的女性长篇漫画，作者为日本著名漫画家二之宫知子。作品围绕着男女主人公野田惠和千秋真一展开，讲述了一群热爱古典音乐、立志成为优秀古典音乐演奏家的年轻人追逐梦想的故事。

男主人公千秋真一是一名音乐学院钢琴科的学生，他梦想成为优秀的交响乐指挥家，但因无法赴欧洲深造而开始自暴自弃。一个偶然的机会，千秋真一认识了性格古怪却极有钢琴天赋的后辈野田惠(昵称野田妹)。在两人日后的相处之中，野田妹帮助千秋真一重拾对音乐的信心，同时千秋真一也挖掘出野田妹的音乐天赋，鼓励野田妹走上职业音乐家的道路。最终千秋真一成功获得国际指挥比赛冠军，成为法国著名交响乐团的常任指挥。而野田妹则获得国际知名指挥家的赏识，开始了职业钢琴生涯。在长时间的相处中，两人相互理解、相互支持，最终成为了一对美好的恋人。

漫画全篇以古典音乐为主题，着重刻画了一群年轻人朝着梦想不断努力、不断进步的过程，是一部充满青春气息、积极向上、催人上进的励志作品；同时透过作者的女性视角，细腻地描绘了各个角色之间的亲情、爱情和友情，让读者感受到强烈的情感共鸣；另外，作品涉及大量古典音乐元素，对音乐爱好者有很大的吸引力，作品的热销也掀起了一股古典音乐的热潮。

(二)发行销售情况

《交响情人梦》漫画连载于日本女性向(面向女性受众)漫画杂志《KISS》，于2001年开始连载，2010年刊登最终话，连载近9年。作品全篇共133话，连载漫画集结成册后，由日本讲谈社发行漫画单行本，总共发行25本单行本和1本角色资料手册。漫画曾于2004年获得第28届讲谈社漫画赏少女部门大奖。

2006年10月至12月，作品被改编为真人版电视剧，由日本富士电视台制作播出，平均收视率达到18.5%。电视剧播出不久，由新日本爱乐乐团演奏的贝多芬《第七交响曲》(电视剧片头曲)的手机下载量急升20倍，新日本爱乐乐团定期演奏会门票开售不久也很快售罄。《交响情人梦》的播出使静寂的古典音乐界再次热闹起来，被日本新闻界称为“野田妹现象”。电视剧版除了在日本本土播出外，韩国、中国台湾和香港以及马来西亚的电视台也都有引进播出。

由于真人版电视剧大受欢迎，电视剧完结一年后拍摄了电视剧特别篇《交响情人梦(巴黎篇)》(上、下部)，分别于2008年1月4日、5日连续两晚播出。应广大《交响情人梦》粉丝的要求，作品又于2009年推出了电影版，票房大卖。另外，在《交响情人梦》的真人版电视剧取得巨大成功之后，还推出了电视动画版，共分三部，分别于2007年、2008年和2010年在日本各地电视台播出。《交响情人梦》还推出了大量的衍生产品：以真人版电视剧剧情为基础的小说；以《交响情人梦》为主题的电子游戏；古典音乐曲目的音乐CD；以《交响情人梦》为主题的交响音乐会等。

二、《交响情人梦》成功原因分析

(一)准确的受众定位

《交响情人梦》根据读者的年龄和性别划分属于少女漫画。日本专门连载少女漫画的杂志根据不同年龄段又有更加细致的分类。除了面向中小学生之外，还有一个特殊的分类叫作“年轻女性向漫画”，《交响情人梦》即属于此类少女漫画。这类漫画主要面向的是经历从学校迈入社会这一特殊成长阶段的女性，作品主人公一般为20～30岁的女性，以其恋爱与生活为主题。

与其他少女漫画所强调的唯美主义以及理想化的恋爱故事不同，这类漫画由于面向较为成熟的女性群体，作品内容更加偏重实际，一般多以刻画年轻女性对爱情、事业和梦想的困惑与烦恼为主，让读者与故事中的人物产生充分的共鸣。《交响情人梦》这部作品正是抓住了这一读者群体的心理，塑造了野田妹这一极易令人产生共鸣的主人公形象，通过描绘野田妹的追梦旅程和爱情经历，让阅读漫画的年轻女孩从中获得对爱情与梦想的感悟，对主人公和漫画情节产生极大的认同感。

根据漫画题材划分，《交响情人梦》属于典型的音乐题材漫画。音乐漫画也是日本漫画中非常重要的一个类别，除《交响情人梦》外，较为有名的音乐漫画还有《NANA》、《BECK》(两部作品均以摇滚音乐为主题)等。在日本，古典音乐是非常重要的一种音乐形式，拥有大批的乐迷，《交响情人梦》的主题正好符合了这些乐迷的兴趣，并且对其他音乐爱好者也有一定的吸引力。

(二)成熟的产业链模式

1. 漫画

《交响情人梦》漫画连载于日本女性向(面向女性受众)漫画杂志《KISS》，于 2001 年开始连载，2010 年刊登最终话，连载近 9 年。作品全篇共 133 话，连载漫画集结成册后，由日本讲谈社发行漫画单行本，总共发行 25 本单行本和 1 本角色资料手册。漫画曾于 2004 年获得第 28 届讲谈社漫画赏少女部门大奖。

2. 真人化改编

日本漫画真人化的改编，包括真人电视剧、真人电影以及舞台剧、音乐剧的改编。由于女性向的漫画一般较贴近生活，更易由真人出演，所以日本漫画的真人化改编多以女性向作品为主。

《交响情人梦》的真人电视剧版由日本富士电视台制作并于每周一晚 9 点黄金档播出，在这个档期播出的电视剧都是富士电视台当季度电视剧中的重头戏。电视剧一经播出就获得了巨大反响，全剧收视率一直保持在 18%～20%之间，成为当季日本最受欢迎的电视剧。《交响情人梦》电视剧改编的极大成功大大拓宽了这部漫画作品的产业链。2008 年，富士电视台又播出了两集《交响情人梦(巴黎篇)》的电视剧特别篇，分别获得了 18.9%和 21%的高收视率。

在粉丝的要求和呼吁下，《交响情人梦》又拍摄了电影版。2009 年 12 月和 2010 年 4 月，电影版《交响情人梦 (最终章)》(上、下部)在日本上映，并取得了相当不错的票房成绩。电影上部累计票房 41 亿日元，在 2010 年日本电影总票房(包括海外影片和本土影片)排名中位列第十，日本本土电影票房排名中位列第六；下部累计票房 37.2 亿日元，在当年日本本土电影票房排名中位列第八。

《交响情人梦》真人版的成功对漫画本身的销售以及作品产业链的拓展起到了非常大的促进作用。《交响情人梦》真人版电视剧播出之后，原作漫画的销量有了巨大的提高。2006 年电视剧播出后，原作漫画第一次进入 Oricon 漫画单本销量排行榜前十位。

2007年漫画17卷在单本排行榜中更是位列第三位，超过了《火影忍者》、《死神》等多部热销漫画。真人版电视剧的播出使得《交响情人梦》一跃成为了日本最受欢迎的女性向漫画之一。

3. 其他衍生产品

《交响情人梦》真人版电视剧取得极大反响之后，在日本掀起了一股古典音乐的热潮。受《交响情人梦》电视剧和动画的影响，古典音乐CD的销售量在日本急剧攀升。

《交响情人梦》先后发行了多张收录漫画、动画和电视剧中出现的曲目的音乐CD。早在真人版电视剧播出之前，《交响情人梦》就已经于2003年、2005年和2006年发行了4张音乐CD，收录漫画中出现的古典音乐作品。电视剧播出之后，又于2006年、2007年发行了5张CD，特别的是，这些CD中除了收录作品中出现曲目的原始版本之外，还收录了电视剧和动画中出现的改编版本，满足了电视剧和动画爱好者的需要。

《交响情人梦》充分利用其音乐主题的资源，开办了多场以《交响情人梦》为主题的交响音乐会，音乐会上主要演奏《交响情人梦》电视剧中出现过的、观众广为熟知的曲目。到今天，《交响情人梦》主题音乐会已演变成定期音乐会的形式，每月都有固定的演出。并且，《交响情人梦》的主题音乐会不仅在日本国内举办，在中国台湾、香港甚至内地都有举办。

在《交响情人梦》真人版电视剧和动画版都获得极高人气之后，游戏公司也相继推出了以《交响情人梦》为主题的音乐节奏游戏。2007～2010年，先后发售了包括以任天堂DS（便携式掌上游戏机）、PS2（索尼家用游戏机）和Wii（电视游戏机）为平台的多款《交响情人梦》主题游戏，在《交响情人梦》的忠实粉丝和音乐爱好者中很受欢迎。

由于《交响情人梦》的受众主要为女性，所以游戏公司开发了许多适合女性使用的产品，如挂饰、贴纸、手提包等。在日本很多地区还经营着很多家《交响情人梦》的主题商店，商店中销售种类齐全的《交响情人梦》的官方周边商品，并且商店内部仿照漫画中的场景进行装饰，可供粉丝拍照留念。主题商店不仅销售商品，还成为《交响情人梦》粉丝旅行必去的旅游景点。

（三）漫画作者的综合素质

1. 兴趣广泛，知识储备丰富

《交响情人梦》创作的契机源于作者无意间在博客中看到的一张照片。照片中一个钢琴专业的女生坐在脏乱的房间中弹钢琴，这个女生就是《交响情人梦》主人公野田妹的原型。正是由于作者二之宫知子平常对于古典音乐的兴趣和关注，在看到这张照片的同时，她也萌生了创作一部以古典音乐为主题的漫画作品的想法。日后，在进行《交响情人梦》创作的时候，作者专门学习了古典音乐的知识，查阅了大量关于古典音乐的相关资料，并咨询了很多专业演奏家和音乐专业教授，使得漫画中涉及古典音乐的内容具有很强的专业性和准确性。整部漫画作品可以称得上是古典音乐的入门教科书，获得了包括专业音乐人士在内的众多音乐爱好者的肯定。

2. 具有极强的艺术表现力

古典音乐对大众来说总有一种曲高和寡、晦涩难懂的印象。而《交响情人梦》的受众群恰恰是年轻人，年轻人大多热衷于流行音乐，对古典音乐的了解和兴趣甚少。所以作品通过怎样的方式去引发年轻人的兴趣，也是一个很大的挑战。为了使作品获得年轻人的接受和喜爱，作者将作品定位为喜剧的形式，以愉快轻松的故事氛围缓解古典音乐严肃沉重的气息。与其他日本漫画作品不同，作者有一套自己独特的幽默方式，用夸张的、"不合逻辑"的表现手法营造出极强的搞笑效果。但同时作品又不脱离现实生活，紧扣古典音乐的主题，将搞笑与真挚巧妙地结合在一起，幽默又不乏深度。《交响情人梦》打破了人们对古典音乐的刻板印象，成功地让读者在欢笑中了解古典音乐，领略古典音乐的魅力。

3.思想有深度

《交响情人梦》这一中文译名可以说很形象地概括了这部漫画的三大主题：音乐、爱情和梦想。在音乐方面，作者以"艺术无国界"为主旨，描绘了不同国籍、不同性格的人们通过音乐相遇、相识，并通过音乐互相理解、互相认同的过程。在感情的描写方面，作者以女性的视角细腻地刻画了角色之间的亲情、爱情和友情。尤其对爱情的描绘传达了作者独特的爱情观，引发人们的思考。同时，《交响情人梦》还是一部很好的励志作品，主人公的追梦过程也对年轻人有很强的激励作用。要想创作出有思想、有内涵、对成年受众有吸引力的动漫作品，就要求动漫创作者有一定的思想深度。

（四）消除文化折扣

1.创造亲近性文本

（1）故事元素

《交响情人梦》以西方古典音乐为漫画主题，从题材上大大降低了文化折扣的影响。

（2）故事背景

《交响情人梦》的漫画单行本（正篇）总共23本，随着故事情节的发展，作品从第11本开始将故事舞台转移到了欧洲，以欧洲为主要故事背景。

作品后半部分中出现大量有关欧洲音乐学院、欧洲交响乐团、世界古典音乐演奏比赛等内容，这些内容的描写均紧密结合欧洲现实情况，使得漫画情节非常贴近实际。并且在故事的讲述中，渗透了大量欧洲各国的风俗与文化。这就使得作品更容易受到西方读者尤其是欧洲读者的认同，使西方读者产生较强的亲近感，以此削弱文化折扣的影响。

（3）角色设计

日本很多动漫中都出现过中国人、印度人以及欧美人的人物角色，这也是削弱文化折扣的一个策略。

《交响情人梦》后半部分故事舞台转移到欧洲之后，出现了很多外国人的角色，包括野田妹在欧洲音乐学院的同学和老师，以及千秋真一担任指挥的交响乐团的成员们等。这些角色不仅是来自不同国籍，并且由于这些角色的登场，使作品增添了各种不同国家的文化元素，易使不同国家的读者对故事情节产生亲近感。例如，漫画中出现了两个中国人的角色，在对这两个角色的塑造中，作者结合了中国的实际情况（包括中国的社会状况和教育理念），使得中国读者在阅读漫画的时候对角色的故事感同身受，也对漫画内容有了更深刻的理解。

2. 传达共同价值观

《交响情人梦》这一中文译名可以说很形象地概括了这部漫画的主题:音乐、爱情和梦想。艺术无国界、音乐无国界,人们对于美的追求与享受往往能够跨越国籍、民族的鸿沟;爱情、亲情、友情则是全人类共有的感情,真挚的情感往往能唤起所有人的共鸣;而对于梦想的追求和自我价值的实现,也是全人类共同的目标。漫画中多次着重描写了交响乐队的排练过程,细致地描绘了排练时人们由于生活背景、性格甚至是国籍的不同而产生的不和谐与摩擦,通过不断地磨合最终演奏出完美的音乐的过程。人们通过音乐相遇、相识,并通过音乐互相理解、互相认同。可以说作品通过音乐传达了一种万物和谐的普世情怀,这使得作品更容易引起各国读者的共鸣,被不同国家的读者所理解和接受。

思考与研讨题

1. 比较世界主要动漫大国的动漫产业特点。
2. 中国动漫产业的发展状况与哪个国际动漫大国类似?请说明原因。
3. 你认为发展中国动漫产业应该在哪些方面着力?

第七章　国际艺术品市场

本章要点

1. 国际艺术品市场概况
2. 国际主要艺术品市场
3. 中国艺术品市场如何“走出去”

第一节　国际艺术品市场概况

一、国际艺术品市场的历史发展

在国际艺术品市场范畴内，可以追溯到的艺术品市场行为其实很早。在古希腊时期就有很多的雕塑家和画家专门为贵族和富人制作雕像和画像，以及为城市公共建设、建造神庙等公共事业服务。同时在罗马帝国时期，很多战争掠夺的财富，包括大量的艺术品，都被公开地拍卖以换成现金。在中国，相关的艺术品市场记录也很早，汉代已出现“佣书”、“佣画”市场，六朝形成了纯艺术性法书的市场，到宋代出现了专门从事书画买卖的商人。明代中期之后，艺术品市场更是非常活跃。

而西方在文艺复兴以后，才出现了艺术家的觉醒和独立。这促进了西方艺术的再生，毕竟经过近千年的黑暗时代，中世纪对于文化艺术的敌视和摒弃是其艺术品市场不能繁荣的根本。所以，把艺术品市场的萌芽时代放在文艺复兴之后的一两个世纪之内，应该是比较合适的，毕竟艺术品市场的繁荣离不开中产阶级的壮大和商品交换的繁荣。这从油画的兴起就可以看出。相对来说，油画比雕塑更加容易携带和交换，同时价格也较为便宜，因此更加适合中产阶级的审美需要。值得注意的是，16 世纪的凡·埃克兄弟所作的《根特祭坛画》是现代油画的先驱，他们所创新的技法引领油画进入了现代，同时也开启了现代艺术品市场，而这种情况恰恰是产生于中产阶级开始大量出现的荷兰。总之，应该有以下三个方面的

> **关键术语**
>
> 艺术品市场是指经营艺术品的交易场所及活动。

原因促使现代国际艺术品市场的产生：

（一）艺术家社会声望的提高，相应的创作热情高涨

无论中外，古代艺术家的地位并不突出，一般是属于劳动阶层，处于技术工人、匠人这个层面。他们的创作更多是依据雇主的喜好，受到雇主的文化修养与审美意向的限制，因此相应的，艺术家的社会地位从属于其他阶级。虽然在西方艺术品市场中，商业化认识普遍存在，古希腊的雅典就是一个典型的商业城市，作为技术工人的艺术家普遍比较自信，艺术家本人也很在乎自己的艺术作品，例如有“战争可以夺去生命但征服不了艺术”这类传说，但即使如此也改变不了艺术家的社会从属性。之所以有这样的传说也只是因为艺术家对于技艺的执著而已，并不涉及文化的继承和传播。这个状态在西方尤其突出，以致中世纪时期，由于宗教势力的极端扩大，艺术品市场处于一个非常低的层面。

直至14～15世纪文艺复兴时代，画家开始根据自己的个性画画，并在画上署名。署名的出现反映了画家个人意识的觉醒，是对作为画家身份的认同与自己艺术个性的呈现。画家在画作上署名后，一方面督促画家提高自身的画技，具有了竞争意识；另一方面便于买画的人识别。而这点对于艺术品市场的发展至关重要。当然，这种“版权”意识也跟艺术家的地位普遍上升有关。例如，拉斐尔在梵蒂冈宫画了《哲学》、《神学》和《法律》等巨幅壁画，是受人尊敬的“艺术家”。达芬·奇作为米兰公爵的客人，公爵不是把他以专门的画家相待。凡此种种，足以说明艺术家已经成为社会上层阶级所关注和吸纳的人物，因此，艺术家可以集合其他学者们，研究希腊艺术，参与罗马的都市规划，过着幸福富足的生活。这时候的艺术家具有自己的艺术个性已经不足为奇。而国际艺术品市场的发展和繁荣就是建立在艺术的自觉之上。

（二）市民阶层的兴起是艺术品市场得以呈现的主要原因

随着文艺复兴的进一步发展，资本主义萌芽，西方社会出现了大量的中产阶级，也就是市民阶级，他们对于艺术的追求和消费直接导致了国际艺术品市场的产生。

文艺复兴时代的艺术大多是壮丽的、宏大的作品，消费者集中在贵族和教会等机构，并不能完全形成一个完整的艺术品市场结构。而中产市民阶级的壮大，使艺术交换成为一个普遍的商业存在。行会、经纪人、艺术评论家等现代意义上的艺术品市场因素逐渐产生，一直到19世纪末，最终完成了现代意义上的国际艺术品市场架构的建设。例如，拉斐尔前派的艺术市场的形成，不仅仅得益于艺术家自身的创造性，更离不开艺术评论家的推介，尤其是著名评论家约翰·拉斯金(John Ruskin)在《伦敦时报》和《近代画家论》中的肯定，使社会大众逐渐接受了他们的艺术主张，更称许他们的观念非常新颖，最终使拉斐尔前派无论是在艺术领域内，还是在艺术品市场层面都获得了社会承认。此外还有后来著名的巴比松派、印象派等诸多例子，充分说明以经纪人、行会、艺术评论家等为主体的中产阶级文化代表的重要性。因此，中产阶级的产生和最终确立是国际艺术品市场得以呈现的另外一个必要因素。

(三)商业的全面发展是文艺复兴之后艺术品市场全面繁荣的基础

仅仅有商品和消费者，对于构建一个完整和有体系的国际艺术品市场还不是很充分，还必须有标准的商业规范和制衡原则。早期的艺术品市场之所以还不能说具有现代意义，就是因为艺术交换行为本身不能安全和有效地进行。

在文艺复兴之后，商业得到了长足发展，各种商业标准和行业规范逐渐成为法律条文，有效地保证了艺术商品交换的安全。这不仅极大地保护了艺术家的利益，同时也促使国际艺术品市场繁荣和稳定发展。例如，一次丁托列托的一个学生把画卖给了商人之后，商人嫌贵，要求丁托列托说情，结果丁托列托打了学生一记耳光。但他并不是要求学生卖得便宜点，而是埋怨学生卖得太便宜了，还不够贵。我们可以思考一下，是什么样的环境导致艺术家可以有这样的自信？除了完善的市场经营机构和交易的保障措施之外，还能有什么呢？也就是说，艺术家有足够的市场环境来保障生活，那么他自然对于艺术的自信要更强一些。因此，商业规范的确立和艺术交换的顺利进行是国际艺术品市场形成的第三个重要因素。

随着上述三个方面的日渐完善，国际艺术品市场中的其他构成因素逐渐出现。例如，1610 年德·朗布依埃侯爵夫人举办了第一个文学艺术沙龙，这实际上是收藏家协会的滥觞；1667 年路易十四举办了最早的美展，这实则是现代展览会的开始；博物馆也开始举办由艺术家们自发组织的各种艺术个展，致力于推动一种有高度和被资助的艺术活动，等等。

在世界经济全球化的今天，国际艺术品市场的全球化也是一个大的趋势，这其中涉及艺术乃至文化领域中的融合和冲突问题，并非是一个很容易就能解决的问题，或者可以说已经成为一个文明冲突的问题。国际艺术品市场中对于不同国家和文化的艺术品的销售和经营，往往带有更多的政治或者至少是民族主义的情绪。由于殖民主义时代的遗留问题，中国的很多国家文物出现在国际艺术品市场的拍卖会上，就比较突出地体现了种种冲突。同时，中国买家在各国拍卖会上大量收藏中国元素的作品，也刺激了国际艺术品市场的进一步转化。但从整体的风向来看，这种变化只是一种商品种类的变化，不影响国际艺术品市场从收藏到资本化、证券化的转变。表面上看，这种转变对于刺激国际艺术品市场的交易有很大的提升作用，但问题的两面性却不得不使我们对以这种方式来经营艺术品抱有谨慎的态度，因为文化是否能通过虚拟的方式来进行消费，还是一个有待整理和理解的问题。

二、国际艺术品市场的分类

(一)画廊

作为艺术品市场的基本细胞，画廊功能的完善直接决定艺术品市场的成熟程度，因此画廊是研究艺术品市场者必须要面对的一个重要领域。

严格来说，画廊在不同地区的发展情况是不一样的。虽然在中国宋代就出现了专门进行书画交易的中间商，明代中叶出现了专门销售字画为主的小门面，但现代意义上的画廊却是萌芽于西方。因为它必须满足几个条件：第一，经济支持上完全独立；第二，艺术判定上完全独立；第三，市场经营有法律保障。可以说，现在意义上的画廊是社会经济成熟发展的重要表现，同时也是社会文化繁荣存在的体现。在国际艺术品市场中，大部分地区都是以西方画廊模式进行拷贝，中国也不例外。但因文化的差异，我国画廊从产生到发展还是有着与西方截然不同的特点。

> **关键术语**
>
> 画廊是以展览陈列等方式进行艺术品交易的场所。

在西方艺术品市场氛围中，画廊处于基础性地位，对于艺术家的宣传包括艺术品的展示、销售都起到了很大的作用，是一个重要的艺术中介机构。它联结着藏家和艺术家，具有文化与经济的双重功能。我们知道画廊的主要职能之一就是发现优秀的画家，实行代理制。为了使画家能够被更多人了解、接受，画廊需要进行一系列的宣传运作，如帮助画家举办展览、出版画册等，伴随着画家知名度的进一步打开，其艺术思想与技艺被更广大的人群所了解并接受。在这个过程中，画家作品获得藏家的青睐，市场价格上涨，从而最终产生利润。接下来画廊就可以在更高一级的平台上推广画家及其作品。西方画廊在这样的运作模式下取得了很好的效果，他们与画家签约，保证他们生活和发展的需要，而藏家也相信画廊的良好信誉，愿意相信画廊的推荐，购买推荐画家的作品收藏，从而达到资产保值和增值的目的。

当然，借助于资本社会的发展，画廊本身也存在不同的发展道路。实力雄厚的画廊在挑选代理画家时往往相当严格，他们注重的是长远的回报。以法国法兰西画廊为例，该画廊 70 多年来只选择了 28 位画家。在对待已经被选择画家的态度上，他们体现出来的是责任感。"对每位画家的作品价格，严格遵守'年年递增'、'每年必增'的价格规则。"[①]

西方画廊业的发展情况，与中国的实际情况相比存在较大出入。在中国画廊业的发展过程中，我们应该考虑到中国艺术品的特殊文化地位以及相关的社会背景。以书画为例，书画艺术在中国文化中的地位完全不同于西方，对于中国书画而言，不仅仅有技艺层面的要求，更有"技进乎道"的文化考量，因此这就使得画廊的文化、艺术地位没有办法完全脱离文化艺术界而独立存在，进而间接地导致了中国画廊的附庸地位。很多人认为中国画廊业应该落实的一个重要问题是：如何在实际的经济行为过程中，双方能够以诚信、互惠互利为指导思想，而不是毫无顾忌地损人利己。这个问题对于西方社会来说不是问题，可以借助于法律、市场监管部门进行有效管理；但在中国社会，画廊业的管理往往会造成人员投入的巨大浪费和根本性无效果，所以这个问题的解决就不仅仅是法律和经济层面的行为，甚至更多地要有赖于文化价值观的重新树立。表 7－1 是 2011/2012 年度

① 顾颖：《国外画廊管窥》，《上海艺术家》2003 年第 1 期，第 150 页。

中国十大影响力画廊[①]。这些画廊的实力是毋庸置疑的，但断然说它们是中国十大影响力画廊就显得不是十分准确，有待进一步商榷。北京的荣宝斋、上海的朵云轩在很多方面的影响力都要超过这个表格中的许多画廊，至少并不比里面所提及的某些画廊差。之所以这么说，只是想要说明：以西方为标准的很多测评方式在中国是没有多大参考意义的，只能让人们更加不信任相关数据，从而使艺术品市场的管理越来越混乱。因此，如果完全按照西方的标准就会涉及巨大的资本和人员投入产出不成正比的问题。那么无论政府有关部门，还是行业协会等机构，都没有办法对画廊业进行有效和有益的管理。而培育画廊业良性运作的市场机制是需要较长时间的。

表 7—1　2011/2012 年度中国十大影响力画廊

No. 1	香格纳画廊
No. 2	佩斯北京
No. 3	长征空间
No. 4	大未来・林舍画廊
No. 5	高古轩(香港)
No. 6	当代唐人艺术中心
No. 7	麦勒画廊
No. 8	偏锋新艺术空间
No. 9	诚品画廊
No. 10	星空间

在新时代文化大繁荣、大发展的背景之下，中华民族的伟大复兴在于文化强国的实现。文化产业的竞争力是一个国家综合实力的重要体现，在今天全球化的进程中，也是我们参与国际竞争所不能回避的问题。所以，我们应该正视国际形势，结合具体国情，努力改善自身不足，迎接来自世界的挑战。

当然，这并不是说我们对外来的画廊理念要一味排斥，相反我们应该努力接纳和吸收他们所带来的先进理念和经营模式。比如，对于产品的理解和包装等，我们中国的本土画廊原本并不重视，或者说是本不擅长的地方，为此我们应该积极学习、借鉴国外画廊的成熟经验与理念。早期中国内地主要画廊的创办与外国人关系密切，比较著名的如表 7—2 所示。

表 7—2　早期中国内地创办的主要画廊

名称	创办地	创办人	创办时间
常青画廊	北京	(意大利)马里奥・克里斯蒂亚尼(Mario Cristiani)	1990
红门画廊	北京	(澳大利亚)布朗・华莱士(Brian Wallace)	1991
香格纳画廊	上海	(瑞士)劳伦斯(Lorenz Helbling)	1995
四合苑画廊	北京	(美国)马芝安 (Meg Maggio)	1996

① 孙国胜、张秀娟:《2011/2012 年度中国十大影响力画廊》，http://gallery. artron. net/show_news. php? newid=268441&p=1。

不过，这些画廊也仅仅是反映出了画廊发展所需要的重要条件在于资金和运作，而且还不一定就完全具有代表性。在研究中国画廊业的生存状态时仅研究这些画廊是完全不可能知道其中奥秘的，因为在中国，艺术同时也与社会文化精神包括消费心理、购买习惯等要素相联系。因此，分析中国画廊业的实际还应该考虑到这些不同的社会、文化因素。

学者李万康是这样分析为何中国画廊只具有西方式画廊的部分功能的："在中国，观赏性的'画廊'之所以不能顺延发展为经营性'画廊'，关键在于中国人所采取的欣赏方式是一种依托于书斋的慢悠品味、渐入佳境的审美方式。这种方式以案读欣赏为主，最大的特点是具有对多重选择的回避性、审美对象的专注性、空间的私密性、精神境域的超越性以及在消费形式上的高度休闲性等一系列特征。而'画廊'则因具有空间的公共性、选择的多样性、绘画本身的不可挪置性和欣赏的浮光掠影性，与书斋式欣赏方式存在严重的冲突。所以，市场也就难以将观赏性'画廊'顺延发展为经营性'画廊'了。"[①]但实际上，中国画廊跟西方画廊在艺术品交易过程中的市场角色的不同也导致了两者之间的差异。

（二）拍卖会

拍卖会是随着艺术品市场的逐渐完善而出现的高端，或者说是第二级艺术品市场，它的任务主要是推介艺术家和普及艺术审美标准。

"艺术品拍卖(arts auction)是指以委托寄售为业的商业寄生企业按一定的规章制度，以公开竞价方式将艺术品所有权转让至最高应价者的买卖行为。这一行为因最后的买卖成交以拍击手槌为宣告标志，故命之为'拍卖'。"[②]一般的艺术品拍卖采用递增竞价的方式，程序包括总体策划、拍品组织、宣传预展、拍卖成交和交讫结清五个环节。艺术品拍卖的最后一道程序是钱货交讫。委托人结算时，一般以拍卖落槌价为基础。"拍出后拍品买卖双方都必须向拍卖公司交纳手续费，或称代理费、佣金。西方的惯例一般是买卖双方各交落槌价的10%。但在不同国家也有不同的规定。伦敦的拍卖规则是，一般买方(买受人)交纳8%，而卖方(委托人)交纳10%。德国的拍卖惯例是买方支付10%至25%，卖方支付10%至30%。而中国大陆的惯例是佣金一律为10%，中国香港则有的可达15%。除了佣金以外，有时卖方还要支付给拍卖公司一定数额的杂费(保险费、运输费等)。"[③]相对画廊而言，拍卖会所接受的艺术家及作品应该是经过画廊运作并检验过的更具有价值空间的艺术家及作品。所以，我们通常将拍卖会称为二级市场，而画廊则是一级市场。

现代拍卖制度基本可以断定是在18世纪中叶前得到确立的。随着经济的长足发展和稳定，在17至18世纪，"从英国伦敦到德国汉堡、从奥地利维也纳到荷兰阿姆斯特丹，直

---

① 李万康：《艺术市场学概论》，复旦大学出版社2005年版，第144～145页。

② 同上，第165页。

③ 陈长田：《艺术市场纵横谈》，山东美术出版社2010年版，第42页。

至美国的波士顿、纽约和费城，各类功能的拍卖行开始大量问世，悬挂独特拍卖标识——蓝白方格拍卖旗的门店随处可见。”①其中最负盛名的拍卖行有两家：苏富比和佳士得。于1744年成立的苏富比距今已有260多年的历史，其首次拍卖的是一位贵族收藏的457本珍奇书籍，拍卖成交额为826英镑。目前苏富比的业务遍及全球34个国家，主要拍卖中心有2个：美国纽约及英国伦敦，在世界有13个主要的艺术中心负责联系业务，包括中国香港、澳洲、法国及意大利等地。“20世纪90年代初，苏富比重要领导人之一的戴安娜·迪·布鲁克斯倡导了苏富比历史上一次有重大意义的财政革命——信用卡支付资金方式。”②戴安娜·迪·布鲁克斯倡导的财政革命把国际艺术品市场带到了一个新的高度。1989年，苏富比拍卖公司与日本西武百货公司联合举办近现代版画拍卖，这种形式开创了拍卖行与跨国企业之间合作的新局面。

关键术语

拍卖会是指以公开竞价的形式，将特定物品或者财产权利转让给最高应价者的买卖场所。

根据有限的资料，我们可以发现在唐朝以前就有拍卖典当过期财物的活动，但可以说，中国现代意义上的正式拍卖行一直没有在完全意义上得以建立。鸦片战争失败以后，西方先进的拍卖机制也被引入了中国。1874年，英国一家拍卖行在上海开设了远东子公司——鲁意斯摩拍卖公司。随后，许多外国企业在上海成立分支机构，开展拍卖业务。北京最早的拍卖行，是光绪末年出现在崇文门大街上的鲁麟洋行。1911年辛亥革命之后，溥仪为了维持生活，经常性地拿出清宫旧藏的瓷玉古铜物件进行拍卖，由内务府不定期举办。某种程度上看，这算是中国历史上最早的官方拍卖会了。我们看到虽然当时的拍卖也是程序井然，倡导公平竞争，但这实际上是一种地摊式的买卖，而非真正意义上的推介和提升艺术审美的活动，从而使拍卖艺术品的活动一开始就具有极其强烈的中国特色。1959年之后，因为建设国家经济及文化战线的需要，我国取缔了所有的拍卖会。

改革开放之后，国家经济发展稳定有序，艺术品市场重新活跃起来，拍卖行这种在国外已经实行了近300年的形式被介绍到了中国。1986年11月，新中国第一家拍卖行——国营广州拍卖行正式挂牌成立，中国拍卖业由此进入了恢复、试点阶段。1993年2月，“朵云轩落户上海，并成功举办了首届中国书画拍卖会，共155件晚清迄近、现代名家书画精品亮相，港澳台及内地买家踊跃竞拍，拍出117件书画，成交额达829万港元，超过所有拍卖品估价总额的60％”③。同年5月，中国嘉德国际拍卖有限公司在北京正式成立，紧接着，北京瀚海于1994年1月成立。1995年6月，中国拍卖行业协会在北京成立。1996年，《中华人民共和国拍卖法》颁布。这些都标志着中国拍卖业进入了新的发展时期。截至2012年9月，我国共有拍卖企业5781家，全国注册拍卖师总数达到10444

---

① 季涛：《当代北京拍卖史话(二)》，http://blog.sina.com.cn/jitao001。

② 何鸿、何如珍：《从海外艺术市场的走势看中国艺术市场》，《艺术探索》2001年第3期，第64页。

③ 《从1986到2006中国艺术品拍卖市场的昨天、今天与明天》，《艺术与投资》2006年第5期，第17页。

人，全行业从业人员5.5万人。[①] 与发展了几百年的国外同行相比，我国的拍卖业具有不断完善的可能性。我们一方面应该看到经济发展给我国艺术品市场带来的良好契机；另一方面也应该看到，拍卖市场是我国经济实力发展的晴雨表，它应该是与经济发展同步的。从国际艺术品市场的发展来看，近20年来，当代世界艺术品拍卖业的发展比较曲折多变，具体表现在以下几个方面：

1.经营方式的全球化

经济全球化的一个直接结果就是文化交流活动急剧增加，科技的进步也使地球变成了一个村子，这就需要满足不同地区、不同文化背景的市场需求。因为，无论是拍卖标的还是拍卖地点，都出现了分散的格局，从原来以欧美为中心，扩展辐射到任何经济长足发展的地区。例如，从20世纪80年代开始，两大拍卖行即开始关注中国港台地区和东南亚市场，皆因此时此地经济发达，中产阶级群体的消费能力获得了长足的提高。于是，两大行先后在中国香港、台湾设立子公司，每年定期举办一次春秋艺术品拍卖会，最终使港台地区成为国际艺术品市场最令人瞩目的拍卖重镇。

2.市场竞争激烈化

随着经济的发展，买家的口味多变且挑剔的程度与日俱增，拍卖行的生意也逐渐从店大欺客到客户第一。尤其是在世界艺术品拍卖市场领域，新兴的经济区就那么几个，客户群体重叠也很多，所以拍卖行之间的竞争也不言而喻。在香港，成立只有20年的中国嘉德国际拍卖有限公司与已有200多年历史的苏富比展开了正面较量，而北京保利国际拍卖有限公司也参与到竞争中来。国内这两家拍卖公司与苏富比和佳士得相比还很年轻，国际上的影响力也不如两大行，但争取市场地位的决心却一点都不小。“按拍卖成交额计算，保利国际拍卖有限公司是世界第三大拍卖行。该拍卖行周末首次在香港举办了一场国际拍卖会。该拍卖行说，在香港举行的为期两天的拍卖会创下了5.2亿港元的佳绩。”[②]“世界第四大拍卖行中国嘉德国际拍卖有限公司也选在香港举行首次境外拍卖会。……此次拍卖会的拍卖成交额达到5900万美元，比此前预计的拍卖成交额高出2.5倍。”[③]

3.拍卖价格的权威性被质疑

1987年3月，凡·高的油画《向日葵》以3990万美元成交；同年11月，凡·高的《莺尾花》又以高达5390万美元的价格在纽约苏富比拍卖行成交，创下了当时全球单件艺术品的拍卖纪录；1990年5月，雷诺阿的《红磨坊街的舞会》也在苏富比以7810万美元的高价成交；同年，凡·高的名作《加歇医生的肖像》又以创纪录的8250万美元拍出。随着拍卖价格的节节攀升，过亿美元的艺术品也已经不再令人眩晕。然而，当遭遇到全球性的经济危机时，那些曾经的“天价”之作，即刻缩水。艺术品的拍卖价格有多大的可信度，成为人们思考

---

① 《中国拍卖行达5781家：去年成交超六千亿》，http://finance.ifeng.com/collection/scyw/20121109/7276050.shtml。

②③ 《中国拍卖行开始走上世界舞台》，《参考消息》2012年11月29日。

的问题。在中国也有同样的问题，甚至有过之而无不及。有些在世的画家，作品价格在香港拍卖可以达到上亿元人民币。对于这样的拍卖价格，对于这样价格的可信度，都是有待考量的问题。

相关资料显示，2010 年，中国成为全球美术品拍卖第一大市场。中国艺术家在国际艺术品市场上也占有了一席之地。在 2011 年上半年最有价值的百大艺术家排行榜上，张大千与齐白石分别以 3.6 亿美元与 2.74 亿美元位居排行榜第一与第二。[①] 但对待这样的市场状态，我们最需要做的是使之名副其实。

（三）艺术博览会

艺术博览会起源于 17 世纪的欧洲。20 世纪 30 年代英国伦敦举办的格罗斯维纳商行交易会，展出了不少绘画作品，被一些人视为艺术博览会。但真正具有现代意义的艺术博览会始于 20 世纪 60 年代。1967 年，德国科隆创办了世界上第一个国际艺术博览会，正式拉开了世界艺博会的帷幕。艺术博览会是世界上规模最大的一种艺术品展示和交易活动，目前在国际上具有重要影响的有“德国科隆国际艺术品博览会、瑞士巴塞尔国际艺术品博览会、法国巴黎国际当代艺术博览会、西班牙马德里国际现代艺术博览会及美国芝加哥国际艺术博览会”[②]。这些艺术博览会久负盛誉，号称“世界五大艺博会”。

> **关键术语**
>
> 艺术博览会是指展示艺术成果，推介国际间艺术潮流和趋向的大型艺术活动。

在这五大艺博会中，最成功的当属创办于 1970 年的瑞士巴塞尔国际艺术博览会（SIFB），它是当今世人公认的世界最高水平的艺术博览会，被誉为“世界艺术博览会之冠”。SIFB 以高品位的作品及严格的审查评选制度著称于世，对参展画廊坚持严格的审查和评选，通常只有超过 3 年开办历史的画廊才具有申请参展的资格，故参展 SIFB 差不多成为代表画廊水准档次的一个标志。为了支持年轻的当代艺术家和年轻的画廊，SIFB 从 2000 年起开辟了新的展馆，并举办题为“艺术无限”的高水平展示活动。2002 年开创了“艺术休闲厅”作为交流性平台，参观者可以在约定时间与画廊经纪人、参展艺术家以及收藏家会面，同时还安排了主要参展商聚会。一个博览会的成功，大多还是依赖于它作为成交平台的实际成绩。这一点在实际的艺术品市场中是一个重要的原则。

西班牙马德里国际现代艺术博览会又被称为“ARCO”，创办于 1982 年。首届展览在卡洛斯一世展览馆举办，并举办了“艺术论坛”，作为艺术博览会的组成部分，应邀参加者有许多外国前卫画廊和来自世界各地的有声望的艺术学者以及艺术批评家。2004 年，ARCO 还与纽约“军械库展”达成了联盟，开创了跨大西洋的协作。

开启亚洲艺术博览会历史的是日本 1990 年 3 月举办的东京艺术博览会（Tokyo Art Expo），有 23 个国家的画廊参展，历时 4 天，参观者 5 万多人次。后来因金融危机导致日

---

① Artprice：《艺术市场 2011 年上半年总结》，《东方艺术》2011 年第 19 期，第 22 页。

② 陈长田：《艺术市场纵横谈》，山东美术出版社 2010 年版，第 52 页。

本的经济萧条，东京艺术博览会在1993年举办完后停办。

相比较国外而言，我国的艺术博览会起步较晚。自20世纪90年代起，随着改革开放的不断深入和经济建设的高速发展，我国也先后涌现了不少艺博会。其中最具规模的当数广州国际艺博会(1993年)、北京中国艺博会(1995年)和上海艺博会(1997年)，此外还有北京首都艺博会、杭州西湖艺博会、香港特区的国际艺博会、台湾地区的台北画廊艺博会等等。[①] 中艺博国际画廊博览会(CIGE)创办于2004年，是国内创办最早的当代艺术博览会。全球著名的艺术博览会及举办时间如表7—3所示：

表7—3 全球著名艺术博览会举办一览表[②]

艺术博览会名称	举办地	举办时间
西班牙马德里国际现代艺术博览会	西班牙马德里	每年2月中旬
欧洲美术博览会	荷兰马斯特里赫特	每年3月中旬
艺术北京艺术博览会	中国北京	每年4月下旬
中艺博国际画廊博览会	中国北京	每年4月中旬
香港国际艺术展	中国香港	每年5月下旬
巴塞尔国际艺术博览会	瑞士巴塞尔	每年6月中旬
上海艺术博览会国际当代艺术展	中国上海	每年9月中下旬
佛瑞兹艺术博览会	英国伦敦	每年10月中旬
巴黎当代艺术博览会	法国巴黎	每年10月下旬
迈阿密巴塞尔当代艺术博览会	美国迈阿密	每年12月初

在西方艺术品市场体系中，博览会在一定程度上也对西方艺术发展方向有着重要的引领作用。从市场本身的角度来考量，我们看到世界知名艺博会的成交量是比较令人满意的，在艺博会上完成了艺术的展现与经济的收获；同时，更多人通过艺博会了解到艺术发展的新趋势，可以说这是一个共赢的局面。与西方的艺博会相比，我国的艺博会与我们的画廊发展一样，存在许多有“中国特色”的现象。其中主要表现之一就是，画家作为个体的参与。这是由于我国的整个艺术体制与国外存在的差异等诸多方面原因所共同造成的。从艺博会的实际功能来说，它与拍卖会一样同属于二级市场，因此，本身定位就是建立在一级市场基础之上的一个交流、交易平台。这种艺术品市场分级体制的建立及和谐运转，对于艺术家的培养与市场建设有一定的积极作用：一方面，可以让艺术家与市场保持一定的距离，负责提供具有较高艺术表现力及文化内涵的作品；另一方面，也可以让艺术家通过艺术媒介更好地了解市场的动向，根据个人修养和审美，从而创作出大众喜闻乐见的艺术作品。

虽然中国艺博会与西方艺博会相比，更具“大卖场”的特色，但即使如此，我们也不能

---

① 龚云表：《灿若星汉　各擅胜场——世界各国艺术博览会概览》，《艺术市场》2003年第1期，第112页。

② 马学东：《十招玩转全球艺术博览会》，《东方艺术》2010年第15期，第76页。

忽视西方艺博会的根本目的所在，它们只不过是更规范一些，或者目的性隐藏得更深一层。也就是说，两者的差异仅仅是一种深度的差异，而非本质的差异。中国艺术博览会还要在很多方面进行规范化，从产品的选择，到国民审美情趣的培养和再认识，都需要进行分析和整理。中国艺术博览会的主办者也应该从长远利益出发，不要急功近利，短视和缺乏真正的艺术修养将会是中国艺术博览会发展过程中的最大问题所在。

(四)艺术基金会

艺术基金会是以投资艺术品为手段谋取利益的投资团队，他们将艺术品视为衍生性金融商品操作，几乎只是注重收益和增值两个方面，对于艺术品的艺术性虽然有所关注，但实际并不在乎。所以，艺术基金会的运作方式是标准的金融操作，与其他基金的运作方式相比，并无本质的区别。

具体的流程一般是：先是由基金经理人负责募集资金，同时聘请专门的艺术品专家指导投资。艺术投资基金是代客投资，未来的发展趋势应是与资本市场接轨，然后由专业的艺术经营机构来运作，包括艺术史家、艺术家、策展人、鉴定家、艺术机构、艺术顾问公司等，共同把握基金的投资方向。不过，无论是西方还是东方，艺术基金会的运作都带有投资人的强烈色彩，可以在艺术品市场上起到推波助澜的作用，但并不能完全左右艺术品市场，或者艺术发展的主要方向。同时，无论东方还是西方，都对艺术基金的使用有着自己的方式。

> **关键术语**
>
> 艺术基金会是对兴办、维持或发展文化艺术事业而储备的资金或专门拨款进行管理的机构。

从表面来看，在国际艺术品市场中，艺术基金是一股不容忽视的参与力量，甚至有人说西方艺术品市场的健康发展完全是因为有来自于艺术基金的支持。但其实这种判断并不十分准确，因为艺术和金融毕竟是两个领域中的产品，虽然两者有相通之处，但作为产品的艺术品首先得具有艺术性才能进行长期的储存和保值，一旦那些炒作成分太大的艺术品失去时间和地点等特殊因素，其价值往往会立刻下滑，乃至最终分文不值。所以，艺术基金如果满足于利用金融炒作进行击鼓传花似的推销，或许会取得一定的利益，但最终伤害的绝对不仅仅是文化本身。

事实上，对于艺术基金会的使用，中国目前还没有很好的理解，主要是把其当作一个买空卖空的工具，甚至一部分人把它当作洗钱的机构，这在很大程度上削弱了中国地区艺术基金会的市场影响力。鉴于中国传统文化对于艺术品的复杂性，即一方面对其文化性极端重视，另一方面又视其为一种游戏文艺，使艺术的发展始终处于一种无为而为的状态，因此，艺术基金会想承担的社会功能就会出现水土不服的现象。这种现象在当代中国的一些前卫艺术家群体中表现得十分明显。当国外资金充足的时候，他们可以创作完全颠覆中国传统文化概念的作品；但一旦市场出现变化，他们中的很多人就会立刻改变艺术风格，有的人甚至重新画传统书画。这就是说，国外艺术基金会想以艺术为工具来改变中国文化的根本构成，基本会遇到投入大、产出小的局面。

(五)博物馆和美术馆

博物馆和美术馆的第一个意义在于其有意识地接受了有史以来“艺术品”的传承，其实物性使美术史的缩影变得可视、可思、可触摸。“实物传承”是博物馆和美术馆的特性。

在国际艺术品市场中，博物馆和美术馆承担着越来越重要的角色。主要表现在：

1.博物馆、美术馆体系是现代社会中进行文化艺术保护的核心机构

当前社会经济的发展，使艺术品的收藏和保护都需要投入极大的人力和资本，单独一个收藏家几乎不可能把数量巨大的艺术品珍藏据为已有，同时也不可能有足够的设备和场地来管理和保护这些艺术品。因此，博物馆、美术馆体系的文化保护功能就得到了凸显，它是人类为了集中保护文化遗产而采用的最佳方式。

2.博物馆、美术馆体系承担着现代社会进行公共文化艺术教育的职能

作为一种社会公共建筑，博物馆和美术馆具有宣传文化、推广艺术的公益性的义务。文化艺术的传播是文化艺术市场存在的一个保障。每年由博览会方面举办的艺术展览数不胜数，这是国际艺术品市场繁荣的重要标志。同时，拥有大量资金支持的博物馆和美术馆，也是国际艺术品市场中的一个重要消费者，其指导性的作用不容忽视。

3.博物馆、美术管体系可以作为学术研究的宝库

博物馆和美术馆将长期的、大量的历史资料精心保护下来，充当着人类文明的宝库。任何一个称得上专业的学术报告，如果没有足够的资料予以支撑是很难被人认可的，而权威性的资料来源就具有举足轻重的作用。博物馆、美术馆因为有相对完整的专业梯队，对于文献资料的选择和保护都有个体难以比拟的优势，同时也因为具有团队优势，集中了大量专家和学者的意见，那么它所提供资料的权威性就会获得大众的认可。

4.博物馆、美术馆体系是提升文化软实力、进行文化交流的主要阵地

当前国际艺术品市场中，文化艺术的交流日益频繁。例如，美国大都会在上海举办的馆藏中国美术精品展吸引了无数艺术爱好者前往观展，这本身的确促进了中美的文化交流，同时也展示了美国国家软实力的强大，他们不仅仅有麦当劳、肯德基、好莱坞这些快餐式的文化产品，也有那些人类精神领域的饕餮大餐，这与其常年的精心维护和经营有很大的关系。相比较而言，我国的博物馆、美术馆的建设还有很多问题有待解决。

或许有人会提出疑问：如果按照市场交易的方式分类，那么博物馆和美术馆又该如何看待呢？其实从交易本身来说，在国外，博物馆和美术馆都有大量的资金进行艺术品的收藏，甚至他们的收藏还被其他一些买家认为是一种收藏的风向标，因为他们的团队对艺术品的质量和交易额都具有非常前瞻性的考量。而在国内，目前博物馆和美术馆的资金虽然不如国外同行充裕，但也可以保证每年正常收藏藏品。美术馆区别于一般的展览会，它在传承中更重视变无序为有序，这是一种当代对历代的肯定和筛选。人类的美

术资料浩如烟海，只有通过深入的美术研究，美术馆才能确立自己的学术地位。实现美术馆的审美价值，方式应该多种多样，但无疑都应该是有意义的。

同时我们也要注意到，博物馆和美术馆体系更是作为一个交易平台的方式出现在艺术品市场领域，众多的美术大展都优先选择这些场所，不仅仅是因为他们具有足够大的场地和设备，更因为他们有良好的文化声誉和口碑。而目睹自己的作品被博物馆和美术馆收藏，对于很多艺术家来说，也是一件值得骄傲的事情。

但是在大力支持博物馆、美术馆的同时，我们也应该注意到几个问题：一是专业人才的培养；二是资源的利用不能浪费；三是艺术导向要正确向上。事实上，无论博物馆、美术馆体系有多少优势，其藏品和文化取向才是最核心的。一旦这个方面不能有自己的特点，就很容易被艺术品市场所忽视。对于博物馆和美术馆体系来说，这种情况是最不想看到的。

三、国际艺术品市场的特点

(一)艺术品市场管理规范

这是西方艺术品市场的一个重要特点。"1998 年出版的《国际公共政策与管理百科全书》把艺术管理看作是 5 种传统管理的应用——计划、组织、实施、监督和控制，通过对艺术的有效管理，有助于把表演或者视觉艺术作品以及艺术家的作品展示给观众。艺术管理是指人类为实现艺术活动的目标而进行的计划、组织、协调、实施、监督和控制活动过程。"①在西方，行业协会组织发达，这些行业组织目的明确：保障其组织内成员的合法权益，为该行业的发展争取更大的空间。因此，这些行业协会组织具有较高的公信力。以德国为例，"1980 年成立的艺术公平协会，其成员画廊每年只需一次性缴纳一揽子销售税，一方面省去了转售权利金和艺术家福利税分别计算、分别缴纳带来的繁琐手续，另一方面也更有效地实现了艺术家的追续权和社会福利"②。从 1991 年开始，德国画廊协会就在德国艺术交易协会工作联合会(ADK)中负责组织工作。ADK 作为德国艺术交易界的政治、经济利益总代表活跃在德国政界。在西方艺术品市场中，它的规范性还表现在相对独立的鉴定机构的存在。对于负责鉴定的专家而言，他们所给出的报价无论是低于还是高于作品的实际价值，都将受到一定的处罚，严重者还会受到法律的追究。这些制度所带来的高昂的违规成本，在一定程度上保障了艺术品市场的良性运转，避免了违规行为的发生。在英国也有相应的政府机构来对艺术市场进行监督、管理，这就是"公司之家"③。

---

① 张伟：《艺术视界》，辽宁人民出版社 2007 年版，第 94 页。

② 王文婷：《德国画廊与出版商协会(BVDG)的历史与作用》，《荣宝斋》2011 年第 8 期，第 234 页。

③ 英国"公司之家"属于政府机构，主要职责是监督、管理艺术市场运作的合法性，并且每年评选出十名销售最佳艺术商。见祁慧泉：《近年美英艺术市场瞭望》，《中国书画》2004 年第 2 期，第 100 页。

(二)艺术品市场运营方面标准化

在西方艺术品市场中，一级市场、二级市场各司其职。画廊处于基础地位，它负责发现优秀艺术家并帮助艺术家形成收藏群体。只有在得到画廊的认可并运作后，艺术家的作品才能够进入拍卖会中。所以画廊业是整个艺术品市场的基础环节。画家与画廊之间的关系也是非常明晰的，画家负责创作，画廊负责市场运作包括对画家的宣传、包装等等。当然在具体的市场行为中，画廊对于画家的创作往往也有一定的干涉力。西方社会中分工明确，艺术家的职业化明显，因此对市场的依赖度可见一斑，而这点是东西方画家之间的重要区别之一。在中国，画家的社会身份往往是多重的，他们可以任职于高校、国家事业单位、企业等，绘画并不是他们唯一的生活来源，对于市场的依赖并不明显，所以作为画家而言，在很多时候，对于画廊他们就缺少了依赖感和尊重感。画家不但经常性地直接参与书画的买卖，而且可以将作品直接送入拍卖行，而拍卖行也接受画家的这种行为。在这种状态下，我国艺术品市场出现一定程度的混乱也就不难理解了。而在西方，拍卖行一般只接受经过一级市场画廊代理的画家作品，对于藏家而言，他们相信画廊给他们的建议，并愿意在画廊购买艺术品。因为画廊本身的艺术眼光及实力在艺术品市场中具有相当的号召力，特别是一些久负盛名的大画廊。艺术家在经过一级市场的运作后，具有了一定的知名度，市场价格也初步形成。接下来的便是如何将画家推向更高一级的宣传平台——拍卖会。在西方，画廊与拍卖会之间是互相独立并认可的关系。

(三)健全的法律监管、制裁体系

我们以赝品问题来说明这个问题。在西方艺术品市场的交易中，画廊如果销售赝品，拍卖公司如果拍卖有问题的作品，一旦被证实，那么法律对其的处罚将是十分严厉的，有的甚至会为此倾家荡产。所以，经营者对此往往心存敬畏，不敢轻易违规。而中国的拍卖行、画廊等艺术品交易机构，由于缺乏外在的严格监管力以及相应的制裁措施，使得艺术品市场中对所销售艺术品的真假问题更多是处于一种随意的状态。知假卖假甚至造假卖假的现象并不鲜见。

从1710年的《版权法》开始，“随着世界各国对文化产业的越来越重视，许多国家都相继制定了与艺术相关的政策和法规，以利于艺术品市场的发展。1886年9月在瑞士首都伯尔尼签订的《伯尔尼保护文学和艺术作品公约》，成为第一部国际性的艺术法公约。1952年9月6日在日内瓦，《世界版权公约》签订，1971年于巴黎修订，一百多个国家加入公约，标志着知识产权作为一项人权，其重要性已在全球范围内达成共识。”[①]这一系列的法律条例对于规范艺术品市场起到了积极的作用。1994年我国文化部颁布实施了《美术品经营管理办法》，1996年7月又通过了《中华人民共和国拍卖法》，并成立了文化部艺术品评估委员会。

---

① 李延：《中国艺术品市场的法学期待》，《美术研究》2008年第4期，第80页。

(四)东西方艺术品市场具有差异

在西方艺术品市场的发展过程中,它的规范体现在买卖双方的关系在历史悠久的交易过程中经历了诸多的改变,因此相关市场准则、体系包括规范等较为完善,尤其重要的是其监督体制的完善,而这点恰恰是中国艺术品市场最缺乏的。

艺术品市场是有国别性的,它的这种国别性某种程度上也是不同文明之间冲突的产物。这里想说明的是:艺术是没有国界的,但艺术品市场有。我们今天常常谈论的一个话题就是西方艺术品市场如何规范。的确,相比较中国艺术品市场而言,西方艺术品市场的规范显而易见。西方艺术品市场的规范原因在于:第一,发展时间长;第二,文化与市场之间的契合度高。这就使得保证市场正常运作的一系列配套措施能够很好地发挥功能,从而使得其艺术品市场能够规范化运转。

二者艺术品市场的基准和文化底蕴并不相同,将西方艺术品市场的经验照搬到中国艺术品市场的发展中并不合适,其结果就会出现种种“怪相”,比如,一级市场与二级市场倒置。所谓的倒置是指本该发挥基础作用的画廊,被二级市场拍卖公司所挤压,造成画廊生存空间变小,不能承担起发掘优秀艺术家并对艺术家进行宣传的功能。而二级市场拍卖会一枝独秀,成为高端与低端作品同时具有的大卖场。再比如,拍卖公司的“免责”条例。西方拍卖公司如果出现知假拍假的情况,将会受到严厉的制裁,高昂的违规成本使得他们对待拍品的态度较为严肃、认真。而中国的拍卖业由于“免责”条例的出现,往往对待拍品不十分严肃,许多小的拍卖会为了牟利往往知假拍假,并且可以成功逃脱法律的制裁。中国艺术品市场中还存在很多与西方艺术品市场相比极为不规范的“怪相”。从根本上来说,这都是文化本身的差异性所造成的,也是中西方文明冲突的表现。

西方艺术品市场发展比较成熟,中国艺术品市场也在不断的发展过程中,从拍卖会上传出来的数据也证明中国艺术品市场的良好发展态势,显示出了巨大的能量。相关资料显示,2010 年中国美术品拍卖已经位居世界第一。但是文化的差异造成了中西方艺术品市场的差异。因此,在西方通行的艺术品市场法则在中国并不能够完全被采纳,这也是研究世界艺术品市场时必须要注意的问题。对于中西方艺术品市场的差异,我们并不需要一味地排斥,事实上,在世界艺术品市场中,中国已经成为不可或缺的参与者。

四、国际艺术品市场的重要性

虽然艺术品市场在中西方有不一样的发展背景、发展时间及发展阶段,但是它与社会特别是文化、经济、政治的发展紧密相关。只不过随着社会的不断发展,以及时代主题的变化,使得艺术品的经济价值被人们更为普遍、积极地重视。艺术品已不仅仅是人们精神的需求,更多成为了人们一种新的投资理财方式,从个人到机构都积极投入其中,这就使得艺术品市场成为多种力量的交汇场。在这个场中,借着文化、历史等因素,艺术品拥有了实际的经济价值。最直接的表现就是作为“风向标”的拍卖市场中的成交数据,除去世界性的金融危机等因素影响外，数据增长幅度惊人。而中国的艺术品市场，在面对金融危机等不利的社会因素时，却能够实现一定幅度的增长，这反映了中国艺术品市场的相对独立性。但仔细考究其中的原因，我们不难看出，这与中国艺术品市场的特性密不可分，礼品市场的特性也使得它与全球性的金融危机并无十分重大的联系。另外，西方艺术品市场的基础是画廊，在遭遇金融危机时，画廊的融资就会发生困难，从而艺术品市场成交额下滑也就情有可原。而在中国，个人成为艺术品市场的重要参与力量，一般是个人有了剩余的钱之后，在房产、金融等投资出现不同程度的盈利困难时，将钱投入到艺术品市场中。而金融风险也使得人们更倾向于选择艺术品作为新的投资产品。

国际艺术品市场的重要性主要体现在它与文化、经济以及政治的关系中，下面我们就具体谈谈这三方面的关系：

（一）艺术品市场与文化的关系

艺术反映了特定的文化、历史和社会的特点，因此，它不仅是单纯的造型问题，更是一种文化的表达。而且艺术品最重要的价值应该是其文化价值，这点毋庸置疑。文化价值是艺术品具有经济价值的基础，由此相应的艺术品市场才成为合理的存在。所以，对于艺术品市场而言，对文化的引领作用应该成为其重要的功能。真正的艺术品是人类智慧的结晶，它源于生活而又高于生活，对社会有着积极的观照。现代社会艺术品市场的发展，使得文化传播有了更加多样的途径，从而文化的公共性得以加强。具体来说，好的艺术作品在艺术品市场中经过流通、宣传、销售等环节，加上现代传媒的强大推动作用，其影响力得以扩大，使得原本属于小众的欣赏对象，大众化为更多人关注并喜爱的特殊商品。在这样的传播过程中，艺术品的价值得到了确认。

（二）艺术品市场与经济的关系

艺术品市场的发展属于文化产业范畴，作为阳光产业，它蕴含着巨大的能量，同时它与整个世界的经济发展状态紧密相连。相关资料显示，目前艺术品市场发达的国家基本上都是发达的资本主义国家，雄厚的资金实力、规范的市场运作以及较为完善的法律制度，都是艺术品市场在西方得以发展的重要保证。需要特别指出的是，艺术品市场在西方有着较为完善的融资途径，稳定而丰富，表现之一就是西方艺术基金的发达。艺术基金的推动，使得艺术品市场的发展有了更充足的底气，从而能够实现符合西方艺术特性的市场化模式，而这点与中国艺术品市场存在重要区别。西方艺术品市场强调的是市场性，在艺术品市场中更多的是利益集团；而中国艺术品市场更多强调的是文化，是个人喜好的一种选择，并没有那么强的关联度。只不过伴随着中国整体国力的提高，富裕人群的增加，中国艺术品市场除去本国力量外，也吸引到了更加多元的资本进入。但尽管如此，仍不能改变中国艺术品市场的特殊的经济性。这是中西方艺术品市场经济性不同的地方，我们应该加以区别。

(三)艺术品市场与政治的关系

从根本上来说,艺术与政治有着千丝万缕的联系,艺术品市场更是如此。在西方,艺术与政权的关系是密不可分的。我们都知道早期西方艺术的发展离不开贵族、教廷等特权阶级的支持,一直到今天,这个特点也不曾改变,只不过随着时代的发展,早期的贵族性变成了资本性,赞助方由封建贵族变成了大资本拥有者。而且,不能忽视的是,借助资本的力量,艺术被动地成为某些资本主义国家达到演变他国意识形态的工具,这就充分体现了它的政治性。“1945 年到 1960 年,正是美苏‘文化冷战’最激烈的时期。‘抽象表现主义’,即所谓‘美国绘画’,正是借助强大的政治力量助推,作为‘冷战武器’而被推上历史舞台。”[①]事实证明,美国的“文化冷战”政策是非常行之有效的,它帮助美国更加便利地实现了对苏联的瓦解。这样的例子在艺术品市场的发展过程中并不少见。艺术品市场与政治之间这样的亲疏关系,实则是文化差异的反映。中国古代文人绘画要求远离政治,但文人本身很多就是政治家,这也是研究中西方艺术品市场区别时非常重要的一个方面。对于中国当代艺术而言,同样存在这样的政治主导力量,在国外不明来源资金的怂恿下,个别艺术家创作的作品反道德、反人性、混淆视听,对青年一代起到了很坏的影响。

艺术品市场在今天已经成为一支不可忽视的发展力量,它的存在促进了社会经济的发展,它的发展为全世界文化的交流提供了一条非常好的渠道。艺术品市场中经济、文化、政治等因素在不同程度地主宰着它的发展。中西方艺术品市场的互相借鉴,将会是未来发展的一个重要趋势。

第二节　国际主要艺术品市场比较分析

在政治、经济、文化等方面存在的诸多差异,使得各国在全球艺术品市场的地位不尽相同。分析其中具有代表性的国家的艺术品市场,将会帮助我们更好地理解艺术品市场存在的必要性。

一、美国

美国是全球文化产业最为发达的国家。自美国国家艺术基金会 1965 年成立以来,美国的艺术业获得了长足发展,无论是内容生产还是经营理念,都领导着世界的潮流。美国艺术品市场的繁荣与其经济实力的增强密不可分。最好的例子就是 20 世纪绘画领域抽象表现主义的崛起。当时的社会背景是:美国在经济上的发展使得它需要在文化上

---

① 河清:《艺术的阴谋》,广西师范大学出版社 2008 年版,第 36 页。

树立自己的“品牌”，于是抽象表现主义成为著名艺术流派横空出世。波洛克成为抽象表现主义著名的代表画家之一，他的作品在各种力量的综合运作下成为高价的艺术品，从而也就向世人传递了这样一个讯息：艺术中心已经发生转移，艺术品市场也已经有了新的主力军。一直到今天，美国艺术品市场在国际上的地位都未曾动摇。

当然，我们必须承认的是经济发展对于美国艺术品市场的影响体现在两个方面：一方面是经济的高速发展促进了艺术品市场的繁荣；另一方面就是经济的衰弱也使得艺术品市场产生振荡，进入调整期。2008 年爆发的世界性金融危机，使得全球艺术品市场出现了较为普遍的下滑，美国艺术品市场也不例外，这也反映了金融资本对艺术品市场的主导性：一旦出现金融危机，艺术品市场遭受打击在所难免。所以今天我们才要强调安全有效的金融市场对于艺术品市场的积极作用。至于如何引导，这就需要国家出面实施有效的政策管理。这也是我们在对待发达国家艺术品市场经验时应该注意的问题。

作为西方艺术品市场发展较好的国家的代表，美国艺术品市场有哪些好的经验值得我们借鉴呢？归结起来有如下几点：

第一，艺术品市场中资金量充足。“据《美国新闻和世界导报》杂志披露，从 20 世纪 60 年代中期到 80 年代中期近二十年间，美国企业向艺术收藏领域投入的资金递增了 22 倍，1986 年美国全国范围内达到 7 亿美元。”①美国艺术品市场中的资金来自于多个渠道，包括艺术基金会、政府部门等。美国艺术基金的发达使得其画廊能够担负起作为市场基础的功能，如发现并推广画家等。国家出面推广代表其核心价值观的艺术家及其作品，在其强大经济力量的助推下，代表美国精神的艺术家逐渐成为世界艺术品市场中的宠儿。

第二，艺术品市场内权责分工明确。画家、画廊、拍卖行、艺术博览会等这些艺术品市场中的构成要素，各自围绕自己的职责，互相配合，推动艺术品市场的发展。如美国的“Art Basel Miami Beach”国际艺术博览会，这个新生的艺术博览会依靠美国资本雄厚的艺术品市场，迅速地把世界各地的卖家和买家吸引到迈阿密来，成为美国乃至世界范围内的另一个重要的艺术博览会。

各行业均有自己的行业组织以保障本行业的发展，对于进入某些协会有一定的条件要求。以拍卖业为例，美国拍卖行业的全国性协会有 2 个，即全美拍卖商协会和全美注册拍卖师协会。全美拍卖商协会成立于 1948 年，它的作用主要在于：其一，代表拍卖商游说政府；其二，为拍卖商提供信用保险；其三，美国政府会周期性地向全国性社团询问该行业发展的情况及数据，全美拍卖商协会也会定期向会员发表进行统计以备政府查询。同时，全美拍卖商协会还为会员不定期地提供国家经济趋势等一些有关资料。② 全美注册拍卖师协会成立于 1976 年，“它要求会员必须有两年的拍卖经验，是全美拍卖商

① 陈长田：《艺术市场纵横谈》，山东美术出版社 2010 年版，第 72 页。

② 覃业俊、张荣立、唐炜：《美国拍卖行业考察报告》，《中国商贸》1996 年第 4 期，第 45 页。

协会会员，还要有良好的信誉。由本人提出申请经协会讨论通过以后，还要每年进行一个星期的培训，连续三年考试合格后才能取得会员资格”[①]。

第三，第三方机构的有力监管。作为市场经济行为的艺术品市场交易，需要有第三方法律监管的存在，从而保护合法利益，打击非法暴利行为。这对于推动艺术品市场的良性健康发展十分必要。

二、欧洲

欧洲国家在国际艺术品市场中占据了重要地位，这里我们仅选取其中具有代表性的几个国家进行分析。

(一)法国

法国艺术有着悠久的历史，涌现出了一大批世界级的艺术巨匠，这些巨匠及其作品成为艺术品市场上经得起时间考验的标杆。法国作为世界艺术品市场发展较为成熟的几个国家之一，其艺术品市场的主要特点在于：第一，税法严格。“在法国，卖出艺术品时，卖家必须付4.5%的资本收益税。对于进口艺术品要征收5%的增值税，这对于全国古董商联盟和艺术画廊协会来说都是一笔巨大的负担。”[②]此外还设立了转卖权税。苛刻的税法也使得法国在国际艺术品市场中的竞争力下降。第二，在国际艺术品市场所占份额较为稳定。相关资料显示，2010年、2011年法国占全球艺术品市场总值份额比例均为6%。第三，拥有古典艺术品和20世纪装饰艺术品两个备受瞩目的领域。在拍卖行方面，2001年11月29日，苏富比成为第一家成功登陆法国的外国拍卖行。

另外，1940～1965年，“新巴黎画派”在法国成形。“新巴黎画派”是用来归类1940～1965年间生活在巴黎的一批抽象艺术家的创作。这其中包括葡萄牙人维艾拉·达·西尔娃、俄罗斯人波利亚科夫、比利时人居斯塔夫·辛吉、德国人汉斯·哈同。在艺术评论家看来，他们和另一些被称为“不定型的艺术家”，如苏拉奇、比西埃尔、佛特里耶等相比，有着相对一致的风格倾向。“新巴黎画派”的最高拍卖纪录是由“杜布菲、佛特里耶、史戴尔、哈同等人创造的。2006年杜布菲有两幅作品(作于20世纪60至70年代)，拍卖价格突破了百万美元的大关。即便早在1989～1990年，他超过百万美元的作品就有23幅之多，然而在过去的五年之内(2001年5月～2006年5月)，这种增长的趋势有所减缓——在此期间他的作品价格过百万的就只有9幅。与之相似，在1990年之后，佛特里耶和哈同的作品就再也没有突破百万美元的行情”。[③]

在艺术市场化过程中，艺术品绝不是一般意义上的消费品，它可以说是一种精神性

---

① 覃业俊、张荣立、唐炜：《美国拍卖行业考察报告》，《中国商贸》1996年第4期，第45页。

② 〔英〕詹姆斯·古德温主编，敬中一、赖靖博、裴志杰译：《国际艺术品市场(上)》，中国铁道出版社2010年版，第183页。

③ 赵力：《艺术财富——全球化与中国艺术市场》，湖南美术出版社2007年版，第150页。

的消费品。“艺术品的价值不是通过使用它的实用功能而体现出来的，人们往往是通过收藏和展示它来体现其价值和增值的地方，或者说是一个让艺术品价值呈现出来的媒介。艺术品价值与艺术品价格成为艺术品的衡量标准之一。然而，艺术品价格是由市场机制决定的，并由价格杠杆来调节。”①

(二)英国

20世纪60年代中期以后，随着市场机制的推进和世界范围内的科技革命，特别是信息革命的发展，文化艺术与经济在不断接近以后开始走向融合甚至重合。这一时期的标志性事件是英国寻求用文化重新界定商业产业，并通过实用艺术与商业的结合来刺激和促进城市的发展。“‘文化产业’开始进入国民经济的发展视野。90年代以来，英国艺术产业已经拥有170亿美元的规模，相当于其汽车工业，其旅游收入的27%直接来自艺术。”②

提到英国艺术品市场就不得不提到分别于1744年和1766年成立的苏富比和克里斯蒂拍卖行。时至今日，这两家拍卖行在艺术品交易方面仍处于无法撼动的地位，已成为世界艺术品市场重要的“风向标”。虽然1983年苏富比因经营不善被美国房地产商陶布曼收购，但这并没有阻碍苏富比前进的步伐。“英国拍卖业之所以能够领先于法国等其他欧洲国家，主要靠的是两点：一是英国对艺术品进出口的限制少，而其他国家管制较严；二是英国对拍卖业给予税收优惠。”③另外，政府部门的相关法律措施的出台，也为艺术品市场的发展提供了保障。

在20世纪50～60年代，英国美术馆的收藏传统建立，国立美术机构在当时制订了积极的收藏计划。近年来，英国的美术馆在策划各种大型艺术展览的同时还必须以有限经费经营馆藏，“但是现在，由于艺术市场过热，艺术品价格大幅上涨，收藏成本增加，导致各美术馆收藏计划捉襟见肘。泰特美术馆原本引以为傲的当代收藏已经赶不上当今艺术品创作的趋势，国立美术馆必须多花上千万英镑才能买下提香的作品，而身为美术馆龙头的国立肖像美术馆不用抛售藏品来维持营运已经算是万幸”④。

近几年来全球艺术品市场过热，这似乎预告了英国公立美术馆时代的结束。但是事实上面临的不单只是艺术品价格飙涨的问题，另一因素是全球经济危机更使预算大幅缩减。文化产业是英国重要的支柱产业之一，根据《牛津经济预报》最新的研究报告指出，英国市区的画廊等艺术机构每年共提供了近8000个工作机会，并创造了6亿美元的产值，而政府对公立美术馆的投入却在不断减少。“1980年，英国政府曾一度大幅度地减少了艺术类的预算，8个国立美术机构的收藏预算降为1200万英镑，而V&A/MLA艺术购买基金会也只以160万英镑支持地区性美术馆的收藏计划，这样不充分的预算受到了

---

① 王希俊、李精明：《艺术管理》，中南大学出版社2012年版，第203页。

② 张冬梅：《艺术产业化的历程反思与理论诠释》，中国社会科学出版社2008年版，第2页。

③ 陈江燕：《英国拍卖业旺在何处》，《经纪人》，2005年第5期，第79页。

④ 赵力：《艺术财富——全球化与中国艺术市场》，湖南美术出版社2007年版，第120页。

严厉的批评。但是如果看一下 2004 年的预算，8 个国立美术机构的收藏预算只剩下 66 万英镑，尽管再加上 V&A/MLA 艺术购买基金会或其他像古迹乐透彩基金会的经费支持，整个国家的艺术品收藏预算仍比过往减少 44%。”①

(三)德国

德国艺术品市场与其政治体制的特殊性紧密相关，联邦体制是德国艺术品市场与欧洲其他国家的艺术品市场存在不同的重要原因。“在别的国家，一个集中化的艺术品市场使得一个具有市场影响力的机构就能控制交易，而德国与之相反，不同组织结构和类型的博物馆藏品表达了各自的市场影响力和观点。”②所以，想垄断艺术品市场在德国而言并不容易。

在德国，浓厚的艺术氛围也反映在画廊、博览会及公共艺术机构等庞大的数量上，这些艺术机构的广泛存在，一方面为艺术品交易提供了较为便利的平台，另一方面也为艺术品市场发现并培养了稳定的客源。德国的画廊大多数集中于柏林、慕尼黑、科隆等地，其中重要的代表之一为“Villa Grisebach”，即格里塞巴赫拍卖行。该拍卖行成立于 20 世纪 80 年代，位于柏林，是德国目前的“四大拍行”之一，主要经营项目为油画、当代艺术等。该拍卖行注重自己的文化形象，在为顾客服务方面有着良好的信誉。在拍卖业务方面，实行一年春秋两季拍卖，业务范围明确，以本土客户为主要对象。从 1994～2009 年的拍卖交易额数据中(见图 7－1)我们可以看出，该拍卖行基本上(除去个别年份，由于非常规性的原因)处在一个稳定发展的状态下，这也从另外一个方面说明了稳定是德国艺术品市场发展的重要特点之一。稳定的发展局面与经济发展所产生的稳定的顾客群能够购买各种价位的艺术品关系密切。

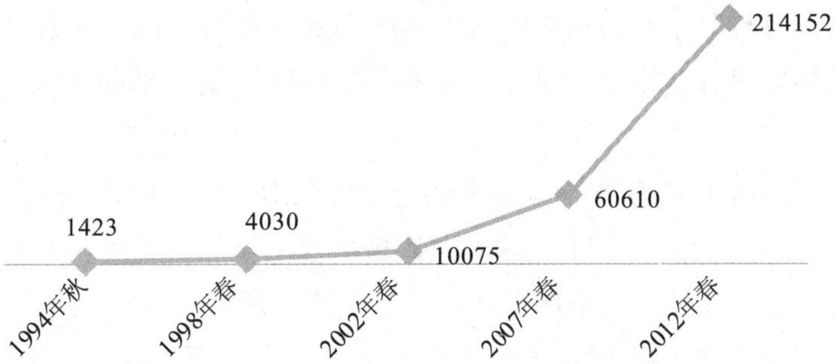

图 7－1　格里塞巴赫拍卖行 1994～2012 年成交额走势图③　　(单位：欧元)

① 赵力：《艺术财富——全球化与中国艺术市场》，湖南美术出版社 2007 年版，第 120 页。

② 〔英〕詹姆斯·古德温主编，敬中一、赖靖博、裴志杰译：《国际艺术品市场》(上)，中国铁道出版社 2010 年版，第 192 页。

③ 吕文静、张天羽：《海外艺术市场现状盘点之德国艺术市场现状调查》(下)，《艺术市场》2010 年第 2 期，第 51 页。

上面说到德国特殊的政治体制对于德国艺术品市场有着非常重要的影响，影响之一表现在赞助体制的非统一化。“因为联邦各州都自行决定各自治州的文化事务。企业则是通过基金会，比如德国工业协会的文化圈基金会，来支持年轻的德国艺术家。一些公司有自己的文化预算来组织展览会和收藏艺术品。在过去 20 年里，商业银行也越来越喜欢投资于文化领域——一个典型例子是德意志银行及其古根海姆基金会。”①政府、企业与私人赞助体制为德国艺术品市场的发展提供了有力的保证。

三、亚洲

亚洲艺术品市场的发展与亚洲各国的经济发展水平紧密相连。同时，亚洲各国对文化事业的支持也进一步促进了艺术品市场的发展。亚洲艺术品市场中，中国艺术品市场崛起并发展成为一支不可忽视的力量。在艺术品成交价格水平方面，“2011 年的亚洲艺术品拍卖市场，成交价在 10 万至 100 万美元的拍卖标的已经占到了 12%，远超过全球 2%的平均水平。在纯艺术品拍卖均价前 5 位的国家中，亚洲国家占到了 3 席，分别是中国的 35922 欧元/件、阿联酋的 28398 欧元/件和新加坡的 17456 欧元/件”。②

同时，我们应该认识到，亚洲各国艺术品市场又各具特色。下面我们就选取较有代表性的国家来谈一谈亚洲艺术品市场：

（一）中国

中国经济发展的大趋势正在推动着资本市场的扩张与投资环境的重塑。中国艺术品市场的地位直接反映了中国经济在亚洲乃至世界中的地位。高速增长的经济为中国艺术品市场走向国际提供了最为重要的保证。中国政府对于文化产业的大力提倡，也从另一个方面为中国艺术品市场的发展提供了切实的可能性。在内外因素的共同作用下，中国艺术品市场在亚洲乃至世界艺术品市场中的地位逐渐得到认可与重视。今天，谁也不能忽视中国艺术品市场的国际地位。具体来说，中国艺术品市场的国际地位主要表现在如下几个方面：

1. 中国艺术家跻身最具有市场号召力的艺术家之列。“张大千、齐白石、徐悲鸿、吴冠中、傅抱石、李可染，进入到了‘2011 全球十大最昂贵艺术家’之列。其中的张大千、齐白石，分别以 5.1 亿美元和 4.5 亿美元位居全球最贵艺术家前两名。”③中国艺术家在艺术品市场中被认可是中国综合国力大幅提高的直接反映，也进一步印证了经济对于文化发展的推动作用。

---

① 〔英〕詹姆斯·古德温主编，敬中一、赖靖博、裴志杰译：《国际艺术品市场》（上），中国铁道出版社 2010 年版，第 195 页。

②③ 文化部文化市场司：《2011 中国艺术品市场年度报告》，人民美术出版社 2012 年版，第 64 页。

2. 拍卖公司的崛起。中国拍卖公司与西方发达国家相比，存在着发展时间短、管理不够规范等问题，但是这些问题的存在并不妨碍中国拍卖业在艺术品市场中的发展态势。中国嘉德、北京保利、北京匡时、北京翰海都成为国际著名的拍卖公司(见图 7—2 和图 7—3)。

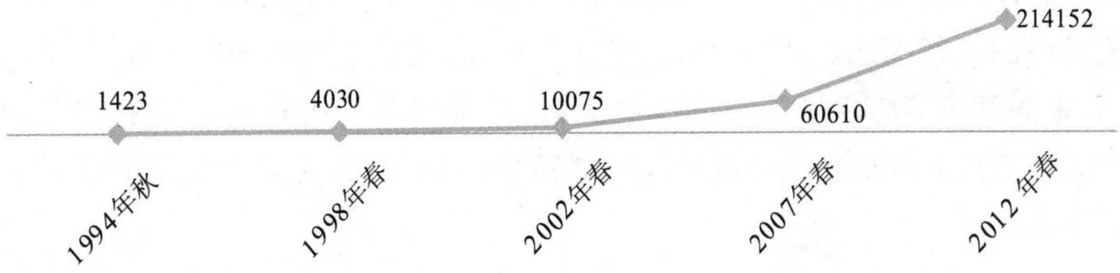

图 7—2　中国嘉德拍卖总成额成长示意图　　(单位：万元)

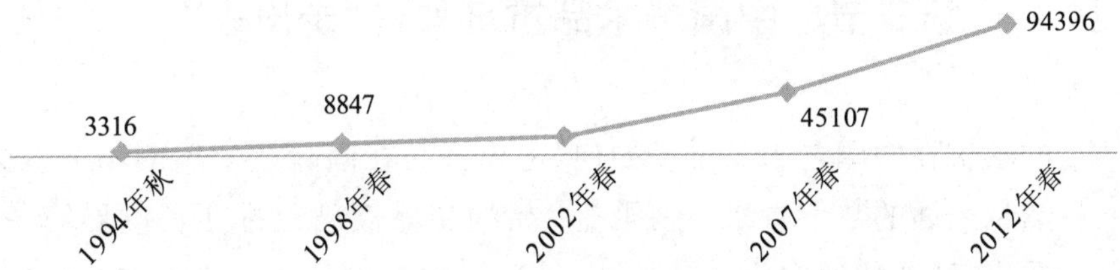

图 7—3　北京翰海拍卖总成额成长示意图①　　(单位：万元)

3. 北京成为新的艺术品拍卖中心。此外，中国香港、上海、济南等城市均是著名的艺术品交易城市。

在未来的艺术品市场发展中，中国将会继续保持其稳定的发展势头。具有中华民族特色的艺术品也将会进一步在国际艺术品市场中得到认可。比如，北京保利集团以 3141 万元港币成功地买入了在香港拍卖的三件圆明园珍贵文物——生肖铜器(牛首、猴首及虎首)，竞投成功后，到各地巡展，使保利集团家喻户晓，以至于国内媒体蜂拥评论和报道。

(二)日本

日本东京安田火灾与海事保险公司以 2475 万英镑拍得凡·高的《向日葵》，日本纸业大王斋藤英购入《加歇医生》，都极大地提高了公司的知名度。《向日葵》的拍卖价因创当时世界最高拍卖成交价而名噪一时。日本商人的购买力曾经让整个世界艺术品交易市场为之震惊，但随着日本经济的下滑，其艺术品市场也受到了极大的冲击。尽管如此，研究日本艺术品市场仍然具有一定的现实意义。我们先来看看东京艺术品市场的特点。作为日本政治、经济及文化教育中心，东京艺术品市场具有一定的代表性。东京艺术品市场的一个显著特征是，它拥有集中在东京艺术商人协会的商人网，并且这个协会还属于位于东京市中心的东京毕啾子俱乐部。该俱乐部是东京艺术品收藏家的中心组织。据其主管介绍，“活跃商人中，大约 60%参与古董生意，大约 40%参与现代艺术品交易。商人与会员完成几年交往后，或者由会员介绍推荐方可成为会员。协会内的不同团体在

① 王菁菁：《让价格趋近价值》，《中国收藏》2012 年第 10 期，第 44 页。

俱乐部定期举办拍卖。这些拍卖不对外开放，只是商人间买卖艺术品的平台。每年有33个不同的团体组织275次拍卖”。[①] 日本一些巨型企业也积极投资艺术品，有的企业集团每年购买艺术品耗资上百亿日元。公司企业投资艺术品，投资之巨甚至超过日本国立文化机构，已对公司企业的经营产生了积极的作用和影响。

百货商店作为艺术品推销、销售的重要渠道是东京艺术品市场的又一个特色。第一个销售艺术品的百货商店出现在1906年日本桥，这就是三越(Mitsukoshi)。自从20世纪以来，日本的百货商店内常开设许多展会，作为诱导消费者进店消费的吸引物。事实上，在日本，百货商店与拍卖公司的地位同样重要，百货商店在买卖过程中更多是运用其品牌的影响力。

第三节　中国艺术品市场如何“走出去”

本节的目的落实在中国艺术品市场如何“走出去”，在国际艺术品市场中也拥有相应的话语权。虽然从表面的数字看来，中国艺术品的交易额已经排在了世界第一，但通过具体研究可以看出，消费的集中化是其弊端，所消费的艺术品过于集中在几大板块，如古代中国画、近代中国画、油画等，而雕刻和版画相对较少。因此，我们可以说，这无法说明中国艺术品市场已经成功地走了出去，这种情况与中国建设文化强国的目标还有相当长的一段距离。

一、中国艺术品市场情况

中国艺术品市场发展时间不长，从上世纪90年代算起，才不到30年的时间，但在这么短的时间内却创造了惊人的发展速度，直至2011年坐上世界艺术品交易额首位的交椅。这样的成绩，一方面与中国经济发展的良好态势密不可分；另一方面经济危机的影响使得国外艺术品市场出现一定程度的萎缩。于是，在正反两方面的作用力下，中国成为世界艺术品交易额最多的国家。

在中国艺术品市场中，所占份额最大的是中国书画，特别是古代绘画和近现代绘画大家名作，成为艺术品市场中被争相抢购的作品。这一方面体现了国人审美情绪的传统化，作为中国人对自己的艺术还是有着天然的亲近感；另一方面也体现了艺术品价值的恒久性。作为中国艺术的优秀代表，中国书画在经历了时间的沉淀后，其价值并没有被人们所遗忘，而是越来越得到人们的认可。“2010年秋中国艺术品高价拍品前100名榜单中，38件为古代书画作品。”[②]相关资料显示，2010年中国书画板块更是达到了总成交额的60%，这样的数据标志着传统艺术在中国艺术品市场中的地位。

---

① 〔英〕詹姆斯·古德温主编，敬中一、赖靖博、裴志杰译：《国际艺术品市场(上)》，中国铁道出版社2010年版，第266页。

② 尚艺：《2010中国艺术品市场综述》，《上海艺术家》2011年第1期，第31页。

在画廊方面，全国呈现出分布地区不均的特点，北京、上海等经济发达地区依旧聚集了大量的画廊。根据相关数据，2011 年全国画廊分布为：北京占 44%，上海占 16%，港、澳、台占 9%，其他地区占 31%。[①]

在艺术基金方面，据相关统计，“2011 年我国艺术投资基金的数量大约在 70 家左右，基金初始资金总规模为 63.7 亿元，其中排名前 20 的基金公司所管理资金规模为 56.5 亿元。这些基金基本上可以分为两类：一是有限合伙型，二是信托型。有限合伙型的艺术品基金都是投资型，而信托型基金又可以分为融资型、投资型两类”[②]。与西方发达国家相比，我国艺术品投资基金起步较晚，因此还存在许多问题，比如退出机制、监管等。但作为现代艺术品市场发展的一个重要尝试，艺术品投资基金的发展对未来我国艺术品市场的发展将会起到不可忽视的作用。

在中国艺术品市场的发展过程中，政府也曾进行过一些尝试，试图推动其发展。2011 年 11 月 11 日，“国务院下发了《关于清理整顿各类交易场所切实防范金融风险的决定》[国发〔2011〕38 号]，开始清理整顿从事包括产权交易、文化艺术品交易、大宗商品中的远期交易等内容的交易所。将艺术品拆分成‘权益份额’的文化产权交易所面临整顿”[③]。

另外，“政府主管单位针对美术博物馆、民营非盈利性艺术机构的收藏，给予了一定的政策倾斜金额资金支持，但由于收藏资金明显不足，有关美术博物馆、民营非盈利性艺术机构的社会捐赠制度、免税扶持政策尚不完备，国内美术博物馆及相关艺术机构针对艺术品市场的购买力有限，因此无法像国外那样真正起到引领市场走向、确立价值标准、推动市场发展的标杆作用”[④]。当然，我们也要看到，随着我国经济的发展，国内有实力的大企业越来越多，而有些企业也愿意在艺术品领域投资，一方面借此构建自己的企业文化，另一方面，也是对企业资产保值、增值的一种尝试。

在中国艺术品市场发展的过程中，我们看到出现这样或那样问题的根本原因在于对经济利益的追求大过了对文化的建设，但这并非唯中国独有，这是艺术品市场本身的基本矛盾的产物。只不过由于中国缺失相应的法律、法规，缺乏相应的监管机构，所以当矛盾爆发时，会有比较大的社会影响。但是，我们说中国艺术品市场为国际艺术品市场贡献的不仅仅是那些价值连城的精美艺术品，还应该有具有中国特色的艺术品交易模式的探索之路。

二、中西艺术品市场比较

在对中西艺术品市场进行比较之前，我们应该对中西艺术品市场的各自特点有深入

---

① 尚艺：《2010 中国艺术品市场综述》，《上海艺术家》2011 年第 1 期，第 16 页。

② 同上，第 27 页。

③ 文化部文化市场司：《2011 中国艺术品市场年度报告》，人民美术出版社 2012 年版，第 68 页。

④ 赵力：《中国艺术品市场购买力情况简析》，《荣宝斋》2010 年第 4 期，第 278～279 页。

的了解。中西方艺术品市场发展的背景不同。西方艺术品市场的出现与特权阶层的没落、旧的艺术赞助机制的解体有着很大关联。在旧体制瓦解的情况下，画家为了生存走向了市场，于是画廊出现，它们代理画家，负责推销画家作品，并从中获利。随着艺术品市场的逐渐成熟，艺术经纪、艺术评论家、拍卖公司、艺术博览会等都成为构成艺术品市场必不可少的因子。艺术家在这样的环境中，往往需要根据市场的要求来创作。尤其重要的是，西方社会艺术家的职业化已经形成，所以对市场的依赖也就显而易见。特别是艺术家在未成名之前，往往是绞尽脑汁让自己被画廊接受，从而使得自己的作品能够进入市场流通渠道。其实即使是一些成名的艺术家也不能完全忽视市场的喜好，因为市场才是他们的衣食之源、生存之本。在市场氛围中，围绕在艺术家周围的，不光有画廊主，还有艺术评论家、收藏家、策展人等。针对市场销售领域而言，一二级市场分工合作，共同构建出成熟的艺术品市场体系。艺术品市场要良性运转，缺不了法律制度的监督。对于那些违背市场运行规律、违背公平竞争原则的不法行为给予严厉的制裁，这是现代市场发展的要求。

西方艺术品市场在经历了数百年的发展后，产生了一整套成熟的市场运行机制。在这个成熟的机制下，西方艺术品市场经历了产生、发展、壮大、调整、稳定等一系列阶段。从目前国际艺术品市场的走向来看，发达国家的艺术品市场基本趋于平稳，比如法国、德国等。美国由于经济实力的增长，长期以来处于艺术品市场的领军地位。但我们也不能忽视一点，当面对金融危机时，美国艺术品市场往往也是受影响最大的，从而反映了其艺术品市场的高度金融化。

中国艺术品市场的出现经历了一个从非市场行为到市场行为转变的过程。早期的文物商店，作为国营事业单位，主要满足的是文物研究机构、博物馆以及文物爱好者等团体及个人的需要，同时还承担一定的对外展示的功能，它并不以盈利为其主要目标，应该说，对文物的保护、传承起到了很大的作用。当然，文物商店也有一定的经济功能，按照当时的社会情况来说，“五六十年代，我国的社会刚刚发生极大的动荡与变革……在当时的旧书摊上、古玩铺里东西很多，价格非常便宜，尤其书画之中的书法作品，如字轴、对联、书札等，几块钱、十几块钱就能买到名家作品，如赵之谦、何绍基、康有为等名家的作品都能买到”[①]。到了 80 年代末至 90 年代初，中国艺术品市场初步形成，代表性事件为 1994 年春季的嘉德拍卖。这次拍卖会的巨大成功，一方面证实中国人在对待文物的态度上发生了转变，开始重视文物的价值；另一方面，金融界也尝试进入书画市场，并取得了成功。随后各地拍卖公司纷纷成立，艺术品拍卖渐渐被人们接受。进入新世纪，中国艺术品拍卖市场也经历了高速发展、回落、再发展这样一个大致的过程。除去受国际整体经济发展环境的影响外，中国艺术品市场的发展还受到国内购买力的强烈影响，这也体现出了中国艺术品市场的特性。在中国艺术品市场中，我们之前也提到过中国书画占有重要份额，而且中国书画的主要市场是在国内，所以，从目前来看，国内购买力的增加使

---

① 陈岩：《往事丹青》，三联书店 2007 年版，第 42～43 页。

得我国的艺术品市场形成了一股自我发展的力量，这股力量的存在使我们在面对外界经济形势的不利局面时，能够降低所受的不利影响，从而实现继续发展。事实上，近两年中国在世界艺术品市场中份额的变化就是这种状态的最好反映。

但相比较西方发达国家的成熟的艺术品市场而言，我国的艺术品市场还存在着很多不成熟的表现。这些不成熟的表现也正是制约未来我国艺术品市场深入发展的障碍。表现之一：法律制度的滞后、缺失。缺少法律制度的规范使得我国艺术品市场乱象横生。从目前我国已有的规范艺术品市场的规则来看，明显规范力度不够，如拍卖行业的免责条例。该条例在我国艺术品市场中成为通行的条例，这就使得拍卖行对所拍物品的真伪可以不负任何责任而让买家承担相应的损失。表现之二：一二级市场权限不明。画家作为市场的销售主体直接参与书画买卖在中国被认为是合理的现象。一级市场不能很好地发挥或者根本就没有发挥其作为基本的市场参与者的功能。二级市场承担了部分本属于一级市场的职责。中国艺术品市场的不成熟还表现在其他很多方面。尽管如此，我们也应该看到中国艺术品市场在未来发展的良好前景，世界艺术品市场离不了中国的参与。

〔案例精选〕

迈阿密巴塞尔国际艺术博览会（Art Basel Miami Beach，以下简称“ABMB”）是瑞士巴塞尔国际艺术博览会与美国迈阿密海滩城市合作以便开发美国市场的大举动。一方面是成熟的博览会，急于打开新兴的美国艺术品市场；一方面是旅游城市希望能扩大经济增长点，提高城市品牌。两者一拍即合，在 2002 年开始合作，每年在迈阿密旅游旺季的 5 月份举办，定期定点，主赞助商为欧洲最大的金融控股集团——瑞士联合银行集团（UBS）、Cartier（法国珠宝品牌）、NetJets（巴菲特旗下飞机租赁公司）、奥迪公司等。主办方为迈阿密海滩市市政府和巴塞尔方面的控股集团。自创办至今，ABMB 已发展成为国际知名的艺术品交易盛会。即使面临金融危机，其他地区的很多国际艺术品市场风光不再，但 ABMB 却一直保持着极高的关注度和受欢迎程度，人气颇高。这跟它处于一个新兴市场有很大的关系。

2012 年，保利（中国）拍卖公司进驻香港并举行拍卖会，这是继嘉德拍卖行之后又一家中国的拍卖公司走出内地，走向国际艺术品市场桥头堡之一的香港，目的自然是从此走向世界。2012 年秋季成立的保利（香港）首拍成交额为 5.2 亿元港币，2013 年春季拍卖成交额为 6.4 亿元港币。保利在香港还成立了“艺术空间”，这如同是保利的艺术博物馆，可以举办各种艺术展览、讲座。保利（香港）将北京“拍卖 + 展览”的模式复制到了香港。

三、中国艺术品市场“走出去”战略措施

中国经济近 30 年的发展有目共睹，这是中国艺术品市场的发展能够逐渐引起世界

关注的重要原因之一。因此，在谈论我国的艺术品市场如何“走出去”时，应该明确以下几点：

（一）建立在国内市场上的继续发展

由于文化差异包括沟通的不畅等诸多原因，使得中国艺术品被世界了解的程度还远远不够，对于这个问题我们可以从国际艺术品市场上成交的中国艺术品的类型来探求原因。从类型上看，器物类占了大多数；从年代上看，古代艺术精品成为大家追逐的目标，而作为当前中国文化精神的最佳阐释——中国书画，还未能在国外市场上引起足够的重视，这部分艺术品的购买者仍是以国人为主。但是，随着我国综合国力的强盛，富裕的人群从数量到质量上都有了很大的提高后，加上国人本身固有的审美倾向，中国书画在市场中屡创高价也是情有可原之事。而且当市场价格达到一定的高度后，必然会引起世界性的关注，从而也就提升了中国艺术在世界上的影响力。张大千、齐白石这两位中国传统画家如今在世界艺术品市场中的地位就是最好的例证。这里我们所要说的并非艺术价值与价格成正比，而是说经济是艺术发展的重要推动力。

（二）建立适合中国国情的艺术品市场机制

针对中国艺术品市场的本身特性而言，闲散性是一个重要特点，这种闲散的特性也是我们文化观的一个反映。因此在实际的市场经营活动中，人们在对待艺术品的态度上是随意的，也就是说，艺术品在某些时候与普通商品并无两样。说明这种情况的最好例子就是我国画廊的经营状况。目前，存在于我国艺术品市场中的大量小型画廊，赚取中间差价是它们的生存之本，而这些小画廊的存在使得我国艺术品市场的不规范也就不足为怪了。这些画廊一般没有专门的经营范围和文化理念，但它们的存在是目前我国艺术品市场一个不能忽视的状况，我们也认为市场的竞争机制最终会将这类小画廊淘汰，从而留下真正具有市场与文化价值的艺术品市场经营机构。可是在谈到当前如何“走出去”这个问题时，我们应该立足国情，而这类小画廊的大量存在就是基本国情之一。在国际化的进程中，一方面我们可以发展高端画廊经营模式，这类画廊应该具有现代市场条件下的画廊的功能，可以充分发挥发现画家、培养画家等作为艺术品市场机构所具有的基本职能，具备一定的经济实力和融资能力；另一方面，在市场竞争机制与国家规范管理的共同作用下，对那些不符合市场竞争规律的小画廊实现优胜劣汰。在这两个方面的共同努力下，优化我国艺术品市场结构是我国艺术品市场能够“走出去”最重要的一步。

（三）国家层面的管理制度的出台

国家层面的管理制度中应该包括国家对艺术品市场发展的保护及支持政策。国外艺术品市场发达的国家有一个共同的特点就是艺术品市场的相关规章制度较为完善，从税收到立法，对于维护艺术品市场的正常、合理运作起到了很好的引导作用。而从中国目前相关的法律、法规来看，存在着一些问题，如法律、法规适用性不够，并不能对出现的不合规范的活动进行有力的惩罚，这就造成了我国艺术品市场的违规行为时有发生。相关政策有阻碍艺术品市场发展的倾向，比如进口关税问题等。当然，国家也适时出台了相关政策以降低关税。关税的下调，将有利于艺术品交易的进一步发展，使得我国的艺术品交易更加具有世界性。

从以上对艺术品市场诸多方面的分析中，我们可以看出艺术品市场的发展与各国政治、经济、文化有着密切的关系。西方艺术品市场由于发展历史悠久、经济实力雄厚等原因，走上了一条规范化道路。这一方面稳定了艺术品市场的发展，提升了艺术品市场的发展内涵；另一方面也使艺术品市场的功能有单一化之嫌。艺术品消费已经不仅仅是个人的爱好及审美表达，更多情况下有了资产保值、增值的功能。现代艺术品市场发展的一个显著特点就是金融资本的介入，这就使得经济的目的更为直接而明显。未来国际艺术品市场的发展将会呈现出更强的经济效能，而艺术品的文化效能便处于相对弱势的地位。在旧的消费群体已经饱和的状态下，开发新的消费群体成为必然。

中国艺术品市场要实现“走出去”的目标，在努力改善自身不足的同时应该探索适合自身国情的发展道路。必须要指出的是，对于中国而言，树立一个健康、正确的价值观导向是我们发展艺术品市场的重要目标之一，也是中国艺术品市场对世界艺术品市场的重要贡献。

思考与研讨题

1. 国际艺术品市场由哪些要素构成？
2. 画廊在国际艺术品市场中的地位如何？
3. 美国艺术品市场有哪些特点？
4. 中西方艺术品市场的区别在哪里？
5. 中国艺术品市场如何走出去？

第八章 国际数字音乐市场

本章要点

1. 数字音乐的定义
2. 国际数字音乐市场发展状况及主要区域研究
3. 中国数字音乐发展战略

关键术语

所谓数字音乐，目前有两种理解：一种是指以数字化方式进行音乐创作、音乐编辑、音乐存储及音乐传播等一系列过程的统称，它主要依靠电脑为中心进行操作处理，所以又称它为“电脑音乐”；第二种理解是指音乐行业人士所说的数字音乐，以在线音乐（在线收听或下载的音乐）和无线音乐（手机彩铃、手机铃声、手机 IVR）为代表，用数字格式存储音乐，可以用互联网和移动通信网络来传输的音乐。本书是指第二种理解的数字音乐。

近十几年来，作为新兴的文化产业之一，数字音乐产业发展非常迅速。随着网络技术的发展、电脑的普及，众多音乐爱好者采用 MP3 数字音乐的形式来保存音乐。他们从网上直接下载数字音乐，并频繁使用彩铃或更换手机铃声。数字音乐的快速性及便利性使 CD 唱片的需求骤然下降。但音乐产业技术的发展不是取代型的，而是叠加型的，技术的进步给音乐产业带来了深层变革，使音乐市场也出现了变化。传统唱片发行渠道的地位逐渐衰落，而数字音乐成为主流。当音乐作品的乐谱层面、音响层面等各个层面转换为数字格式后，音乐艺术本体内容并没有改变，但外在的表现形态发生变化，这种与数字技术相结合形成的音乐传播标志着音乐复制行为的全新时代的到来。在音乐文化中，传播媒介的出现，标志着音乐传播中“管理”的出现。[①]

现在我们所说的数字音乐，通常是指在音乐的制作与传播及储存过程中使用数字化技术的音乐。

① 曾遂今：《音乐传播：观察、研究与教育——音乐传播的概念解读》，《音乐传播学术前沿》，中国传媒大学出版社 2011 年版，第 26～27 页。

数字音乐产品包括歌曲、乐曲以及有画面作为音乐产品辅助手段的MV、Flash等。业内人士将数字音乐分为在线音乐和无线音乐。在线音乐指通过互联网在线视听或可直接下载到电脑中及传输到其他播放设备中视听的数字音乐。无线音乐，也称为手机音乐或移动音乐，指通过移动互联网获取的音乐服务，包括手机铃声下载、彩铃、IVR中的音乐服务、整曲音乐下载及未来的无线视听等。而作为数字音乐产业，就是指从事数字音乐生产、传播、销售服务的企业及其生产经营活动的集合，并且涵盖了对数字音乐的生产、传播、销售活动起到辅助和支撑作用的其他类型企业，及其相关的生产、经营和管理活动，包括数字音乐创意、数字音乐服务的大量参与者。其核心是数字音乐产品的市场营销和流通，其方向和目标是数字音乐消费者。而数字音乐产品则是根据市场消费者的需求而生产。数字音乐是音乐与信息技术融合、与电信融合、与互联网融合以及与传媒融合的产物，是数字娱乐产业中最活跃、最具发展潜力的创意产业。数字音乐的兴起，为传统唱片产业带来新的发展空间和转变的方向，并创造出新的业务和市场，前景非常广阔。

第一节 国际数字音乐市场发展概况

根据国际唱片工业协会（International Federation of the Phonographic Industry，IFPI）公布的2013年全球数字音乐报告显示，全球传统唱片行业连续11年下滑，但数字音乐却连续10年上涨。2013年全球数字音乐的贸易总额达到59亿美元，2012年为56亿美元，2011年为52亿美元，2010年为46亿美元（见图8－1），2013年数字渠道收入占唱片公司全球收入的比例为39％，2012年为34％，2011年为32％，2010年为29％。2004年至2010年全球唱片业价值的跌幅达31％，而数字音乐市场价值的增长达1000％多，全球合法的数字音乐服务约500家。数字音乐零售商向全球范围扩展，2012年初全球领先的数字服务已发展达58个国家。[①] 由此可见，传统的唱片业不断地向数字音乐市场领域调整，数字音乐已经不仅是音乐产业发展的一个重要方向，同时也成为全球音乐产业发展的必然趋势。

一、国际数字音乐市场发展历史

在人类的音乐历史发展过程中，伴随人们生活形态的不断变化，精神境界的不断提高，也不断地产生新的音乐语言。比如，在欧洲，从中世纪发展到文艺复兴时期，从文艺复兴时期发展到巴洛克时期，再继续到古典主义时期和浪漫主义时期，人们总能看到音乐新风格、新感觉和新语言的诞生。[②]

---

① 数据来源于国际唱片工业协会（IFPI）公布的2011～2014年全球数字音乐报告。

② 曾遂今：《音乐网络传播与当代人的音乐观》，《中国音乐》（季刊）2006年第4期。

〔背景延伸〕

上世纪90年代中期MP3音频压缩技术诞生，MP3是MPEG AudioLayer3的缩写，它可以将一首CD音乐压缩到只有几个MB容量，使之能够在互联网上快速复制流传。该技术发明之后迅速流行，许多音乐爱好者将自己的CD音乐转成MP3格式并放到互联网上供其他用户自由下载，这种是当时MP3音乐最主要的来源。

互联网发展早期网络传输速度非常慢，通过互联网共享数字化的音乐被认为是遥不可及的事情。数字音乐信息交流的范围限于使用电脑的极少数多媒体PC用户，所以早期的数字音乐处于一种自发、无序的状态。初始时数字音乐并不被著作权法所许可，唱片产业也没有充分重视，尚未意识到其蕴涵的颠覆性力量，他们想象不到有朝一日音乐服务商和运营商可以通过销售在线音乐和无线音乐来赚取高额利润。

上世纪90年代末，电脑大范围普及，互联网应用广泛开展，网络音乐传播影响的日益扩大使得专门的音乐下载网站开始出现，促进了数字音乐的发展，其中具有代表性的有MP3. com、Napster等。MP3. com网站始于1997年，为具有潜力的艺人提供音乐作品发布，同时发布各项最新消息和提供免费音乐下载。在网站创办不到一个月的时间里，许多广告商和投资主动要求与其合作，MP3. com很快成为数字在线音乐的领军者。数字音乐的出现也催生了相关衍生业的发展，MP3音乐的流行让一些硬件厂商嗅到商机，其一是数字音乐播放器生产商，因为当时的MP3音乐文件只能由电脑来播放，随着MP3的逐渐流行，用户对专门播放MP3音乐的设备需求越来越强烈，于是一些硬件生产厂商抓住这个商机，推出了可以随身携带的MP3音乐播放器。

如今，数字音乐已经在全世界各个国家普及。在数字化浪潮的袭击下，传统音乐产业日渐式微，毕竟针对传统音乐唱片"母版"的复制是有限的，并且常受音乐文化地域、语境、空间、大众音乐的流行时效性、制作成本等多方因素的制约而使得唱片的出版、发行、销售局限在一个有限的数量之内，这就使市场上99%的唱片产品不能陈列在音乐商店的货架上，绝大多数消费者想要的唱片不能唾手可得。而数字音乐的出现，网上虚拟的无穷无尽的无租金货架空间使得人们意识到数字集合论的一个原理：一个极大极大的数（长尾理论中长尾中的产品）乘以一个相对较小的数（长尾理论中每一种长尾产品的销量）仍然等于一个极大极大的数字。[①] 传统音乐产业意识到唱片物质载体对于音乐产业已经渐行渐远，数字化变革已势在必行，与其被逐步边缘化，不如与数字音乐并存，共同构成多元化的传播模式体系。因此，现实使得传统音乐在与数字音乐市场竞争的同时也发生了一些嬗变，现在国际知名唱片公司大都建立了自己的数字音乐网站，并积极参与到数字音乐市场链中来。唱片公司逐步依托新技术平台的超强传播效力来扩展音乐产品的销售面，提高销售量。而对于数字音乐服务商，其新技术平台如果拥有来自内容生产者的丰富资源，将会吸引到更多的数字音乐爱好者，促使其消费。

---

① 〔美〕克里斯·安德森著，乔江涛译：《长尾理论》，中信出版社2007年版。

二、国际数字音乐市场规模

音乐是领先进入数字时代的创意产业，全球数字音乐市场规模十年来一直持续增长。2013 年，数字渠道在整个数字音乐产业的收入份额中占 39%，而新模式在电影和图书行业中的份额只分别为 1%和 2%。尽管整个音乐产业的价值减少近 1/3，但数字收入八年来累计涨幅超过 1000%。2013 年，全球数字音乐市场的价值约为 59 亿美元，美国数字音乐收入规模占全球数字音乐市场规模的比重最大，其次是日本、英国和德国。

全球数字音乐市场的总额超过图书、报纸和电影在线收入的四倍。许多国家的数字音乐订阅用户都在持续增长，新的社交网络和推荐功能被添加到现有的服务当中，新一代智能手机和应用程序使很多数字音乐服务得以实现，唱片公司与服务提供商（Service Provider，SP）建立新的合作方式，众多的数字音乐消费者空前地通过各种平台（甚至在家里的电视上）享受他们喜爱的音乐。在一些音乐市场，超过一半的收入来自于数字音乐渠道。纵观全球，音乐下载仍然是数字音乐收入的主要来源，iTunes 自 2003 年成立以来，数字音乐下载收入超过 100 亿美元。其业务范围扩大到全球 50 多个国家，现在已达到 100 多个国家。[①] 数字音乐的发展并不是单一的，无论在线收听、下载、铃声还是像广告等，都是多个业务模式的组合。

三、国际数字音乐市场竞争格局

近几年来，音乐行业与服务提供商的合作之风风靡全球。合作主要遵循两种模式：一是音乐服务提供商开发自有品牌的音乐服务，如 TDC play，其购买音乐版权，提供音乐试听或下载等服务；二是与现有的音乐服务结合，如瑞典的 Spotify 和 Sonos 合作，Spotify 的付费用户可以通过 Sonos 的“家庭音乐系统”（Multi-Room Music System）在家中任何一个房间在线欣赏音乐，这项服务可以在欧洲七个国家使用。在瑞典和芬兰，Spotify 与 Telia 合作，可以实现音乐消费者通过电视机欣赏音乐等。市场调研机构高德纳公司（Gartner）调查显示，2011 年全球在线音乐销售额有望达到 63 亿美元，同比增长 7%，其中 Spotify 和苹果等在线音乐服务提供商得到了长足的发展。Spotify，Lastfm. com 和 Pandora 为代表的大量音乐订阅服务数量在不断增加。这些服务通常由第三方提供，例如 Facebook 和移动运营商。[②] 至 2011 年，下载服务 7digital 在澳大利亚、马来西亚、新西兰和新加坡推出新店，业务范围已扩大至 37 个国家。订阅服务 Spotify，WiMP 和 Deezer 也在快速跨国扩张，Spotify 的业务范围达 12 个国家。[③] 2011 年，数字单曲下载的销售，美国增长了 10%，英国增长了 8%，法国增长了 23%；数字专辑销售，美国增长了 19%，英

---

① 数据来源于 Nielson Soundscan（2013 年）。

② 数据来源于 http://tech. qq. com/a/20111108/000378. htm。

③ 数据来源于国际唱片业协会（IFPI）公布的 2012 年全球数字音乐报告。

国增长了27%，法国增长了23%。2011年的全球音乐订阅用户数达1340万，较2010年的820万增长了65%。[①] 订阅服务与付费下载竞争趋势加强（见图8—2）。

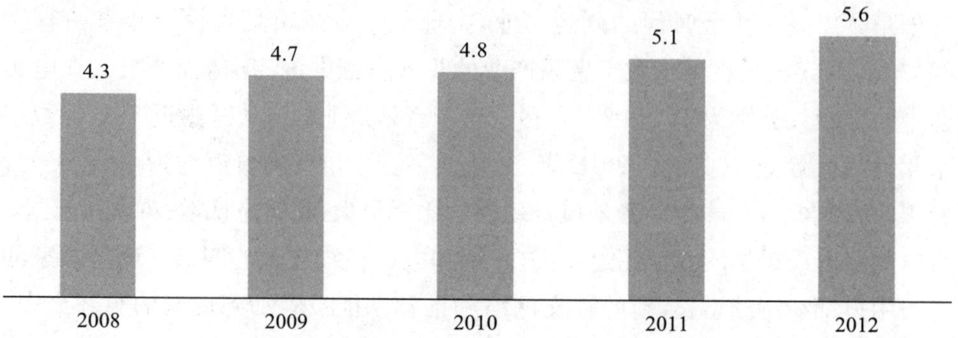

图8—1 2008～2012年全球数字音乐收入 （单位：十亿美元）

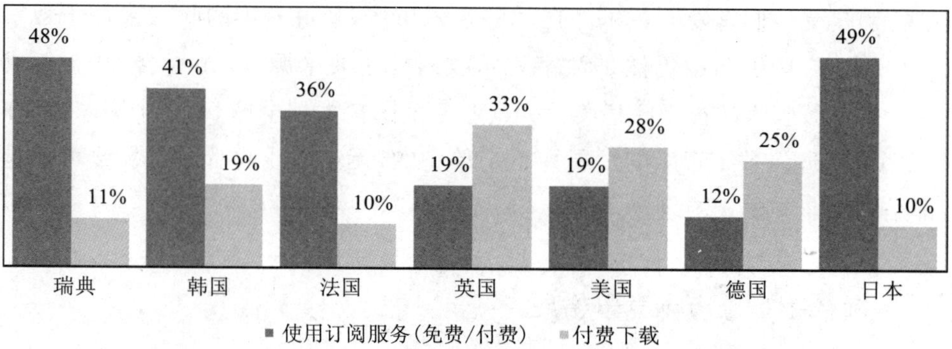

图8—2 订阅服务与下载商店的竞争[②]

截止2010年第三季度，美国13岁以上的网民中只有16.5%的人购买过数字音乐[③]，英国16～54岁的网民中只有14%的人经常购买数字音乐[④]，这说明数字音乐市场仍然有大幅度的上升空间。音乐产业在某种程度上已经抓住了数字世界中的机会，远远超过其他创意行业，如电影、图书和期刊。自美国和欧洲出现第一家在线音乐商店后的十年间，数字音乐单曲和专辑的下载都在持续增长，全球500家合法服务商提供超过1800万首曲目。同时“云播放”也进入音乐市场，其为音乐用户提供了存储和管理的新方式。

下载销售在2012年增加了12%，全球销售额达到43亿美元，其中包括数字单曲和数字专辑。数字专辑的销售增长速度是数字单曲的两倍以上。2012年全球单曲下载量为23亿首，增幅为8%；数字专辑销量为2.07亿美元，比2011年上增长了17%。由此可见，用户对数字专辑的需求高于数字单曲。最受欢迎的数字视频服务YouTube在全球

① 数据来源于Nielsen Soundscan，official Charts Company/BPI，GFK及IFPI。

② 数据来源于国际唱片业协会（IFPI）公布的2013年全球数字音乐报告。Ipsos MediaCT，互联网用户百分比，最近6个月内保持活跃。

③ 数据来源于NPDGroup 2010。

④ 数据来源于Harris Interactive，2010。

范围内的活跃用户超过8亿，十个视频中有九个与音乐有关，专业音乐视频服务 Vevo 和 Warner Music Sound 在 YouTube 中排名前三。①

第二节 国际数字音乐市场主要区域

一、欧洲数字音乐市场

在欧洲，2010年其数字音乐收入超过许多人的预期，增幅近20%，在欧洲大部分市场都有近两位数的增长，这种增长不仅仅限于下载服务，也体现在订阅服务方面。比如，Spotify 是挪威和瑞典最大的数字零售商，也是欧洲排名第二的数字服务商，仅次于 iTunes。其服务已经进入11个国家，全球付费用户达250万。

Deezer 在法国取得了巨大成功，活跃用户中有13%使用这项服务。其与 Orange 在2010年8月建立合作，目前在法国就已有2000万注册用户和超过150万的付费用户。在英国 Deezer 与 Facebook 进行战略合作，使艺人与音乐爱好者可以合法地共享音乐。截至2012年2月底，Deezer 已将业务扩展到非洲、澳洲及拉美80个国家。②

沃达丰(Vodafone)是全球电信巨头，其移动领域在欧洲拥有最为庞大的数字音乐付费订阅用户(8个市场超过60万用户)，即使在盗版严重的西班牙，Vodafone 提供的无限下载音乐服务也吸引了30多万订阅用户，成为西班牙最大的数字音乐零售商。该公司目前开发 MP3 捆绑项目，用户可以使用订阅费换购歌曲(如10首歌5.8欧元)，这种捆绑销售的方式在英国已经以10首歌为单位销售了10多万捆绑包。丹麦的 TDC 是第一个向其无线和宽带用户提供无限量免费下载的 SP。截至2010年11月，TDC 的客户已经下载了2.5亿首歌曲，相当于全国人均下载45次，在线试听月均增加52%，这种数字音乐帮助 TDC 减少了约50%的客户流失。

在瑞典和芬兰，Telia 向其签约的客户提供四个月的免费订阅，Telia 曾在2009年的年度收益报务中称这种方式的合作是其取得显著成绩的主要因素之一。挪威的 Telenor 与两家挪威最大的音乐连锁店 Aspiro 和 Platekompaniet 一起合作推出了订阅服务 WiMP。WiMP 不提供广告支持的免费服务，只凭借免费试用期便成功将70%的试用用户转为了付费用户。这种合作方式的成功之处在于音乐服务的上乘品质，消费者只要尝试一次就会被音乐服务的内容所吸引。对运营商来讲，他们可以在用户信任的环境中提供各种各样的音乐服务，使用户与其产生账务关系，从而推动了付费音乐订阅市场的发展。目前 WiMP 在挪威、瑞典、丹麦、葡萄牙的付费用户已超过35万，并与挪威的 ISP Canal Digital、斯堪的纳维亚的 ISP Telenor、葡萄牙的 Portugal Telecom 合作，向电视订户提供在线试听服务。

---

① 数据来源于国际唱片业协会(IFPI)公布的2013年全球数字音乐报告。

② 数据来源于国际唱片业协会(IFPI)公布的2010年和2011年全球数字音乐报告。

在爱尔兰，Eircom 公司于 2010 年 12 月宣布启动音乐服务，MusicHub 向 Eircom 用户提供不带广告的 400 万首免费无限试听歌曲，用户可以每首 32 分下载无 DRM 限制的曲目，并且即使他们离开该音乐服务时依然保留这些曲目，同时可以建立播放列表，通过社交网络功能推荐歌曲。在意大利，2010 年 FASTWEB 公司与 Dada 合作了一个音乐服务项目，音乐消费者每月付 6 欧元就可以享受数百万首歌曲，还可以下载 15 首高品质的单曲和免费在线试听全部曲目。

荷兰在订阅服务的带动下，2012 年，其数字音乐市场涨幅高达 66%，列西欧之首，其中数字音乐收入占总收入的 27%。近年来，荷兰政府采取的一系列反盗版行动对合法数字音乐的发展起到了重要作用，采取的措施包括 2012 年关闭 Megaupload、禁用或关闭 Filesonic 和 Fileserve 的网络存储网站分享功能，以及 2012 年 5 月 ISP 屏蔽荷兰最大的非法网站——盗版港。此一系列举措效果显著，有数据显示，2012 年 1 月，约有 660 万荷兰网络用户使用非法服务，而到 2012 年 11 月，这一数字降到 610 万，下降了 4%。同时合法的订阅服务商与电信运营商的合作(如 Spotify 与 KPN、Deezer 与 T－Mobile)使很多网络用户开始逐步使用合法的数字音乐服务。①

充分意识到数字音乐的前景可观，音乐业界人士开始改善设备的兼容性、底层技术和宽带普及水平，像 Rhapsody 和 Napster 的订阅服务虽然存在多年，但只限于在某些设备上使用，改善技术后，2010 年在音乐订阅模式上取得突破，现在服务质量和消费者体验大幅提升。Deeer、Spotify、Slacker 和 We7 现向消费者提供两个选择：免费的受广告支持的流媒体服务和优质的付费服务。2010 年 Spotify 在两个层面的用户数都得到大幅增长，目前已吸引超过 75 万个付费用户。这种一个服务两个层面被称为“免费增值模式”。Rara. com 在法国、德国、英国等全球 20 多个国家提供在线试听服务，由 Omnifone 提供网络支持，面向热爱 CD 但想通过浏览器获取数字音乐的用户，欧洲的惠普电脑大多预装了 Rara. com，通过 Android、ios 等平台提供。

二、美洲数字音乐市场

美国是北美也是全球最大的数字音乐市场，数字音乐销售占美国唱片公司收入的近 50%。2010 年，数字单曲的销量增加了近 1%，数字专辑增加了 13%，占美国专辑总销量的 26.5%。美国的手机铃声和彩铃业务呈下降的趋势，这一点与亚洲国家不同。音乐消费者越来越多地使用 Sirius XM 卫星广播及 Pandora 等数字广播服务。Slacker 和 Pandora 是北美两大著名的数字音乐服务商，Slacker 的用户群从 2010 年 4 月以来增长了七倍，与七个最大的运营商中的四家建立了合作关系，其客户端被预制到数百万设备上，通过运营商收取订阅费用并进行该服务的市场营销，现 Slacker 的付费用户数量在持续增长，已在北美名列前茅。Pandaro 现在的注册用户已达 7500 万(2008 年

① 数据来源于国际唱片业协会(IFPI)公布的 2013 年全球数字音乐报告。

只有 2000 万)，其付费用户已达 50 万。这两家服务商都针对年轻用户提供低价的入门级数字音乐服务。Rhapsody 通过与移动服务提供商 Metro PCS 合作(主要形式为将 Rhapsody 捆绑到 60 美元/月的无限制流量的套餐中)，使得 Rhapsody 的付费用户已突破 100 万大关。美国 2011 年创新服务的推出(如 Spotify 和 Muve Music)、市场新参与者的加入、智能手机和平板电脑数量的增长，以及非法文件共享服务 LimeWire 的关闭，均促进了数字音乐市场的发展。

而拉美的数字音乐收入 2010 年增长了 50%多，阿根廷、墨西哥和巴西三国占拉美地区数字音乐收入的 80%以上，其中墨西哥增长一倍多，巴西增长超过 30%。[①]庞大的人口及日益普及的移动设备，使得巴西的数字音乐发展迅速，2012 年上半年增长了 11.2%，2011 年全年增长率为 8.6%。iTunes 于 2011 年底在巴西推出，数字音乐销售在 2012 年收入翻倍。由于获得巴西移动运营商的支持，并采取商业模式差异化策略，基于订阅模式并与运营商的计费系统相捆绑，使得彩铃销售收入增长迅速。巴西现已经是拉美地区的门户，其智能手机销量上升速度极快，加之网络接入量不断增长，势必给巴西的数字音乐市场带来良好前景。

三、亚洲数字音乐市场

在亚洲，日本数字音乐市场近两年不够乐观。与之相比，韩国的数字音乐收入增长强劲。早在 2004 年 11 月韩国 SK 电信就推出了包月数字音乐服务 MelOn 项目，该服务使得 SK 电信成为数字音乐领域的领航人。近年来韩国的法律环境有所改观，2009 年韩国针对数字音乐盗版通过一项法律，规定对首次违法的网络用户的账户(但不包括邮件)实施不超过一个月的暂时中断，对第二次违法的处罚时间为 1～3 个月，对第三次违法的网络用户处罚时间最高达 6 个月，同时韩国更新版权法，要求在线服务提供商必须应版权权利人的要求过滤不合法的内容，2011 年颁布新法，要求网络硬盘和 P2P 服务向政府进行登记并实施过滤措施。根据韩国官方报道，分阶段相应措施的实施，使得 70%的侵权者收到第一次通知后即停止了侵权行为。这些举措由韩国文化体育观光部(MCST)督导，由韩国著作权委员会(KCC)具体实施；一系列措施推动了 2010 年韩国音乐市场增长 12%，Naver 和 Daum 等门户网站数字音乐服务增强，其在网民中的占有率分别达 22%和 17%。[②] 2011 年上半年韩国的音乐市场又增长了 6%，其数字音乐市场已排名全球第 11 位(2007 年排名第 23 位，2009 年排名第 14 位)。韩国用于本土音乐的投资占市场销售额的 80%，K－Pop 销售中约有 70%来自于数字音乐渠道，从市场整体上看，数字渠道占 55%。[③]

---

① 数据来源于国际唱片业协会(IFPI)公布的 2010 年和 2011 年全球数字音乐报告。

② 数据来源于 Nielsen Company，2010 年 10 月。

③ 数据来源于国际唱片业协会(IFPI)公布的 2012 年全球数字音乐报告。

2012年,印度音乐市场连续第三年增长,其发展主要依赖于数字音乐的移动渠道,在年轻消费者和逐渐增长的中产阶层的推动下,流媒体服务增长迅速。目前印度的手机用户数已高达9亿。音乐在与移动运营商的合作战略方面(如聚拢客户、品牌推广)起着非常重要的作用。Airtel、Vodafone、Idea和Tata Docomo等是印度的主要运营商,它们提供包括铃声、彩铃、下载和移动电台流媒体服务等在内的音乐服务,并与订阅套餐捆绑在一起,为用户提供多方位的智能音乐服务。根据国际唱片业协会(IFPI)的报告显示,印度每月近54%的消费者非法使用数字音乐,为此印度采取了一系列行动制止此行为。2012年,加尔各答高级法院发布禁令,要求11家网络服务提供商屏蔽侵权网站songs.pk,并于同年判令387家网络服务提供商屏蔽104家侵权网站。这些举措初见成效,有千万用户停止了访问侵权网站。2013年2月,印度法院下令要求ISP屏蔽另外的162家侵权网站。在印度,数字音乐销售额中,本地音乐占据着很大份额。有超过500个音乐厂牌发布20多种语言的音乐,传统的宝莱坞音乐日益开放。随着Gaana、Dhingana和Saavn等流媒体服务以及下载商店的逐渐兴起,印度有望成为亚洲第二大数字音乐市场。①

四、其他区域数字音乐市场

在澳大利亚,电信集团AAPT与EMI合作,为固网用户和宽带用户提供订阅服务,提供来自多个厂牌的歌曲。2010年前十个月,受下载模式的驱动,澳大利亚的数字音乐收入增加了32%,但是由于实体销售的下滑和数字盗版的增加,该国唱片业整体收入还是呈下降趋势。澳大利亚现在推出了一系列新服务和新应用,包括AAPT的捆绑式订立服务,如Guvera和Bandit.fm等。

数字零售商仍在继续着它们快速的全球扩张。在2011年初,主要的国际服务只出现在23个国家。两年后,这些服务已覆盖全球100多个国家。2012年,许多国家出现了第一个数字音乐服务,如肯尼亚、斯里兰卡。数字音乐正在慢慢将市场渗透到以前基础设施欠佳的国家和地区,并将这些新市场的消费者作为主要潜在用户群。目前全球大约有500家获得授权的数字服务,为消费者提供着3000万首曲目。②

第三节 中国数字音乐"走出去"战略

作为文化产业重要组成部分的音乐产业,如何在数字音乐时代到来的形势下采取适当的应对措施,是音乐文化学者应当思考的重要问题。在当前中国数字音乐市场尤其是无线音乐发展迅速的背景下,发展融合型的数字音乐市场无疑是音乐产业的战略选择。

---

①② 数据来源于国际唱片业协会(IFPI)公布的2013年全球数字音乐报告。

为此，及时地、系统地分析数字音乐市场，找出制约其良性发展的深层原因，从产业价值链的角度进行理论研究与总结，将有利于我国文化产业的进一步发展。

一、中国数字音乐市场概况

在全球数字音乐市场格局中，美国、日本、英国占据了前三位，分别是39%、19%和16%①，中国的数字音乐市场在世界上所占份额极少，这与我国庞大的人口基数不成正比。在我国，由于盗版泛滥，数字音乐市场中的在线音乐发展不甚乐观。其实数字音乐的出现改变了原有唱片生产的流通方式，其造成的最大颠覆就是每个环节都可能存在无法盈利的状况，从创作到最后听众消费，环节在不断减少。中国未来的数字音乐市场商机无限，而对数字音乐市场的探析将有助于人们更好地了解音乐产业，开拓新的数字时代音乐文化。

我国的数字音乐已经有将近十年的发展历史，2004年左右进入产业化阶段，基本上发展速度与国际保持同步，也同样经历了世界数字音乐发展史上的几个重要阶段。首先是百度、搜狐这类搜索引擎的出现使网络盗版音乐如病毒一样发展，中国数字音乐开始其探索之路，人们可以随意在搜索引擎上任意下载歌曲。之后，随着美国帝盟公司在RIAA（美国唱片工业协会）诉讼其Rio MP3播放器案件的胜诉，作为数字音乐的载体，MP3数字音乐播放器大范围兴起，MP3播放器生产厂商一时生意兴隆，数字音乐播放器的出现在当时进一步推动了中国数字音乐的普及。随后，飞行网的P2P音乐软件酷乐（KURO）的出现，使一种新的P2P形式在中国的数字音乐市场兴起。业内人士都相继效仿飞行网的运营模式，一时间出现众多与酷乐类似的P2P音乐软件，如Muper、酷狗等。与传统唱片业一样，数字音乐的版权保护一直欠缺治理，非法音乐下载大量存在，导致至今中国数字在线音乐都没有形成成熟的收费模式。

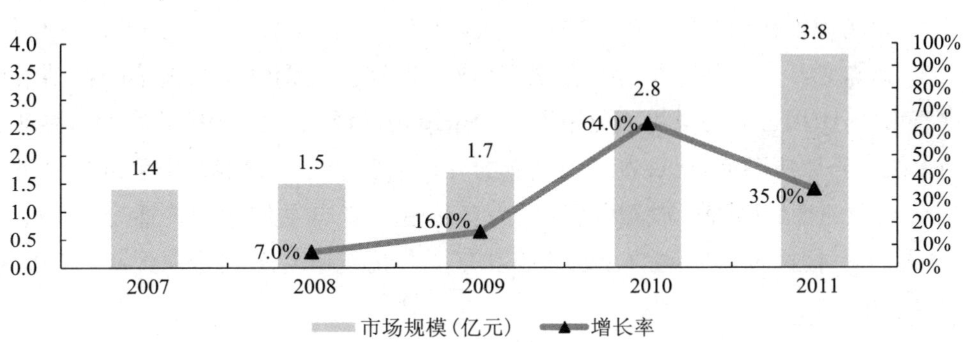

图8—3 2007～2011年中国在线音乐市场规模发展状况②

① 国际唱片工业协会(IFPI)公布的2009年全球数字音乐报告。

② http://www.ccnt.gov.cn/xxfbnew2011/xwzx/gzdt/201203/t20120330_235405.html.

据《2011中国网络音乐市场年度报告(摘要)》显示,2011年我国数字音乐总体市场规模达27.8亿元(以网络音乐服务提供商、内容提供商总收入计),较2010年增长20.8%。获得文化行政部门审批、具有网络音乐业务经营资质的企业达452家,比2010年增长了28.7%。在线音乐收入规模达3.8亿元,比2010年增长了35%(见图8－3)。在线音乐用户规模为3.8亿,较2010年增长了6.5%。中国无线音乐市场规模达24亿元(内容服务提供商总收入计),比2010年增长了18.8%(见图8－4)。电信运营商无线音乐相关收入达282亿元(包含功能费)。截至2011年底,中国无线音乐用户数近7亿,在移动用户中渗透率为45.7%。[①]

目前,中国的数字在线音乐仍处于艰难地探求发展模式的过程中。美国的"iPod＋iTunes"模式的成功是建立在苹果公司对数字音乐版权的有力控制及整个市场的正版消费习惯基础上的。而中国的在线音乐首先缺乏成熟的数字版权保护技术和控制措施;其次,国内民众似乎已经习惯于免费获取音乐,其消费意识有待提高;再次,中国政府的执行力度和管制措施还不够。因此,如果无法解决这三个问题,中国在线音乐则很难获得健康发展的机会。中国唱片行业数字音乐销售收入的百分比达到71%,也就是说,音乐销售大部分来自于数字音乐,可知市场潜力巨大。然而,多年来这一市场却一直受到高达99%的数字音乐盗版的困扰。中国互联网用户是美国的两倍,但人均数字音乐收入却只有美国的百分之一。中国总的音乐销售不如爱尔兰一个小国。[②] 2011年7月,百度和三大唱片公司(环球、索尼BMG及华纳)签署One Stop China协议,百度承诺会关闭深层链接的数字音乐侵权搜索服务,音乐用户可以通过受广告收入支持的合法服务"听"免费下载音乐。One Stop China协议的破冰之举是中国最大音乐公司的专业经验及创作能力与中国最大互联网公司的影响力的深度结合,是中国音乐产业发展史上的一个里程碑事件,标志着中国合法在线音乐的进步与发展。

与在线音乐的困局相比,无线音乐业务自2003年在中国开展以来,展现了其巨大的市场潜力,市场规模在很短的时间内快速扩大,电信运营商及各大门户网站都参与其中。中国无线音乐,尤其是在开启彩铃服务之后,成为世界上绝无仅有的繁荣的移动增值服务提供商市场,中国也成为世界上应用无线音乐最为广泛的国家。基于手机和移动通信网络的无线音乐顺应潮流,代表着一种全新的音乐消费形态。智能音乐手机不仅是人们24小时不离身的音乐终端播放器,而且成为音乐爱好者自主创造和传播音乐的全新方式,带给人们一种独特的、便捷的音乐体验和享受。传统唱片公司也从无线音乐版权分成中改善了生存状况。

---

① http://www.ccnt.gov.cn/xxfbnew2011/xwzx/gzdt/201203/t20120330_235405.html.

② 数据来源于国际唱片业协会(IFPI)公布的2012年全球数字音乐报告。

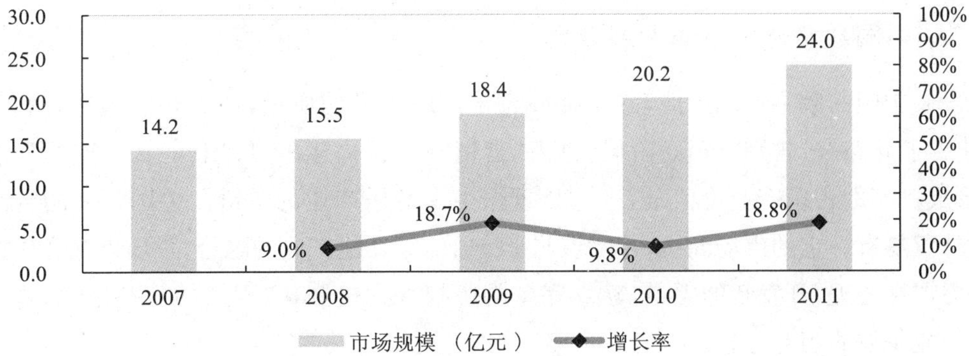

图 8—4　2007～2011 年中国无线音乐市场规模发展状况①

音乐的消费者从之前购买唱片开始向购买数字音乐彩铃转变，大大拓宽了音乐产品的销售范围。多年来，电信运营商依靠其垄断地位已经成功地培养了音乐用户的付费习惯，这与盗版横行的在线市场形成了鲜明对比。无线音乐的网络具有封闭性，音乐下载由电信运营商统一控制收费，并且用户支付费用的方式简单，没有经过授权的音乐产品不能在其平台上销售，因而无线音乐的发展较少受盗版的困扰，其数字音乐正版率达到了 80%以上。无线音乐的成功运作使网络运营商、唱片公司、数字音乐服务商、终端设备制造商等看到了数字音乐领域潜藏着的巨大商机，因此在我国，虽然网络盗版音乐最先出现，但从产业的角度来讲，是无线音乐的迅猛发展促进了在线音乐的成长，是无线音乐真正推开了中国数字音乐市场的大门。

未来几年，无线音乐业务仍将是电信运营商的业务重点，具有很大的市场潜力。电信运营商发展的重点将放在移动增值业务领域，而无线音乐应用作为较为普及的网络应用之一，将成为电信运营商的首要业务之一。在全业务竞争的形势下，电信运营商将发挥固网和移动网络的协同效应，为用户提供多种路径，获取无线音乐产品和服务，这一过程离不开 CP、SP 及终端厂商的参与。随着 3G 的普及与电信运营商政策的调整，以及日趋规范的无线音乐市场环境，无线音乐服务商也开始转型，丰富业务类型，拓展营收来源。具体表现在两个方面：一是扩充以音乐为重点的业务服务内容，开拓其他增值业务；二是探索新的业务渠道，在电信运营商通道之外，尝试无线门户、移动终端软件等方式服务用户。②

我国的数字音乐市场潜在用户群庞大，虽然中国数字音乐产业的市场条件仍不完善，数字音乐盗版泛滥，在线音乐销售额与美国等发达国家相比差距较大，但由于中国人口基数大、宽带的高速普及以及与世界同步的移动通讯基础设施的建设，使得中国的数字音乐市场发展前景令人期待。

---

① http://www.ccnt.gov.cn/xxfbnew2011/xwzx/gzdt/201203/t20120330_235405.html.

② 艾瑞调查公司通过上市公司财报、行业访谈及艾瑞统计模型预测。

二、中国数字音乐市场发展建议

发展中国的数字音乐产业，除了提高音乐产品本身的质量，还需要协调各方利益关系，走专业化路线，告别“概念”阶段，进入“营销”阶段，构建出可盈利的音乐产业发展体系，形成良好的音乐产业价值链，这才是重振中国音乐产业的关键。中国未来的数字音乐对外贸易有一定的市场商机，伴随着与IT、通信等其他产业的融合，重新审视音乐消费者的习惯和心理，开发新的渠道，建立完备的版权保护机制，实现新的盈利模式，是中国音乐产业发展的当务之急。

在当前数字音乐市场尤其是无线音乐发展迅速的大环境下，发展融合型的数字音乐对外贸易无疑是最佳的战略选择。数字音乐给传统音乐产业造成了巨大冲击，同时也带来了巨大的市场机会。尤其是全新的无线音乐价值链的出现，改变了传统音乐产业以往的销售模式和盈利模式。这种改变是我国传统音乐产业发展的市场契机，可以预见，数字音乐所带来的全新的发展思路将引领我国唱片产业走出多年以来的困境，走上健康发展的道路。为此，及时地、系统地分析数字音乐市场，找出制约其良性发展的深层原因，从产业价值链的角度进行理论研究与总结，将有利于我国音乐文化产业贸易的进一步发展。

（一）完善的法律体系是数字音乐产业发展的根本保障

我国现今的音乐产业有关政策还不够完善，不利于音乐产品的出口。相比之下，美国建立了包括《版权法》、《专利法》、《商标法》、《反不正当竞争法》、《跨世纪数字版权法》、《打击网络侵权及假冒伪劣法案》等一系列版权保护法律体系，形成了全球保护范围最广、相关规定最为详尽的法律系统；法国早在2007年就通过了《创新和互联网法》，设立了独立的行政机构（HADOPI），专门针对数字音乐侵权进行管理和处罚；英国2010年制定了《数字经济法案》，规定可以向数字音乐侵权者发送侵权通知，如果侵权未明显减少，网络服务商按照要求对重复侵权者实施包括技术手段在内的处罚。以上各国针对网络环境和数字技术的特点，对版权法做了重要的补充和修订，为音乐产业提供了数字化版权保护，并采取分阶段措施，在一定程度上有效地打击了数字音乐侵权行为。

当单纯的创新、合法的授权和有效的经济手段都无法全面解决数字音乐盗版的问题时，政府就该出面来保障一个公平竞争的环境。政府应设立专门的机构来负责音乐产业对外贸易，并给予音乐产业一定的资金支持，竭力加强与网络服务提供商之间的合作，共同采取措施制止数字音乐侵权行为。具体的手段包括采取分阶段措施、屏蔽那些提供未授权内容的服务、协助解决P2P网络上的个人文件共享问题等。同时，在公众教育方面，政府督促学校引入版权课程，大力加强对音乐消费者的版权意识教育。而诉讼是政府保护数字音乐内容最后的手段，其目的是震慑和阻止大规模的侵权服务。只有在政府的支持下，数字音乐产业才能健康持久发展。

（二）结合音乐内容与音乐服务，打通国际间贸易壁垒

音乐是一种特殊的商品，承载了巨大的文化价值。先秦乐记名句："凡音之起，由人心生也，人心之动，物使之然也。感于物而动，故形于声……"[①]"言之不足，故嗟叹之；嗟叹之不足，故咏歌之；咏歌之不足，不知手之舞之，足之蹈之也。"[②]这些古代言论充分说明人们听音乐首先是对音乐本体艺术的追求，并非为物质利益。所以，只有音乐本身具有价值，采取相应的策略才能获得真正的艺术与商业的双重盈利，也才能建立一个健康的数字音乐市场。

音乐市场的音乐产品包括两个部分，一是数字音乐核心产品。它是数字音乐市场上最重要、最基本的内容，是为了满足产业价值链下游音乐消费者需求所提供的利益和效用。"音乐消费者欣赏音乐，并在线下载音乐，不是为了获得音乐本身各种声音的构成，而是为了满足特定的心理需求和精神需求。"[③]尤其作为数字音乐产品，音乐消费者购买的不是有形的音乐实体，不是单纯听声音的发声方式和组合方式，而是由此得到的艺术享受，性情的陶冶和对美好事物的向往。"对于人类生活经验的全部领域内的一切观念和事物，音乐几乎没有一样不能表现，当中世纪基督教精神或浪漫主义精神上升时，音乐在各种艺术中普遍地被看作至上，处于首位。"[④]这种核心产品以商品形式进入数字音乐市场的流通领域，进行交换和交易。二是数字音乐服务。音乐服务是处于数字音乐市场下游的音乐消费者购买音乐产品所获得的一种综合性服务和各种利益的总和，它可以带给音乐消费者更大的满足。比如，音乐消费者不仅想在线下载数字音乐，还想知道他所下载的音乐的背景资料，以及是否还有其他类似风格的歌曲可以供他选择。再比如，他下载完想要的音乐后，还想获得音乐演唱者举办演唱会的相关信息，并想知道有谁跟他喜欢同一类型的音乐，他还想把此首歌曲作为电脑桌面的背景音乐，等等。这种音乐服务作为音乐核心产品的延伸，对数字音乐市场的发展和创新都有至关重要的作用。音乐服务可以全方位满足音乐消费者的需要，从而保障数字音乐市场的健康发展，也是数字音乐市场各方不可忽视的重要因素。

音乐核心产品与音乐服务构成了数字音乐市场的核心，健康发展数字音乐市场就应该充分重视音乐核心产品与音乐服务，并努力将其发展成为一种音乐品牌。这种基于专业判断而制定的音乐品牌系统策略，包括音乐品牌形式、音乐品牌架构、音乐品牌管理体系等，是围绕数字音乐市场的经营战略目标而制定的品牌发展方向。它针对音乐产品和音乐服务，与市场进行有效组合，实行经营环境、战略方向、管理组织相协调的策略，使音乐创作者和生产者能够从不同的方面创造出富有特色的音乐产品，以满足不同音乐消费

---

① 《乐记·乐本篇》。

② 《诗经·大序》。

③ 周洪雷：《音乐市场营销及案例分析》，上海音乐学院出版社2004年版，第193～197页。

④ 天津音乐学院、中国艺术研究院音乐研究所：《缪天瑞音乐文存（第一卷）》，人民音乐出版社2007年版，第217～218页。

者的需求。国外在这方面做得比较好的范例应属苹果公司。最近几年来,“iPod+iTunes”迅速占有了全世界数字音乐市场的主要份额,通过 iTunes 和 iPod 的完美结合,用户购买音乐变得更加容易。越来越多的用户开始习惯通过合法渠道下载音乐,因而唱片公司、版权公司、音乐制作人等的权益可以得到有效的保障,使得他们都愿意和苹果公司开展积极、深入的合作,共同推动合法数字音乐下载市场的发展。

目前我国数字音乐市场最重要的核心——音乐产品,既没有充分体现出其文化精髓与核心价值,更没有做出音乐品牌化策略,甚至有的音乐产品非常低级恶俗,如此自然会影响到其在产业价值链的流通及传递。音乐消费者从音乐产品那里得不到精神的愉悦和满足,也就不愿意再继续投入。一旦音乐消费者不再消费,音乐服务便不复存在,音乐产品和服务的生产、销售过程就会停止。音乐产品是数字音乐市场价值传递活动的基本内容,同时也是连接数字音乐市场各个主体的核心所在。高品质的音乐产品和音乐服务永远是数字音乐市场的核心。我们所倡导的音乐产品应该是市场经济与音乐艺术的结晶,具有实实在在的欣赏价值,真正支撑数字音乐市场的是音乐创作者的真诚与激情,以及锐意突破的原创精神。唯有如此,才能保证数字音乐市场的价值流通顺畅。

(三)优化产业价值链,突出音乐贸易增值环节

在音乐市场尤其是数字无线音乐市场中,可以将整条价值链的总客户价值弹性定义为1,各个环节的价值弹性为 $\beta i>0$,并且有 $\beta=1$。价值弹性数值越高,意味着客户越重视这个环节的质量,因此这个环节在利润结果的分配所得就越大。① 而当某个环节的价值弹性显著高于其他部位时,利润驱动使得大部分产业链中的成员从事该环节的生产,同时,整条产业价值链上其他价值弹性小的环节由于成员数量减少,从而增加了音乐市场成员的平均利润。

目前在我国音乐市场对外贸易中,由于电信运营商处于产业链的核心地位,掌握网络通路的便利条件,并与用户存在比较成熟的账单支付关系,所以运营商仍然是整个音乐市场的核心以及最主要的驱动力量。现在电信运营商正在运筹跨过服务提供商(SP)直接与内容提供商(CP)合作。如果运营商能够建立音乐的业务合作平台以及利益分享机制,确定恰当的分成比例,从音乐内容的制作、传播以及音乐应用的移动终端等领域开展定制合作,则运营商、内容提供商、服务提供商与无线音乐用户之间将形成一个利益共同体(内容提供商和服务提供商的利益分成既要保证内容生产者的版权利益不受侵害,还要提高服务提供商的分成比例),这也将决定我国数字音乐产业对外贸易的发展方向。

菲利普·科特勒(Philip Kotler)曾指出:企业应快速有效地为产品“找到对应市场,并且寻找打造市场的良方,那就是:应满足客户体验”。客户体验这一理念日益流行,不仅是指产品或服务的使用过程,也包括宣传、购买、售后服务等过程。百度、搜狐、腾讯等

① Susan WalshSanderson&MustalaUzumeri,ManagingProductfamilies,U. S. Irwin,1997.

公司之所以取得成功，其原因之一就是非常重视并完善客户体验。音乐业务作为增值业务的一种，其实质是将价值附加到客户所购买的产品和服务中。音乐消费者面对众多的音乐产品信息，要根据其自身需求对音乐产品进行分析、比较和评价，虽然没有固定的评价模式，但也存在一定的共同点，如果音乐产品的用户体验很好，会对此音乐产品产生依赖感而重复购买，反之，就会产生选择后的失调。因此，数字音乐对外贸易的主体应时刻以客户需求为中心，不限于现有的资源范围，突破产业限制，引导产业向有利于创造客户价值的方向发展。只有激发音乐产业贸易各环节主体的积极性，建立透明、公平的激励机制，促进音乐内容与终端应用的创新，才能鼓励和刺激更多的成员加入到音乐市场中来，做到产业链上每一个环节的价值提升和增值。价值链环节越完整，参与厂商越多，音乐内容供应越丰富，支持终端越充足，则越能促进音乐产业对外贸易的发展。

〔案例精选〕数字音乐市场新模式——以流媒体订阅服务商 Spotify 为例

国际唱片业协会(IFPI)于 2013 年 4 月 8 日在伦敦公布了《2013 年唱片业统计数字报告》(RIN)，在对全球 49 个市场进行统计分析后指出，数字渠道现在占行业总体贸易收入的 35%，下载仍是数字收入的最大来源，单曲和专辑下载的单位销量合计在 2012 年增长了 11%。值得注意的是，音乐订阅服务的兴起及新兴市场的快速增长成为今年全球音乐产业权威统计分析的两个亮点。音乐订阅服务正在快速增长。2012 年全球付费订阅用户达到 2000 万，比 2011 年增长了 44%。2012 年的订阅服务在数字音乐的总收入中将达到 10%，欧洲这一比例会更高。[①]

音乐订阅和受广告支持的流播放服务目前占全球数字收入的 20%，高于 2011 年的 14%。订阅和受广告支持的收入合计已占到欧洲全部数字音乐收入的近三分之一(31%)。IFPI 首席执行官弗朗西斯・摩尔说："RIN 也揭示了当今音乐业务的明显多样化。今年的 RIN 突出强调了订阅服务及新兴市场在推动行业复苏中发挥的作用日益重要。" 世界前 20 的市场排名表显示，美国仍然是世界上最大的音乐市场。

另外，数字音乐为艺人提供了更多的机会及更广阔的平台，来自韩国的歌手 Psy 以一首《江南 Style》风靡全球并出现在世界各大音乐榜单上就是数字音乐在当今影响力之大的一个例子。

一、Spotify 音乐订阅服务特征分析

(一)Spotify 的出现

Spotify 是一家由丹尼尔・埃克和马丁・罗伦松在 2006 年创建的流媒体音乐平台。它在 Linux、Microsoft Windows 和 Mac OSX 以及使用 iOS、Android 或 Symbian 系统的移动设备中均有相应的客户端版本。

截至目前，Spotify 提供超过 2000 万首受到数字版权保护(DRM)的正版歌曲点播，普通用户可以免费享受 Spotify 的海量正版音乐库，免费服务内嵌广告，每月有收听时长

---

① 数据来源于国际唱片业协会(IFPI)公布的 2013 年全球数字音乐报告。

的限制，每首歌播放不能超过5次；高级订阅客户可享受不受任何限制的音乐收听，并且免受广告“干扰”；顶级订阅用户则可实现移动设备上的点播和离线收听。Spotify于2008年在瑞典率先推出，在不到一年的时间内就吸引了超过200万用户。2011年Spotify登陆美国，同年，Facebook在F8大会上宣布与Spotify展开合作，仅一周时间后，Spotify的用户数就增加了100万人，月注册用户达到450万人。截至目前，Spotify已经在全球28个国家和地区提供其音乐流服务，成为服务范围最广的音乐流媒体平台。其订阅用户总数已超过600万，其中，仅从2012年12月到2013年3月，订阅人数就增加了100万。

（二）Spotify的发展现状

Spotify近年来用户规模的增长速度越来越快，根据官方数据统计，2012年12月，注册用户数已达到了2000万，其中付费用户达500万。2013年3月，Spotify的注册用户达到2400万，付费用户为600万。用户数量在短短三个月内就增长了20%，凭借这种令人惊叹的发展速度，Spotify成为2012年度发展速度最快的数字音乐公司。照此推算，2013年Spotify的订阅用户的营利将超过6.84亿美元，因为近90%的订阅用户每月支付了9.9美元的顶级订阅费用，其余的用户则每月支付5美元的高级订阅费用。[①] Spotify的飞速增长反映了订阅模式具备颠覆现有状况的可能。自从音乐数字化以来，iTunes的音乐零售模式一直主导着整个产业，而Spotify对于用户来说，用户不一定需要付费就能享受到海量音乐的试听点播，他仅在享受更多高品质的服务时才需要付费。

在Spotify出现一年之后，音乐产值实现了自1999年以来的首次增长，尽管只有0.3%，但这背后却是以Spotify为代表的流媒体音乐服务的崛起。当年，音乐订阅服务为音乐产业贡献了10%的营收，很多人认为Spotify的模式代表着未来。这一市场发展迅猛且前景巨大，远远不止Spotify在探索。其他同类型的音乐平台还有Rhapsody，Pandora和MySpace，各大音乐巨头包括Google、苹果等也要进军流媒体平台，流媒体音乐订阅将是音乐产业复兴的契机。《福布斯》杂志如此评价Spotify：它像iTunes一样快速，像Pandora一样量大，又像潘多拉一样便宜，没有理由不吸引人。其公司CEO丹尼尔则这样解释Spotify的快速增长之道：“只要把付费音乐做得比盗版还便捷，那么我们就成功了。”

（三）Spotify的版权保护方式

Spotify的迅速崛起绝非易事，版权费用是该公司的最大成本。事实上，在Spotify登陆美国之前，它曾与四大唱片公司（环球、百代、索尼、华纳）就音乐的版权问题进行了马拉松式的谈判。虽然Spotify对其支付给各大唱片公司的版权费进行保密，但是公司CEO丹尼尔曾表示，该公司大约70%的历史收入都用在了音乐版权的支付上。同时，Spotify授予四大唱片公司一定的公司股权来作为其授权正版音乐的回报。唱片公司认

① Spotify官方数据。

为，通过这样的方式把正版音乐曲库免费开放给消费者是抵制非法下载的合理方式，况且还能从中获利。

虽然 Spotify 支付给唱片公司巨额的版权费，但艺人从该平台获得的利益就显得微乎其微了。它以单曲播放次数为单位，大约以 0.004 美元/次的价格给音乐人支付版权费，专辑则是以 0.04 美元/次的价格支付给音乐人。酷玩乐队（Coldplay）、黑钥乐团（The Black Keys）和贾斯汀·比伯（Justin Bieber）就曾拒绝 Spotify 获得他们的新专辑。他们提出异议的理由是：Spotify 支付给音乐家的报酬太过低廉。2012 年，英国数字内容与唱片发行管理公司（ST Holdings）将旗下代理的 200 多家唱片发行机构的全部音乐撤出 Spotify。理由同样是 Spotify 没有支付他们足够的使用费。美国艺人 Lady Gaga 的专辑 *Poker Face* 在 Spotify 上的播放次数达到 100 万次，但她从中获得的收入仅为 167 美元。因此，Spotify 对于歌手和出版商而言更像一个宣传平台，而不是盈利方式。事实上，超过三分之一的 Spotify 听众的年龄都在 24 岁以下，而这一年龄段的人群熟悉网络中的非法下载方式，也通常不会为音乐付钱。也就是说，通过 Spotify 潜移默化的影响，有效地将非付费用户转变成为付费用户。这样来看，Spotify 在维护正版音乐的道路上是功不可没的。

（四）Spotify 的音乐使用模式

1. Spotify 的用户套餐（以美国为例）

Spotify 在不同国家和地区所推出的套餐稍有不同。下面以美国为例，介绍 Spotify 的套餐及资费。Spotify 为用户提供 Free，Unlimited 和 Premium 三种不同的套餐。账户区别如下：

（1）Free：账户免费注册，没有收听时长限制，用户可以享受海量音乐试听及各种增值服务，限制是每 20 分钟系统会插播一段广告。

（2）Unlimited：收费为 4.99 美元/月，去除收听中的所有广告。

（3）Premium：收费为 9.99 美元/月，除了享有跟 Unlimited 一样的去除广告服务外，还能享受 320kpbs 的高品质音乐，以及在移动装置收听的功能，同时在桌面客户端和手机客户端都可以离线收听音乐。

另外，Spotify 暂时关闭了音乐下载功能。在 Spotify 桌面应用程序中，该公司现在阻止用户购买音乐，并显示信息："在 Spotify 我们当前不提供新的下载购买，但用户已经购买的下载音乐依然可以使用。"用户被转到 Spotify 网站上一个名为"Changes to Download Store"的页面，该页面称，不再提供音乐下载，用户可以重新下载已经购买的歌曲或使用 Spotify 的礼品卡。

2. 社交音乐

Spotify 进入美国后和 Facebook 联合，Facebook 用户可以免注册直接用账号登录，可以看到朋友在播放什么，将自己的音乐共享和增加到他们的播放列表。这相当程度上可以说是其自身的社交发现功能。Spotify 的用户可以共享播放列表和推荐歌曲。单个曲目还可以通过点击侧边栏里的"正在播放"曲目上的小箭头进行分享。你可以选择 Facebook，Twitter，Windows Live Messenger 的账户发送你的音乐链接。

另外，Spotify 最近又更新了"Follow"功能（见图 8－5）：用户可"Follow"有音乐品位的朋友和他们所喜欢的音乐人，让这些"信赖的人"成为你的 DJ。这个功能的出现比很多现有的音乐流媒体服务依靠算法进行音乐推荐功能要更人性化。首先会根据以前你的收听历史，推荐你听得最多的音乐人，这时候你可以选择是否"关注"他们。第二步，Spotify 会调出你的 Facebook 好友，让你有选择地"关注"他们当中的人，这一步，用户已经可以确定好自己所信赖的音乐小圈子。最后一步，你可以选择音乐人或者是有影响力的人加关注。他们可能是滚石乐队，也可能是 Facebook 总裁马克·扎克伯格甚至是美国总统奥巴马。经过这三步的选择，你所关注的好友以及音乐人的"收听信息"就会出现在右边侧栏上。"Follow"功能让用户可以更加简便、快捷地得到关注的用户正在收听的音乐，用更人性化的方式来发现音乐。

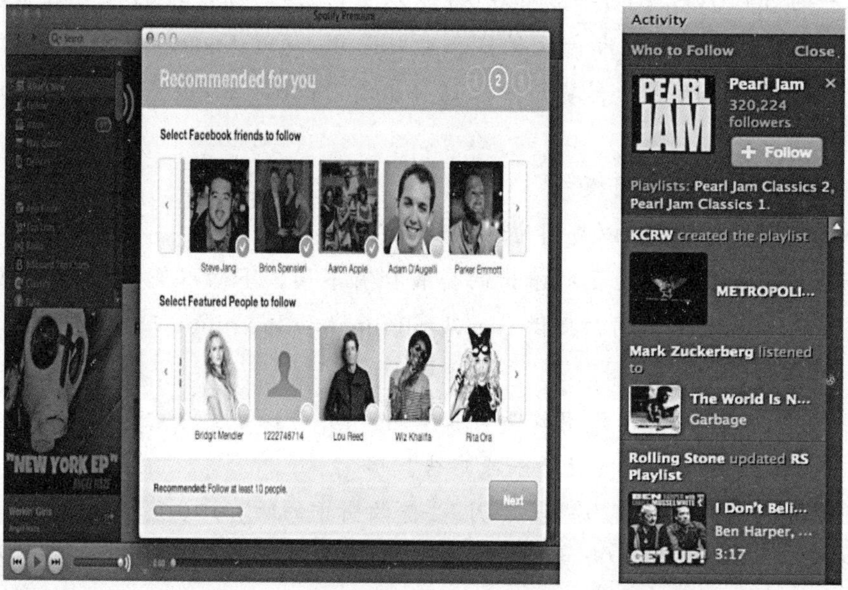

图 8—5　Spotify 新增 Follow 功能演示图

3. 电台

Spotify 有超过 30 种音乐流派的电台，包括摇滚、爵士、流行、庞克、电子、古典和年代等。用户可以收听单个艺人的电台。Spotify 的电台功能并不是仅此而已（见图 8－6），它提供给用户非常个性化的电台创建，包括按单曲、专辑和通过其他用户的播放列表建立电台，以音乐榜单和各种音乐推荐插件中的播放列表建立电台。使用 Spotify 电台时发掘音乐的最好方式，是它会根据用户赞好的艺人、专辑、歌曲或者播放列表来更新个人电台。用户听得越多，电台功能就越出色。

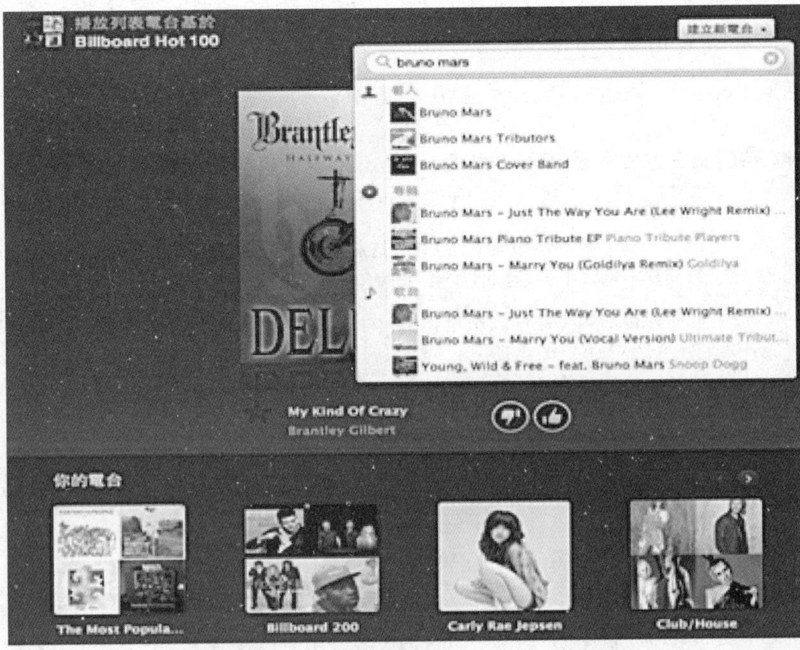

图 8—6　Spotify 电台功能演示图

4. 热门榜单

如图 8－7 所示，在 Spotify 的热门榜单分为热门歌曲和热门专辑，分别列出了用户播放率最高的前 100 位歌曲和专辑。值得注意的是，Spotify 会根据不同国家和地区的用户提供不同的榜单。到目前为止，热门榜单已覆盖了五大洲的 30 个国家和地区。

图 8—7　Spotify 桌面程序热门榜单

5. App 商店

除了 Spotify 自己的热门榜单功能以外，它还推出了第三方软件市场，提供超过 80 种包括社交、声音处理、音乐推荐、音乐评论等的第三方应用插件，帮助用户发掘音乐、阅读权威评论、寻找歌曲歌词、建立即时播放列表、音乐搭配每日心情等等。所有的插件都是免费的，用户可以自由享受。

表 8－2 为 Spotify 中热门第三方应用及其功能的简短介绍。

表 8—2 Spotify 热门第三方应用及其功能介绍

应用名	基本功能介绍
TuneWiki	Spotlfy 本身不带有歌词显示功能，这款应用为用户提供歌词同步显示。这个应用提供的歌词都由网友上传，因此，如果用户发现某首歌词显示错误，可以自己进行修正。
Billboard Top Charts	此榜为音乐产业最权威榜单。用户可以通过插件访问 Billboard 列出的热门榜单，包括 Top 100，Top 200，也提供不同音乐流派的榜单。值得注意的是，这个插件可以根据历年来 Billboard 榜单的音乐生成一个 Spotify 电台，供用户试听。
We Are Hunted	这款应用提供用户更个性化的音乐发现服务，它的信息来源于各大博客、社交媒体、信息板和 P2P 共享网络，做成新兴音乐推荐榜单。如果你喜欢尝试新鲜歌曲。那么可以点击“新上榜歌曲”，试听那些从未听过的音乐人作品。如果你喜欢主流作品，则可访问“主流榜单”。此外，这款应用还包含 7 款不同音乐风格的播放清单。用户也可以自行创建基于自己喜欢音乐人的音乐播放清单。
Sound Drop	这款应用基于“音乐房间”功能，重塑用户收听音乐的方式。用户可以浏览不同的音乐人房间，并且和朋友进行音乐人相关的讨论。用户可以添加歌曲至房间的音乐列表中，并对其他人添加的歌曲进行投票。

（五）Spotify 的盈利模式

Spotify 的盈利主要来自两个方面：

1. 销售订阅服务

“免费试听＋增值服务”是 Spotify 的特点。与 iTunes 商店的音乐零售模式不同的是，用户不一定需要付费就可以免费享受到海量正版音乐点播，只是付费用户能够拥有更多更好的增值服务。虽然处于“免费模式”的劣势，Spotify 的付费用户比例竟达到 25%（比较其他），这几乎是所有“免费模式”公司梦寐以求的。对比之下，Dropbox 的付费比例为 4%，Evernote 不到 5%，Skype 略高于 5%。Spotify 的表现几乎是独树一帜的，这和其引入 Facebook、Twitter 的强社交关系链有关。

2. 广告

Spotify 通过向广告商出售广告获得相应的经济利益。Spotify 在其软件平台的右边空出一部分作为广告位，另外，Spotify 每 20 分钟将给免费订阅用户播放一段广告。2010 年 Spotify 的营收达到 9900 万美元，比上一年度增长 458%。其中订阅服务带来的收入为 7100 万美元，广告服务带来的收入为 2800 万美元。Spotify 官方数据指出，现在活跃用户数量已超过 1000 万，大多数付费用户每年交 120 美元的订阅费，相当于 iTunes 上用户平均支出的两倍。

二、Spotify 在数字音乐服务商中的竞争优势

数字音乐的盛行改变了音乐产业长期以出售歌曲收费的商业模式。近年来，以在线音乐点播、在线音乐电台、音乐流媒体、音乐订阅服务等为首的数字音乐模式开始涌入了越来越多新的竞争者，以 Amazon，Apple 和 Google 为首的音乐市场巨头也准备推出音乐

订阅服务,进入这个新兴市场。它们的优势在于,本身就拥有广泛的用户群,而挑战则是如何将订阅服务和自己公司原有的音乐模式捆绑在一起,以此长期留住用户。表 8－3 对于几个最先占领音乐订阅服务市场的服务商,包括 Spotify,Rhapsody,MOG,Rdio 和 Deezer,针对它们在增值功能、套餐设定、界面设计等方面的特色,进行简单的对比。

表 8—3 主要音乐订阅商功能服务比较

订阅服务商	歌曲数量(首)	包月价格(美元)	服务国家	移动设备平台	音乐质量	用户数量	特点
Spotify	2000 万	免费; 4.99 包月 9.99 包月	28 个	iOS; Android; Blackberry; Symbian; Windows Phone	桌面客户端: 160kbps/ 320kbps; 手机客户端: 320kbps	2400 万	允许用户导入本地音乐;完美的第三方插件功能;强大的社交功能
Rdio	1800 万	免费; 4.99 美元包月 9.99 美元包月	24 个	iOS; Android; Windows Phone; Blackberry	192kbps	10 万活跃用户	赏心悦目的页面设计
Deezer	2000 万	免费; 4.99 美元包月 9.99 美元包月	182 个	iOS; Android; Windows Phone; Blackberry	最高可达 320kbps	2600 万	允许用户导入本地音乐
Rhapsody	1600 万	14 天免费试用 9.99 美元包月 14.99 美元包月	19 个	iOS; Android; Windows Phone; Blackberry	桌面客户端: 128～192kbps; 手机客户端: 64kbps	100 万付费用户	高品质音乐包月下载
MOG	1600 万	免费; 4.99 美元包月 9.99 美元包月	仅美国和澳大利亚	iOS; Android	320kbps	50 万	高品质音乐

(一)社交网络集成

Spotify 之所以能在如此短的时间成为增长速度最快、付费用户最多的流媒体,很大程度上都归功于它的社交网络策略。Spotify 进入美国后借助 Facebook 的人气迅速打开美国市场,不到一个月的时间美国的活跃用户就翻了一番,达到 400 万。与社交网络集成是音乐发现和音乐分享的最佳方式,具体表现在以下三个方面。

1. 音乐动态

Spotify 允许用户查看好友们的热门歌曲及近期播放列表,还能关注名人和有影响力的用户,获得实时音乐动态,找到音乐后只需要点击播放便可以即时收听。

2. 即时更新

Facebook 的同步功能允许用户将正在听的音乐作为状态发在自己的主页上。用户可以看到朋友们正在收听的歌曲，同时也可以将自己正在收听的音乐发布到主页与朋友分享。

3. 音乐共享

Spotify 用户可以在社交网络如 Facebook 或者 Twitter 上分享音乐，只需要点击分享，便可以将单曲、专辑或者播放列表共享在社交网络。

Spotify 的社交功能让用户走进好友、名人甚至陌生人的音乐列表里，听别人推荐的音乐，这样用户不用再为听什么音乐而犯愁，也让每一位用户成为一个传播媒介。

据悉，Spotify 将要推出新的标签功能，该功能可以让用户订阅推荐信息、唱片评论、演唱会信息和播放列表等。

（二）捆绑 ISP 及电信运营商

Spotify 在欧洲与众多 ISP（网络服务提供商）及电信运营商进行合作，包括 TeliaSonera（北欧），维珍媒体（英国），Yoigo（西班牙），SFR（法国），KPN（荷兰）和德国电信。Spotify 向这些电信用户提供特别的定制服务。2010 年 6 月，Spotify 与北欧电信巨头 TeliaSonera 合作，在瑞典和芬兰的 12 万台电视上推出了 Spotify 音乐播放服务，这两个国家的高级用户可以通过数字电视远程访问 Spotify。德国电信向客户提供 Spotify 使用套餐，在用户使用该软件时产生的流量费就不计算入手机流量之中。通过与 ISP 及电信运营商的合作，订阅服务能从它们强大的营销能力和广泛的客户群体中获得最大限度的推广。

（三）商业合作与合并

面对音乐市场巨头开始进攻订阅服务领域，各大音乐订阅服务商也开始寻找各种商机进行合作。在这一竞争格局中，现有的包括 Rdio，MOG，Pandora 等在内的竞争对手都提供音乐订阅服务。与它们相比，Spotify 的用户最多、融资最多，明显处于该领域的市场领先地位。

Spotify 与 Facebook 的合作帮助 Spotify 迅速占领美国市场，截至目前，Spotify 累计了超过 15 亿次的 Facebook 分享和总时长达 1500 年的音乐试听时长。近期 Spotify 正计划与可口可乐开展全球合作计划。在这项合作计划中，Spotify 将为可口可乐新的音乐平台提供基本技术支持。Spotify 方面则称：可口可乐将会把 Spotify 带入一个新的市场以及世界其他地方。Spotify 同时还与福特汽车和沃尔沃等汽车制造商签署协议，确保向上述两家汽车公司的部分新汽车提供 Spotify 服务。

作为 Spotify 竞争对手之一的 MOG，成立于 2005 年，提供超过 1000 万首的在线音乐试听，并拥有 50 万以上的用户。2012 年，MOG 被 HTC 以 1400 万美元的价格收购。众多手机制造商都有自己的音乐平台，如苹果的 iTunes、三星的 Music Hub 等。而现在各大手机制造商都将眼光瞄准在音乐流媒体及订阅服务上，通过合并其他的服务商及自主开发来开拓这块新兴市场。

三、Spotify 模式对我国数字音乐市场的启发

我国数字音乐市场在经过几年的发展后，形成了在线音乐市场和无线音乐市场两个主要部分。在线音乐以 PC 为终端，主要通过互联网在线试听或者将音乐直接下载到电脑中及传输到其他播放设备中使用。

IFPI在《2012年数字音乐报告》中的数据指出，我国在2012年音乐销量达到6.7亿元，其中数字音乐占71%，而我国数字音乐盗版率约99%（见图8－8）。由此可见，国内音乐产业中的盗版问题之严峻。

CHINA FACTS AND FIGURES	
MUSIC SALES 2010	US$67 MILLION
DIGITAL SALES PENETRATION	71%
PIRACY RATE	ESTIMATED 99%

图8—8　IFPI《2012年数字音乐报告》中国音乐产业数据

由于在线音乐受困于盗版问题和消费者滞后的消费理念，导致我国数字音乐产业发展缓慢，尚未形成清晰、成熟的商业模式；加上运营商及版权提供商对SP的双重挤压，使得移动音乐行业整体发展速度更加缓慢。因此，未来几年内，中国数字音乐产业需要改变和改进的地方还有很多，中国数字音乐产业发展任重而道远。与全球市场相比，国内数字音乐市场发展还处于起步摸索阶段，需要规范的地方还有很多，中国数字音乐有着巨大的潜在市场需求和发展空间等待挖掘。鉴于Spotify音乐订阅模式在全世界范围内的成功案例，并结合国内数字音乐市场现状，我们可以从以下几个方面进行改进：

（一）政府加大监管力度，完善数字音乐法律体系

据文化部《2011年度网络音乐发展报告》统计，截至2011年底，国内在线音乐用户规模已达到3.8亿，无线音乐用户规模达到7亿。毫无疑问，我国拥有世界上最庞大的数字音乐市场，而这一庞大市场如果缺乏政府有力的监管，将会对整个产业带来巨大的负面影响。政府的监管和版权法的保护是奠定数字音乐产业的保障。到目前为止，美国已经建立起了包括《版权法》、《专利法》、《商标法》、《反不正当竞争法》、《跨世纪数字版权法》、《打击网络侵权及假冒伪劣法案》等一系列版权保护法律体系，形成了全球保护范围最广、相关规定最为详尽的法律系统。[1]英、法、日、韩等音乐产业发达国家也建立起了非常健全的法律体系，为音乐产业的发展提供了一个公平、规范的竞争环境。

（二）SP拓展多元化音乐增值服务，为用户建立正确的消费观念

据有关调查报告显示，在我国400余家中型音乐网站和1000余家小型个人主页存在有严重的侵权问题，网络上供下载的音乐中有50%是盗版。IFPI在《2012年数字音乐报告》中的数据指出，我国数字音乐盗版率更是达到了99%。面对网络上触手可及的免费资源，我国的音乐消费者已经被误导进一个错误的消费观念：既然有免费资源可共享，为音乐付费简直是浪费金钱。在免费下载泛滥的数字音乐产业中，消费者一时无法接受音乐付费下载的消费方式，但以“免费试听＋增值服务”为特点的订阅模式能够很好地引导消费者走向正确的音乐消费方式，更好地建立消费者的版权意识。现阶段国内SP的盈利绝大多数来自于广告收入，用户付费占极小的比例。国内数字音乐市场应寻求多元化的商业

---

① 佟雪娜：《数字音乐的产业价值链研究》，清华大学出版社2012年版。

模式，其关键在于，如何将三网融合的优势发挥至最大，将在线正版音乐、无线音乐和网络电台、音乐人平台、音乐榜单、社交平台等第三方服务进行整合，从单一业务向多元化服务转化，通过试听免费、增值收费的方式吸引用户，扩大订阅，增强用户黏性。

（三）在线音乐与无线音乐加大合作关联力度，增加两市场契合度

在线音乐服务商通常包括音乐搜索类网站、综合门户网站、专业音乐网站和PC端音乐播放器。无线音乐服务主要由电信运营商和无线音乐平台提供，包括手机铃声下载、彩铃、整曲下载和在线缓存等音乐服务。主要营收方式如图8－9所示：

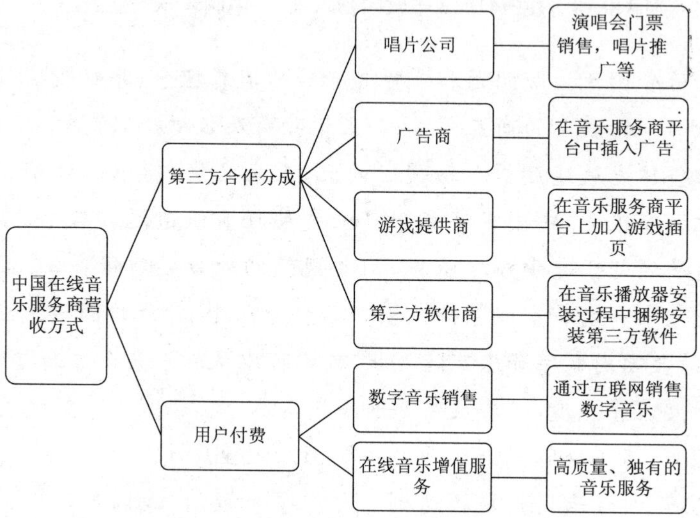

图8—9　中国在线音乐服务商营收方式

事实上，广告收入在中国在线音乐营收方式里占了很大的比重，而用户付费占极少的比重。因此，增加两市场契合度直接决定着音乐增值服务未来的发展趋势。我国数字音乐产业链应努力探索以版权保护为前提，符合我国市场环境和消费方式的商业模式；积极探索在线音乐市场与无线音乐市场的联合，如移动终端、社交网络、即时通讯、游戏等。QQ音乐的"免费试听＋绿钻增值"就是一个值得借鉴的运营模式。免费用户可以自由试听及下载标准音质音乐；10元/月的付费绿钻用户则享受高清音乐下载、播放器广告过滤、高清MV观看、QQ空间音乐盒服务（如空间背景音乐、MV秀、免费播放器等）、上传本地音乐、分享音乐等特权。另外，QQ音乐与唱片公司合作打造了"绿钻IN乐会"，为绿钻用户提供与明星见面、抽取明星演唱会门票等活动。在QQ炫舞游戏中，绿钻用户能享受"超值炫舞礼包、酷炫人物徽章、对局经验加成、炫舞背景音乐"的特权。

（四）改善SP与CP合作与分成模式，打造数字音乐生态链

现阶段我国数字音乐市场内容盗版与正版并存，正版音乐主要表现在以下几种使用方式：

1.版权方作为服务商直接运作正版音乐。

2.数字音乐服务商与版权方合作运用正版音乐。

3. 数字音乐服务商获得版权方授权使用正版音乐。

根据文化部《2011 年度网络音乐发展报告》显示，截至 2011 年底，我国网络音乐总体市场规模达 27.8 亿元（以网络音乐服务提供商、内容提供商总收入计），同比增长 20.8%；其中，在线音乐市场收入规模为 3.8 亿元，无线音乐市场规模为 24 亿元（以内容提供商总收入计），而电信运营商无线音乐相关营收将近 300 亿，整个产业呈现巨大的生机。然而，音乐权利人得到的版权收益不足整个音乐产业的 2%，渠道传播方占音乐市场份额的 98%。根据中国移动官方数据，当前中国移动无线音乐基地占国内无线音乐市场份额的 83%，月销售能力达 1 亿次，截至 2012 年，累计音乐下载量已高达 43 亿次。而 2011 年财报显示，中国移动无线音乐业务保持规模发展，收入达到 221 亿元。理论上，版权方与电信运营商在音乐获利上应实现五五分成的比例，但根据统计，唱片界全年从运营商得到的版权费实际只有 5 亿元。如此看来，建立一条生态产业链将是刻不容缓的，音乐产业想要发展必须规范版权的分成。Spotify 每年 70% 的收益都交给版权方，iTunes 和版权方也是利益三七分成，日韩则更高，版权方分成比例可以达到 90%。在我国的数字音乐市场中，CP 与 SP 两者都处于积极合作的状况，因此，要想让我国数字音乐产业持续健康发展，一方面应该完善音乐版权保护制度，严厉打击盗版，创建公平的竞争环境；另一方面要拓展、细化 SP 的盈利模式，建立起 SP 与 CP 之间合理的利益分成机制。

思考与研讨题

1. 在线音乐与无线音乐的区别是什么？
2. 我国目前数字音乐的盈利模式有哪些？
3. 如何改善在线音乐盗版泛滥的状况？
4. 试分析电信运营商对数字音乐产业链价值实现的影响。
5. 结合实际，谈谈中国音乐产业如何与国际音乐产业接轨。

第九章 国际电视市场

本章要点

1. 国际电视市场发展概况
2. 世界主要区域电视市场比较分析
3. 中国电视节目贸易

第一节 国际电视市场发展概况

一、国际电视市场概况

“电视市场”就是以电视台和电视传播为中心的电视播出市场。本书所讲的电视市场涉及的主要是电视主体们的交易市场,包括电视节目市场。

(一)国际电视市场的总体情况

1. 全球电视市场收入情况

由于2008年全球金融危机,世界各国经济发展陷入低谷,这对全球电视市场产生了一定的影响。根据表9-1显示,2009年全球电视市场总体销售收入下降了1.4%,但付费电视发展相对稳定,其中,收视费收入增长了4.7%。而且从2005年到2009年,全球付费电视显著增长33.8%(同期全球电视行业总收入增长19.9%)。尽管电视收视费的增长如此显著,但广告收入仍然是电视公司最主要的收入来源。

表 9—1 全球广播电视总收入 （单位：亿欧元）

种类	2005	2006	2007	2008	2009
公共基金（占比）	230.02（10.6%）	241.43（10.3%）	243.96（9.7%）	247.97（9.4%）	257.7（9.9%）
广告收入（占比）	1078.49（49.7%）	1153.25（49.2%）	1244.93（49.5%）	1289.98（48.9%）	1192.17（45.8%）
收视费（占比）	861.49（39.7%）	949.32（40.5%）	1026.11（40.8%）	1100.05（41.7%）	1153.13（44.3%）
合计	2170	2344	2515	2638	2603

（资料来源：IDATE，2009）

就全球电视广告市场来说，2009 年全球电视广告收入估计达 173 亿美元，①比 2008 年下降 7.58%（见表 9—1）。从全球范围来看，北美电视市场最弱，较 2008 年下降 15.9%，欧洲市场比 2008 年下降 9.1%；与北美与欧洲市场显著下降相反的是，亚洲市场 2009 年比 2008 年增长 2.2%。②

根据尼尔森媒介研究对 27 国全媒体（包括纸媒和新媒体）所作的调查报告显示，主要的广告主，如汽车制造商、金融机构等，大规模地削减了广告预算；而消费品零售商及医疗保健品广告预算变化最少，没有显著地减少。其中，电视广告所受打击最大，美国的电视广告 2009 年下降了 14.9%，美国国内有线电视网广告的前期销售收入 2009 年比 2008 年下降了 12%。③ 欧洲 2009 年的商业广告收入也遭遇了 8%～10%的下降。欧洲商业电视台，如英国 ITV、德国 RTL、法国 TF1，甚至 ProSiebenSat. 1 和贝卢斯科尼的媒体帝国也都受此影响，商业广告收入显著下降。而俄罗斯、巴西、印度和中国由于经济增长，2009 年的广告收入反而实现增长，这就吸引了国际电视市场买家和专家更多的关注。④

（二）世界主要电视市场多频道化趋势

在过去的十几年中，频道多元化是全球电视市场发展的一个重要特点。诸如付费电视等新服务兴起、卫星电视和地面电视发展以及数字电视技术增加可承载的频道数量等，都极大地推动了频道多元化的发展，让观众拥有了更多的收视选择。据英国收视调

① Yao, D. (2009). Global ads forecast to fall 6.9% in 2009. http://news.smh.com.au/breaking—news—business/global—ads—forecast—to —fall—69—20090415—a6k5.html.

② Wordscreen. (2009, October 7). Decling in global ad spending is slowing, says Nielsen. Retrieved October 7, 2009, from http://worldscreen.com/articles/display/22817.

③ Crupi, A. (2009, October 14). Cable upfront down 12%, Mediaweek. Retrieved October 15, 2009, from http://hollyhoodreporter.com /hr/content_display/television/news/e3ia689e3d11e46flbc53201783e7eb5950.

④ Daswani, M. (2010, February 10). The view from Brazil. TV Real Weekly. Retrieved February 10, 2010, from http://tvreal@wordscreen.com.

查机构 BRAB 的统计数据，1997 年英国能够接收到多频道的电视家庭户仅为 564.9 万户，而到 2009 年，2229.4 万户电视观众（相当于英国 88%的电视家庭）可以收看到多频道电视节目。而据法国 Mediametrie 的统计，在法国，地面数字电视的覆盖率在 2005 年第三季度时仅为 22.9%，到 2009 年第四季度则已达到 65.4%，越来越多的家庭可以借助地面数字电视技术收看到更多的电视频道。多频道的繁荣，让电视媒体有能力为观众提供更为细分和专业化的服务，更好地满足观众的收视需求，由此带动观众收视的提升。

值得注意的是，多频道的发展往往会对传统强势频道的市场表现产生影响，进而改变当地电视市场的竞争结构。据尼尔森媒介研究的相关统计数据，在过去十年中，美国市场上新进入市场的竞争者的市场份额增长了 21.6%；BARB 的统计数据则显示，到 2009 年底，新进入市场的竞争者的市场份额达到了 42%。在法国、芬兰、西班牙和韩国等地，也出现了多频道的发展挑战传统强势频道市场地位的情况。尽管有研究者提出，不少新兴频道实则由传统强势媒体控制，因此，在部分地区，频道多元化的发展对市场结构的影响不大。但总体而言，在全球大多数地区，频道多元化都在破除传统强势频道对市场的垄断，促成观众收视行为的多元化。

（三）全球电视市场收视情况

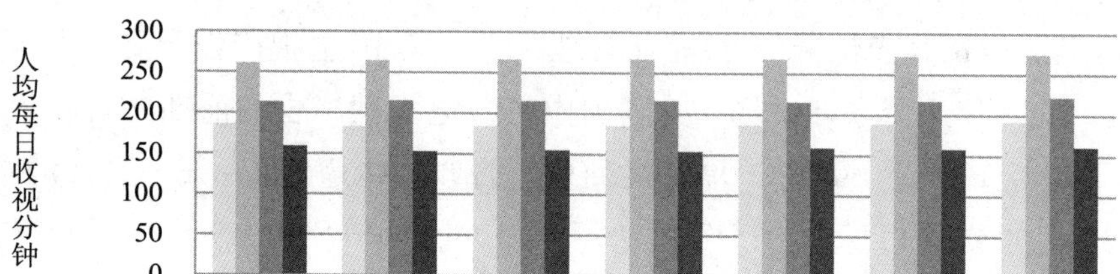

	2003	2004	2005	2006	2007	2008	2009
全球	186	183	184	185	187	189	192
北美	261	264	266	267	268	272	275
欧洲	213	215	215	216	215	217	222
亚洲和大洋洲	159	153	155	154	159	158	161

图 9—1　2003～2009 年全球及主要区域人均每日收视分钟数变化态势[①]

从图 9—1 可以看出，全球人均每日收视时间最长的是北美地区，其次是欧洲地区，最后是亚洲和大洋洲地区，亚洲和大洋洲地区的人均每日收视时间低于全球平均每日收视时间。从发展趋势来看，2003～2009 年，北美地区人均每日收视时间有小幅增长；欧洲地区人均每日收视时间则基本保持稳定，只在 2009 年有小幅增加；亚洲和大洋洲地区人均每日收视时间总的来说也持续小幅增加。

① 数据来源：所有 Eurodata TV Worldwide 能获得数据的收视率调查市场。

(四)全球电视市场节目发展趋势

在电视节目创新和内容传播全球化的整体氛围中,随着综艺节目和纪实类节目热度的增加,电视观众得以从更广泛的节目类型中获得收视需求满足,体现出观众收视的进一步细分和电视节目市场碎片化的发展趋向(见表9—2)。

表9—2　各国收视排名前十位节目的类型构成

年份	2008	2009	年份	2008	2009	年份	2008	2009
虚拟类	45%	41%	娱乐类	37%	39%	纪实类	18%	20%
系列剧	68%	63%	电视活动	30%	30%	新闻	50%	52%
肥皂剧	10%	12%	真人秀	24%	28%	新闻杂志	31%	27%
电影	8%	11%	综艺表演	18%	19%	政治秀	9%	10%
连续剧	9%	9%	游戏节目	11%	12%	纪录片	8%	9%
卡通	2%	1%	脱口秀	8%	7%	宗教	1%	1%
电视电影	2%	3%	喜剧	9%	5%	情景剧	1%	3%

(数据来源:One TV Year in the World 2010)

二、国际电视节目会展

从世界范围来看,国际电视节目会展大体可以划分为三种类型:一是全球性的电视节目会展,即来自世界各国的客户展出并交易各种类型的节目产品;二是地区性电视节目会展,即集中在某个地理或文化区域的客户展出并交易各种类型的节目产品,更具有针对性;三是特定类型的节目会展,即专门展出、销售某种在国际上流行的节目类型(如真实节目或纪录片等)。

(一)全球性的电视节目会展

全球性的电视节目会展处于国际辛迪加的核心地位。目前,世界上最大和最重要的国际电视市场是MIPTV,MIPCOM和NATPE。近些年,电视节目市场吸引了成千上万来自世界各地的业务代表。

1. MIPTV(世界视听和文字内容市场/戛纳春季电视节)

MIPTV从1963年开始举办,每年一届,每届一般持续五天。在五天的时间里,来自世界各地的客户进行节目交易、发展长期业务关系并且一同见证影响视听界的重大变化。在过去十多年间,MIPTV参加者的数量增长了约20%。每年MIPTV的会议主题,集中在世界电视产业的一个主要的制作和播出地区。如第33届MIPTV的会议主题是拉美地区,拉美的电视小说赢得了世界范围的成功。

2. MIPCOM(世界视听内容交易会/戛纳秋季电视节)

创办于1985年的MIPCOM每年秋季在戛纳举办,是下半年最重要的电视节目市场。参加者逐年增加。MIPCOM见证着国际电视贸易在过去十多年里的显著增长。MIPCOM比MIPTV更加针对美国和欧洲的节目。因为秋季收视数据可以显示新节目受欢迎的程度,使得业务双方的贸易发展更有据可循。

3. NATPE(北美国际电视节)

北美国际电视节一般又称为“奈佩”(NATPE)电视节,全称叫“美国国家广播电视节目执行制片人会议及节目展”,一年举行一次。NATPE也是“美国全国电视节目专业协会”的简称,该协会是全球电视行业很有影响的行业协会。

NATPE从1963年开始举办,起初是作为一个美国国内节目市场成立的。近些年,来自世界各地的代表团有了很大的增长,而且随着美国国内市场的饱和,国内的播出公司也越来越倾向于国际贸易,NATPE随之从一个国内市场成长为重要的国际电视节目市场。NATPE目前已有4000家团体会员,这些团体会员可享受NATPE提供的教育、网络、企业交流和技术指导等。NATPE于每年1月举行年会及产品展示会,这是全球电视产品及电视业务的一次大交流,其规模与堪称世界第一的法国戛纳电视节不相上下。

与MIPTV和MIPCOM相比,NATPE的优势之一便是在这里可以遇到更多的美国客户,拉美的参加者也远比MIPTV或者MIPCOM更多。由于美国电视产业从最初开始就是商业化的运作模式,节目经过市场的千锤百炼,在世界电视产业中占据着主导地位,所以,NATPE同时也是一个非常好的检验节目潜力的平台,并可以从中发现节目可能的发展趋势。①

伴随全球经济的萧条,国际电视市场已经发生了三大改变:(1)节目开发及行业内并购的费用持续降低;(2)节目版式许可贸易已成为全球节目买方降低成本的有效渠道,国际节目版式贸易规模显著增加;(3)全球经济萧条推动了电视节目制作者通过联合制作的方式来降低成本和风险。

(二)地区性电视节目会展

上世纪90年代中后期,地方电视节目市场在世界各地涌现。一方面,世界各国卫星和付费电视频道的增长提高了各国对电视节目的需求量;另一方面,发行商需要更多地了解当地市场,才有可能降低文化折扣,适应当地的文化品位和需求,渗透进当地的市场。因此,在北美和西欧的主导市场之外,世界其他区域也兴起了一些比较重要的地方市场,如亚洲地区的ATF、拉美地区的MIDIA、阿拉伯地区的MID－TV和MIDCOM以及俄罗斯的Teleshow等,都是当地最著名、规模最大的地区性电视节目市场。

① 林屹屹:《从北美纳比(NATPE)电视节看节目市场发展趋势》,《现代传播》2011年第1期。

1. ATF(亚洲电视论坛)

亚洲地区最盛大的媒体大会是 ATF(Asia TV Forum)。亚洲各国经济增长,亚洲发行商、购片商的需求量也随之增加,重量级的传媒公司,如 CBS Paramount International Television,NBC Universal,Sony Pictures Television International 等都出现在 ATF 参加者的名单中。ATF 主要是供应商和潜在客户发展长期关系的市场。它也是和来自亚洲地方与区域频道联系的主要市场,因为这些频道通常不会去全球性市场。由于亚洲地域辽阔,且有复杂多样的文化和语言,所以更加适合节目版式的销售。通过 ATF,国际大传媒公司可以使自己的国际节目地方化,以适应亚洲观众的口味。

2. MIDIA

拉美是继北美和欧洲之后的世界第三大市场。拉美国际发行商一直活跃在全球电视市场,向欧美出口大量的电视小说。拉美地区的电视市场 MIDIA 开始于 1996 年。在马德里举办的第一届 MIDIA 吸引了来自 40 个国家 256 个公司的 1150 名参加者。MIDIA 于每年 6 月举办,立足于西班牙语影像产业。有专家预测,在未来十年,西班牙语国家对电视节目的需求量将会超过欧洲,成为世界第一大电视节目消费市场。

3. MID－TV(迪拜国际电视节)和 MIDCOM(迪拜国际视听内容交易会)

阿拉伯地区的 MID－TV(Media International Dubai Television)开始于 1995 年,来自美国、英国、法国、意大利、澳大利亚等国的著名传媒公司,如 NBC Asia ,CNN International,BBC World 和 Chum City International 等都是它的参加者。波斯湾国家多种多样的种族、民族使得这个地区的电视节目内容独特,播出商很难达到目标受众,而 MID－TV 的节目对于区域来说更具有针对性。MID－TV 的组织者 Yusuf Thakur 说,“除非他们来到这里并了解市场情况,否则他们制作的节目难以满足当地观众的需求。”

MIDCOM 是位于迪拜的电视交易市场,该市场贸易的主要是远程通讯、有线、卫星硬件和技术,同时也有电视节目销售和合作制片活动。

4. TeleShow(莫斯科广播电视及电子通信博览会)

莫斯科电视节目市场 TeleShow 是为俄罗斯和独联体国家举办的。俄罗斯和独联体在地理上是个幅员辽阔的区域,而这个地区的电视观众对于国际节目的需求还远远未被满足。对于大的传媒公司来说,这意味着规模巨大、持续增长的潜在市场,具有强大的吸引力。因此,第一届 TeleShow 吸引了 226 家公司,包括迪士尼、Turner International 和 Worldvision 等著名的国际传媒公司。

第二节 世界主要区域电视市场比较分析

一、美国电视市场

(一)美国电视市场概况

1.美国电视传播体系

美国目前的主流电视传播格局是由三大电视网(Network TV)、有线电视网(Cable TV)及地方电视(Local TV)构成。这些电视机构通过不同的组织方式覆盖受众,通过差异化的经营方式获利。①

(1)美国电视网

美国的电视业是从无线电视网发展起来的,创立伊始,就形成了全国广播公司、哥伦比亚广播公司和美国广播公司三足鼎立的垄断局面。全国三大电视网连同其加盟台实行制播合一的运作机制,一度控制电视媒介的制作、生产、销售和播出,形成垄断性经营。20世纪90年代,随着福克斯等其他电视网的发展壮大,三大传统电视网的市场比例急剧下降。

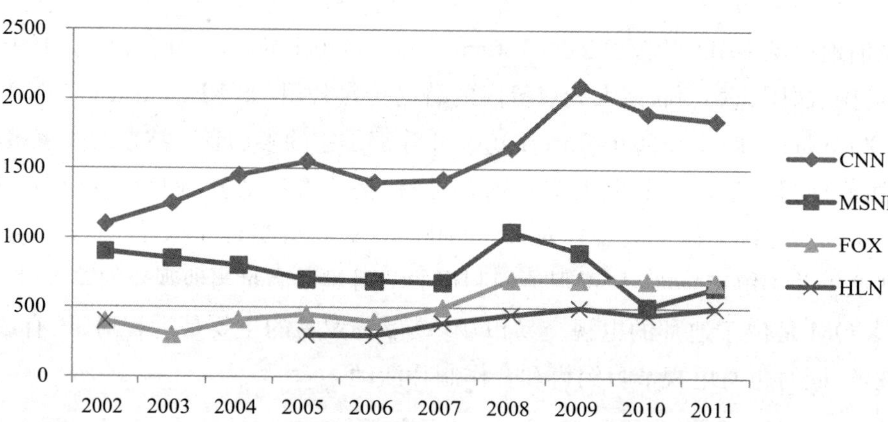

图9—2 美国四大电视网近年来收视率变化情况②

(Media Prime—Time Viewership, in Thousands)

注:坐标纵轴单位为千户(人)

(2)美国电视台

美国电视台分为全国电视网自属电视台和地方性电视台两个系统。电视网除了拥有若干家自属的电视台(自有自营电视台)之外,还会以签约的方式与众多地方性电视台联盟。这些加盟台通常都是具有独立法人地位、进行独立经营的企业,分别隶属于自己

① 高晓虹、李智:《美国电视竞争格局及其策略借鉴》,《现代传播》2012年第8期。

② 数据来源:Nielsen Media Research, used under license。

的母公司。目前，美国共有1200多家商业电视台，主流电视网有16家，一半以上的商业电视台归属于前五位的有线电视网。2010年，美国无线网中的TOP20电视节目被四家电视网所占据，其中CBS占据了13个节目，占比达65%；FOX、NBC、ABC占比分别达15%、5%、15%。

(3)美国电视网与电视台两级传播体系

如上所述，美国全国电视网除了拥有自属电视台之外，还会以签约的方式与众多地方电视台联盟。这些加盟的地方性电视台在同三大广播公司签约之后，有义务在规定时段内播出电视网向它们提供的节目以及穿插在节目中的广告，而电视网则要付给加盟台一定数额的节目播出费。电视网与加盟台之间相互依存。一方面，电视网通过吸收大量的加盟台，扩展了自己的网络覆盖区域，扩大了节目的影响，从而提高了广告收入(对于面向全国范围的广告商而言，可以直接向电视网购买广告时段，降低了全国范围内的广告成本)，获得更高的经济效益。另一方面，加盟台则通过电视网获得质量更高的电视节目，保证了地方台较高的收视率和广告价格，同时也获得了一定的播出收入，减少了本身对于制作电视节目的压力，将更多的资金和资源投入到生产本地新闻类节目上，提高了地区电视台的信誉度。这样地方电视台可以向本地的广告商收取更高的广告费用。电视网和加盟台在合作中都增加了效益，因此也巩固了二者的合作基础。[①]

2. 美国电视受众市场概况

(1)美国电视台网对目标电视观众的定位

从严格的经济学观点来看，具体的"受众"并不是传媒市场上的一个构成元素，只有"有效受众"才对商业化的媒介系统有意义。有效受众是指接触媒介的具有广告的诉求对象特点的受众人数。如今"有效受众"主要集中在白领等中产阶级。美国35岁至50多岁的"中产阶级"，属于最有钱、最有消费能力的群体。长期把持收视份额"头把交椅"的CBS电视网，其收视群平均年龄超过了50岁。其他三家主要电视网，也都以45岁以上观众作为目标受众。最有钱的这部分群体已经成为各家电视台在晚间电视剧黄金时段积极争取的核心收视人群。

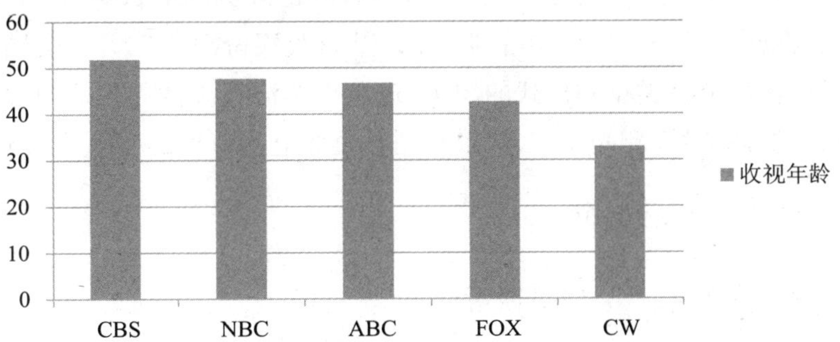

图9—3　美国五大电视网收视人群平均年龄统计[②]

① 汪琦、李世成：《美国电视节目运营机制对我国制播分离改革的启示》，《东南传播》2012年第4期。

② 数据来源：Nielsen。

(2)美国电视受众的最新变化趋势

根据尼尔森媒体调查机构的数据，2011 年美国媒体受众的整体发展趋势如图 9—4 所示：

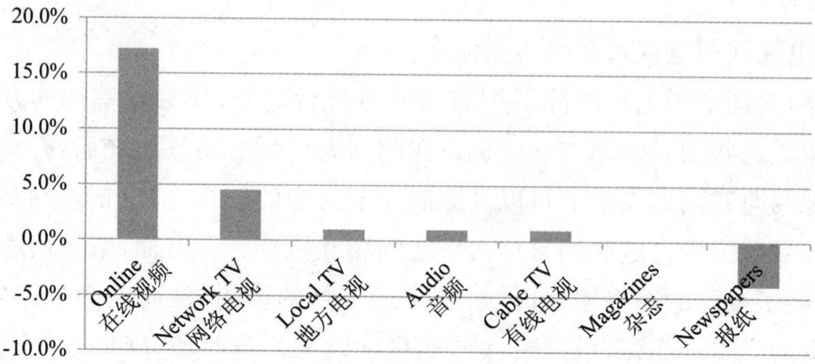

图 9—4　2010～2011 年美国媒体受众数量变化情况①

从图 9—4 可以看出，目前受众增幅最大的是在线视频部分；杂志和报纸的受众出现了负增长的态势，这与新媒体的兴起有很大关系。而在 2011 年美国电视市场，无论是三大电视网还是有线电视、地方电视的观众都出现了一定程度的增长，这与 2011 年发生了日本海啸等重大新闻事件有很大关系。

3. 美国专业化的电视节目

在节目定位上，美国是真正的专业化时代。根据维基百科对美国主要有线电视网和电视频道的不完全统计，美国主要电视频道可分为：娱乐、体育、生活及文化、新闻及资讯、音乐、儿童和家庭、记录及教育、购物、电影等九大类型。美国电台的专业化程度更高，1100 多家电台基本上属于专业化频道。

在九种专业化频道中，娱乐板块占到 85%。与美国情况类似，全球范围内也是娱乐节目称霸，使用效率最高。据统计数据显示，2009 年全球(71 个地区国家)收视率最高的电视节目收视份额中：影视剧类占 42%(其中连续剧占到了 63%)，娱乐类节目共占 38%(其中体育赛事占 30%，真人秀占比 28%)，新闻时事记录类的节目共占 20%，从以上数据可以看出，影视剧和娱乐节目总共占到了全球节目收视份额的 70%。美国电视业从来都是向世界各国输出节目类型和样式的源头，现在仍然流行于世界各地的大部分娱乐节目、真人秀节目、谈话节目、新闻杂志、情景喜剧等重要电视节目类型都发源于美国。②

(二)美国电视市场运行机制

1. 美国节目制播机制——制播分离制

美国电视节目制作通常采用制播分离制，即：节目制作方承担节目制作中的大部分

① 高晓虹、李智：《美国电视竞争格局及其策略借鉴》，《现代传播》2012 年第 8 期。

② 刘园园：《"竞争五力"模型中的中美电视剧产业竞争环境比较》，《视听界》2011 年第 6 期。

资金;作为回报,他们可获得自己制作的节目的二级和三级销售权。而电视台只需支付一笔费用,用来购买节目的播放权,这笔费用远远低于节目的制作费用,通常是全部费用的三分之一。节目制作人承担节目制作的大部分费用。如果节目失败了,制片人的投资也就损失了。反之,如果节目很受欢迎,那么节目制作人就可以把节目再出售给美国的其他电视台、影碟发行公司、海外电视台等,从中获取高额利润。这种制播分离的模式将市场激励和市场风险联系在一起,形成权益分配的基础,鼓励风险共担,共享市场收益。

在这种机制下,节目制作方经常面临连续剧或其他节目被美国大的电视网提前停播的风险,所以美国电视剧一般都是边拍边播,即节目制作基本采用标准流水线来组织。一条节目制作流水线包括这些程序:主笔设计情节→提纲作者编写提纲→对话作者撰写对白→总编剧汇成脚本→制片人和导演作前期筹备→前期拍摄→后期制作→发行播出。[①]

另外,美剧采用季播模式。电视的黄金时间终归是有限的几个小时,而美剧一般都是 60 分钟一集(包括插播广告的时间),大多数在 6 个全国商业性电视网中的晚间黄金时段首播,少数节目以辛迪加首轮节目的方式直接卖给地方独立电视台或全国有线电视网。首播的电视剧基本是在每年 9 月至第二年 4 月的演出季中每周固定时间播出一集,每个演出季的播出量大约在 25 集上下。比较受欢迎的节目会在 5～8 月的非演出季在同一个电视网上重播一次。这种播出方式使美国各个电视台的电视剧呈现“独家”与差异化格局,利于观众选择。[②] 随着电视分众化时代的到来,美国电视剧正以千姿百态的类型,吸引和满足着不同教育程度、社会阶层及文化背景的观众,这使得各类观众很容易在固定时段找到符合自己口味的电视剧。

2. 美国电视节目发行机制——节目辛迪加

节目辛迪加是美国电视节目发行的一个独特方式。节目辛迪加的具体操作方式是:辛迪加组织先购买节目的所有权,然后向市场销售其播出权,再通过开发电视节目多轮次播放以获取利润最大化。辛迪加节目授权方式分为三类:非电视网辛迪加、首轮辛迪加和互换辛迪加。(1)非电视网辛迪加,指电视节目首轮只在全国电视网中部分播放,然后就可以将节目的第二轮播放权销售给其他电视播出机构。如有线电视频道购买 NBC 的情景喜剧。(2)首轮辛迪加,指将电视节目直接卖给非电视网机构。周播节目常采用首轮辛迪加的方式,比如派拉蒙公司的电视节目《星际旅行》(*Star Trek*)系列。有时,一些首轮供电视网播出的节目也可能转变为首轮辛迪加节目。如《海湾观察》(*Bay Watch*)节目,这个节目计划 1989 年首轮在 NBC 播出,但因为播出效果不好,播一季就停播了。随后制作方转为首轮辛迪加路线,结果在国际市场上大获成功。(3)互换辛迪加,这是一种互惠的交易模式。具体做法是,广告主事先购买辛迪加节目全部或者部分插播广告权。通过互换辛迪加,广告主获得了投放广告的优先机会,而节目播出机构则从广告时

① 朱春阳:《美、英、韩三国电视剧产制模式比较分析》,《电影评介》2006 年第 11 期。
② 刘园园:《“竞争五力”模型中的中美电视剧产业竞争环境比较》,《视听界》2011 年第 6 期。

段的预先销售中获得回报，节目制作方也因为预售广告的款项可以弥补节目制作成本的大部分。

节目辛迪加对于促进美国电视节目创新、竞争起了重要的作用，主要表现在以下几个方面：

(1)辛迪加部分打破了三大电视网的垄断，强有力地推进了制播分离

从产业发展的角度讲，实现制播分离需要具备两个条件：一是市场有足够的优秀节目可供选择；二是对节目播出渠道(电视台)进行政策方面的限制。第二个条件可以由政府管理部门制定相关政策实现。至于第一个条件，对于节目的制作政府无法直接干预，只能通过节目辛迪加来实现。事实上，节目辛迪加制就是在美国政策的扶持下发展起来的。

(2)辛迪加大大降低了节目创新的风险

电视节目制作属于高投入、高风险的产业。在美国，30 分钟一期的电视节目通常需要数十万美元的制作成本；一个系列节目通常需要数百万、数千万美元的投资。老节目有一定的知名度，培养了一批忠实观众，因此经济效益有一定的保障。但对于新节目而言，风险就大很多。辛迪加的存在，改变了这一状况。根据"辛迪加——财务收益规则"，电视节目的所有权在电视网播出一定的轮次后会回到制作公司手里。除在电视网播出的收益外，任何其他途径销售(包括辛迪加)的利润都由制作公司获得。因此，许多制作公司一开始赔本制作也不害怕，他们寄希望于成功的辛迪加销售扭亏为盈。

(3)辛迪加拓宽了节目盈利的途径，保证了电视节目制作者的利益

电视节目作为公共商品具有可共享性、可多次消费的特点。但在电视网垄断的情况下，节目制作商将作品一次性卖给电视网只获得一定的利润，节目获得观众认可，制作商也只能眼睁睁看着辛苦创作的节目成为电视网大把赚钱的工具；那些未能被电视网购买的节目投资只能亏损。这种状况不利于调动制作商的积极性。而辛迪加制度很好地解决了这个问题。节目制作方通过辛迪加的多轮次销售的方式，获得节目市场效益的最大化，每一轮次销售中，节目制作商都可以从中分得利益。另外，随着国际交流的开展，节目海外市场的开发更是给制作商提供了额外的利润来源。①

3. 美国电视节目的分销机制——"窗口化策略"

美国电视节目制作人为了使节目的回报最大化，促使制作者自觉地提高电视节目的质量以及与观众需求的契合程度，由此形成了多层次的"窗口化策略"。即节目制作人通过更多的渠道和窗口，安排能够产生最佳回报的销售模式和顺序，实现产品价值的最大化。

具体来说，节目供应商根据观众规模和带来的利润率安排窗口顺序，而这些窗口包括无线电视网、有线电视网和卫星电视网、独立电视台甚至国际节目辛迪加等三级窗口。在节目的播放次序安排上，那些从每个观众身上可获得利润率高的频道优先于获利润率

---

① 王朋进：《从"辛迪加"看美国电视节目创新的制度设计》，《视听界》2012 年第 6 期。

低的频道。每个节目实际安排的时段和付费的多少将影响其在节目播放次序中的位置。窗口化策略实质是一种价格歧视，因为同样的产品由于接触产品的不同时序和形态而被收取不同的价格。窗口化策略一方面使节目供应商的利润不断增加，规模不断扩大；另一方面，可以把节目的生产成本尽可能地分摊到许多不同的发行窗口和地域，同时也可以把风险更有效地分摊到一系列产品之中，是电视节目制作商的成功秘诀，进而也繁荣了节目制作市场。

4. 美国电视节目的资金运营机制——“赤字财政”

FCC推出的“辛迪加——财务收益规则”禁止电视网参与除其首轮播出之外的节目的收益分配，禁止电视网参与建立内部（尤其是在国内市场上）辛迪加机构。这项规则客观上推进了美国节目制作“赤字财政”机制的形成。

“赤字财政”的资金运营机制是指，节目制作方分担节目制作费中的大部分资金。作为回报，它们可以获取自己制作的节目的二级或者三级销售权。而电视台网只分担节目制作费中的一小部分资金。具体运作方式是：为了获取独立节目制作人制作的节目播出权，美国电视网一般会支付一笔费用，但是这笔费用低于节目的制作费，通常是节目制作费的1/3，节目制作人不得不补上差额或赤字额，被迫承担更多的风险。如果节目失败，将会损失部分制作费。如果节目一炮走红，节目制作人把节目再出售给美国的其他电视台（称为二级辛迪加）、影碟发行公司或海外电视台，并获取高额利润。任何节目一旦在电视网播出成功，并已制作相当数量的剧集，就可以通过二级辛迪加的方式出售给有线和卫星电视台。二级辛迪加给美国的节目制作人提供了大量的收入。

二、欧洲电视市场

（一）欧洲电视市场概况

欧洲国家在电视发展方面具有很多相似之处。起初，电视作为公共服务事业，传播权由国家操控，国家是电视事业的主体。近二三十年来，以全国性电视为特征的国家电视系统相对弱化，电视传播权朝着分散化和集中化方向转移。分散化指本土电视，集中化指“无国界电视”。

由表9—3可知，2002～2006年欧盟广播电视的总收入持续增长，从692.92亿欧元增长到877.48亿欧元，5年间增长了26.63%。其中，收视费收入增长得最显著，5年间增长了52.1%，占总收入的比重也从2002年的19.4%增长到2006年的23.3%。同期广告收入和公共基金收入在总收入中的占比略有下降，其中，广告收入占比从40.8%下降到39.4%，公共基金占比从28.2%下降到26.1%。在总收入持续增长的同时，欧盟广播电视公司的净收入却增长乏力。

表 9—3 欧洲广播电视总收入 （单位：百万欧元）

种类	2002	2003	2004	2005	2006
公共基金 （占比）	19540.34 （28.2%）	20136.46 （28.1%）	20764.02 （27.1%）	21629.4 （26.0%）	22902.23 （26.1%）
广告收入 （占比）	28271.14 （40.8%）	28377.36 （39.6%）	30264.9 （39.5%）	32860.05 （39.5%）	34572.71 （39.4%）
订阅费/收视费 （占比）	13442.65 （19.4%）	14905.28 （20.8%）	16856.4 （22.0%）	19050,51 （22.9%）	20445.28 （23.3%）
家庭购物 （占比）	1247.26 （1.8%）	1504.76 （2.1%）	1838.88 （2.4%）	21262.94 （2.6%）	2281.45 （2.6%）
其他 （占比）	6790.61 （9.8%）	6736.04 （9.4%）	6819.18 （8.9%）	7487.1 （9.0%）	7546.33 （8.7%）
合计	69292	71660	76620	83190	87748

（数据来源：EAO，2008）

1. 欧洲电视市场结构——双重电视体制

双重电视体制（Dual-System）下造就公共和私营电视频道的共同繁荣发展是欧洲经济、社会、文化成就的重要体现，也是欧盟视听产业模式最基本的体制保障。

建立双重电视体制的具体政策包含两个方面：(1)通过竞争原则开放频道运营执照，打破播出市场垄断，使任何一个频道的生存都在“逆水行舟，不进则退”的现实危机中。打破市场的分裂使欧盟电视市场上领袖频道的市场份额不超过 40%，鼓励各类窄播主题频道的市场发展；鼓励为社会公益服务的专项主题电视频道的发展；鼓励多种电视频道接收手段的发展；鼓励大量中小型影视公司、多种视听专业服务公司的发展，等等。(2)通过政策手段保证公营电视体制在市场上的地位及作用，不能使公共体制在纯商业市场竞争中沦为边缘化或小众化，要为公共电视发挥最大社会效用提供基础保障。

2. “无国界电视”政策及其成效

从内容上看，欧盟电视政策追求两个目标：一是经济目标，即建立单一的欧洲电视市场，二是文化目标，即保持欧洲多元文化。但从实质上看，“无国界电视”政策隐含更深刻的政治目标，即利用文化手段推动欧洲一体化进程，实现整合欧洲的远大抱负。“无国界电视”政策主要体现在 1989 年 10 月 3 日欧共体 12 国颁布的《“无国界电视”指导原则》（以下简称《指导原则》）中。在保护和鼓励欧洲电视节目方面，《指导原则》要求成员国确保 50%以上的时间播送欧洲的作品（主要指故事性节目，不包括新闻、时事和体育节目），并确保 10%以上的时间播送独立制作人的节目或给独立制作人划拨 10%以上的节目预算经费。这两条限额遭到那些主张信息自由流通的国家，尤其是美国的反对。《指导原则》限定两年之内成员国必须贯彻这些原则。1993 年 5 月 1 日开始实施的《欧洲跨国广播电视协议》（以下简称《协议》）是一部与《指导原则》相平行的法案。二者实质上一致，只是适用面不同。《协议》只适用于跨国广播电视及其节目流通，对各国国内广播电视并无制约作用。截至 2002 年 4 月，已有 23 个欧理会成员国和一个非成员国先后执行《欧洲跨国广播电视协议》，另外，还有 11 个成员国已经签署该项协议。可见该协议使《指导原则》的精神不仅适用于欧盟，也同样适用于欧洲更大的范围。①

（二）德国电视市场

德国、法国和英国均为欧洲大陆最为发达的国家，也是欧洲联盟的主要成员国。因此，本书选取德国、法国和英国为例深入研究欧洲电视市场。

1.德国电视市场概况

德国实行双重广播电视体制，包括公营性质的公共广播电视台与私营性质的商业广播电视台。公共广播电视台主要提供服务，依靠收视费支持经营，并播放有限广告；私营商业电视台以广告等商业活动为主，在法律控制下从事文化产业经营。表 9—4 和表 9—5 所示为德国主要电视台的营业收入情况及主要广播集团的市场份额情况。

表 9—4　2009～2011 年德国主要电视台的营业收入　（单位：百万欧元）

电视台	ARD	ProSiebensat. 1 集团	ZDF	RTL 电视台	天空电视台德国公司
2009	6165	2797.5	2065.1	1415.9	843.6
2010	6261.6	3012.2	1965.9	1562.2	976.8
2011	6248.5	2971.2	2109.5	1554.5	1138.7

数据来源：European Audiovisual Observation Yearbook 2012.

表 9—5　2011 年德国主要广播集团的市场份额

排名	广播集团	性质	所拥有的频道数	每天的市场份额	营业收入（百万欧元）
1	ARD	公共	21	>27.2%	6248.5
2	RTL 集团	私营	17	>26.5%	—
3	ProSiebensat. 1 集团	私营	20	>20.7%	2971.2
4	ZDF	公共	10	>14.5%	2109.5
5	慕尼黑电视台	私营	2	>1.1%	—

数据来源：European Audiovisual Observation Yearbook 2012.

德国家庭通过有线电视和卫星电视还可以接收数十个欧洲和世界其他地方的电视频道。国际频道无论是公营的还是私营的，都是按市场方式经营的。德国的国内电视频道大多每天 24 小时播出，国际及合作频道播出时间从几个小时至十几个小时不等。表 9—6所示为德国主要频道的观众市场份额。

---

① Kay Richardson and Ulrike H. Meinhof: *World in Common? Television Discourse in a Changing Europe*, P174, Routledge, 1999.

表 9—6 2007～2011 年德国主要频道的观众市场份额(按天计) （单位:%）

频道	2007	2008	2009	2010	2011
ARD3	15.7	13.2	13.5	13.0	12.5
ARD1	14.6	13.4	12.7	13.2	12.4
ZDF	14.3	13.1	12.5	12.7	12.1
KI. KA	0.6	1.3	1.4	1.4	1.3
3sat	1.0	1.1	1.1	1.0	1.0
PHOENIX	0.6	0.9	1.0	1.0	1.1
ARTE	0.8	0.6	0.7	0.8	0.8
ZDF Neo	—	—	0.1	0.2	0.4
德国公共频道	47.6	43.6	43.1	43.4	41.7
RTL	12.9	11.7	12.5	13.6	14.1
SAT. 1	8.0	10.3	10.4	10.1	10.1
PRO 7	6.2	6.6	6.6	6.3	6.2
VOX	6.4	5.4	5.4	5.6	5.6
Kabel Eins	3.4	3.6	3.9	3.9	4.0
RTL 2	3.5	3.8	3.9	3.8	3.6
SuperRTL	2.3	2.4	2.5	2.2	2.2
N 24	0.6	1.0	1.0	1.0	1.0
Tele 5	0.7	0.9	1.0	0.9	1.0
n—tv	0.7	0.8	0.9	0.9	1.0
Sport 1	1.2	0.9	0.9	0.8	0.9
NICK	0.4	0.8	0.9	0.8	0.8
DMAX	0.4	0.6	0.7	0.7	0.7
VIVA	0.3	0.6	0.6	0.5	0.5
Comeday Central	0.2	0.3	0.3	0.3	0.4
Das VIERTE	0.8	0.8	0.6	0.2	0.2
Neun Live	0.1	0.1	0.1	0.1	0.1
MTV	0.3	0.5	0.4	0.4	—
主要私营电视台	48.4	51.1	52.2	52.1	52.4
Eurosport	0.6	0.9	0.9	0.7	0.7
其他	3.4	4.4	3.5	3.8	5.2

(数据来源:European Audiovisual Observation Yearbook 2012)

(1)德国公共电视台

①德国公共电视台概况

德国现有的公营广播电视包括提供卫星向全国播出的公共广播电视组织联合经营的德广联第一频道(ARD)、第二频道(ZDF),其覆盖率均达98%以上;ARD和ZDF合办、由卫星播出的“凤凰”新闻时事频道、儿童频道,覆盖率达80%以上;还有16个州单独或者联合播出的、9个州广播电视公司各自提供地区播出的电视频道。此外,还有法国、德国及欧洲其他国家(比利时、瑞士、西班牙、波兰、奥地利、芬兰、荷兰)合办的欧洲文化频道,德国ARD和ZDF与奥地利、瑞士公营广播电视机构合办的三星电视台以及德国政府唯一的以30多种语言播出的“德国之声”广播电视台(它的经费是由联邦政府提供的)。目前,公共广播电视占据着40%左右的市场份额。

● 德国公共广播电视联盟(ARD)

德国公共广播电视联盟(ARD)建立于1950年,1954年正式播出节目。它由8个地区广播电视台(包括50个广播电台)组成。除此之外,ARD还拥有对外广播电视。ARD每天播出节目24小时,全部节目有3种:第一种是与ZDF联合播出的节目;第二种是各州的区域性节目;第三种是ARD自己制作的节目。ARD的收入主要来自收视费,广告收入和节目销售收入所占的比例较小。

ARD在国际上代表联邦德国,在国内负责协调各广播公司之间的节目、经费等合作事宜。除了ZDF外,所有非私营的广播电视台都是ARD的加盟成员。

● 德国电视二台(ZDF)

ZDF,即德国电视二台,总部位于德国美因兹,采用独立编制,通过单独的传播发射系统向全国播出节目,每天播出17个小时。与ARD不同,ZDF采用中央运营形式,所有节目均由自己播出。ZDF一直是一个全国性的电视台,开始时通过地面网,现在也通过卫星和有线电视播出。作为一个公法机构,ZDF也是欧洲文化电视台、儿童频道、凤凰新闻时事频道和三星电视台的合作伙伴。在国际交流方面,ZDF重视它在国际上的文化使命,积极介绍本国和外国的文化风情,非常活跃。

ARD和ZDF在电视频道运营方面是合作伙伴,但就商业性的制作和发行业务而言,它们各自有自己的实体。ARD大多数电视台的商业性制作和发行业务由电视联营公司和德国统一发行公司负责;而ZDF的商业性活动则由其独资的下属机构——ZDF企业公司运作。ZDF企业公司不仅负责公共广播业务的促销,而且也负责处理并购和合作事宜。在德国,ZDF的自制节目量最大,它在国内的17个演播室和国外的17个演播室保证了其新闻和时事报道类的节目制作。

● 德国第三套节目(ARDIII)

它是由各州电视台独立或联合制作的一套节目的总称,主要播出地区性的节目,内容主要体现地方特色,涉及各州的政治、教育、文化等内容。它以“提供少数人尽量深入的内容”为宗旨,以文学、语言、自然科学、科技、经济及社会为主要题材,空间教育节目占30%以上。除黑森广播电视台外,均为24小时播出。

● 德国三星电视台(3Sat)

三星电视台是在1984年,由ZDF、奥地利广播公司、瑞士广播公司三家公共广播电视机构合办的德语卫星电视台。节目通过德国卫星二号、欧洲卫星传播,供地面电缆电视网传播和装卫星接收天线的用户直接收看。内容以文化、教育为主,包括纪录片、戏剧、音乐、电视剧等。每天播出10小时,其中ZDF的节目占一半以上,奥地利的节目占三分之一,瑞士的节目占十分之一,其余是三星台自编的节目。

②公共电视台的收入来源

德国公共电视机构与商业电视机构在体制上最大的不同之处在于收费制度。德国公共电视机构的主要收入来源为电视接收费用,即收视费。在德国,每个拥有电视机的家庭每月必须按联邦各州共同签署的协议规定的数额交纳接收费用,由德国公共广播电视联盟在各公共电视机构以及各州媒介管理机构之间分配。收取收视费的机构名为(广播电视)收费导入中心(GEZ),它隶属于公共广播电视组织。除收视费外,德国公共电视台还有一部分广告收入和其他收入。但广告收入和其他收入远不能满足公共电视台的日常运行需要。德国公共广播电视机构的收入情况具体见表9—7。

表9—7 德国公共媒体的收入情况 (单位:百万欧元)

收入	2007	2008	2009	2010	2011
政府资助/捐赠 (占比)	282.7 (3.3%)	292.6 (3.5%)	296.2 (3.4%)	291.4 (3.3%)	291.9 (3.3%)
牌照费/收视费收入 (占比)	7091.4 (83.5%)	7053.3 (83.3%)	7383.2 (84.4%)	7326.2 (83.8%)	7313.5 (82.5%)
公共收入小计 (占比)	7374.1 (86.8%)	7345.8 (86.7%)	7679.4 (87.8%)	7617.6 (87.2%)	7605.4 (85.8%)
广告收入 (占比)	401.2 (4.7%)	415.2 (4.9%)	355.3 (4.1%)	401.3 (4.6%)	419.8 (4.7%)
其他商业收入 (占比)	657.1 (7.7%)	644.0 (7.6%)	606.5 (6.9%)	684.8 (7.8%)	700.8 (7.9%)
商业收入小计 (占比)	1058.3 (12.5%)	1059.2 (12.5%)	961.7 (11.0%)	1086.2 (12.4%)	1120.6 (12.6%)
其他 (占比)	62.2 (0.7%)	64.1 (0.8%)	104.7 (1.2%)	37.0 (0.4%)	141.2 (1.6%)
总计	8494.6	8469.2	8745.9	8740.8	8867.2

(注:公共媒体包括ARD、Deutschlandradio、Deutsche Welle、ZDF)

(数据来源:European Audiovisual Observation Yearbook 2012)

公共电视机构的经营费用不能靠市场竞争获得,只能通过法律手段征收。由于国家为公共电视机构的收入提供了法律保障,所以公共电视机构必须服从国家的有关要求,在联邦政府和州政府要求播出有关通告时,各公共电视机构不得延误,并应无偿提供播放时间。

③德国对公共电视台实行严格限制的广告管理体制

德国广播电台广告始于1948年，电视广告始于1956年11月，由巴伐利亚州广播电视台首次进行。目前，德国各州对于电视播放广告的规定内容基本一致，主要有以下几个方面：第一，广告内容不得涉及政治、宗教等非营利性信息，除此以外，还必须与其他法律的有关规定衔接，不得违反《反不正当竞争法》、《反对限制竞争法》、《医药用品广告法》及《青少年保护法》等。第二，公共电视台每天播出广告不得超过20分钟，每天20点以后的时段禁止播出广告（这一规定已于1999年1月1日起取消）；商业电视台每天的广告播出时间长度不得超过当天节目总时间长度的20%。第三，无论是公共电视台还是商业电视台都不能在正式节目之中插播广告，但如果正式节目的时间长度一次超过60分钟，可在开始播出前预报时播出一次。第四，公共电视台和商业电视台都可以播出由广告主出资赞助的正式节目，但该节目在内容上不得与广告主有直接利害关系，且不得插播任何广告。作为回报，广告主的名称可以在该正式节目开始和结束时明确显示。正是由于政府对公共电视台实行严格的广告限制，使得公共电视台在广告收入上只占据德国电视广告市场的8%。

④公共广播电视的组织与管理

德国各州广播电视管理机构与德广联都是受德国公共法律管理的公共机构。它们不受各州政府或德国联邦政府的监督，实行自我管理的运作方式。

德国的联邦政府和州政府都没有管理广播的行政部门，大多数州的广播法规定，广播电视业的领导机构为广播委员会、行政理事会和台长。广播委员会由广播电视机构所在州的议会推选或社会相关团体成员组成，任务是决定章程条例，对电台和电视台进行监督指导，并负责一般性的决策工作，如批准预算和年度报告等。行政理事会则是广播电视机构本身的管理机构，负责节目、人事、内部机构设置等。台长由广播委员会选出，负责日常事务。尽管德国各级政府与议会无权干涉公共广播电视公司的运作，但他们一般通过他们选派的代表与成员以及由某一党派的政府组织成员代表对其施加政治影响。

(2)德国私营电视台

①德国私营电视台概况

德国私营电视的投资者，一部分是德国的出版发行商，一部分是国际媒介企业。由于私营电视巨大的节目市场和广告效应，使得一些大的资本联合企业，特别是报刊出版集团努力参与到私营电视的投资中。一直统治着德国商业电视的是两大家族：一个家族由德国出版商贝塔斯曼集团和卢森堡的国际性广播电视企业——卢森堡广播公司(RTL)组成，它们在卢森堡广播电视台、卢森堡电视新台、洛克斯电视台(VOX)和首映台(Premiere)有着直接或间接的投资；另一家族由德国电影发行商基希集团和报业集团施普林格集团公司组成，它们投资的广播电视台有卫星一台、德国体育电视台(DSF)、第七套节目(PR07)和首映台。商业电视台均以播出娱乐节目为主，新闻信息节目在节目总体中居次要地位。

德国所有的商业台都向全国播出，不过大部分商业台都通过有线电视网传输节目，只有主要的两家商业台——卫星一台(SAT1)和卢森堡广播电视新台(RTLPLUS)采用的是有线网、卫星和地面传输相结合的播出方式。卢森堡广播电视新台和卫星一台是目前德国最成功的两家私营台，市场占有率已超过两大公共电视台。目前，私营电视台占有德国电视 60%左右的市场份额。

德国私营电视业的这种资本的高度集中和垄断在欧美其他国家较少见，人们担心媒体的集中会影响节目和意见的多样性。

②私营电视台的收入来源

私营电视台(除了付费电视台“首映台”之外)的收入主要来源于广告。由于广告时间的价值高低主要依赖于电视观众人数的多少，所以就要求电视台首先提高播出节目的质量与品位，来吸引更多观众的注意力。德国两家私营电视集团的广告收入占总体市场份额为 84%，占据着电视广告市场的主导地位。公共电视台只占有 8%的市场份额，这反映了德国政府对两种电视体制的广告限制量。

③私营电视台的组织与管理

德国各州设有类似广播理事会的专门管理机构，负责发放私营无线和有线广播电视台的经营执照，对私营台的实际运营、节目内容以及这些节目对公共舆论的影响程度进行严格的监督。在各州，私营电视公司受到的管制程度并不相同。这些机构在行使其行政职能的同时，还要受德国公共法律的约束与管理，具有公共机构的一般属性。这些机构的开支也来自于向德国电视机用户征收的接收费用，数额为全部收入的 2%。与各州的广播机构不同的是，它们在机构建立与构成方面拥有相当的自治权。除此以外，为了维护德国国内公共舆论的多样性，保护儿童与未成年人的利益，德国政府成立了一个中央媒体理事会，它在新的私营电视台的财政预算和经营许可证上拥有决定权，各州的专门管理机构的主席由它来推选。各州负责发放经营许可证的管理机构，坚持平等、公平与公正的原则，对私营电视的所有运营商采取一视同仁的立场。

(3)“消费调查协会”(GFK)

“消费调查协会”是德国专门的市场调查机构，是合作组织“欧洲广播联盟”的成员。它接受公营和私营广播电视公司共同加入的“电视调查联合组织”(AGF)的委托，从事调查电视观众情况的工作。它的调查数据是电视台与广告客户交易的基础。它采用抽样(5640 户，为欧洲最大样本)和仪器(从 1985 年开始使用“人数仪”，记录每秒电视接收的变化情况)的方式，实时提供电视市场调查数据(包括收视率、市场份额、收视时间的延续等)，并定期公布。它的调查对象包括所有电视频道、所有传播工具(包括录像设备、电视文传)的电视传播。

2. 全国单一的有线电视网

德国的有线电视系统基本上是由邮电部(1997 年后改为“通信管理机构”)规划建设并实施运营的，其中，公共电视的信号由德意志电信公司负责传送。德国法律规定：德意志电信公司有义务与公共电视机构签订合同，由公共电视机构支付传送费用，电信公司保证公共电视信号得到正常的传输。这种单一的全国有线电视网的模式也是德国有线电视系统区别于其他国家的最重要之处。目前，德国也允许一部分民间资本参与有线电视网络建设。

(三)法国电视市场

1.法国电视市场概况

法国与德国类似，公共电视与商业电视并存。法国几乎与德国同时建立了商业电视体制。法国最早开办电视节目，承担全国性公共电视网业务的广播电视机构为法国广播电视公司。1975 年，该公司改组为法国电视一台和"第二天线"电视台(1992 年 9 月改为法国电视二台)。1985 年 5 月 14 日，法国文化部部长在电视上宣布对法国电视一台进行私营化改革。1986 年 9 月，法国议会通过了《传播自由法》，该法的第四篇名为《有关作为全国性节目公司"法国电视一台"产权转让的规定》，允许私人设立商业性广播电视台。这种在法律中规定对某一广播电视机构进行私有化改革的做法，在欧洲乃至世界范围内的广播电视立法中亦不多见，足见当时法国将商业机制引入广播电视领域的决心很大。此后，法国电视一台于 1987 年转归由法国建筑业巨头弗朗西斯·布依格(1993 年逝世)与英国罗伯特·麦克斯韦共同组成的财团经营。法国电视二台与法国电视三台(1992 年 1 月之前为法国地方电视台)则共同承担起全国性公共电视网的业务，一般合称为法国电视二三台。这种状况一直持续至今。

2011 年，法国电视一台仍然保持着观众市场份额第一的地位(每天观众市场份额达到 23.7%)。法国电视二台市场份额占第二(14.9%)，法国电视三台市场份额占第三(9.7%)。虽然法国电视二三台分别占据法国电视市场第二和第三的位置，但近几年来，它们的市场份额却在逐步下降。私营电视台 M6 在 2011 年按天计市场份额上超过电视三台，达到 10.8%。DTT、TMC、BFM TV、D8、W9 的市场份额也显著增长，2011 年上述电视台的市场份额达 23.1%(2008 年时为 11.1%)。[①] 详见表 9—8 和表 9—9。

表 9—8 2009～2011 年法国主要电视台/集团的营业收入 (单位：百万欧元)

电视台	布依格集团	法国电视一台	维旺迪集团	法国电视(2、3、4、5)	新都电视台(M6、W9)
2009	31353	2474	27132	3118	1388
2010	31225	2764	28878	3256	1479
2011	32706	2646	28813	3251	1438

(数据来源：European Audiovisual Observation Yearbook 2012)

① 资料来源：European Audiovisual Observation Yearbook 2012。

表 9—9 2011 年法国主要广播电视集团市场份额(按观众市场份额排名)

排名	广电集团	性质	拥有频道数	观众市场份额	有线、卫星、IPTV 份额	营业收入(百万欧元)
1	法国电视	公共	9	29.9%	25.3%	3251
2	布依格集团	私营	19	>29.1%	29.9%	32706
3	RTL 集团	私营	17	>14.2%	15.7%	1438
4	维旺迪集团	私营	54	>3.9%	11.7%	28813
5	博洛雷集团	私营	2	3.5%	2.5%	8491

(数据来源:European Audiovisual Observation Yearbook 2012)

(1)法国公共电视台

法国公共电视台是法国电视二台和法国电视三台。根据法国政府 1994 年颁布的有关法国电视公司的新规定,法国电视二台"是唯一一家为公众全面服务的公共电视台",电视三台则"有对地区和地方广播的使命"。和德国一样,法国公共电视台在节目的制作和播出上都必须按照法国官方的有关规定执行。法国电视二三台每年最少必须播出 15 场艺术演出,每月至少播出两个音乐节目和 16 小时的古典音乐节目。

与德国的公共电视机构相似,法国公共电视机构与商业电视机构的最大不同之处也在于收费制度,而且征收方式比德国更为严格有效,即凡购买电视机的消费者在购买行为发生时,就必须登记身份和住址,作为以后收取收视费的依据。无论观众是否收看公共电视台的节目,都必须交纳每年 700 法郎的收视费。这笔费用部分用于经营法国电视二三台、法国电视五台,另一部分用于补贴制作海外节目的制作商。在法国电视二三台的收入比例中,广告费的比例高于德国同类机构。电视二台的经费约有 50%来源于广告,电视三台的经费约有 30%来源于广告。法国公共媒体收入情况如表 9—10 所示。

(2)法国私营电视台

法国私营电视机构主要有 3 家,即法国电视一台、新都电视台和法国电视六台,私营广播电台主要有 12 家。这些机构的收入来源基本为广告。法国电视一台自转由私人经营以来,一直保持着全国最高的收视率,有时曾高达 42%。1994 年,法国电视二三台的收视率第一次超过了法国电视一台。此后到现在,这两家最大的公共电视机构和最大的商业电视机构一直在收视率方面进行着激烈的竞争。法国主要电视频道观众市场份额情况见表 9—11。

2. 对电视台实行严格的广告管理体制

法国电视广告始于 1968 年 10 月,由法国电视一台首次进行。按照法国《传播自由法》,视听最高委员会和法国政府对电视广告的规定有以下几方面:

表 9—10 2007～2011 年法国公共媒体收入情况 （单位：百万欧元）

收入	2007	2008	2009	2010	2011
公共收入小计 （占比）	3008.4 (69.3%)	3007.4 (74%)	3533.4 (80.1%)	3627.4 (80.1%)	3697.9 (80.5%)
政府资助/捐赠收入 （占比）	260.2 (6.0%)	8348.2 (8.6%)	790.9 (17.9%)	745.0 (16.5%)	708.3 (15.4%)
牌照费收入 （占比）	2733.4 (63%)	2643.6 (65%)	2728.9 (61.9%)	2854.2 (63%)	2931.0 (63.8%)
其他 （占比）	14.7 (0.3%)	15.6 (0.4%)	13.6 (0.3%)	28.2 (0.6%)	58.5 (1.3%)
商业收入小计 （占比）	1152.7 (26.6%)	876.5 (21.6%)	700.1 (15.9%)	754.1 (16.7%)	754.2 (16.4%)
广告收入 （占比）	896.4 (20.7%)	664.8 (16.3%)	476.7 (10.8%)	536.2 (11.8%)	518.7 (11.3%)
其他商业收入 （占比）	256.2 (5.9%)	211.7 (5.2%)	223.3 (5.1%)	217.9 (4.8%)	235.4 (5.1%)
其他收入 （占比）	177.5 (4.1%)	182.8 (4.5%)	176.8 (4.0%)	145.5 (3.2%)	139.1 (3.0%)
总计	4338.5	4066.7	4410.2	4527.0	4591.2

注：公共媒体包括 ARTE Fance(法国 ARTE)，Audiovisuel Extérieur de la France，La Chaîne Parlementaire Assemblée nationale（LCP—AN)(国民议会议会频道)，France 24（2007)，France Télévisions(法国电视)，Public Sénat，Radio France(法国广播电台)，RFO（2007)，TV5 Monde(五频道)。

（数据来源：European Audiovisual Observation Yearbook 2012）

表 9—11 2007～2011 年法国主要电视频道观众市场份额(按天计) （单位：%）

频道	2007	2008	2009	2010	2011
France 2	18.1	17.5	16.7	16.1	14.9
France 3	14.1	13.3	11.8	10.7	9.7
France 4	—	0.9	1.1	1.6	2.0
France 5	3.0	2.6	3.1	3.2	3.3
Arte	1.7	1.5	1.7	1.6	1.5
法国公共电视频道	36.9	35.8	34.4	33.2	31.4
TF1	30.7	27.2	26.1	24.5	23.7
M6	11.5	11.0	10.8	10.4	10.8
TMC	—	2.1	2.6	3.3	3.5
W9	—	1.8	2.5	3.0	3.4
Canal＋	3.4	3.3	3.1	3.1	3.1
Gulli	—	1.5	1.8	2.2	2.1
Direct 8	—	0.7	1.4	2.0	2.3
NRJ12	—	1.0	1.5	1.9	2.3
NT1	—	1.0	1.4	1.6	1.9
Virgin 17/Direct Star	—	0.5	0.7	1.0	1.2
BFM TV	—	0.4	0.7	0.9	1.4
i>TELE	—	—	—	—	0.8
法国主要私营电视台	45.5	50.5	52.6	53.9	56.5
其他电视台	17.5	13.7	13.0	12.9	12.1

（数据来源：European Audiovisual Observation Yearbook 2012）

（1）除禁止播出含有政治、宗教、暴力及色情等内容的广告外，还有几点特别规定，即：不得使用法语之外的其他语言；不得播出烟酒广告；不得播出处方药和麻醉品广告；不得播出文艺产品、流通业广告；不得播出保险、招聘和求职广告。

（2）公共电视台和商业电视台每天播出广告的时间平均为每小时 6 分钟，每小时最多不得超过 12 分钟。

（3）1994 年之前，法国公共电视台在播出节目时不得插播广告。根据法国政府 1994 年出台的《关于公共电视台广告业务的新规定》，法国电视二三台可以在综艺节目、体育节目、谈话节目和竞赛节目中插播广告，但必须在晚 8 点之前播出，并得到视听最高委员会的认可，但在电影、电视剧和纪录片的播出过程中仍不得插播广告。商业电视台中的法国电视一台在播出节目时可插播 4 分钟广告，但电影节目只能中断一次。

（4）法国视听最高委员会负责制定和维护广告标准，对违反标准的行为进行处罚。1993 年 2 月以前，法国实行电视广告播出许可制度，在电视台播出的广告必须事先送审，取得准许播出的证明后方可播出。这一制度在 1993 年 2 月之后改为事后审查制度。

（四）英国电视市场

英国是世界上广播电视事业发展最早，也是最发达的国家之一。伦敦也是欧洲乃至世界的传媒中心。电视、广播、报纸和杂志在英国人的日常生活中占有极其重要的位置。对于 72％的英国人来讲，电视是他们获知新闻的首选途径。在欧洲，英国是除意大利外最爱看电视的国家。英国有大名鼎鼎的英国广播公司（BBC）、独立电视台（ITV）和天空电视台（SICY）。传统上，英国人认为电视和广播原则上是对大众负责的公共服务设施并通过国会对其进行监督。随着广播电视事业的发展，当今英国也在广播电视事业中引入商业机制和竞争，为受众提供更多的收视选择。

1. 英国电视市场概况

英国有 90％以上的家庭可观看多个电视频道。尽管如此，2011 年公共电视频道 BBC1（2011 年观众市场份额为 20.7％，较 2006 年下降 2％）和 ITV1（2011 年观众市场份额为 15.1％）仍然保持着市场份额最高的两个电视台的地位。英国电视市场是欧洲最大的电视市场之一，它有多个国家专题频道和许多定位外国的电视频道，包括大量的在英国注册并取得牌照的阿拉伯、亚洲和土耳其频道。

在英国，地面数字电视和卫星现在成为最主要的播出平台。截至 2012 年 3 月，英国 96％以上的家庭收看数字电视。有线电视用户基本上都是数字电视用户。1000 万的数字电视用户中有 440 万高清电视用户。卫星电视用户主要通过英国天空广播公司（超过 940 万用户）免费收看卫星电视。英国最主要的有线电视运营商是维珍传媒，维珍传媒控制着英国有线电视市场的 90％以上。截至 2012 年 6 月，维珍传媒拥有 380 万有线电视用户。英国主要的 IPTV 供应商是 Talk Talk 和电信运营商 BT(BT Vision)。① 表 9—12 和表 9—13 所示为英国主要电视集团(公司)营业收入及观众市场份额情况。

表 9—12　2009～2011 年英国主要电视集团/公司营业收入　(单位:百万英镑)

电视公司	英国电信	英国天空广播公司	Everything Everywhere	沃达丰公司	英国广播公司	维珍传媒	橙色个人通信服务公司	独立电视台
品牌	BT Vision	天空	移动 TV	沃达丰 TV	BBC1、2、3…	维珍 TV	橙色 TV	ITV
2009	2139	5709	3020.4	4800.5	5261.4	3698.3	4642	1879
2010	20449	6597	5199	5162.8	5148.2	3766.4	2248	2064
2011	19694	6800	6734	5364.2	4993	3910.5		2140

注:英国电信营业收入包括电信业务收入。
(数据来源:European Audiovisual Observation Yearbook 2012)

表 9—13　2011 年英国主要广播电视集团观众市场份额(按天计)

排名	广播电视公司	公共/私营	拥有频道数	市场份额	营业收入(百万欧元)
1	英国广播公司 BBC	公共	31	36.9%	5839.5
2	独立电视台 ITV	私营	15	23.2%	2557.1
3	4 频道	公共	21	11.7%	1101.0
4	新闻集团	私营	76	10.2%	—
5	5 频道	私营	7	4.5%	425.7

(数据来源:European Audiovisual Observation Yearbook 2012)

2. 英国公共电视机构体系

英国有 3 家公共机构负责电视和广播服务:英国广播公司(简称 BBC)、独立电视委员会及广播管理局。它们的职责要求和工作目标由议会立法规定。

英国广播公司(British Broadcast Company),简称 BBC,成立于 1922 年,是英国最大的新闻广播机构,也是世界最大的新闻广播机构之一。今天 BBC 除了是一家在全球拥有高知名度的媒体,还提供其他各种服务,包括书籍出版、报刊、英语教学、交响乐团和互联网新闻服务。BBC 以其在新闻报道方面的权威性以及制作大批精良的纪录片而闻名于世。BBC 是非营利性机构,很少播出广告,经费以政府征收的广播电视接收机执照费为主,每年由议会拨给。因此,BBC 便是最大的半官方性质的广播电视制作播出机构。它的理事会为最高决策、管理机构,决定公司的一切重大问题,直接向议会负责。

独立电视委员会(简称 ITC) 负责为商业电视,包括有线电视和卫星电视公司颁发经

① 资料来源:European Audiovisual Observation Yearbook 2012。

营许可证，并制定有关规章制度；广播管理局（简称 RA）负责为商业广播电台，包括有线和卫星广播电台颁发经营许可证，并制定有关规章制度。表 9－14 和表 9－15 所示为英国公共媒体收入情况及各频道电视观众市场份额情况。

表 9－14　2008～2011 年英国公共媒体收入情况　（单位：百万英镑）

收入	2008	2009	2010	2011
公共收入小计 （占比）	4035.6 （66.3%）	3884 （62.3%）	3913.4 （62.9%）	3938.1 （64.9%）
政府资助/捐赠 （占比）	440.8 （7.2%）	437.2 （7.0%）	406.1 （6.5%）	423.6 （7.0%）
商业收入小计 （占比）	1703.8 （28%）	2159.3 （34.6%）	2149.0 （34.6%）	2424.0 （40%）
广告收入 （占比）	672.6 （11%）	578.3 （9.3%）	644.0 （10.4%）	624.4 （10.3%）
其他商业收入 （占比）	1031.2 （16.9%）	1581.0 （25.4%）	1505.0 （24.2%）	1799.6 （29.7%）
其他 （占比）	351.7 （5.8%）	190.8 （3.1%）	154.9 （2.5%）	67.1 （1.1%）
总计	6091.2	6234.1	6217.4	6066.2

注：公共媒体包括 BBC（英国广播公司）、Channel 4（4 频道）、S4C、The Services Sound and Vision Corporation（服务声音和视觉公司）。

（资料来源：European Audiovisual Observation Yearbook 2012）

表 9－15　2007～2011 年英国电视观众市场份额（按天计）　（单位：%）

频道	2007	2008	2009	2010	2011
BBC1	22.0	21.8	20.9	20.8	20.7
BBC2	8.5	7.8	7.5	6.9	6.6
BBC3	0.9	1.1	1.2	1.4	1.5
BBC4	0.3	0.4	0.5	0.6	0.7
BBC 其他频道	2.2	2.4	2.5	3.3	3.4
UKTV/其他	1.9	3.4	3.8	3.9	4.0
BBC 各频道小计	35.8	36.9	36.4	36.9	36.9
ITV1	19.2	18.4	17.8	16.6	15.1
ITV2	1.7	1.8	1.9	1.9	2.2
ITV2+1	—	0.4	0.5	0.5	0.4
ITV3	1.1	1.4	1.6	2.0	2.2
ITV3+1	0.0	0.1	0.1	0.1	0.1
ITV4	0.5	0.8	0.8	0.9	1.1
ITV4+1	—	0.0	0.0	0.1	0.0

续表

频道	2007	2008	2009	2010	2011
ITV 其他频道					2.1
ITV 小计	22.5	22.9	22.7	22.4	23.2
Channel4	8.4	7.4	6.7	6.2	5.9
Channel4＋1	0.2	0.2	0.7	0.8	0.9
Channel4 HD					0.2
E4	1.1	1.1	1.1	1.2	1.2
E4＋1	0.4	0.5	0.6	0.6	0.6
Film4	0.6	0.8	0.8	1.0	1.2
Film4＋1	0.2	0.1	0.1	0.2	0.2
More4	0.6	0.8	1.0	1.0	1.1
More4＋1	—	0.1	0.1	0.1	0.1
4Music					0.3
Channel 4 小计	11.5	11.0	11.1	11.5	11.7
Sky Sports 1	1.4	1.2	1.3	1.1	1.2
Sky One	0.9	0.9	1.1	0.9	1.1
Sky Three/Pick TV	0.6	0.6	0.7	0.8	0.9
Sky Sports News	0.5	0.5	0.6	0.7	0.6
Sky News	0.4	0.4	0.5	0.6	0.7
Sky 其他频道	2.2	2.4	2.4	3.9	4.6
其他新闻集团频道					1.1
天空/新闻集团小计	6.0	6.0	6.6	8.0	10.2
Channel 5	5.1	5.0	4.9	4.5	4.4
其他 Channel 5 频道	0.8	0.6	1.3	1.5	0.1
Channel 5 小计	5.9	5.6	6.2	6.0	4.5
维亚康姆小计	1.5	2.0	2.2	1.6	2.0
迪斯尼小计	1.0	1.1	1.3	1.1	1.4
发现频道小计	1.0	1.2	1.2	0.7	1.0
时代华纳小计	0.6	0.6	0.8	0.7	1.0
其他	14.2	12.7	11.5	11.0	7.5

（数据来源：European Audiovisual Observation Yearbook 2012）

2. 制播分离下的公共协作模式

英国电视节目生产机制常常被称为“成本附加”模式。与美国电视台只支付给节目制作方大约三分之一的费用不同，英国的电视台倾向于支付电视节目制作的所有费用，这样节目制作人就不会承担任何资金风险。但反过来，电视台却持有了绝大部分二级版权买卖的权利。在这一机制下，电视台委托独立制片人制作节目，并愿意承担全部制作费用，还要预付给节目制作人一小笔制作费或利润，这笔费用通常是全部制作费用的10%。作为回报，电视台得到的不仅仅是初级权利（首播权），而且通常还有二级权利（如在国内电视台的多次播放权、影碟发行权和海外销售权等）。这一模式有些类似出版业的稿酬制，即由电视台预先买断电视剧的版权，市场风险也相应由其来承担。这一模式明显表现出英国电视业作为公共服务的特征，尽管制作商承担较少的市场风险，但由于和市场的疏离，很难形成市场收视率对电视节目制作的制约，制作商也往往因为与巨大的市场成功带来的经济收益无缘，创新的动力明显不足。这种制播分离制，一方面其实赋予了电视台更多的权限，他们控制了节目品牌的所有权益，而事实上，他们真正需要的仅仅只是播放权；另一方面，节目制作方由于没有任何二级权利，他们就没有什么经济动力去建立和维护他们的节目品牌，这样就割裂了制与播之间的共同目标。作为创意的核心——制作者更多的只是工具意义上的生产机器，而不是电视台共谋发展的合作伙伴。这直接导致英国从事电视制作行业的数千家公司大部分都比较小，且资金不足，无法形成规模效应，更无法单独完成大型的电视节目制作。

从欧美之间电视剧的贸易情况来看，欧洲对物美价廉的美国电视剧几乎没有还手之力，除了BBC《天线宝宝》、《建筑工鲍博》等少数电视节目外，大多数的欧洲电视剧很难扩散到欧洲市场之外。因此，我们可以说，英国的制播模式所解决的主要不是市场竞争的问题，而是市场失灵的问题。近年来英国电视节目制作商提出了对品牌权利的要求，可以说正是这一模式转变的暗示。

三、韩国电视市场

韩国电视发展模式是近年来韩国国家文化产业突飞猛进的缩影，也是后进追赶型文化产业发展的一种探索。这一模式最基本的特征是国家强力扶持，寡头积极竞争，制播合一（实质上的），以国内市场带动海外市场拓展、海外市场扩张为最终目标。

（一）韩国电视市场概况

韩国是一个实行公共广播体制的国家。1980年11月14日，韩国新闻协会和广播电视协会共同发表《培养和发展健康新闻业的决议》，要求确立公营体制，增强广播电视的公益性，全面完善制度体系。1990年，民营的SBS（Seoul Broadcasting System，首尔广播电视公司）作为唯一的一家商业电视台网获得营业执照，代表民营广播电视被再次纳入广电业，但韩国广电市场公营高度集中的局面没得到有根本改变。此后，韩国广电业一直在公营与民营并存的二元结构中成长，也在公益性与商业性的竞争中寻求平衡。

近年来，韩国电视产业的市场规模不断扩大，2008年约为11万亿韩元，按照当年的汇率折算，约合六七百亿元人民币，占韩国整个文化产业的18.6%（2008年韩国文化产业规模约为59万亿韩元），仅次于出版业。在韩国广播电视市场上，以KBS、MBC和

SBS 三大电视台为代表的地面波广播电视最为发达，2008 年规模约为 3.8 万亿韩元，占其广播电视产业规模的 35%；有线电视次之，规模约为 2.4 万亿韩元，占 22.1%；卫星电视发展较为缓慢，规模约为 0.51 万亿韩元，占 4.6%。需要特别指出的是，近年来，韩国广播电视频道产业（电视购物）发展比较迅速，2008 年规模达到 4.2 万亿韩元，占 38.3%（见图 9—6）。[①]

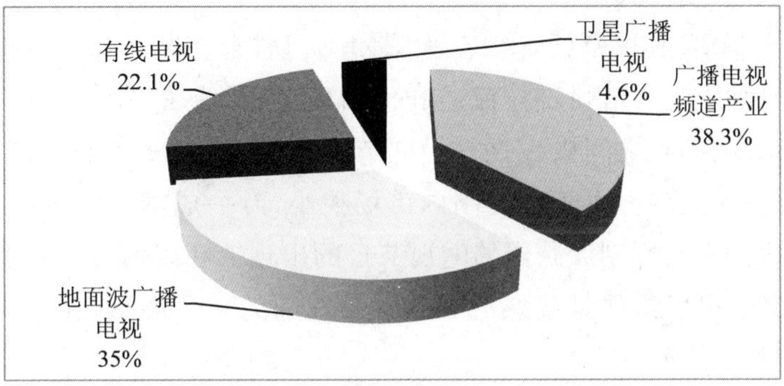

图 9—6 2008 年韩国广播电视产业规模及分布[②]

与世界上实行公共广播体制的国家所不相同的是，韩国一直允许公营台播出广告。不过，韩国专门成立了一家名为韩国广播广告公社（Korea Broadcasting Advertising Corporation，KOBACO）的机构，全权代理 KBS、MBC 和 SBS 三家机构的广告业务。换言之，广告公社将营利性广告业务从三台的主干业务中剥离出来，实行集中调控，垄断经营，并预留公益基金。这样做在很大程度上把住了各台的生存命脉，也在一定程度上约束了各台的赢利冲动，并从制度上保障了公共广播职能的实现。这是韩国公共广播体制的独特之处，也是它区别于其他公共广播体制的特征。

（二）韩国电视市场运行机制

1. 韩国电视节目的制播机制——制播合一下的寡头竞争制

1991 年以前，韩国电视产业实行典型的制播合一制度。每个电视台都有一个频道，自己制作节目、自己播出。所以电视台、频道、节目制作都是同一个概念。每个频道具有自己的独特色彩，互相不交换人员和资源。在这个阶段，韩国荧屏上播出的本土电视节目，绝大部分由 KBS、MBC 和 SBS 三家自行完成，它们不仅各自垂直整合节目制作、流通和传播环节，并且就此联合垄断了韩国电视收视市场和广告市场。

从 1991 年开始，韩国文化观光部为了“电视影像产业振兴及独立制作公司活跃化”，颁布了“独立制作公司节目义务播出时间比率”政策，硬性规定和限制各个电视台的台内

① 卜彦芳：《韩国电视产业新发展》，《电视研究》2011 年第 2 期。

② 韩国文化产业振兴研究院：《韩国文化产业统计 2009》（韩文版）。

制作节目播出时间的比例，由此形成“制播分离”政策。一是推行节目配额制，规定三大网需要播出的外制节目比例；二是通过基金贷款，扶持独立制片商。但韩国广电市场被三大无线网寡头垄断多年，以“制播分离”来说，这项自上而下推行的政策，在实践中便遭到了“上有政策，下有对策”的待遇。韩国研究者通过研究发现，节目配额制实际实行起来难度很大，进展缓慢，难以实现预期效果。因此，现阶段韩国电视业的实质是：制播合一的寡头协商竞争市场模式。

国营的KBS、MBC和民营的SBS三大集团不但联合垄断了韩国电视收视市场和广告市场，并且各自垂直整合节目制作流通和传播环节，形成了“制播合一”的电视节目产制格局；同时，三台网相互之间极少进行横向节目交流，绝大多数节目在本台播出后，国内市场便极少再有人问津。由于韩国国内市场狭小，万一成本回收不利，必将给制作方带来巨大损失，这就必然抑制大制作的电视节目的出现。在以海外市场竞争为目标的背景下，国内竞争其实可以看作是成熟产品推向市场前的一个展示，在广阔的海外市场上争胜是三大集团的动力所在。

2000年以来，韩国广播电视的出口增长非常迅速，出口额从2000年的1311万美元持续增长到2005年突破1亿美元，随后继续增长，2008年达到1.6亿美元(见图9—7)

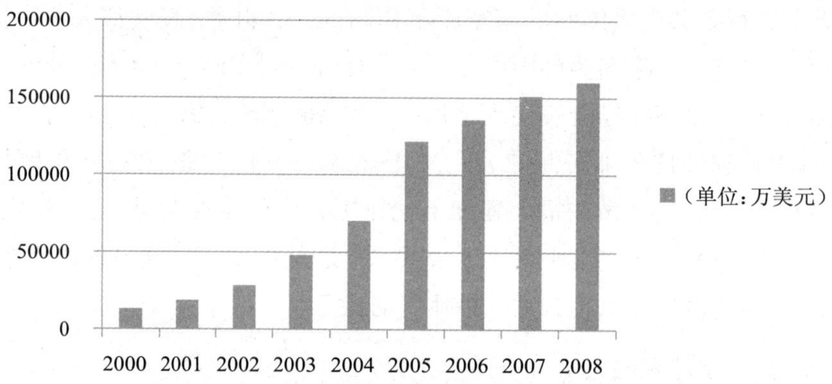

图9—7　韩国广播电视出口状况①

2.韩国电视节目生产制作机制

(1)编剧中心制

韩国电视剧产业普遍认同并实行“编剧中心制”，即在电视剧生产的整个过程中，编剧的决策起到至关重要的作用，电视剧工作人员甚至导演、制片人都必须听取编剧的意见和决定，因此，韩国电视剧编剧与制片人的地位是平等的。优秀的编剧是韩剧的创作中心，也是投资方的投资条件之一。

“编剧中心制”在很大程度上也得力于韩国成熟的电视剧编剧选拔机制。韩国三大电视台每年都举行征稿活动，从中评选出一名获奖者，旨在发现、培养和启用新编剧。在

① 韩国文化产业振兴研究院：《韩国文化产业统计2009》(韩文版)。

韩国，这是成为优秀电视剧作家的最快捷的途径。如编剧崔完圭正是通过1993年“MBC最佳剧场的剧本公募”出道，其后创作出《朱蒙》、《IRIS》等优秀韩剧剧本。目前韩国大约有700名职业编剧，他们全部隶属于拥有1700名会员的韩国作家协会，大多数的编剧都只专注于电视剧剧本创作。

(2)韩剧的制播机制——“边写边拍边播”

由于韩国电视市场竞争激烈，韩剧的制作过程也表现出了高度市场化的特点。韩国电视剧一般采用“边写边拍边播”的制播方式，通常一部电视剧，每周播出1至2集，以播出速度配合电视剧的写作速度。同时为了不延误剧集的播出，电视台自制剧都会在播出前几周进行拍摄，在播出首集电视剧前就已经能拍摄完4至6集。电视台选择“边写边播边拍”的制播方式主要基于以下几方面原因：

①规避投资风险

韩国人口总量少，国内资源有限。每周只播较少集数同时边拍边播的制播方式，制片方在拍摄前只需落实一部分资金，并可在自制剧播出获得效益和反馈后，再行使有效的投资权利。资金周转期的缩短，有助于资金的调动，规避投资风险。

②注重受众的及时反馈

韩国的电视资源基本上被KBS、SBS和MBC三家电视台垄断，三家电视台之间的竞争异常激烈。电视台及时反馈受众信息甚至将观众希望看到的情节加入剧情中，有助于稳定收视群体，为电视台带来较高的收视率。

③套牢受众的收视习惯

为保持高居不下的收视率以获得更多的收视收益，电视台会要求编剧改变初衷，延长电视剧集数，以持续吸引观众。

“边写边拍边播”，是韩国电视剧生产线上的传统、主要的制播方式。它虽然略显单一，却符合韩国的本国电视剧资源情况，并与观众之间形成良好的互动关系，有利于推动收视率的增长。

3.韩国电视节目的资金运营机制

韩剧一直由电视台及其下属公司所垄断，电视台与制作公司两者之间是订购关系。根据预算，电视台事先要付给影视制作公司整个拍摄资金的35%～45%，所以制作公司一般没有资金压力，就想把剧本做好，以便电视台来订购。

第三节　中国电视节目贸易

一、中国电视产业发展概况

据《中国广播电影电视发展报告(2013)》显示，2012年，全国广播和电视综合人口覆盖率分别为97.51%和98.20%。到2012年9月底，全国各省(区、市)基本完成有线电视网络整合,“一省一网”基本实现。截至2013年5月23日,全国直播卫星户户通用户突破900万户,宁夏、甘肃、青海等省区基本实现户户通全覆盖。2012年,全国电视节目和服务出口约4.95亿美元,全国广播影视总收入(含财政补助收入)3476.93亿元。

新中国成立以来,我国电视节目无论是生产数量还是生产质量都在逐年稳步增长。以国产电视剧为例,自2006年以来,年产量基本稳定在5万至10万小时之间。

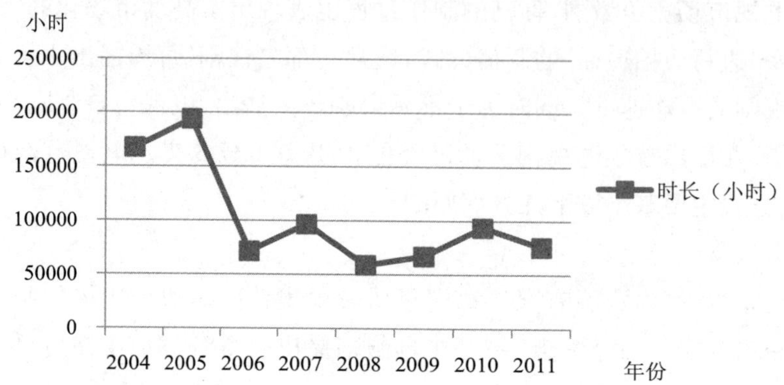

图9—8 历年中国电视剧制作时间①

国产电视剧的播出时间自2006年每年播出600万个小时以来,逐年稳步上升(见图9—9)。截至2012年,全国共生产制作广播节目718.82万小时,电视节目343.63万小时。生产制作完成并获得发行许可证的电视剧总计506部、17703集,制作完成的国产电视动画395部、22.29万分钟,纪录片产量达3000小时。广播影视内容创作生产由数量型向质量效益型发展转型并取得突出成绩。

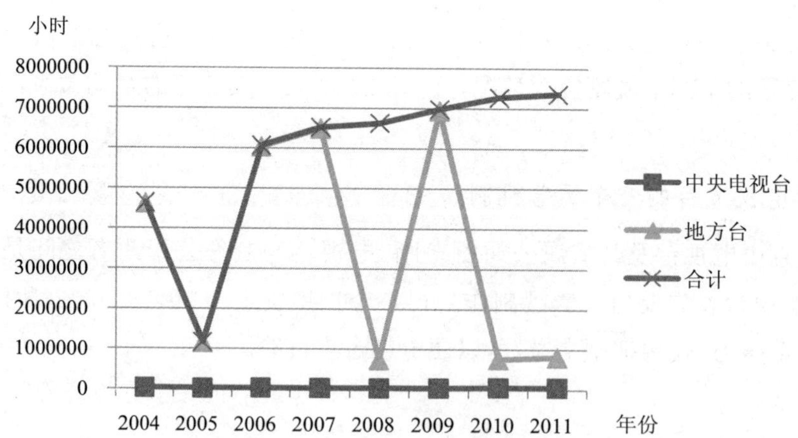

图9—9 历年中国电视剧播出时间②

①② 国家统计局:《中国统计年鉴2012》。

二、中国电视节目出口的目标市场概况

(一)海外华人华侨市场概况

华人华侨市场不仅是最早接受我国出口电视节目的市场,而且也是当下我国电视节目出口份额最大的海外市场。

据2011年11月30日在上海举行的第二届中国侨务论坛公布的统计数据:2007～2008年全球华人华侨总数达4543万人,如今约为5000万人,接近英、法等欧洲大国的人口。从统计数字来看,这已然是个庞大的市场。但是要注意到,在这个市场上,海外华语电视台才是中国电视节目的主要买家,而这些电视台大多依靠广告收入或者用户收视费生存,如果用户数量不够多,则难以生存发展。例如,在澳洲和欧洲,华人居住点相对分散,这就意味着当地华语电视台的市场难以形成规模。相比其他地区,东南亚和北美地区的华人总数较多,而且居住集中,这两个地区目前是中国电视节目海外出口的主要市场。

(二)亚洲市场概况

亚洲各国与中国具有地缘的接近性,以及由此带来的文化接近性。加之东南亚国家老侨民比较多,很多老华侨已经是当地国民,繁衍几代人,依然会使用中国语言文字,非常认同中华传统文化。因此,中国的电视节目在亚洲国家更容易进入主流播放渠道。

近年来,东南亚客户表现非常活跃。马来西亚和新加坡无论是有线台、无线台还是卫星频道,都有多家媒体有采购中国电视节目的计划。越南近年来也是中国电视剧的引进大户,采购的电视剧都是以原音播出,配以画外音作为翻译。泰国的无线市场由6家重要媒体组成,分别为泰国三台、五台、七台、九台、十一台和PBS,无线频道之间的激烈竞争,给我国的电视节目出口打开了富有潜力的市场。

日、韩两国是非常具有购买力的市场,只是中国的电视节目被限制不能进入主流频道的黄金时间播出。目前,日本市场DVD采购商和CS、BS卫星频道采购比无线台即主流媒体更有积极性;韩国市场活跃的也是有线地方台,有能力购买节目且有一定需求量的是三大有线华语频道。最近,一些平面媒体拿到了电视执照,也开始采购电视节目,是可以关注的潜力市场。

"华流"电视剧是出口日韩市场的主要电视节目形态,古装剧、功夫剧、武侠剧、时尚剧、明星剧是这两个地区的首选。古装剧是受日本人喜欢的"华流"代表。在专门讨论"华流"的网络专区,不少日本网友表达了对中国古装剧的喜爱。根据金庸、古龙小说改编的电视剧,在日本市场多年来一直销售良好。近些年,如《卧薪尝胆》、《上海滩》、《母仪天下》、《星心的泪光》、新《三国》等都进入了日韩市场。其中,《卧薪尝胆》首轮发行在韩国卖到4万美元一集,《李小龙传奇》卖到10万美元一集,新《三国》卖到9万美元一集。

2013年日本BS富士电视台开播《甄嬛传》后，开播一周就拥有3927万的观众群，在日本热门论坛2CH上，《甄嬛传》的话题评论超过1000楼。

通过采用合拍和对等贸易的方式，中国的电视节目也部分地进入了日韩主流电视频道。如中国与日本合拍的电视剧《苍穹之昴》，历史性地成为了NHK卫星高清频道的开年大戏，收视率超过由日本著名演员福山雅治和广末凉子主演的日本历史剧《龙马传》。2005年7月，中国国际电视总公司与韩国的电视节目机构签订了对等贸易合作协议，该机构引进108小时的中国电视剧进入韩国市场。

在中亚和西亚市场，中国电视节目出口也有所增长。相比于欧美国家的电视节目，中国的电视节目更少凶杀、暴力、色情等内容，符合东方文化的审美趣味，已经获得了很多电视节目发行商的认可。由于中亚和西亚电视观众通常是一家三代共同收看，要求电视节目适合家庭观赏，所以电视剧、纪录片、儿童片、动画片的采购数量更多。如《媳妇的美好时代》、《外国小孩中国爸》等都进入了这个市场。另外，中亚和西亚地区的国家有较为特殊的宗教信仰、风俗习惯，尤其是伊斯兰国家，因此在出口电视节目的内容上要有所注意。

在亚洲市场，中国的电视节目也有很大的空白领域尚有待挖掘，如俄罗斯市场中国电视节目出口还比较少，印度市场几乎还没有进入。

在亚洲市场上，中国电视节目面对的主要竞争对手是日本和韩国。日韩的电视节目在亚洲市场同样拥有“文化接近性”的优势，但销售价格比中国电视节目高很多。另外，其他国家的电视节目在亚洲市场也有一定的影响力。如土耳其电视剧近几年在中亚、西亚乃至欧洲市场的价格都在飙升；印度的影视节目在中亚和西亚也越来越有影响力。

（三）欧美地区主流市场概况

欧美地区主流市场对中国电视节目的需求量很少。有数字表明，进入欧洲市场的全部亚洲电视节目仅占该地区不到2%的年度电视营业额。从以往中国电视节目在这个市场的出口经验来看，欧美地区市场对中国的长篇电视连续剧几乎没有需求，对电视电影、纪录片、动画片有一定的选择，但对技术标准要求严格。

目前，中国电视节目在欧美市场主要以销售纪录片和家用录像带为主。反映我国人文、自然、风土人情的纪录片比较容易进入欧美市场。如反映大熊猫生活的《我的朋友》、反映村选题材的《海选》等，还有《中国奇人》、《中国一绝》等，在欧美市场上卖得很好。2005年我国与美国国家地理频道联合制作发行的《故宫》国际版，目前已在多个国家和地区播出，单集销售价格突破4万美元，创我国纪录片海外发行的多项纪录。

中国长篇电视剧如果是欧美主流市场可能感兴趣的题材或类型，也可以经过重新剪辑改编成电视电影在欧美市场销售。如中国广播电影电视节目交易中心投资精编的120分钟电视电影版《李小龙传奇》，制作了中文、英语、西班牙语三个语言版本，曾与来自美国、加拿大、英国、法国、德国、意大利、土耳其、捷克等多个国家的客户签约，掀起了国产剧在欧美主流市场销售的阶段性高潮。2005年，大型历史题材电视剧和电视电影《大汉风》成功发行到美国索尼哥伦比亚公司所属的AXN频道，刷新了中国电视剧的销售历史纪录。该剧还被成功发行到希腊、葡萄牙、法国、德国、土耳其等国。

欧美地区的主流市场在采购电视节目时，对于签约的法律细节和节目的技术标准（如时长标准、形态规格、字幕应用、译制要求、附带文本等等）要求严格。另外，由于中西方较大的文化差异，我国的电视节目在叙事风格、影像表现上与欧美主流市场的接受有偏差，因此目前我国电视节目的出口多是采取与国际媒体合作的方式，由国际媒体重新剪辑压缩、加工改编，变成“中国材料、海外编导”的再生品才适合出口。如《复活的军团》、《故宫》、《舌尖上的中国》等纪录片都为出口国外做了逐集改编。

(四)非洲、拉美等地区市场概况

非洲很多国家多年来与中国一直保持着友好往来，中国援建非洲很多项目，包括电视台，这就为中国电视节目在非洲的推广打下了基础。因此，非洲、拉美等发展中国家的市场可视为中国电视节目未来的潜在市场。但是非洲民众普遍受教育水平并不高，没有当地语言配音的电视节目很难传播。近年来，中国国际广播电台和中国国际电视总公司等单位正在合力把 10 部电视剧、52 部电影、5 部动画片、4 部纪录片译制成英语、法语、阿拉伯语、葡萄牙语、斯瓦希里语和豪萨语等六种语言的配音版本在非洲各国主流媒体播出，以此开启“中剧”输出的新时代。2011 年，上海五岸传播将一系列纪实和外语节目销售至非洲的华语、英语和法语频道。2011 年 11 月 23 日，斯瓦希里语版的《媳妇的美好时代》在坦桑尼亚正式落地播出，并引起收视热潮。

拉美的电视制作业相对较为发达，拉美“电视小说”在全球影视市场的销量都在上升，在欧洲、中东、非洲市场上的价格比中国的电视剧高出 5 倍。加之语言文化的差异，中国电视节目在拉美市场的销售并不理想。《李小龙传奇》是少数进入拉美市场的中国电视剧之一。2012 年中国国际电视总公司也成功地将西班牙语配音版纪录片《为中国而设计》、《北京北京》销售到拉美的巴拿马、厄瓜多尔、秘鲁和委内瑞拉等国家的主流媒体播出。

三、中国电视剧贸易的发展状况

电视剧作为中国电视产品中率先走出国门的先锋，正在逐步融入全球传媒经济的市场体系。中国电视剧尤其是中国现实题材电视剧继古装剧之后已经走出国门，在世界文化交流和电视节目流通市场上构建起自己的销售网络，占据了世界电视剧市场的一席之地。但是，与美剧、日剧、韩剧在中国市场的“攻城略地”相比，中国电视剧在全球市场上的影响力微弱。

(一)中国电视剧历年出口状况

由图 9—10 和图 9—11 可以看出，2006 年到 2011 年，我国电视剧的出口数量整体上呈现快速增长的趋势。2006 年，我国电视剧出口 111 部、3685 集，到 2011 年，这一数字攀升至 298 部、14001 集。不过，同时期我国电视剧的出口额却发生着起伏式的变化。

2006年，我国电视剧出口额为11084.86万元，2007年、2008年分别为2434.85万元、7524.95万元，2009年又下降为3584万元，2010年成倍增长到7484万元。2011年我国电视剧出口额迅猛增长，比上年度增加了7165万元，增幅为95.74%。

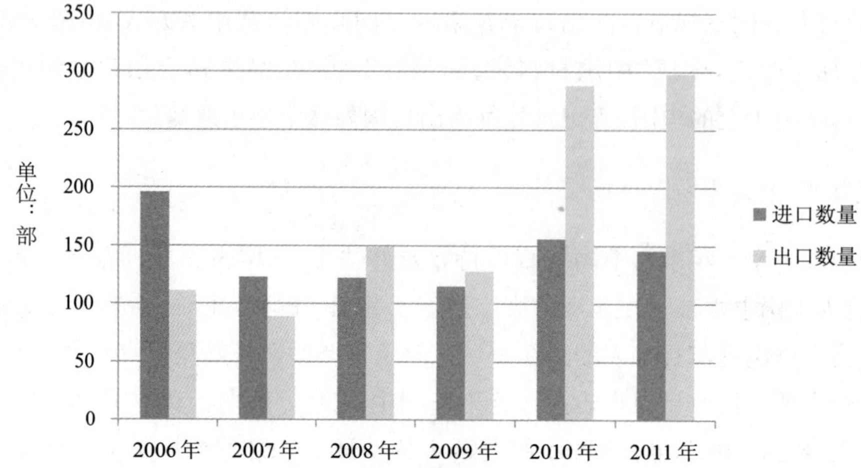

图9－10　中国电视剧进出口数量对比①

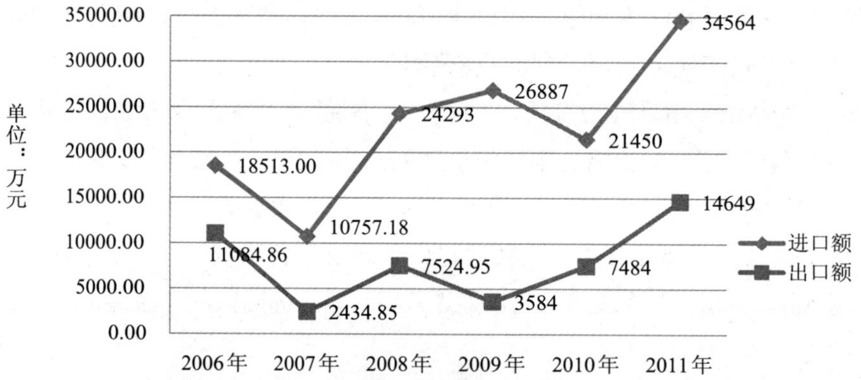

图9－11　中国电视剧进出口贸易额对比②

(二)中国电视历年进口状况

由图9－10和图9－11可以看出，2006～2011年，我国电视剧的进口量基本保持稳定，每年在100～150部之间。但由于进口电视剧价格的逐年上升，导致我国电视剧的进口额逐年增加，从2006年的18513万元增长到2011年的34564万元。

通过图9－11电视剧进出口贸易额的对比可以发现，我国的电视剧贸易一直处于逆差状态，相比美国甚至日、韩等电视剧强国逊色不少。相对于电视剧贸易传统强国，中国

①② 国家统计局：《中国统计年鉴2012》。

电视剧的产量和出口比例很小。中国电视剧的数量虽然不断增加，但出口额并没有随之大幅增长。

四、中国电视剧贸易的国别分析

（一）中国电视剧出口的国别分析

从2011年的统计数据来看，日本、韩国、美国、东南亚、中国香港和台湾共占据了当年出口的298部电视剧中的266部，达到总出口量的89%（见图9—12）。2011年我国内地向上述国家和地区出口的电视剧交易额为14167万元，占总出口额的96.7%。也就是说，我国国产电视剧的主要出口国家集中在美国、东亚和东南亚。输出国外的电视剧中，类型主要是武侠剧、历史剧以及很少一部分的时装剧。

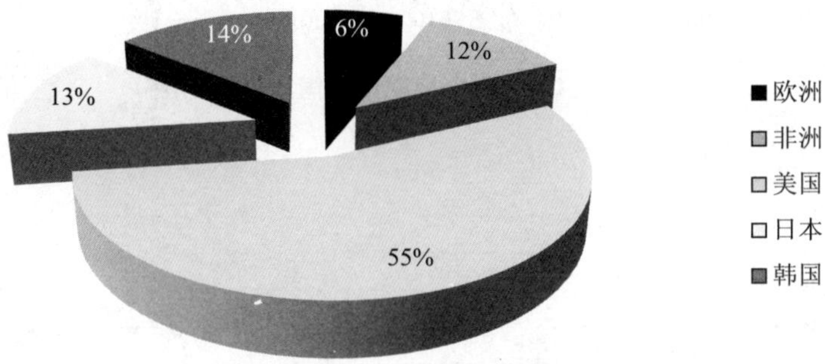

图9—12　主要电视出口国占比情况（数量）①

从出口数量来看，国产电视剧出口最多的国家是美国，占整个电视剧出口量的55%；其次是韩国，占14%；再次是日本，占12%；接下来是非洲，占12%；最后是欧洲，占6%（见图9—13）。

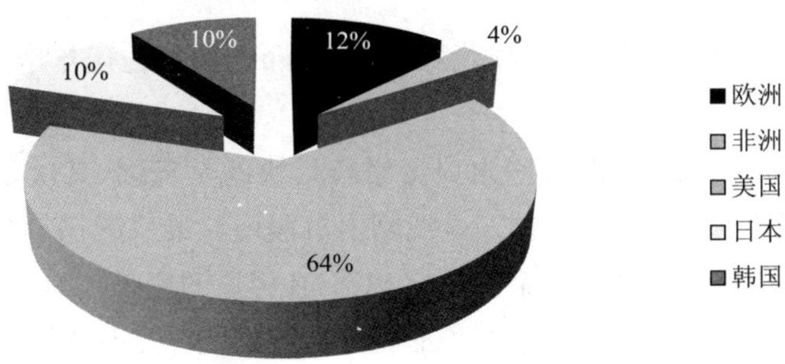

图9—13　主要电视剧出口国占比情况（金额）②

①② 国家统计局：《中国统计年鉴2012》。

从出口额来看，国产电视剧出口额最多的仍旧是美国，占整个电视剧出口额的64%；与出口数量排名不一样的是，按出口额排名，排在第二位的是欧洲，占12%；韩国、日本共同排名第三，各占10%；排名最后的是非洲。这表明，虽然近几年中国电视剧出口非洲的数量显著增加，但回报不高，出口电视剧的价格不理想。

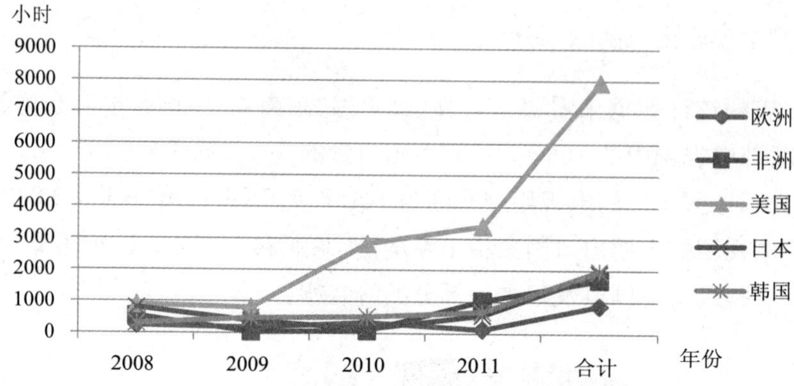

图 9－14　主要电视剧出口国总量对比图①

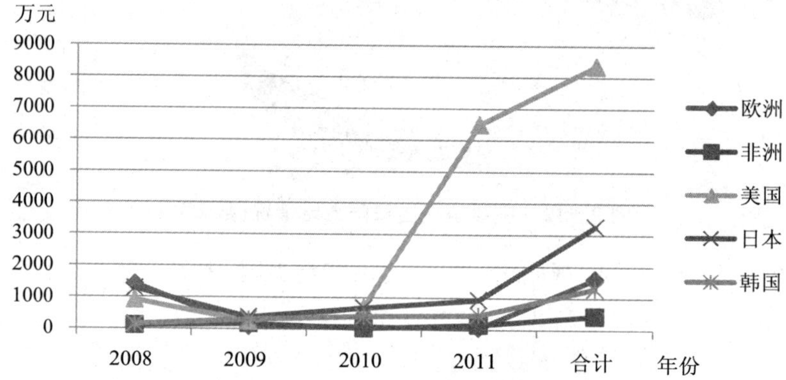

图 9－15　主要电视剧出口国金额对比图②

根据统计结果来看，国产电视剧的出口数量和金额都在逐年增加，2010年以后增幅尤其明显。

从出口数量来看，国产电视剧出口量增长最快的是美国，其次是日本、非洲和韩国，最后是欧洲。从出口金额来看，国产电视剧出口额增长最快的仍然是美国，其次是日本，然后是韩国和欧洲(出口欧洲的金额在2011年有明显的增长)，最后是非洲，其出口金额基本保持不变，与其出口量的显著增长形成鲜明的对比。这与中国目前对非洲的电视剧出口还处于开拓阶段、售价低有很大关系。

①② 国家统计局：《中国统计年鉴2012》。

（二）中国电视剧进口的国别分析

从进口数量来看，中国电视剧进口最多的国家是韩国，占整个中国电视剧进口量的81%；其次是日本，占9%；再次是欧洲，占7%；最后是美国，占3%（见图9—16）。

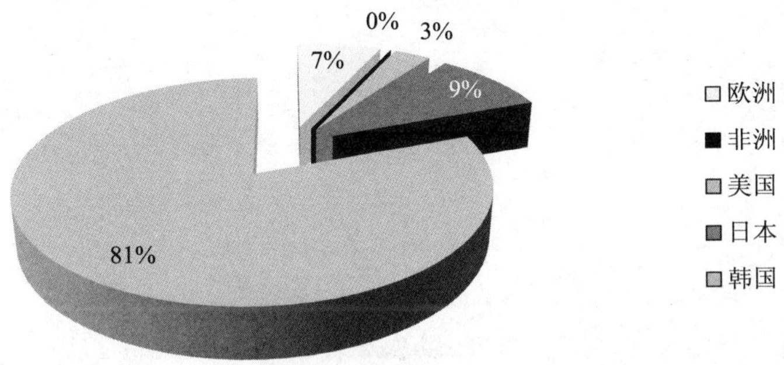

图9—16　主要电视剧进口国占比情况（数量）①

从进口金额来看，最多的仍旧是韩国，占整个电视剧进口金额的72%，但与其数量占比81%相比还有差距，这表明韩国电视剧在价格上低于欧美，有一定的竞争力。其次是日本，占14%，这个占比大于其量的占比9%的水平，说明日本电视剧的价格较高。欧洲排名第三，占中国电视剧进口总金额的9%（这一比例也大于其数量占比7%）。排名最后的是美国，占5%（这一比例也大于其数量占比3%）。这说明欧洲和美国的电视剧价格较高。还要说明一点的是，中国电视剧进口是有配额限制的，所以这一数据并不能表明中国观众对其他国家电视剧的实际市场需求。

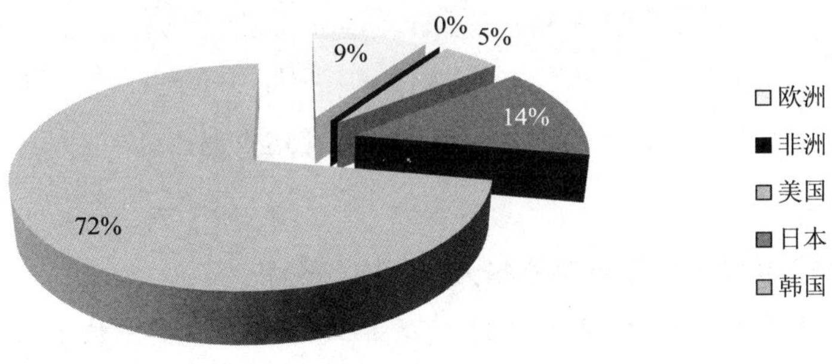

图9—17　主要电视剧进口国占比情况（金额）②

从2008～2012年的统计结果来看，中国从各国电视剧进口的数量和金额都在逐年增加。与国产电视剧出口一样，特别是从2010年以后，中国电视剧进口的数量和金额均有显著增加。

---

①② 国家统计局：《中国统计年鉴2012》。

从进口数量来看，增长最快的是韩国，其次是日本，再次是欧洲，最后是美国和非洲（见图 9—18）。从进口金额来看，增长最快的仍然是韩国，其次是日本，然后是欧洲，最后是美国和非洲（见图 9—19）。

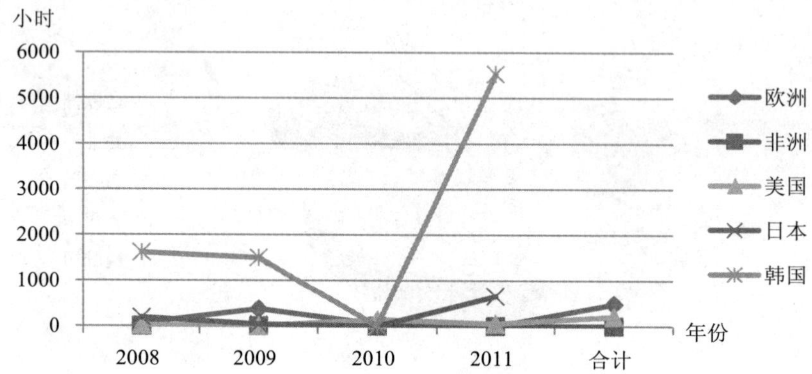

图 9—18　主要电视剧进口国总量对比图①

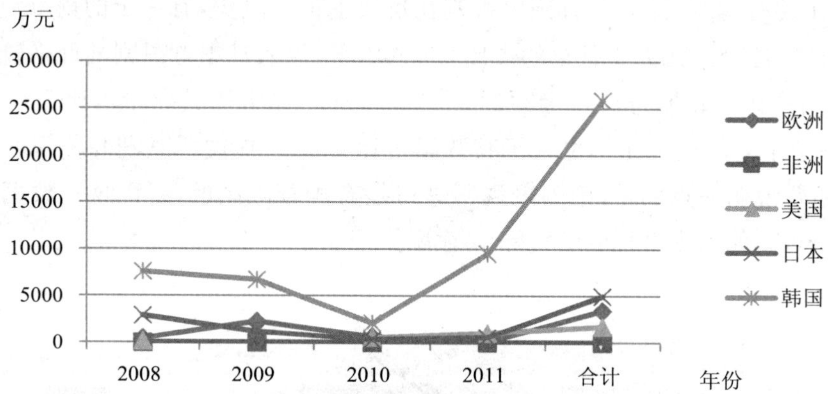

图 9—19　主要电视剧进口国金额对比图②

〔背景延伸〕中国电视节目海外华人华侨市场分析

在国际电视节目市场上，华人华侨市场不仅是最早接受中国出口电视节目的市场，而且也是中国电视节目出口份额最大的市场。在这个市场上，华语电视台才是中国电视节目的主要买家。下面我们对世界各地海外华人华侨市场进行深入的分析。

一、亚洲华人电视节目市场

（一）东南亚地区华人电视节目市场

东南亚国家是老侨民的聚集区，华人华侨约占世界华人华侨总数的 73%。因此迄今为止，东南亚仍是除了中国之外，华语媒体最集中、影响最大、数量最多的地区。这就使

①② 国家统计局：《中国统计年鉴 2012》。

得该地区的主流电视台也愿意购买中国的电视节目，而不仅仅是华语电视台。

表 9－19　东南亚华人华侨分布及在当地人口中所占比例　（单位：万人）

国别	年份	人数	在当地人口中所占比例	新移民人数＊
印尼	2007	1000	4.1%	10
泰国	2007	700	11%	35～40
马来西亚	2006	645	23.7%	10～15
新加坡	2007	360	77%	35
缅甸	2007	250	4.5%	100～110
菲律宾	2006	150	1.6%	20
越南	2007	140	1.67%	10～15
柬埔寨	2007	70	5%	20～25
老挝	2007	28	4.8%	13
文莱	2007	5.6	15%	＊
总计	2007	3348.6	5.96%	253～283

（注：新移民指 20 世纪 70 年代以后进入东南亚的华人华侨，包括来自中国大陆、港台和其他国家的华人华侨）

从电视节目出口的品类来说，电视剧、纪录片、娱乐节目等都在东南亚市场有不错的销售业绩。投资大、制作精良的古装电视剧是这个市场最受欢迎的品类。我国从上世纪 80 年代末开始陆续向东南亚推出的电视剧，如《红楼梦》、《西游记》、《努尔哈赤》、《三国演义》、《水浒传》、《唐明皇》、《末代皇帝》、《雍正王朝》、《还珠格格》等都销售得很好，近年来的《楚汉传奇》、新版《三国》、《美人心计》、《倾世皇妃》、《甄嬛传》等也都是该市场普遍受欢迎的电视剧。最近几年，一些国家对中国的现代剧也很有兴趣，如《蜗居》等在东南亚许多国家热播，就连反腐剧《黑洞》、《忠诚》也被购买播出过。

因为东南亚新移民的比例不高且流动性大，所以他们对于社会背景信息丰富的电视节目较难接受，而更喜欢娱乐性强、文化背景简单的电视产品。中央电视台的《星光大道》、《直通春晚》，上海文广传媒的《舞林大会》、《星尚》等娱乐节目都进入了这个市场。马来西亚 WaTV（华频道）曾以单集 1000 美元的高价购买了浙江卫视《我爱记歌词》26 期节目的版权。另外，一些在中国国内也很有影响力的制作精良的纪录片，如《故宫》、《颐和园》、《大国崛起》、《舌尖上的中国》等也都在这个市场销售良好。

在这个市场上，中国电视节目的接受度比较高，但是也遭遇来自日本、韩国电视界的强劲竞争。另外，东南亚本土的影视业近些年也成长较快，所以这个地区市场正在逐渐提高对中国电视节目挑选的标准，只有制作精良的节目才能取得好的销售业绩。

（二）亚洲其他地区华人电视节目市场

上世纪 80 年代以后，日本的华侨数量开始骤增，截至 2009 年底，约有 82 万华人华侨居住在日本各地。CCTV 大富电视台是日本唯一的一家华语电视台，该台是中央电视台的长期合作伙伴，也是日本唯一的一个中国电视节目卫视播出平台，面向日本全国 24 小时播出中文电视节目，现在拥有3个频道：CCTV大富频道、TVB大富和凤凰卫视。

目前在韩国的中国公民已经达到65万人，一些专门以在韩华人为读者群的中文媒体相继涌现，电视媒体有中华TV、CHING TV等。在这些收费电视台，中国电视剧是主要播放内容。

在中亚和西亚地区，华人华侨数量较少，在这一广大地区，目前还没有华语电视。在中东地区有一家用英语和阿拉伯语传播中国经济、文化的卫星电视台，是温州商人王伟胜创办的阿拉伯·亚洲商务卫视(Arab Asia Business TV)，节目覆盖阿联酋、沙特阿拉伯、约旦、卡塔尔、埃及等30多个中东、北非及南欧国家的近5亿人口。

二、北美地区华人电视节目市场

(一)北美地区华人华侨的收视偏好

由于上世纪80年代以后中国新移民的大批涌入，导致美洲地区尤其是北美地区的华人华侨数量激增，使该地区成为世界上华人华侨数量增长最快的地区之一。据统计，北美约有华人华侨530万(新移民275万)，集中在北美东西海岸、加拿大多伦多和温哥华地区。相对于老移民，新移民的教育水平和经济实力有较大的提高。新移民中，有近1/3为来自中国港台和内地的留学生及其眷属。这种社会阶层的丰富化，直接导致了北美新移民电视观众的口味越来越接近国内观众。

从中国电视长城平台北美地区的收视率和收视份额统计来看，国内高收视的频道和某些栏目，在北美同样受欢迎。无论是以往被认为在海外华人群体中颇具市场的传统高收视节目类型如晚会、电视剧等，还是近几年在国内卫视兴起的娱乐类节目如选秀、征婚及热门电视剧等，都成为收视排行前20名的常客。例如，中国内地2012年热播的电视剧《甄嬛传》在北美也很有影响力。电视剧《金婚》、《媳妇的美好时代》等在北美市场销售良好。凤凰卫视(美洲台)还购买过《和青春有关的日子》、《知青》以及一些军旅题材的电视剧。北美市场将是中国电视节目极有成长力的海外市场。但是，因为美国是世界影视业最为发达的国家，中国电视节目在这一市场上面对极大的竞争挑战，即使是华人华侨市场，中国电视节目的竞争压力依然很大。

(二)北美地区的华语电视台

美国的华语电视发轫于1974年，自此之后，不断有新的华语电视台在美国开播。美国华语电视包括卫星电视在内，大大小小加起来总数大概有50个，此外还有数不胜数的网络电视。2010年3月，中国内地民营企业俏佳人传媒股份有限公司并购了美国国际卫视，并将其更名为ICN(国际中国电视联播网)。目前ICN是北美地区最大的华人电视媒体，拥有16个中英文电视频道，全天候24小时向北美地区用中、英文播放反映中国元素的电视节目。如今也有一些非华人创办的华语电视台开播，2001年12月，美国洛杉矶LA18台成为全美第一家24小时提供中文数字电视节目的数字电视台，该台现在提供11种不同语言的节目，也是美国唯一一家在晚间提供直播国语和粤语新闻的电视台。美国华语电视频道的内容主要由新闻资讯、综艺娱乐和电视剧构成。除自制本土新闻资讯和谈话栏目外，这些电视台会从中国内地和港台地区引进综艺节目和电视剧。

加拿大的华语电视台在多伦多和温哥华发展最快。现在加拿大的两个华语电视频道都是由新时代传媒集团于 1993 年开始经营的，一个是新时代电视，以广东话为主的全国性频道，节目内容以香港 TVB 制作的节目为主干。另一个是城市电视，一个全国性的多语言电视台，每周播放 130 小时普通话节目，这些节目除由 CCTV－4 提供外，也包括购买的一些热门影视剧，曾播出过《大宅门》、《康熙王朝》等。除了这两个主要华语电视频道外，在多伦多和温哥华还各自有一个多元文化台，华语节目只占其中每周 20 多个小时。另外，北美天空上约有 20 多个华语卫星频道（见表 9－17）。

表 9—17　覆盖北美地区的华语卫星频道

运营机构	卫星	频道
翡翠卫星台 TVB(USA)	Direct TV	翡翠美东台（粤语）
		翡翠美西台（粤语）
		翡翠综艺台（普通话）
		CCTV—4（普通话）
凤凰卫视 Phoenix TV	Direct TV	凤凰卫视美洲台（普通话）
		CCTV—9（英语）
	Dish Network	凤凰卫视美洲台（普通话）
		CCTV—4（普通话）
		香港亚洲电视（粤语）
台北国际电视 TISTV	Telstar5	台视美洲频道（普通话）
		中视美洲频道（普通话）
		华视美洲频道（普通话）
		新闻信息频道（普通话）
		影视频道（普通话）
		宏观频道（普通话）
		家庭频道（普通话）
		湖南卫视（普通话）
东森美洲台 ETTV	Telstar5	东森新闻台（普通话）
		东森卫视台（普通话）
		东森戏剧台（普通话）
		东森幼幼台（普通话）
		三立国际台（普通话）
		非凡财经台（普通话）
		Jet TV 日本台（日语，中文字幕）
中天台 Power TV	Telstar5	中天新闻台（普通话）
中央台国际频道	Calaxy—3 R	CCTV—4（普通话）
		CCTV—9（普通话）

续表

运营机构	卫星	频道
免费不锁码频道	Telstar5	新唐人频道(普通话)
		天下卫视(普通话)
		人间卫视(普通话)
		大爱卫视(普通话)

三、其他地区华人电视节目市场

(一)澳洲华人电视节目市场

在澳洲,华人华裔族群已经成为澳大利亚最大的少数民族之一,约占据总人口比例的2.9%。澳大利亚和新西兰都有一定数量的华语电视台。在澳大利亚,创建于20世纪90年代的翡翠互动电视(TVBJ)和悉尼中文电视台都有相对稳定的受众群。澳大利亚公营全国广播电视公司(SBS)也有华语普通话节目。新西兰中华电视网旗下的新西兰中文电视台CTV-8频道和新西兰华人电视台都是免费收看的频道。由于移民结构的相似性,澳洲华人观众的收视趣味与北美地区相似,就是紧跟国内市场,基本上国内热播的电视节目也在当地很受欢迎。但是由于中国大陆绝大部分电视台卫星节目都没有加密,不少大洋洲的华人花费大概500澳元就可以自己安装大型卫星接收器,免费收看全中国百多套各级电视台的频道。这在一定程度上影响到中文电视节目的市场销量。

(二)欧洲华人电视节目市场

上世纪90年代初,中文电视进入欧洲。1993年,由香港新中港集团投资,以伦敦为基地的中文电视台"欧洲东方卫视"正式开播。1999年,香港卫星电视有限公司和凤凰卫视有限公司正式与欧洲东方卫视联合,建立"凤凰卫视欧洲台"。如今,该台已成功进入欧洲的主流卫星电视网Sky Digital以及英国、法国、德国和荷兰四国的有线电视网络,全面覆盖欧洲45个国家。1994年,由香港邵氏传媒集团投资20%、英国太平洋传媒(原名韦顿公司)投资80%,创办了另一家欧洲中文电视台——"时代华人电视",后更名"欧洲无线卫星台"。2003年,TVB收购"欧洲无线卫星台"全部股份,总部设在伦敦。该台每天24小时以广东话和普通话广播,覆盖欧洲38个国家。意大利著名侨领林朱庆先生牵头创办的"欧洲华文电视台"于2011年1月正式开播,覆盖欧洲、亚洲、非洲、北美洲、南美洲及中国香港、台湾、澳门等地区,覆盖区域人口超过15亿。总体而言,欧洲华人数量不大,居住欧洲的华人中,商贩、工人占比例很大,相当一部分为无证移民,流动性大。加之欧洲国家多数将电视台视为公共服务机构,对私人成立电视台管制严格,因此欧洲国家较少华语电视台,面向华人华侨的中国电视节目市场比较难于拓展。

(三)非洲华人电视节目市场

华人在非洲总量比较少,多集中在南非、毛里求斯等地,没有成立华语电视台。2008年,四达传媒卢旺达有限公司成立运营,是中国广电企业在非洲市场的突破。截至2012年3月,四达传媒已先后在几内亚、尼日利亚、肯尼亚、坦桑尼亚、乌干达、中非、布隆迪、莫桑比克、塞内加尔、贝宁、刚果金、加纳等13个国家获得数字电视运营牌照,签约国家人口达 4.6 亿。获授权转传频道 129 个，其中，包括中央电视台、凤凰卫视等国际知名频道 62 个，非洲本地频道 60 个。该公司自办频道以中、英、法三种语言，全天候 24 小时不间断播出，其中，中国功夫频道的开播深受广大非洲民众的欢迎，收视率始终稳居前 6 位。

（四）拉美华人电视节目市场

上世纪 80 年代以后，拉美国家的华人华侨有持续增长的势头。从职业构成上来看，以小商贩居多，近年来也出现了少数资本较雄厚的大商家。目前在拉美国家还没有华语电视台开播。华文电台和网络也刚刚出现，尚未形成规模。中国电视节目还很少销售到拉美地区。有些卫星电视台的信号可以覆盖拉美，比如凤凰卫视。

四、小结

总体而言，中国电视节目的海外华人华侨市场近些年呈现出以下特征：(1)海外华人华侨电视市场的总范围在逐渐扩大，出现了一些新兴市场，虽然某些新兴市场的购买力还很欠缺，但可以预期未来的成长；(2)由于海外新移民与老华侨有很大差别，改变了海外华人电视市场的主流产品样态，使得普通话电视节目的市场份额上升，除了古装历史题材电视剧依然热销外，现实题材电视剧、纪录片、综艺节目的销售开始有很大提高；(3)海外华人华侨电视市场的产品销售渠道进一步多样化，这意味着今后中国电视节目的外销方式、盈利模式可做更多的创新探索。海外华人华侨市场不仅是中国电视节目最重要的出口市场，也是中国广播影视走出去的重要基地，经营好这个市场对中国电视节目成功“走出去”至关重要。

思考与研讨题

1. 简述全球电视节目交易的发展趋势。
2. 简述全球电视节目交易的影响因素。
3. 比较欧美电视市场的区别。
4. 比较美国、韩国电视市场的区别。
5. 试分析韩国电视节目特别是韩剧近几年的贸易量及影响力迅速提高的原因。
6. 中国电视节目贸易主要的潜在目标市场分别有哪些？试分析原因。

参考文献

Gina:《贝塔斯曼:给我一个支点》,《中国电子商务》2006 年 6 月。

〔法〕贾克·阿达利著,宋素凤、翁桂堂译:《噪音:音乐的政治经济学》,上海人民出版社 2000 年版。

〔韩〕康贤斗:《透视韩国广播电视事业的现实及其面临的问题》,载于《跨文化交流与研究——韩国的文化与传播》,郭镇之主编,北京广播学院出版社 2004 年版。

〔美〕菲利普·科特勒:《市场营销管理(第二版)》,中国人民大学出版社 2001 年版。

〔美〕克里斯·安德森著,乔江涛译:《长尾理论》,中信出版社 2007 年版。

〔英〕詹姆斯·古德温主编,敬中一、赖靖博、裴志杰译:《国际艺术品市场》(上、下),中国铁道出版社 2010 年版。

《国外广播影视体制比较研究》,中国国际广播出版社 2007 年版。

《游戏机大战:三巨头启示录》,http://www.huxiu.com/article/10417/1.html。

安迪·普拉特:《文化产业:英国与日本就业的跨国比较》,《世界文化产业发展前沿报告(2003~2004)》,社会科学文献出版社 2004 年版。

安盟:《现代音乐产业概述及音乐企业管理》,中国文联出版社 2003 年版。

陈国雄:《华语电视在加拿大的定位及发展趋势》,《2005 年世界华文传媒年鉴》,世界华文传媒年鉴社 2005 年版。

陈镜波:《2010 年日本出版业继续下跌》,《今日印刷》2010 年 10 月。

崔晓茜:《从韩国动画业的崛起浅析中国动画市场的发展》,《中国电视》2006 年第 5 期。

杜丽婷、李昕玉:《简析韩国电视自制剧产业链——以韩国 SBS 电视台为例》,《科学发展,惠及民生——天津社会科学界第八届学术年会优秀论文集(上)》2012 年第 12 期。

傅嘉:《游戏业七年之痒 产品大战一触即发》,《中国证券报》2013 年 4 月 27 日。

郭镇之:《英国电视节目供应体制》,《中国记者》2000 年第 7 期。

国家广播电影电视总局发展研究中心:《国外广播影视体制比较研究》,中国国际广播出版社 2007 年版。

国家新闻出版广电总局发展研究中心编撰:《中国广播电影电视发展报告》,社会科学文献出版社 2013 年版。

韩国文化体育观光部、韩国文化产业振兴院:《2012 韩国游戏百科》。

郝振省:《国际出版业发展报告 2010 版》,中国书籍出版社 2012 年 7 月版。

贺程、潘月圆:《韩国公共广播电视制度评议》,《现代视听》2011 年第 8 期。

胡正荣:《外国媒介集团研究》,北京广播学院出版社 2004 年版。
姜义茂:《国际动漫产业的发展模式及特点》,《人民日报》2008 年 11 月 11 日。
蒋凯:《中国音乐著作权管理与诉讼》,知识产权出版社 2008 年版。
雷兴长:《文化产品国际竞争的市场构成分析》,《科学经济社会》2012 年第 1 期。
李怀亮:《当代国际论文化贸易与文化竞争》,广东人民出版社 2005 年版。
李怀亮:《国际文化贸易导论》,中国传媒大学出版社 2008 年版。
李怀亮、闫玉刚:《当代国际文化贸易综论(上)》,《河北学刊》2005 年第 6 期。
李怀亮、闫玉刚:《当代国际文化贸易综论(下)》,《河北学刊》2006 年第 1 期。
李家伦:《电视节目全球流动及相关理论述评》,《当代电影》2012 年第 3 期。
李建伟、王志刚:《版权贸易基础》,河南大学出版社 2006 年 11 月版。
李菁菁:《日本电视剧制播制度分析》,《青年记者》2009 年第 12 期。
李思屈:《中国数字娱乐产业发展战略研究》,社会科学文献出版社 2007 年版。
李新祥:《出版传播学》,浙江大学出版社 2007 年 12 月版。
李燕吉:《BBC 电视频道的受众市场细分》,《视听界》2011 年第 5 期。
李宇:《“文化中国”视角下的电视对外传播——以中央电视台纪录频道为例》,《对外传播》2013 年第 4 期。
李宇:《海外华语电视发展特点及展望》,《传媒》2011 年第 9 期。
李宇:《日本 NHK 和韩国 KBS“受众意识”的启示》,《传媒观察》2011 年第 1 期。
梁清华:《网络环境下的知识产权保护》,中国法制出版社 2004 年版。
梁维科:《试论美国游戏产业发展对我国的启示》,《黑河学刊》2011 年第 9 期。
梁自强:《日本电视的数字化生存》,《中国数字电视》2005 年第 11 期。
林屹屹:《从北美纳比(NATPE)电视节看节目市场发展趋势》,《现代传播》2011 年第 1 期。
刘瑾:《电子游戏的第九艺术之说》,《中国艺术报》2012 年 8 月 27 日。
刘俐:《德、法电视管理体制据分析》,《电视研究》2000 年第 11 期。
刘燕南:《公共广播体制下的市场结构调整:韩国个案》,《现代传播》2003 年第 10 期。
刘园园:《“竞争五力”模型中的中美电视剧产业竞争环境比较》,《视听界》2011 年第 6 期。
刘志敏:《德国电视娱乐化现象及借鉴意义》,《中国广播电视学刊》2012 年第 10 期。
龙晓君:《我看美国图书营销》,《出版科学》2001 年 5 月。
马红亮:《电子游戏的教育价值:来自美国研究的新观点》,《开放教育研究》2009 年第 2 期。
聂庆璞:《基于产业组织理论 SCP 范式的我国网络游戏产业研究》,中南大学博士论文,2012 年。
彭伟步:《东南亚华文传媒现状》,《2007 年世界华文传媒年鉴》,世界华文传媒年鉴社 2007 年版。
彭伟步:《美国华语电视现状、问题及整合》,《国际新闻界》2012 年第 11 期。
邵盼盼、尤建忠:《对美国电子图书出版变局的新思考》,《出版参考》2010 年 12 月。
帅志强:《国内电视剧市场交易平台分析》,《东南传播》2007 年第 8 期。
苏锋:《动画产品国际贸易模式研究》,http://www.doc88.com/p—672151111100.html。
唐世鼎:《制播体制改革与电视业发展问题研究》,中国传媒大学出版社 2005 年版。
佟雪娜:《数字音乐的产业价值链研究》,清华大学出版社 2012 年版。
汪琦、李世成:《美国电视节目运营机制对我国制播分离改革的启示》,《东南传播》2012 年第 4 期。

王晨子:《浅析中英两国电视业的制播制度》,http://media.people.com.cn/n/2012/1205/c238969－19800984.html。
王海鹰、李坚:《消费者价格心理与文化偏好研究》,《中国物价》2004年第8期。
王娟:《中国图书版权贸易问题研究》,《现代传播》2010年第1期。
王莉:《制播分离与深化我国广播电视体制改革》,《新闻采编》2012年第2期。
王朋进:《从"辛迪加"看美国电视节目创新的制度设计》,《视听界》2012年第6期。
王勇风:《从特征和功能分析文化市场的独特性》,《现代商业》2007年第17期。
魏佳:《贝塔斯曼的经营之道》,《新闻爱好者》2006年5月。
魏平:《关于北美地区华人收视特点的分析与思考》,《中国广播电视学刊》2012年第5期。
魏玉山:《关于中国出版走向世界的思考——一种跨文化传播的方式》,《中国编辑》2005年第2期。
文化部文化市场司:《2011中国艺术品市场年度报告》,人民美术出版社2012年版。
武斌、廖亮:《BBC战略调整:彰显公共服务本色》,《传媒》2008年第11期。
西门孟:《游戏产业概论》,学林出版社2008年版。
奚声慧:《网络游戏产业之经济学分析》,上海社会科学院2007年博士论文。
夏倩芳:《公共利益界定与广播电视规制》,《新闻与传播研究》2005年第1期。
肖叶飞、栾颖:《中西电视制播制度的比较分析》,《传媒》2010年第5期。
徐建华:《版权贸易新论》,苏州大学出版社2005年版。
杨贵山:《国际出版业导论》,北京大学出版社2010年版。
姚林清:《版权与文化产业发展研究》,经济科学出版社2012年版。
中国版协游戏工委:《2012中国网络游戏研发力量调查报告》。
原由美子:《电视节目中的文化交流——日本的电视节目进出口及日本电视中的中韩节目》,《2005东北亚传播学国际研讨会——东北亚的文化交流论文集》2005年8月1日。
张冬梅:《艺术产业化的历程反思与理论诠释》,中国社会科学出版社2008年版。
张革新:《现代著作权法》,中国法制出版社2006年版。
张桂兰:《美国图书出版市场前景看好》,《印刷技术》2012年8月。
张耀鸿:《网络游戏产业整合营销传播工具应用研究——与台湾地区产业现况比较》,复旦大学2007年硕士论文。
张志林、包蕴慧:《从国际经验看我国图书发行渠道整合的路径选择》,《出版发行研究》2007年9月。
郑明海:《动漫产业发展的国际比较及启示——以中美日三国为例》,《发展研究》2007年第8期。
中国版协游戏工委(GPC):《2013年中国游戏产业报告》。
中国版协游戏工委(GPC)、国际数据公司(IDC):《2012年1－6月中国游戏产业报告》,http://wenku.baidu.com/view/6385772e647d27284b735113.html。
中国版协游戏工委(GPC)、国际数据公司(IDC)、中新游戏(伽马新媒CNG):《2012年中国游戏产业海外市场报告(摘要版)》。
中国动画学会、北京大学文化产业研究院:《2013中国动画产业年度发展辑要》,http://www.doc88.com/p－0816177088817.html。
周密:《网络游戏同步机制的研究》,四川大学2006年硕士论文。
朱春阳:《美、英、韩三国电视剧产制模式比较分析》,《电影评介》2008年第6期。
庄国土:《东南亚华侨华人数量的新估算》,《厦门大学学报》2009年第3期。

左文:《文化全球化视野下的中国数字出版业》,清华大学出版社 2012 年版。

Abel, Richard, and Lyman W. Newlin. Scholarly Publishing: Books, Journals, Publishers, and Libraries in the Twentieth Century. New York: Wiley, 2002.

Alexander, Alison, James Owers, Rod Carveth, C. Ann Hollifield, and Albert N. Greco, eds. Media Economics: Theory and Practice. 3rd edition. Mahwah, NJ: Erlbaum, 2004.

Alfred A. Knopf Books for Young Readers. Subtext, December 16, 2002.

Anand, Bharat N., Kyle Barnett, and Elizabeth Carpenter. " 'Random House,' Case Study." Harvard Business School. Boston, MA: President and Fellows of Harvard College, 2004.

Andalian, J. (2010, January 5). Broadcast TV in 2010: Death or rebirth? MSNBC. com. Retrieved January 6, 2010, from http://www. msnbc. msn. com/id/34710815/ns/entertainment—television/.

Andrea Esser, Television Formats: Primetime Staple, Global Market, Popular Communication, 8: 273 - 292, 2010.

Anglada, L., and N. Comellas. "What's Fair? Pricing Models in the Electronic Era." Library Management 23, no. 4 (April 2002): 227—33.

Anonymous, Moreover: Culture Wars. *The Economist*. , London, Sep. 12, 1998.

Arkenbout, Erwin, Frans van Duk, and Peter van Wuck. Copyright in the Information Society: Scenarios and Strategies. European Journal of Law and Economics 17 (2004): 237—49.

Ayala, Nancy. "Selling More than Words." May 1, 2005. Banerjee, Anindya, and Bill Russell. "Industry Structure and the Dynamics of Price Adjustment."Applied Economics 33, 15(2002): 1889—901.

Bide, Mark. "Adding Value in Electronic Publishing: Taking the Reader's Perspective." Business Information Review 19, no. 1(March 2002): 55—60.

Blumenstyk, Goldie. "Publishers Promote E—textbooks, But Many Students and Professors Are Skeptical." Chronicle of Higher Education, May 18, 2001, A35.

Book Industry Study Group (BISG). 2002 Consumer Research Study on Book Purchasing. pp. 22—80. New York: Book Industry Study Group, 2003.

Bourdieu, P,. *Homo Academicus*. , Cambridge. Polity Press, 1998.

Brenner, Reuwen. The Force of Finance. New York: Texere, 2002.

Brozoznowski, K. (2009, October 8). MIPCOM sees strong attendance. Retrieved October 9, 2009, from http://www. worldscreen. com/articles/search.

Ceglowski, Janet. "Has the Border Narrowed? "North American Journal of Economics and Finance 11, no. 1 (August 200): 61—75.

Crupi, A. (2009, October 14). Cable upfront down 12%, Mediaweek. Retrieved October 15, 2009, from http://hollyhoodreporter. com /hr/content_display/television/news/e3ia689e3d11e46flbc53201783e7eb5950.

Daswani, M. (2010, February 10). The view from Brazil. TV Real Weekly. Retrieved February 10, 2010, from http://tvreal@wordscreen. com.

David Baskerville. *The music Business Handbook and Career Guide*. 8 edition. Sage Publications, Inc, 2005.

Denise D. Bielby & C. Lee Harrington, Global TV 2010: Update of the world market for television, [M] Global TV 2010, 2011.

DIGI－CAPITAL. GLOBAL GAMES INVESTMENT REVIEW 2012. http://www. digi－capital. com/reports

Elliott, Luther; Golub, Andrew; Ream, Geoffrey; Dunlap, Eloise. Video Game Genre as a Predictor of Problem Use. CyberPsychology, Behavior & Social Networking. Mar2012, Vol. 15 Issue 3, p 155－161.

Emmanuel Tsekleves, Roger Whitham, Koko Kondo & Annette Hill, Investigating media use and the television user experience in the home, Entertainment Computing 2 (2011) 151 - 161.

Entertainment software association.《Essential facts about the computer and video game industry》. 2012.

Euromonitor Publishing of Book Reports, 2012.

Fitzgerald, Michael. GAMERS UNITE! Fast Company. May2012, Issue 165, p42－428.

Fujimura, Naoko. Can Open Development Save Mario? Bloomberg Businessweek. 7/8/2013, Issue 4337, p32－32.

Goro Oba, Sylvia M. &Chan－Olmsted, Self－Dealing or Market Transaction?: An Exploratory Study of Vertical Integration in the U. S. Television Syndication Market, JOURNAL OF MEDIA ECONOMICS, 2006, 19(2), 99 - 118.

Greene, Jay; Lehman, Paula. SUPER MARIO'S HALO EFFECT. BusinessWeek. 12/3/2007, Issue 4061, p016－016.

Guider, E. (2009, September 29). MIPCOM: Series sizzle. The Hollywood Reporter. Retrieved September 30, 2009, from http://www. hollywoodreporter. com/hr/content _ display/news/e3i0e0331038f5cd3ed52608a28147e084f? src=challenge.

Herrewijn, Laura; Poels, Karolien. Putting brands into play: How game difficulty and player experiences influence the effectiveness of in－game advertising. Ichiya Nakamura, Japanese Pop Industry. Stanford Japan Center. Novermber 22, 2003.

International Game Technology SWOT Analysis. Apr2013, p1－8.

International Journal of Advertising. 2013, Vol. 32 Issue 1, p17－44.

Kay Richardson and Ulrike H. Meinhof: World in Common? Television discourse in a changing Europe, P174, Routledge, 1999.

Kent Wertime Ian Fenwick. *DigiMarketing: The Essential Guide to New Media and Digital Marketing. Wiley*, 2008.

Laporte, Nicole. FROM XBOX TO ZYNGA. Fast Company. Sep2013, Issue 178, p98－105.

Lee, Chun－Chia; Hsu, Shang Hwa; Chang, Jen－Wei. Factors influencing sociability in educational MMORPGs - a fuzzy AHP approach. Internet Research. 2013, Vol. 23 Issue 3, p298－315.

Levine, Robert. Console to Mobile: Game On, Dude. Bloomberg Businessweek. 12/17/2012, Issue 4309, p36－38.

Maire Messenger Davies & Roberta E. Pearson, To boldly bestride the world like a colossus: Shakespeare, star trek and the European TV market[J], European Culture and the Media, 2005.

Mark Halloran, ESQ. *The Musician's Business and Legal Guide*. 4 edition. Pearson Prentice Hall, 2007.

Neil T. Gavin & Tom Marshall, Mediated climate change in Britain: Scepticism on the web and on television around Copenhagen[J], Global Environmental Change 21 (2011) 1035 - 1044.

NEWZOO.《2013 Global Games Market Report》. http://www. newzoo. com/products－page/reports/global－games－market－reports/2013－global－games－market－report/

Parish, Jeremy. A HISTORY OF JAPANESE GAMES. Electronic Gaming Monthly. Sep2008, Issue 232, p92－93.

Peneberg, Adam L. EVERYONE'S A PLAYER. Fast Company. Dec2010/Jan2011, Issue 151, p 134－141.

Peter J. Danaher, Tracey S. Dagger & Michael S. Smith, Forecasting television ratings, International Journal of Forecasting 27 (2011) 1215 - 1240.

Playnomics.《Player Engagement Study for Q1 2013》. www. playnomics. com/wp... /Playnomics－Q1－Engagement－Report. pdf

Pursell, Chris, International Deals a Vital Part of NATPE, Television Week l/15/2007, V of 26.

Randall D. Wixen. *The Plain and Simple Guide to Music Publishing*. Hal Leonard, 2008.

Robert Hucker. Book Publishing[M]. Key Note 2012.

Rudiger Wischenbart. The Global eBook Market: Current Conditions and Future Projections, 2011.

Savitz, Eric. Mobile Gizmos Hastening The Demise Of Video Game Consoles. Forbes. com. 10/2/2012, p35－35.

Semrad, Steve. THE GREATEST 200 GAMES OF THEIR TIME. Electronic Gaming Monthly. Feb2006, Issue 200, p74－97.

Sorensen, Alan T. "Bestseller Lists and Product Variety: The Case of Book Sales. "Working paper, Stanford University, 2004.

Steve Gordon. *The Future of The Music Business*. 2 edition . Hal Leonard Corp, 2008.

Susan Gedutis Lindsay. *Making Music Make Money : An Insider's Guide to Becoming Your Own Music Publisher*. Berklee Press, 2003.

Tad Lathrop. *This Business of Global Music Marketing*. Billboard Books, 2007.

The Book Publishing Industry. Mahwah, NJ: Erlbaum, 2005.

Tobias, Sigmund; Fletcher, J. D.. Reflections on "A Review of Trends in Serious Gaming" Review of Educational Research, v82 n2 p233－237 Jun 2012.

Tom Evens, Value networks and changing business models for the digital television industry, Journal of Media Business Studies, 2010, 7(4): 41－58(2010).

Tom Hutchison. *Web Marketing for The Music Business*. Focal Press, 2008.

Tore Nilssen, The Television Industry as a Market of Attention[J], Nordicom Review 31 (2010) 1, pp. 115－123. Tuner, M. (2009a, October 4). MIPCOM: Glitz amid a still－tricky market. Retrieved October 10, 2009, from http://www. hollywoodreporter. com/hr/content _ display/news/e-3i6e0d957446c196caf5ddd45cbaaa6299f.

Tuner, M. (2009c, October 7). Report: U. K. leads global formats market. Retrieved October 10, 2009, from http://www. hollywoodreporter. com/hr/content_display/world/news/e3ic70c81ff95d140b9aaf569385d49cf93.

Tyler Cowen. Why everything has changed: the recent revolution in cultural economics. *Journal of Cultural Economics*, 2008, 32, P261－273.

UNCTAD. Creative Economy Report 2010[EB/OL]. http://www. unctad. org/creative—economy.

UNESCO,. *World Culture Report* 2000.. Unesco Publishing,2000.

Vella, Matt. CLASH OF THE CONSOLES. Fortune International (Asia). 8/12/2013, Vol. 168 Issue 3,p21.

VNU eMedia. www. marketingymedios. com.

Westcott,Tim,"An Overview of the Global Animation Industry", *Creative Industries Journal*,Volume 3,Number 3,27 May 2011,pp. 253—259(7).

Wharton,Robert,and Albert N. Greco. "Small and Independent Book Publishing: An Analysis of Sales Data." In Book Industry Trends. New York: Book Industry Study Group,2004. Witherspoon,Lisa; Manning,John P.. Active Gaming: The Future of Play? American Journal of Play,v4 n4 p464—487 Spr 2012.

Wordscreen. (2009,October 7). Decling in global ad spending is slowing,says Nielsen. Retrieved October 7,2009,from http://worldscreen. com/articles/display/22817.

World Intellectual Property Organization (WIPO). 2013 WIPO Studies on the Economic Contribution of the Copyright Industries [EB/OL]. http://www. wipo. int/copyright/en/performance/country_studies. html.

Yao,D. (2009). Global ads forecast to fall 6. 9% in 2009. http://news. smh. com. au/breaking—news—business/global—ads—forecast—to —fall—69—20090415—a6k5. html.

Zettelmeyer,Floria,Fiona Scott Morton,and Jorge Silva—Risso. "How the Internet Lowers Prices. Evidence from Matched Survey and Auto Transaction Data." Working paper,National Bureau of Economic Research no. 11515,2005.

"The Changing Market for U. S. Book Exports and Imports." In Bowker Annual 2004,ed. Dave Bogart. Medford,NJ: Information Today,2004.

后 记

2005年10月，为适应当代国际文化贸易飞速发展的新形势，迎接中国加入WTO后对外文化贸易所面临的巨大挑战，尽快扭转中国对外文化贸易逆差，并为中国对外文化贸易健康发展培养专门人才，经教育部批准，中国传媒大学成为国内第一所开设“国际文化贸易”本科专业的高校。经过几年的发展，中国传媒大学经济与管理学院已建立起国际文化贸易本科、硕士和博士人才培养体系，并一直以建设政策咨询型、理论研究型、人才培养型、社会服务型四位一体的高质量教学科研机构为目标，积极开拓、不断努力。

近年来，该专业的师生承担了中宣部、文化部、商务部和国家广电总局以及地方政府和企业委托的一系列与文化贸易相关的理论研究与政策咨询课题，同时也开展了一系列有针对性的社会服务工作，以便形成理论研究与实践发展的良性对接。

在构建国际文化贸易人才培养学科体系、为我国文化贸易政策制定和“走出去”实际工作服务的过程中，我们越来越感觉到对国际文化市场历史、现状和运作规律的研究和教学是一项十分艰巨的任务。虽然我国的实体经济外贸依存度非常高，但我国的文化产业与国际市场的距离还很大。国际市场与国内市场之间存在着巨大的政策鸿沟和市场鸿沟。为了促进国内市场与国际市场更加接轨，也为了在教学过程中让学生具有更为开阔的国际视野，我们这些年更加注重对国际文化市场的研究。在文化部外联局的指导下，我们编辑出版了《国际文化市场报告》一书。在《国际文化市场报告》的基础上，从研究的视角出发，结合本科和研究生教学需求，我们又编写了这本《国际文化市场概论》。

本书由李怀亮、方英主编，汇聚了中国传媒大学经济与管理学院师生的研究力量，是课题组成员共同努力的结果。全书写作分工如下：

第一章：方英

第二章：闫玉刚

第三章：虞海侠、薛华

第四章：王娟

第五章：刘静忆

第六章：魏婷

第七章：施艳萍

第八章：佟雪娜

第九章：王锦慧、薛华

本书主要介绍了国际演出市场、国际电影市场、国际图书出版市场、国际游戏市场、国际艺术品市场、国际动漫市场、国际数字音乐市场和国际电视市场的发展历史、发展规模和竞争格局，并对国际文化市场运行机制进行了国别和区域比较。由于研究主题比较前沿，国内外相关研究资料缺乏，研究内容存在一些不足之处，有待后续研究的进一步深化和完善，敬请读者批评指正。

李怀亮　方英

2014年12月

图书在版编目(CIP)数据

国际文化市场概论/李怀亮、方英主编.——北京:中国传媒大学出版社,2014.12

(文化产业管理专业"十二五"规划教材)

ISBN 978-7-5657-1114-5

Ⅰ.①国…　Ⅱ.①李…　②方…　Ⅲ.①文化市场—研究—世界　Ⅳ.①G114

中国版本图书馆 CIP 数据核字(2014)第 168717 号

文化产业管理专业"十二五"规划教材

国际文化市场概论

主　　编	李怀亮　方　英
责任编辑	欧丽娜
装帧设计指导	吴学夫　杨　蕾　郭开鹤　吴　颖
设计总监	杨　蕾
装帧设计	刘鑫、方雪悦等平面设计创作团队
责任印制	曹　辉
出 版 人	蔡　翔

出版发行	中国传媒大学出版社
社　址	北京市朝阳区定福庄东街 1 号　邮编:100024
电　话	86—10—65450528　65450532　传真:65779405
网　址	http://www.cucp.com.cn
经　销	全国新华书店
印　刷	北京艺堂印刷有限公司
开　本	787mm×1092mm　1/16
印　张	17.5
版　次	2014 年 12 月第 1 版　　2014 年 12 月第 1 次印刷
书　号	ISBN 978-7-5657-1114-5/G·1114　　定　价　49.00 元

致力专业核心教材建设　提升学科与学校影响力

中国传媒大学出版社陆续推出

我校 15 个专业“十二五”规划教材约 160 种

播音与主持艺术专业（10 种）

广播电视编导专业（电视编辑方向）（11 种）

广播电视编导专业（文艺编导方向）（10 种）

广播电视新闻专业（11 种）

广播电视工程专业（9 种）

广告学专业（12 种）

摄影专业（11 种）

录音艺术专业（12 种）

动画专业（10 种）

数字媒体艺术专业（12 种）

数字游戏设计专业（10 种）

网络与新媒体专业（12 种）

网络工程专业（11 种）

信息安全专业（10 种）

文化产业管理专业（10 种）

传媒人书店（For IOS）　传媒人书店（For Android）　微博关注我们　微信关注我们　访问我们的主页

本书更多相关资源可从中国传媒大学出版社网站下载
网址：http://www.cucp.com.cn
责任编辑：欧丽娜　　意见反馈及投稿邮箱：yishiyishu@163.com
联系电话：010-6577 9465